移民の教育政策を制度から問いなおす

フランスにみる新規移民からその子孫まで

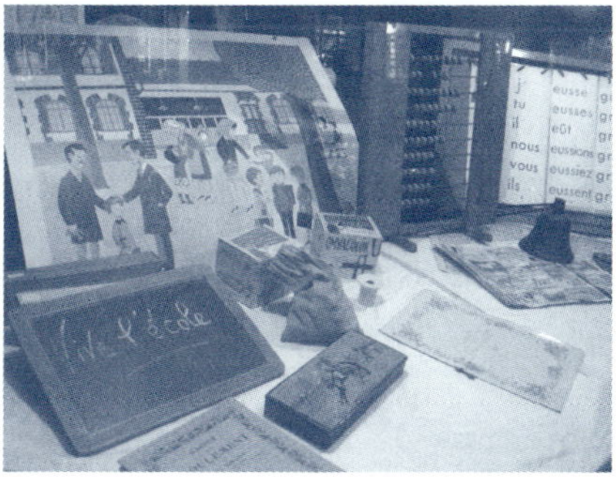

園山大祐［編著］
Daïsuké SONOYAMA (sous la dir.)
園山大祐、
ソッティーレ・マルコ［監訳］

Repenser, à travers son système la politique éducative pour les élèves allophones

勁草書房

はしがき

2024年現在、日本には340万人を超える外国人住民が居住する。日本は長らく海外からの単純労働者を受け入れない方針を掲げていたが、人口減少と労働力不足を補う方策として1990年に入管法が改正され、以来政府は事実上の移民受け入れ政策に舵を切ったと言ってよいだろう。内閣府に外国人労働者問題関係省庁連絡会議が設置され、2006年にそれまでの労働者から、「生活者としての外国人」に転換され、総合的な対応施策が公表される。この政策転換を受けて、日本社会への移民労働者の流入はますます促進し、かれらの定住化に伴って外国出身の親をもつ子どもたちの数も増加していく。さらに2023年6月9日、第211回通常国会において「出入国管理及び難民認定法及び日本国との平和条約に基づき日本の国籍を離脱した者等の出入国管理に関する特例法の一部を改正する法律」が成立し、同月16日に公布された。しかし、「日本語指導が必要な児童生徒（外国籍者および外国出身の親を持つ日本国籍者を含む生徒）」の教育機会は現状十分に保障されているとはいえないままである。

文部科学省の調査によると、日本語指導が必要な高校生はこの10年間で約3倍に増えている。同省の「日本語指導が必要な児童生徒の受入状況等に関する調査」では、2017年に初めて中退・進路状況に関する項目が加わり、日本語指導が必要な生徒の中退率、非正規就職や、就職も進学もしていない生徒の割合が、高校生全体と比べて極めて高いことが判明した。くわえて、大学や専門学校への進学率は低い。

こうした状況を改善し、すべての生徒に公正な教育機会を保障していく上で重要なことは、早くから対応する施策を展開してきた外国の先進事例を参照することである。ところが、国内においてこうした関連書籍は限定される。研究者による国内研究も発展途上にある。そこで、半世紀以上前に、ヨーロッパで最初に外国人のための教授言語の教育や出身言語と文化の教育を用意したフランスを事例に、その後の政策の発展を通じて、何がどこまで明らかとなったのか、移民教育研究者の第二世代による研究を中心に検討を行う。日本のこれからの外国人児童生徒教育への問題提起、示唆について検討することを本書の目的としたい。

本書前半では、新規移民の受け入れ政策や制度の課題を明らかにする。後半は、フランス生まれの定住している移民子孫の学業達成にみる課題を明らかにする。つまり、来仏間もない第一世代、1.5 世代の教育政策と制度の課題と、その後の子孫の世代とを区別した議論が少ない日本に対し、これらを区別した研究を基にどのようなことが移民大国フランスから学べるか、日本の移民教育研究への問題提起を試みた初の研究書である。編者は、すでに 2016 年に『岐路に立つ移民教育』（ナカニシヤ出版）にて欧州諸国からみた異同点についてまとめた。ただし、新規移民の受け入れを中心とした日欧比較研究となっていて、本書とは異なる内容と目的となっている。労働人口動態および世界情勢からみても移民・難民の流出入は激しくなる一方であり、日本の教育現場からも関心の高いテーマとなっている。

また、本書のエッセンスは、日本教育学会第 80 回大会の課題研究Ⅰ「移民の社会統合における公教育の役割」がきっかけとなっていて日本社会学会や日本教育社会学会から後れての問題意識ではあったが、その関心の高まりを実感した次第である。

あるいは、編者は「『移民系フランス人』の学業達成と庶民階層にみる進路結果の不平等――中等教育内部にみる自己選抜と周縁化のメカニズム」（『現代思想』青土社、2017 年）をきっかけにマスメディアから質問を受ける機会が増えており、世間の関心も新規ニューカマーの受け入れから、日本における高校生をはじめとした進路選択やライフコースの保障に移行してきたとみられる。これまでも『フランスの社会階層と進路選択』（2018 年）、『教育の大衆化は何をもたらしたか』（2016 年）、『排外主義を問いなおす』（2015 年）、『学校選択のパラドックス』（2012 年）（いずれも勁草書房）にも一部移民の事例はとりあげているが、1 冊の本に移民教育のみを通してまとめたものではない。フランスの移民社会学に関する書籍と併せて読むことをお勧めしたい。以上より、現在の日本の教育への問題関心として、先行してきたフランスの半世紀の研究を通じた問題意識は、省庁、学会、学校現場に関心の高いものと認識している。

さて、本書の第Ⅰ部は、フランスの新規移民の受け入れ制度の変遷について全 7 章にまとめられている。通達や用語の移り変わりからみる児童生徒の対象がどう変遷したのか、また出身言語（母語・父語）と教授言語（フランス語）の維持、向上におけるフランス語の位置づけ（外国語、第 2 言語、出身言語の継承等)、最初の受入学級のあり方に関する変化、担当する教員養成の変化、また近年課題となっている同伴者のいない未成年移民（MNA、MIE）の学業進路について扱っている。

第Ⅱ部は、定住する移民子孫の教育達成について全8章から構成される。第8章は先行研究をレビューしたものである。第9章は2008年に実施された「経路と出自（TeO）」調査の結果を基にしたマクロ分析である。第10章は、最大移民グループであるマグレブ系移民子孫の学校における差別に関する質的調査の考察である。第11章は、家庭と学校の関係について4つの高校調査を基にした結果である。第12章は、移民子孫の就学に関する追跡調査から分析したものである。第13章は、ある少数民族の教育成功事例を取り上げた研究である。第14章は、パリ郊外における移民系家族と中学校教員の文化・エスニック的理解に関する考察である。第15章は、移民子孫の初等から高等教育までの格差に関する総論となる。そして最後に終章で、本書のまとめとして日本の移民教育研究における課題を述べ、日仏における比較を試みた。

編者が最初に、1996年に移民研究論文を執筆してから約30年が経つ。その間、外国出自の生徒は日仏両国ともに増え続けている。しかしながら、公教育制度及びその基底となる教育理念において国民形成（同化）装置から脱皮できているとは言えない。当初、フランスでは「統合」、日本では「一斉共同体主義」からの転換が模索されていた。1980年代以降フランスでは一時滞在から定住化する外国出自の人たちへの開かれた教育に向けた対応が、主に言語教育や外国人の受入学級で喫緊の課題とされていた。その後、メインストリームにおける進路形成の課題への対応が政策課題とされていく。すべての生徒の教育機会保障として進路指導がテーマとなる。これら政策の背景に、本書にみる研究成果は政策上のエビデンスとして参照されてきた。本書が日本における日本語指導を必要とする児童生徒に関する教育・研究及び教育政策の参考の一助となることを切に願いたい。

園山　大祐

移民の教育政策を制度から問いなおす
―フランスにみる新規移民からその子孫まで―

目　次

目　次

第Ⅰ部

移民の受け入れ政策と制度

第1章

半世紀を経たフランスの移民教育から何を学ぶか

園山　大祐

はじめに

この30年間、全世界の国際移民人口は増加し、2億7千万を数える（国際連合広報プレスリリース2019年9月18日付）。これは世界人口の約3.6%に匹敵する。COVID-19以前は年間500万人のペースで増えていた。2019年のデータを地域別にみると、国際移民を最も多く受入れているのは、ヨーロッパ（8200万人）である。国別では、米国が全世界の国際移民の19%に相当する5100万人と突出しているが、ヨーロッパの、ドイツの1300万人、英国の1000万人、フランスの800万人、イタリアの600万人と続き、英国の欧州連合（EU）からの離脱のプッシュ要因の一つとなったことも記憶に新しい。この間の国際移民の特徴は、若く（7人に1人は20歳未満）、男女の割合は半々で、出生地ではインド、メキシコ、中国、ロシア連邦と続く。なお、国際移民の多くは、同じ地域（大陸）内にある国の間を移動するが、北米や欧州では域外出身者が多い。本章の欧州諸国においても、EU域内労働移動者も少なくないが、この30年間で、域外、そして非植民地からの流入が増えている。また宗教間の摩擦がもう一つの社会包摂における課題として浮上している。この点は、教育実践上においても、重要な変化である。

以下、まずは欧州の諸外国における教育制度上にみられる支援の差異について横断比較してみたい。ここでは、EUの教育シンクタンクであるEurydiceの報告書を基にする。次に、フランスの移民教育研究から、特に移民の集住がもたらす教育課題について考察する。それは、移民の背景を持つ生徒が特定の学校に集中することによる学業面、教師の士気・生きがい、学校秩序と生徒の学習意欲、学業達成との関係において影響が大きいからである。最後に、日本の教育政策に示唆となることを提示し、以下本書におけるフランスの半世紀にみる政策と研究成果を通じた外国人と移民教育の課題を整理する。

1. 欧州諸国の外国人（移民）教育支援制度比較

欧州諸国における2018年の15歳未満外国生まれの移民の割合は、突出しているルクセンブルクの19.9%を除くと、2番目のアイルランドの12%から3%未満の低い国（スロヴァキア、ポルトガル、ラトヴィア、エストニア、ポーランド、チェコ、クロアチア）までである。移民受入伝統国と呼ばれるイギリス（6%）、フランス（3.9%）よりも、近年では、スイス（10%）、スウェーデン（8.5%）やノルウェー（7.7%）の方が高い（Eurydice 2019a: 37）。

ただ、移民の子孫の割合となると、多くの欧州諸国は2割前後となり、平均するとおよそ学級の5分の1から4分の1が、教育的配慮の対象となる。くわえて、経済的な脆弱性ないし、貧困家庭の存在も無視できない。前者は、言語や宗教など文化的な適応の課題があり、後者は生活面の課題が第一義的にある。どちらも学校の適応と教育達成には欠かせない重要課題となる。

そこで、次の図 1 が参考になる。欧州では、移民の学校適応に必要な措置として以下の8つの項目を確認している。図の左の縦列の番号の順に、1. 適切な教授言語と教授方法の支援、2. 教育結果への対策と原学級（学校）に包摂する、3. 教育機会保障、4. 教育費支援、5. 進路指導など教育制度について保護者への説明、6. 教育行政との連携、7. セグリゲーションとの闘い、8. 教育行政文書における課題の指摘はみられないことがあげられている。これらをすべて満たしている国や地域はない。もっとも整備されているのは、言語や教育支援の1つ目の項目である。続いて2と3があげられる。6と7はほとんど取り組みがない。こうした結果には注意が必要である。あくまでもEurydiceはマクロな調査を横断比較しているため、各国の実態を十分に表していないことも考えられる。

たとえば、フランスの場合教授言語と教授方法の支援がないとされているが、第2言語（外国語）としてのフランス語教育（FLS/FLE）や、学習困難対策チーム（RASED）が用意される制度がある。2の教育結果が振るわない場合の対策（留年や個別支援計画など）や、離学との闘い（特別支援、復帰準備中継措置/学

図1　移民の学校適応に最も必要なこと[1)]

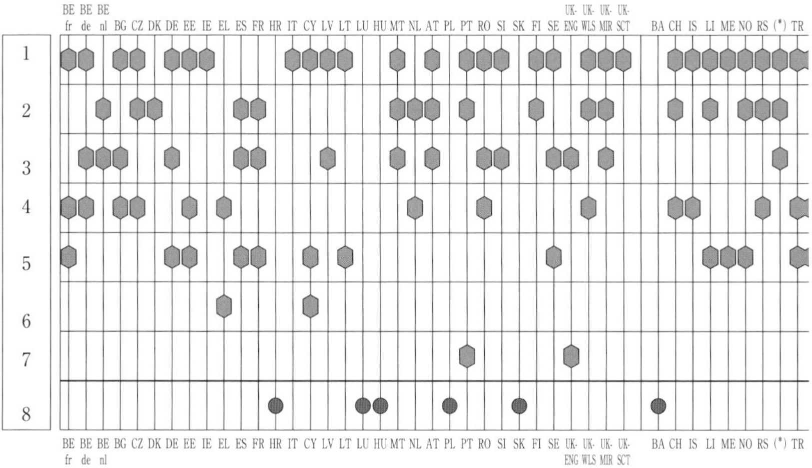

出典：Eurydice, 2019a, *L'intégration des élèves issus de l'immigration dans les écoles en Europe*、図I.1.3より作成、55頁

級）に向けた体制作りも存在する。4の教育費の支援についても、外国人への特別手当ては用意されていないが、経済的な困窮家庭への支援金は存在する。単一不可分な国である、フランスならではの理由もあり、外国籍に限定した公的措置は少ないが、社会経済的弱者に対する多様な支援体制が存在し、教育保障を行っていることを忘れてはいけない。また公共サービス以外に、国境なき教育団（ESF）など、様々な協会による支援団体も存在する。さらには、コロナ禍において明らかとされたように、ネット上の教育支援ツールの存在も見逃せない。パソコンなどがなくても、スマートフォンを持たない家庭は難民でも少ないと言われる現在、こうしたネット上の教材や、支援者とのつながりは無視できない精神的にもより大きな支えとなっている（園山・辻野編 2022）。たと

1）　国名（左から順に）：ベルギー（フランス語圏、ドイツ語圏、オランダ語圏）、ブルガリア、チェコ、デンマーク、ドイツ、エストニア、アイルランド、ギリシャ、スペイン、フランス、クロアチア、イタリア、キプロス、ラトヴィア、リトアニア、ルクセンブルク、ハンガリー、マルタ、オランダ、オーストリア、ポーランド、ポルトガル、ルーマニア、スロヴェニア、スロヴァキア、フィンランド、スウェーデン、連合王国（イングランド、ウェールズ、北アイルランド、スコットランド）、アルバニア（データなし）、ボスニア・ヘルツェゴビナ、スイス、アイスランド、リヒテンシュタイン、モンテネグロ、ノルウェー、セルビア、＊北マケドニア、トルコ

えばスウェーデンでは、オンラインプラットフォーム「テーマ・母語」が世界的に高い評価を受けている（林 2016: 108）。こうした国境を越えた教材の活用も重要となる。事実、ウクライナ難民の場合、ウクライナ本国からの遠隔デジタル教育の活用がみられる。他方で、受入れの歴史がある国であっても、移民子孫の後期中等教育の進路選択そして高等教育進学率等において課題があるとされていて、その意味においても、5つめの進路指導における保護者への説明会とその内容については注目されている（園山 2017a）。

日本でも、近年文部科学省の実態調査からも明らかとされたように、外国籍の生徒の高校進学率 90.3%（中退率 8.5%）、定時制高校への偏り、大学進学率 46.6%、進学も就職もしていない者の率 11.8% の課題等が指摘されるところである（文部科学省 2024）。7つ目のセグリゲーション（隔離/ゲットー）の問題は、多くの欧州で経験している深刻な都市問題でもある（園山編 2012, 2015a, 2017b, Van Zanten 2009）。移民及び労働者、失業者の居住選択として社会集合住宅があるが、過度な集住は、脆弱都市として治安、犯罪等の課題を抱えることになりかねない。教育、医療、福祉など最低保障が行き届かない状況が一部の国及び都市でみられる。多くの大都市では、難民及び移民の分散政策をとっていて、一つの集合住宅にある程度の割合（約2割）に抑えることと、同一のエスニシティの割合についても制限を設けるなどの処置がとられている場合がある。また、学区内の社会階層とエスニシティのバランス（多様性）を意図的に行政が調整するために、学区外へのバス通学を実施している事例もある。移民労働者は仕事及び同郷・親戚つながりとの関係もあり、集住しやすいため、都市及び教育行政による調整が必要となる。日本でも郊外のニュータウン（団地）に同様の課題が起きている（安田 2019；大島 2019）。

なお、初期の受入れにおける興味深い分析がある。図2によれば、入国間もない教授言語に不自由している生徒には、特別課程が用意されているが、その在籍年数と、在籍先で受講できる教科数に差異がある。平均すると、フランスの位置する3年未満、6教科未満に当てはまる国が多いことが判る。なかでもCグループにみられる2年未満、2教科未満に集中している。他方で、AやBグループのように8教科以上を受講できる国（フィンランドほか）がある。AとBでは、その期間に違いはあるが、基本的に教科によって柔軟に取り出しが可能な体制をとっていると考えられ、個別なニーズへの対応が施されていることになる。ちなみに、フランスも近年では、外国人のための特設学級は廃止とな

図2　義務教育機関中の特別課程在籍制限年数と受講できる教科数

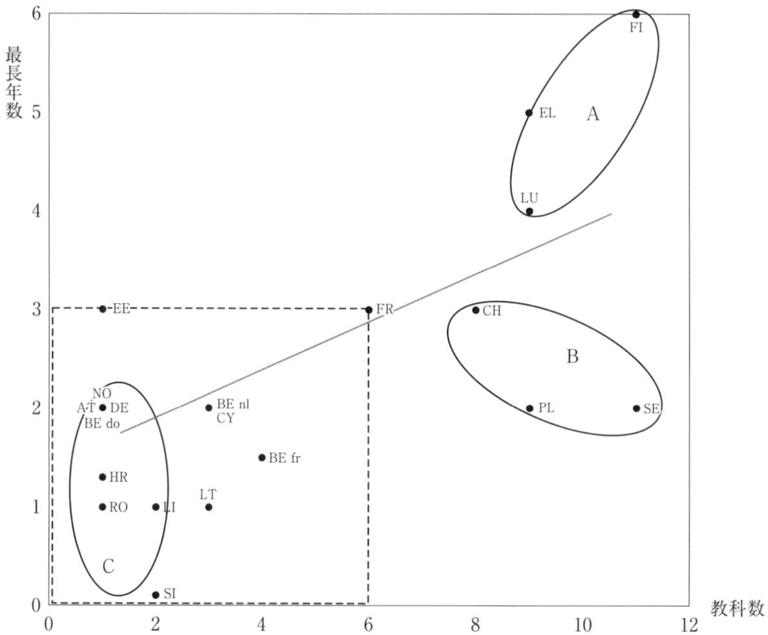

出典：Eurydice, 2019a, 図 I.2.8、82-89 頁、Eurydice, 2019b、図 4、11 頁に加筆作成。

り、原学級に在籍義務があり、必要に応じて週何コマ、あるいは特定の教科のみを少人数による適切な支援が用意されることになっている。2005 年からの障がい者のインクルーシブ教育が、外国籍の児童生徒にも適応されるプッシュ要因となった。1975 年の障がい者法以来インクルーシブ教育の対象には、医学的な障害以外にも、社会経済文化的な障害も含まれるためである。

2. フランスの移民教育研究にみる都市問題（移民集住とスクール・セグリゲーション）

フランスの教育の義務は、1882 年 3 月 28 日の法律 4 条にて義務教育年齢（満 6 歳から 13 歳）のすべての子どもを対象としてきた。その後、いずれの教育基本法においても国籍に関係なく、すべての学齢期を対象に学校、ホームエデュケーション、通信教育の選択を含め受け入れてきた。1935 年に、外国人の子どもに対して教育義務に関する通達も発令されている。さらに 1936 年教育基本法第1条に「外国人」にも教育の義務が施される（本書第2章参照）。外国人の受入学級の設置は、1970年1月13日付の通達より「入門学級（CLIN）」として誕生する。しかし、通達以前の1965年よりパリを中心に先導して始められていた。その始まりは統合補習授業（CRI）にある。CLINは、原則1学級15名までとされている。対象年齢は7歳から13歳である[2)]。受け入れ可能年数は、原則1年としている。第2言語としてのフランス語（FLS）の習得が目的であり、学年中随時フランス語能力に応じて原学級に受け入れられる制度である。

1925年のポーランドとの協定に始まるが、1973年には、「出身言語・文化の教育（ELCO）」も全国実施となる[3)]。フランスとの二国間協定によって、出身国から教師が派遣され、出身国の教科書と教授法による教育を受けることが可能となっている。当時は、帰国準備教育とされていた（本書第2と5章参照）。また同年に、中等教育段階に「受入学級（CLA）」が設置される。12歳から16歳を対象とする。17歳以上の義務教育後の生徒に対しては、「国民教育省の一般編入ミッション（MGIEN）」と「準特殊職業参入教育課程における識字と外国語としてのフランス語教育（CIPPAFLE-ALPHA）」などが用意される。そのほとんどは中学校（コレージュ）に設置されている。これら外国人の受け入れにおいて、法規上も「非フランス語話者」、「外国人移民」、「外国人生徒」、そして今日では、「新規他言語話者生徒（EANA）」としてより出身言語をはじめ「他言語（allophone）」能力を尊重した表現となっている（2012年10月2日付通達第2012-142号）（本書第2章参照）。

また1975年に最初にリヨンに設置された「移民の子どもの就学のための養成と情報センター（CEFISEM）」が各大学区（教育行政単位）に設置され、初等及び中等における受入学級の情報交換・教師研修を担うセンターが普及されて

2）学齢期は、1959年より6歳から16歳に延長される。また2019年には、3歳から16歳に変更された。

3）母語・母文化教育とは呼ばず、出身（origine）という言葉が初めから使用されていた。これには、父母のどちらの言語を選ぶかという問題を含め、ポリガミーや国際結婚、民族語か公用語かなど複雑な問題があるため、あえて各国の言語や文化の多様性に配慮した表現となっている。日本では教育行政（文部科学省及び地方自治体）では「母語・母文化」が使用されるが、今後注意が払われるべき課題である。ちなみに、母語保障に定評がある大阪府教育委員会では、「日本語指導が必要な生徒」から「多言語生徒」へ呼称を変更している。

いく。本センターは、新規に入国した児童生徒のフランス語と算数・数学の能力を可能な限り出身言語により測り、年齢相当の原学級に在籍登録するか、新規移民他言語話者生徒のための教育単位（UPE2A）又はこれまでに不就学ないし部分的な就学経験の生徒（出身国で不就学ないし僅かしか就学経験がない者：NSA）/（出身国での部分的な就学経験者：PSA））のための UPE2A に割り当てる窓口である。2005年の通達からは、UPE2A では外国人児童生徒のフランス語能力の到達目標として「フランス語能力検定（DELF）」の習得を目指すことになっている。受入学級の求める言語能力が明確にされた以上に、本検定の学業の継続や就職において国内外で通用する資格取得には大きな意味がある。特に本書第7章でも取り上げる「同伴者のいない未成年者（MNA）」においては、18歳までに証明できる資格を持つことは、就職や学業の継続につながり、滞在許可証及び労働許可が認められるという点で意義深い。

こうしたフランスの動向はヨーロッパの欧州評議会や EU でも注目され、1977年7月25日の欧州共同体の指令第486号にも示され、オイルショック以降に移民の定住化による受入国の義務として移民の子どもの学習権を保障するよう整備される。たとえば、EU は1989年の文部大臣会議において移民の子どもの教育におけるジプシーの就学に注目している（1989年6月21日付の法令。フランスにおける生活移動者の法令は1969年1月3日付、第69-3号）。フランスでも2002年に上述した CEFISEM の名称を CASNAV と変更し、「新規移民と生活移動者の子どもの統合と支援」を目的とし、ジプシーやロマ人を内包する「生活移動者（voyageurs）」という表現に変えて、その対象を拡大している（2002年4月25日付通達、第2002-102号。現行は2012年10月2日付、第2012-143号に修正）。

また本書の第Ⅱ部でもみられるように、移民の定住化に伴い、その子孫の教育の課題は、貧困や住宅問題、郊外における治安問題と絡めて、1981年から優先教育地域（ZEP）として特別な教師の加配施策が認められた学区を選定する施策や、1996年からは脆弱都市地域（ZUS）として都市政策とも連動した教育施策がとられるようになる。若者の教育、雇用、福祉等の施策の連携も検討されるようになる。移民の子孫に限定されない、社会政策全般として貧困（社会的排除）との闘いは国策として取り組まれている。たとえば、2006年より国民教育省と機会の平等促進省が連携して、「企業研修を目標に」という施策を実施している（2006年3月27日付通達、第2006-51号）。この事業は出自や住所等による研修機会における差別をなくすことが目的である。また同年に、雇用省の移民局と国民教育省の連携で「推薦キャンペーン」という施策にも取り組んでいる。これは、企業研修や初期雇用の就職活動の支援を目的としている。

フランスの過去半世紀の先行研究からは、入国年齢が低いほどに学校への適応、教育達成は高くなること、世代が重なるごとに学校や生活に適応し、教育達成も高くなること、つまり親世代より移民子孫のほうが高い学習到達度と教育進学率を示す。ただし、移民の出身地域（家庭）における教育水準、教育達成、教育（学校）文化、教育習慣、教育期待、といった学校資本の違いの影響は無視できず、それらが受入国における学業結果に差異をもたらす。親の学歴、教育経験、教育期待、職業種の影響は少なくないとされる（Sayad 2014; Ichou 2013＝2018）。さらに、移民受入れにおいて、選抜政策がとられている国とそうでない国では、同じエスニシティでも、同様の学校資本を持たないことがあるため、同一の結果とはならない。これは、OECD の国際学力調査などにおいても、同一の出身国民でも、受入国において異なる学習到達度の結果が示されるが、その受入国の教育の違い以上に、出身階層の割合の差異が影響している（園山 2019）。つまり選抜移民政策をとる国によっては、資格・学歴や貯金の証明が求められ、受入国における従事できる職種にも限定されているため、受入国のネイティブを上回る高学歴移民が存在する。たとえば同じタクシー運転手であっても移民出自には博士号を持っている事例があるように、親の職業分類のみでは、受入国のネイティブより移民の子孫世代が高い教育達成率を示すことがある。具体的には、英国やカナダの移民労働者が、出身国（ネイティブ）の労働者よりも高い成績を達成するのはそのよい例である。

そして、こうした選抜移民政策をとる国ととらない国では、同じエスニック集団においても、その子孫の教育達成に違いが生じるため、ある国におけるエスニック集団の教育達成の高低さが、他国での高低する理由とは連動せず、より慎重な解釈が必要となる。そのため、ここで扱うフランスにおけるエスニック集団の成功や失敗は、他の国でも同一の結果とはならない。特に、同一エスニック集団であっても社会階層の割合は同一ではないため、単純比較が難しいとされる。あるいは、フランスにおけるポルトガル移民のように特定の職種が代々引き継がれる傾向がある場合、必ずしも高い教育達成を成功とは呼ばない。または、2015 年の大量難民として有名なシリア人は、第一波の受入国は、比較的高学歴資本の難民とされ、数年後のシリア難民は、貯金を持たなかった最も脆弱な社会階層や、農村部の人々が欧州に入国したと言われているように、同じシリア出身でも、入国時期によって社会階層、学校資本に違いがあり、受入国への適応に差異がみられる。したがって、以下フランスの事例にみるエスニシティは、あくまでも分析カテゴリーとして使用する以上の意味はない。

こうした実態を踏まえたうえで、フランスの社会学研究では、高学歴のアジア系（中国とインドシナ）と低学歴のトルコ系、そしてその中間としてマグレブ系及びサブサハラ系移民を位置付ける。アジア系の高学歴においては、庶民階層（労働者と一般事務職）出身者であるが、学校資本の高い出身家庭に生まれ、親の教育関心と期待の高さ、そして学歴神話の有効性が示されている。これに対して、トルコ系においては、そうした学歴神話を親世代が未経験であることが、受入社会における家庭での学習慣習、環境が整わないこと、進路に向けた準備ができないこととして一定の情報共有がされている。なお、トルコ系移民がフランスの学校において教育達成が低いのには、いくつか理由がある。一つには、他のエスニック集団に比べて、まだ移民史が浅いために、教育制度に関する経験を同族内の社会関係資本として共有できていないことがある。だが、それ以上に、フランスのトルコ系移民の特徴の一つに、ドイツなどと比べても農村部出身者が多く、保護者の世代における教育歴の低さ、識字能力の課題が指摘されている。またトルコ国内で差別されてきたクルド系が多いとも言われている。こうした保護者世代の学校資本の低さと移住計画における教育期待の低さが、子世代の教育達成に影響を及ぼしているとされる。

そしてマグレブ系においては、この間、世代を重ね、都市部出身から農村部出身移民に変わりつつも、また独立後半世紀が経ち、非フランス語話者が増えていく中でも、フランス社会への適応方法、学業成功への経験値が、社会関係資本を通じて補われてきた側面がある。フランスの学校関係者にも、そうした経験値が蓄えられてきたと言える。あるいは地元の移民１世、２世のロールモデルの存在も大きいだろう。フランス社会のなかでは、イスラーム教という点からも、マグレブ系及び一部の西アフリカ系の移民は、差別や排外主義の対象となっているため、かれらの教育達成（単純な読み書きから学歴や資格）は、親元を離れる就職、住宅、結婚等の人生の節目においてより重要な意味を持つことがある。こうした差別が、かれらの教育達成にプラスにもマイナスにも作用する。つまり、国家資格である卒業試験に合格することは、法制度上は、差別から逃れることに役立つ。他方で、早くから差別を認識し、諦めにつながることもまた社会事実である。あるいは、ムスリム女性に与えられた性役割機能の違いが影響することも無視できない。近年、この点はむしろ逆効果として働き、ムスリム女性の社会進出が男性より際立っている。人種差別やそうした評判は、男性においては、むしろ早期離学、非行等へ導かれる好都合なプッシュ要因とされ得る。あるいは地下経済への安易な進路選択が一部の若者（男性）の間で正当化される要因となる（サンテリ 2019)。

本章で、先行研究の詳細について紹介する紙幅はないが、北米や英国同様に、フランスにおいても、移民の出自（入国前の社会背景）と、入国後の家庭背景、加えて在籍した各学校（学級）環境を知ることは、その進路結果の決定要因となる。社会学研究では、移民の持つ文化資本や社会関係資本のほうが、入国後の学校教育補償より影響力は大きく、また入国後も家庭における学校資本の大きさが持続的に影響するとされる。出身国の文化、あるいは親戚からの期待、つながりは継続され、移住後受入国から言語的に孤立しているマイノリティは、出身文化との関係性を持続するのが一般的である。その子孫が、祖父母や親戚からの声に耳を傾け、期待に応えようとするのはより自然である。移民子孫の社会化において学校や居住区における振る舞い行動は、多くの場合に監視対象とされ、その言動の監視役を同胞は意味している。アジア系移民の高い教育達成には、こうした監視項目に、学校での振る舞い、成績が語りからも聞かされるところで、学校で起きたことを日々確認する習慣や伝統、保護者の義務がより強く機能している。そこでは、一緒に宿題をみたり、暗記型の学習習慣があったり、あるいは具体的な点数によって評価される。他方、アフリカ系の家庭でも、子どもへの期待は同じだが、必ずしも具体的な行為にならず、楽しかったか、よく勉強したかと言った抽象的な会話で終わることが多い。これは、ネイティブの上流階層と庶民階層の家庭の会話に近似した差異と言える（プーラウェック 2018)。また学校経験に乏しい保護者がフランス語の読み書きを子どもと一緒に学ぼうとしない点も見受けられ、子どもの学年が進行するとともに、学校の勉強を確認できなくなり、保護者の義務を早期に怠っていくとされる要因の一つでもある。こうした学校資本、学校様式に馴染みやすい文化を出身国においても持ち合わせているか、保護者の学校歴の長さにも影響されるだけに、上述したように移民の保護者の入国前の社会文化背景に注目することは、その子孫の学業の成功を左右する重要な鍵となる。この保護者の子どもへの教育期待の違いは、移住する前に、受入国における社会的な成功（定住）を計画しているかどうかとも相関がある。

学校生活においては、その保護者の学業経験年数もさることながら、子ども自身の入国年齢が学齢期の前後で、その後の学業に影響を与える。一つには、学習方法を身に着けているかということがある。もう一つには、学習言語である出身言語においても修得できているかということが鍵となる。フランスでは、居住区の教育委員会（CASNAV）において、出身地の教授言語による言語と算数のテストを実施し、どれくらいの学習能力があるのかについて、確認している。出身国における成績表なども参考にしている。難民なども、難民キャンプの就学経験があるのかどうか確認することで、特別な教育課程に受入れるのか、学齢に応じた原学級に登録し、一部語学を中心に取り出し等を行うのかと言った判断材料にしている。

また、近年は、集住地区と学校の相関を気にして、都市と教育行政が連携して、特定のエスニック集団が集住しないよう社会集合住宅への入居の際に学区の分散を図り、学校側も、同一学級に集中しないように配慮している。居住地の隔離（セグリゲーション）、学校内のエスニック・マイノリティと貧困層の集中を避けることが、中間層以上の成績保持者をその学校から逃避させるのを防ぎ、学習効果の維持・向上が図れるとする。学校効果研究において、社会混成及び学業成績の多様性は、学力向上に一定の効果があるとされるため、生徒及び教師の教育環境（やりがい、いじめ、遅刻、欠席）を良くするためにも、社会文化的脆弱者の隔離を防ぐ行政対策が必須である。さらにスラム街、ゲットー地区、移民街などと呼ばれる社会問題が集中した脆弱都市の地下経済は、負の連鎖を構成しているため、エスニック集団内の強固な秩序と規則による管理体制から解放する意味でも、地区外との交流、社会関係資本を形成することが、若者の成功に導く可能性を拡げるとされている（園山編 2012）。

フランスの学業追跡調査から明らかにされたことは、移民背景を持つ移民子孫は、ネイティブ同様の社会階層においては、ほとんど変わらない教育達成を遂げていること。唯一、アジア系が、平均以上の高い学歴を獲得し、高成績を収め、普通高校や高等教育進学率が高いこと（園山 1996）。逆にトルコ系は、職業高校や、短期高等教育課程への進学率が高いこと。男女比でみると、トルコ系を除く、すべてのエスニック集団においてネイティブ同様に女性移民が男性移民より高い教育資格を獲得している（園山 2002, 2017c）[4]。同様の結果は、最大のエスニック・グループであるマグレブ系の第二世代 70 名を対象に男女の教育達成の違いについて明らかにした研究でも示されている（Lacheret 2023）。

それでも、私学選択する移民は少なく、特別・特殊教育課程の恩恵に預かる移民が多い。フランスの私学は、ほぼ国家との契約私立のため、授業料は必ずしも高額ではなく、むしろ小規模校であり、宗教教育が施されるなど、秩序の良い学校とされ、また留年回避を目的とした選択肢の一つとなっている（園山編 2012）。特別・特殊教育のなかでも、社会的障害を理由に、通常学級から一時的に特別・特殊教育単位（UPI）に、あるいは常時特別課程（適応学科等）に追いやられる事例が少なくない（ザフラン 2018）。こうした医学的な診断がなくても学校の進路判定会議において保護者と生徒自身の弁論術が不十分となると、学校（教育委員会）の決定に服従するのもフランス語能力と教育制度の知識が不足する移民出自の家庭となる。

興味深いことに、きょうだいが多い場合には、こうした判定会議における弁明の仕方や、教育委員会への異議申し立ての文書の書き方なども身につけ、長子の経験を活かした進路選択ができるようになる。たとえば普通高校を継続し、大学進学を目指すために必要な選択科目（特に希少外国語）についても、十分な情報を持たない移民（庶民階層）には不利に働く結果となっているため、不適切な進路指導による排除のプロセスに注目してきた（園山 1996, 2002, 2003, 2009b, 2010, 2015b, 2016a, 2016b, 2017a ほか，園山編 2018）。

しかし、フランスの社会学研究において、学校内における人種差別（無意図的差別含め）や、進路選択における差別など豊富な実証研究があるとは言えない（本書第 10 章）。移民出自の生徒が、特定の教育課程に偏向していることは事実だが、それが人種差別によるという因果関係を証明できる分析は、少ない。参与観察研究においても、いまだ十分とは言えない。むしろ、フランスの公共の場における移民は、人種的な差異を認めない不可視（透明）な存在（カラーブラインド）と言われるように、単一不可分であるが故に、言語、文化、宗教的

4）　OECD の PISA（生徒の学習到達度調査）あるいはインディケータにみる高等教育の進学率では、女性は男性を上回る結果となっている。こうした海外の高等教育への進学は、高等学校の成績などに重点がおかれ、日本の共通テストをはじめとする一発試験型の選抜は少ない。総合的で複数年に及ぶ選抜や進路選択方法が、女性には有利に働くという研究もある（打越 2024）。日本のような一発試験型の国では、競争を避け、リスク回避傾向が強い女性にとっては不利とならないか、外国人生徒に関する検証が必要である。

な差異をあえて認知（見ようと）しない教師文化が根強いと感じる。個人的な経験値であるが、移民２世以降の教師も少なくないが、かれらが率先して自らの生い立ちや、人種的な差異についてカミングアウトすることは少ない。どちらかと言うと逆に、フランス人は、肌や出自の差異によって差別しないことを強調し、生徒の差異を見て見ぬふりをすることが自然とされているのではないだろうか。確かに庶民地区の学校においては、苗字からして移民の背景を持つ生徒が過半数以上を占めるため、そうした配慮を必要とするかどうかは、本人次第となる。したがって、必然的に、早期の段階から、生徒本人ないし、保護者が校長や担任に、合理的配慮を求めない限り、特段対応してもらえない。留年や飛び級制度があるように、本人の習学リズムが尊重されるため、自己責任化されやすい学校文化である。こうした学校（教師）文化への理解と適応をいち早く外国人・移民に求めてきたのも学校の制度や文化である。

総じて、フランスの先行研究では、人種差別による教育達成の差異を説明できるとはされていない。しかし、学区（学校）間における外国人・移民の比率の偏向、庶民階層の偏りが学校効果に一定の悪影響を与えること、移民の教育達成においては、移住前の出身国の教育経験、保護者の教育歴、学校資本の差異が、その後の受入国での子どもの学習、教育目標に影響を与えること、ひいては教育達成、進路、就職、住宅、結婚にまで継続的に波及効果があることが明らかとなっている。大方の予想に反して、大家族移民のきょうだい数は、ネイティブと比べると下のきょうだいにプラス効果をもたらしている（モゲルーとサンテリ 2018）。反面教師となる長女と長男の経験から下のきょうだい及び保護者が学ぶためであり、またアフリカ系移民の家族内の役割機能として長男や長女がきょうだいの世話をすることや、従属的な弟妹という家族構造と伝承される文化が、ネイティブの庶民階層とは異なる結果となっていることは注目に値する（ボー 2018）。あるいは、きょうだいが多いため、そのことが様々な社会関係資本を形成しネットワークが多様化する面も指摘されるところである。家族以外の人と、子どもたちの学童や習い事（無償で自治体が提供する余暇活動）を通じて、住宅地区外の若者、大学生たちというロールモデルと出会う機会を、弟妹らは与えられ、活用するためでもある。地元の狭い共同体の規範から、自由になり、異なる言葉遣い、異なる規範を学ぶことは、世界観を改める機会であり、学区の空間から脱出することにつながる。この経験が若い移民ほど、高校以降の進路に活かされ、解放される。共同体外の経験は、ムスリム家庭においては特に重要となる。こうした学校外の実践活動には、郊外における移民子孫へのステレオタイプを乗り超える意義も見出されている（森 2016）。

3. 欧州からの示唆──日本との比較から

出入国管理及び難民認定法（昭和 26 年政令第 319 号）の在留資格の再編が行われたのは、1990 年である[5)]。この改正により「定住者」の在留資格が創設され、日系 3 世まで、就労可能な地位が与えられ、外国人労働者の受入れをサイドドア方式によってブラジルやペルーから受入れることになる。90 年代のバブル景気には、イランからの出稼ぎ労働者が上野や代々木公園に集まり、「リトル・テヘラン」と呼ばれるような現象も起きた。梶田（2001）は、日本の外国人政策は新入管法の制定によって「サイドドア」ないし「バックドア」としての特徴を帯びていると述べている。「興行ビザ」あるいは「研修生・技能実習生」という在留資格がその良い例である。また、日系人が「日本人配偶者」や「定住者」という在留資格で就労し、実質的には外国人労働力の一部を担っている点も、かれらの人口の上限が数十万といわれていることに由来すると言う。ゆえに、日本政府も比較的容易に日系人への権利付与に踏み切れたと説明している。したがって、これらの在留資格は、「フロントドア」として公的に開かれているようにみせながら、実態とは乖離したかたちで黙認してきているという意味において「サイドドア」ないし「バックドア」として説明されている。

1990 年の入国管理法の改正以来 30 年超が経過する。在留外国人数（ストック）の状況は、2023 年末現在の在留者外国人数 341 万人、うち特別永住者数は 28 万人で前年度比 11% 増加している。総人口に占める割合は、約 3% となっている。国籍・地域別に見ると、中国が 82 万人で全体の 24% を占め、以下、ベトナム 57 万人（17%）、韓国 41 万人（12%）、フィリピン 32 万人（9%）、ブラジル 21 万人（6%）、ネパール 18 万人（5%）の順となっている。年別の在留外国人数の推移を見ると、中国は増加傾向にあり、2023 年末は 2022 年末と比

5）2023 年 12 月 28 日に一部改正において、日系 4 世まで限定的であるが受入れが可能となる。なお、2024 年 6 月に「出入国管理及び難民認定法等の一部を改正する法律（令和 6 年法律第 60 号）」として更新されている。

べ7.9％の増加となった。また、韓国は減少傾向にあり、0.3％の減少となった。このほか、ベトナムは2010年末以降増加傾向が続いており、15.5％増と大幅に増加しており、フィリピンは7.8％増加している。また、ブラジルは2007年末にピークとなって以来減少傾向が続いていたが、2016年末以降増加傾向にあり、1.2％増加している。前年度比で突出して増加傾向にあるのは、ネパールの26.5％、インドネシアの50.8％、ミャンマーの53.9％である（出入国在留管理庁）。

難民の受入れを国際社会において果たすべき重要な責務と認識し、1981年に難民条約に、次いで1982年には難民議定書に順次加入するとともに、難民認定手続に係る必要な体制を整えてきたところである。2023年に我が国において難民認定申請を行った者は１万3,823人であり、申請者の国籍・地域は87か国にわたり、主な国籍は、スリランカ、トルコ、パキスタン、インド、カンボジアとなっている。同年における難民認定申請の処理は8,184人であり、前年に比べ13％増加している。その内訳は、難民と認定した者289人、難民と認定しなかった者5,045人、申請を取り下げた者等2,850人であった。1978年から今日までに認定された条約難民の総数は、千人あまりである（出入国在留管理庁）。

以上みてきた入国者数の増加と出身地の多様化は、学齢期の子どもの数と多様化とも相関する。「日本語指導が必要な児童生徒の受入状況等に関する調査」（2024年８月８日）の結果から、公立学校に在籍している外国籍児童生徒数は、129,463人である。日本語指導が必要な児童生徒数は、69,123人で前回調査より増加、日本語指導が必要な外国籍の児童生徒のうち、日本語指導等特別な指導を受けている者の割合は９割となっている。そして「特別の教育課程」による日本語指導を受けている者で外国籍の児童生徒については、義務教育段階で37,500人（5,880校）、高等学校段階で215人（33校）である。

日本語指導が必要な外国籍の児童生徒を言語別にみると、ポルトガル語12,026人（21％）、中国語11,862人（21％）、フィリピノ語8,913人（15％）、ベトナム語3,756人（7％）、スペイン語3,668人（6％）と続く。日本語指導が必要な日本国籍の児童生徒を言語別にみると、日本語を使用する者の割合が約３割で、最も多く、次にフィリピノ語の２割弱となっている（文部科学省2024）。

日本語指導が必要な高校生等の中退・進路状況については、8.5％で、全高校生等の1.1％と比べても大きな課題がある。就職者における非正規就職率は

38.6% で、全高校生の 3.1% と比べても高い。進学も就職もしていない者は、11.8% 対 6.5% となっている。また、進学率では 46.6% に対して全高校生等は 75% である。なお、これらの数値に下記の不就学者約 8 千人は含まれていない。

「外国人の子供の就学状況等調査」(2023 年度結果）によると、学齢相当の外国人の子供の住民基本台帳上の人数（小学生と中学生相当合計 150,695）に対し、就学状況が確認できない者（不就学、就学状況確認できず、住民基本台帳上の人数との差）は 8,601 人にのぼる。

また 2023 年 5 月 1 日現在で雇用・登録等されている日本語指導の支援者・母語支援員（学校において外国人の子供の支援等を行う外部人材）の人数は、日本語指導支援者 7,837 人（常勤 394、臨時 2,413、ボランティア 2,697、他機関からの派遣者 1,264、その他 1,069）である。あるいは、母語支援員については 45 人が常勤、任用職員は 1,862 人、ボランティア 2,123 人、他機関 703 人、その他 1,533 人となっている。

日本語指導が必要な外国人児童生徒等の教育に関する教育委員会独自の研修の実施状況は 2 割で、その対象者は学級担任・日本語指導（78%）、管理職（47%）で、研修の内容は日本語指導方法が 81% や、外国人児童生徒の心理とアイデンティティが 54% となっている。

以上の公式指標からも、外国人や日本語指導の環境整備が待たれることは明らかである。これらの教育実態や課題については、今後も継続した施策が必要となる（Sonoyama 2006, 2013)。

日本国憲法は、権利の享受者としては日本国民しか認めておらず、外国人を原則的に排除しているとするのが通説である。その結果、この憲法に基づけば、外国人には生存権ばかりでなく様々な社会的経済的権利として表現される人権も基本的には認められていない。自治体が国際交流ないし協力について重視していても、内なる国際化についてはあまり重きを置いていないのは、日本という国民国家のこのような基本的姿勢を反映している側面もある。

それに対して、憲法とは明確に異なった立場に立っているのが地方自治法である。本法によれば、自治体は住民の安全、健康及び福祉を保持する義務があり、ここでいう住民には生活の本拠を該当自治体におく外国人も、当然に含まれている。普遍的人権に向かって開かれたこのような地方自治法の精神の基礎には、国権に民権を対置した自由民権運動に連なる 100 年余りにわたる日本の地方自治法の伝統がある。つまり、自治体は、国とは別個の国際政策を展開できる可能性をもっているのであろう。こうして新旧の外国人といかに共生するかを指向する内なる国際化が、自治体の積極的課題として浮上してくることになる。内なる国際化の最終的な目標は、豊かな個性溢れる地域文化の創造にある。外国人移民のもたらす様々な文化は、地域が持っている歴史性と風土性と相互作用をしながら固有の発展を遂げる。

しかし、自治体レベルの意識に大きな格差が存在することも確かである。定住外国人の直面する諸問題を地道に解決する努力を続けている自治体が存在する一方、ほとんど問題意識の希薄な自治体もある。それを判断する一つの格好の材料が非正規外国人についての施策であって、人権を擁護するという立場からかれらを守るために真剣な模索をしている自治体がある反面・不法であるから施策の対象外として切り捨てるばかりか、入管及び警察へ通報するとする自治体さえある。このような姿勢のない自治体には国の施策、方針に委ねるという傾向が一般的にみられ、地方自治が国との緊張関係において成立してきた歴史的経緯が忘れられて、国の下請け機関に甘んじている実態が明瞭にみて取れる。

次に、外国人の義務教育諸学校への就学に関する法制度的な枠組みをみていく。日本国憲法は、第26条において教育に関して次のように規定している。

> 第1項「すべて国民は、法律の定めるところにより、その能力に応じてひとしく教育を受ける権利を有する。」
> 第2項「すべて国民は、法律の定めるところにより、その保護する子女に普通教育を受けさせる義務を負う。義務教育は、これを無償とする。」

この条文は、「日本国民」の「教育を受ける権利」及び「義務」が示されており、日本国民とみなされない「外国人」の「権利」「義務」についてはなんら言及されていない。日本人の場合、6歳から15歳までの9年間、小学校・中学校に就学する義務がある（正確には、学齢期の子どもを持つ保識者がその子どもを義務教育諸学校に就学させる義務を負っている）。外国人には、法令上このような就学義務はないものとされている。文部科学省も憲法のいう「国民」は「日本国民」を指すという立場をとっている。したがって、外国人の子どもの保護者には、通常、義務教育の履行を保護者に促す目的を持って入学期日と就学すべき学校を通知する就学通知が事前に送られてくるとは限らない。

だが、外国人の子どもは日本での学校教育を受ける機会を閉ざされているわけではない。かれらには、義務としてではなく、「許可」として教育が提供される。つまり外国人には教育の義務はないが、これは義務として強制的に教育を受けさせるのではなく、もしも外国人が日本の公立の小中学校へ就学希望があれば、その旨願い出た場合、行政当局はその就学を認めるべきであるということになっている。

そして、いったん就学が認められ、学校への入学を「許可」された外国人に対しては、「日本の子どもと同様に」扱うことが原則とされている。これには、授業料の不徴収、教科書の無償配布や就学援助等、日本人と同等の行政上の措置をとることが含まれている。しかし同時に教育内容上日本人とまったく同様の教育が行われることを意味している。それゆえ、外国人が日本の学校教育を受ける場合、民族的・文化的背景の「相違」が配慮された教育内容を期待することはできない。

このように、外国人の日本の学校への就学保障は、第一に就学機会は「権利義務」としてではなく、「許可」もしくは「恩恵」として提供される。第二に就学後は日本人と同様に扱われる、という二つの原則に基づいて成立している。外国人の子どもは、そのような立場にいるために、学校教育において様々な問題に直面することとなる。

いわゆる日本の「一斉共同体主義」としての学校文化及び教育制度上の「同化と排除」の原理の基盤となっている法体系である（恒吉 1996、志水 1996）。加えて、高校における「適格者主義」[6] による外国人に対する特別入試枠（1995年に神奈川県、2001年に大阪府など一部で導入）や特別の教育課程（2023年4月から全国実施）が用意されてこなかった。

また、これらが国際人権A規約（1979年批准）、子どもの権利条約（1994年批准）、国連難民条約（1981年批准）、あらゆる形態の人種差別撤廃条約（1995年批准）などに反している点が今後さらに国内外の問題として発展することは避けられない。

以上のように、鎖国的で、差別的で、自国（国民）中心主義的な学校制度及び法体制を強いる日本社会において、各種学校としてのブラジル人学校が設立されつつある状況は無視しがたい。なぜなら、オールドカマーにみる朝鮮学校同様に、ニューカマーに対しても学校教育体系上分離教育としての歴史が継続されることになるからである。

なかでも、自己表現（主張）ができない環境（学校文化）が、構造的に子どもたちに覆い被さっていることにある。ニューカマーの差異を見ようとしない教師や、「校則、日本語」など相違を一切認めまいとする学校の体質に疲れ、同化することの方が楽と感じてしまう子どもたちの様子が描かれていたのは興味深いと同時に、深刻さを思わせるフィールドノーツの一つである（志水1996）。

このような「見ようとしない」教師、別の言い方では「意図されない差別」文化が、ニューカマー研究によって析出されたことは、これまでにも、旧くは在日、被差別部落、海外帰国生（子女）、ジェンダー、障がい者などを通じてみえてきた問題とも共通している。そのためには、教師と生徒が共に新たな学校文化を創造するためのカリキュラムや教授法を、教師教育（初期教育及び継続教育）において積極的に実施していくことが考究される。いわゆる自律した専門家集団の育成と教授内容と方法の裁量権の保証にある。

まとめると日本においては、約8千人の就学不明者が先決課題であるが、在籍はできても特別な教育課程が施されない、日本語支援が用意されない無支援状態の課題も見逃せない。特別な教育課程は、同一校に13名以上の日本語指導が必要な生徒が在籍しないと教員が配置されない。ここには、二つの問題が

6）高等学校におけるいわゆる「適格者主義」については、高等学校進学率が約67％であった昭和38年の「公立高等学校入学者選抜要項」（初等中等教育局長通知）において、「高等学校の教育課程を履修できる見込みのない者をも入学させることは適当ではない」とした上で、「高等学校の入学者の選抜は、……高等学校教育を受けるに足る資質と能力を判定して行なうものとする」とする考え方を採っていた。しかしながら、その後、進学率が94％に達した昭和59年の「公立高等学校の入学者選抜について」（初等中等教育局長通知）においては、「高等学校の入学者選抜は、各高等学校、学科等の特色に配慮しつつ、その教育を受けるに足る能力・適性等を判定して行う」として、高等学校の入学者選抜は、飽くまで設置者及び学校の責任と判断で行うものであることを明確にし、一律に高等学校教育を受けるに足る能力・適性を有することを前提とする考え方を採らないことを明らかにした。

これを踏まえ、平成11年の中央教育審議会答申「初等中等教育と高等教育との接続の改善について」においては、「今後、このような趣旨が更に徹底され、後期中等教育機関への進学希望者を盲・聾・養護学校高等部も含めた後期中等教育機関全体で受け入れられるよう適切な受験機会の提供や、高等学校の整備、盲・聾・養護学校の高等部の整備などの条件整備に努める必要がある。」と指摘されている。（文部科学省高等学校教育部会（平成24年7月12日）配布資料「課題の整理と検討の視点（案）」1より）

ある。一つは日本語指導の必要性は教員（校長）側の主観によること。もう一つは、外国人集住地域より、分散地域が多いため、同一校に日本語指導が必要な生徒が充分な数いないことが多々ある。さらに、小中高校教師同様の国家資格を早急に学齢期の外国人への日本語教育の教師資格として制定する必要がある。学齢期のための第二言語あるいは、継承語としての日本語教授法の確立は急務である。また、日本語能力の客観的なテストを学齢期の各教育段階別に用意することと、同時に出身言語による学習能力も確認する必要がある。このことは、近年問題とされる、みなし発達障害とされ特別支援学級に在籍している児童生徒の存在とも絡めた対応が求められる。早急に各出身言語による教科の習熟度を測るテストの開発導入が待たれる。他方で、こうした適応に向けた教育や日本語教育は、社会への同化を目指した教育でもある。内なる植民地化ないし国粋主義には、注意が必要である。公教育の脱国民国家化という点からも、出身言語と文化の教育や、教育内容の内なる国際化、出自に関係のないより普遍的なアカデミックな教科内容に絞った公教育も議論されるべきである。国際バカロレアのプログラムの導入校が増えているが、こうした開かれたカリキュラムがより多くの生徒が受講できるようになり、多言語で学べる環境が広まることが求められる（園山 2003; Sonoyama 2006, 2013）。

次に、学校を離れていく学齢期及び高校生に対して、日本国籍者同様に行政の対策が必要と考える。16 歳以上の不就学・不就労な若者（ニート）の再教育訓練の保障は、欧州では無償で 18 歳以上の成人を含めた 24 歳くらいまでを対象に拡大している（園山 2021, 2022, 2023）。教育訓練に限らない住宅や生活保障も含めた総合的な取り組みが考えられる。こうした問題は、外国出自に限定されず、公教育の揺らぎとして、特に 2016 年に制定された「教育機会確保法」を通じて、学校教育制度の可能性と限界、あるいは、その臨界、境界線の問い直しが教育学でも始められている（木村 2020）。

おわりに

以上みてきたように、フランスの移民教育政策は、フランス語の補償と出身言語・文化の教育も併せた考えに基づいており、さらに移民出自以外の社会的脆弱性への支援と一体となった学習権の保障が根底にある。他方、日本の場合は、憲法による日本国籍の有無が政策上において依然大きな障壁となっている。

しかし、国際移民の移住は誰も止められないこと、また移住は永住を意味しない。なおかつ人の移動は、文化・文明の交流を促し、変容は多様性をもたらし、多様性は豊かさの基盤となる。人の成長・発達を支える学校教育は、こうした価値観の違いを受容れる寛容性を育む年齢を対象とするため、学校―地域社会―家庭の三者連携が鍵となる。多様な文化、言語、宗教などとの間に起こる摩擦や対話から、より良い健全な暮らしを築く基盤を学校が担うようになる可能性があることに期待したい。日本でもコミュニティ・スクールをはじめ、学校運営の形態は変容（コミュニティ・スクールなど、地域との連携）しつつあり、教師、生徒、地域住民と一緒に教育内容や方法を考え、地域に密着した教育の場を構築し、地球規模で持続可能な社会を創造する力を持った市民を育てることが益々肝要となる。多文化共生社会は、地元住民一人ひとりの行動、参加から生成され、多文化共生に必要なコンピテンシーのなかの感性（sensitivity）は、学齢期に形成されるため、学校―地域―家庭が未来社会の決め手となる。

第２章

「特別な教育的ニーズ」と移民の子ども・若者たちの学校への受け入れ

―手探りの政策論議―

マイテナ・アルマニャーグ

フランスの学校制度は、「新規移民他言語話者生徒」（以下、EANA）との複雑な関係によって特徴づけられる。これらの生徒たちは公共政策のカテゴリーに入り得るのであり、毎年、数万人単位で入学しており、2016-2017年度においては、教育省統計局（DEPP）[1]によればその数は６万人であった（Robin 2018）。この複雑さは、これらの生徒たちをめぐる制度的な介入の論理における葛藤から生じている。それは、学校は、社会的弱者として認識される生徒の社会的解放に向けた場所でありたいという願望と、反対に、そのために生徒の特性を考慮した対応をしたいという願望との間の葛藤であり、また、1945年以降とくに強く確認されているように（Weil 2008［1995］）、民族的な集団的所属を公的には配慮しないとする普遍的で政治的な原則としての「共和国原理」（学校がその象徴であるが）によるものでもある。移民生徒への教育的で補償的な支援は、かれらの差異に着目することを伴うのであるが、この原理に従えば、日常的な学校生活では、あらゆる形態の差異化を拒否する制度的制約に直面する。しかし、学校における移民の（移民につながる）子どもたちの問題はまだ緊張をはらむものであり、このような子どもたちのためのいわゆる「異文化間主義的」な教授法が社会政策と結びついて（Keyhani 2017）、その基盤が文化主義的（culturalistes）であるとしても（Sayad 1979; Belkacem 2015）、フランスでは1960年代以降、通常の教育制度の片隅で実施されることもあった。このような文脈において、しばしば「特別な」ものとして提示される移民の子どもや若者の学校における地位をどのように理解すればよいのか。その構造や制度的基

1） DEPP（評価・予測・成果局）は、国民教育省の統計部門である。

盤はどのようなものなのか。そこで、EANAというカテゴリーの構築に関する制度的試行錯誤の決定要因を明らかにすることを試みる。このカテゴリーは、インクルーシブな教育制度に漸進的に含まれていくことになる。「インクルージョン」という言葉は、当初は障害という観点から出発したものであったが、フランス語を話さない移民生徒たちを含め、学校規範のマジョリティから離れたすべてのグループのための政策的・科学的な言語として徐々に確立されてきている。インクルージョンは1994年のサラマンカ宣言[2)]によって提唱されたもので、機会均等のルールの確立を目的としている。インクルージョンは、社会的・教育的参加のモデルを具体化するものであり、障害者の排除を否定し、かれらの違いを受け入れ、多様性を尊重するものである（Ebersold 2009）。

これらの制度的試行錯誤は、移民生徒への制度的対応におけるフランスの教育制度上の困難のあらわれである。というのも、移民生徒は、ポストコロニアルな学校教育という考え方と、とくに教育的不適応による組織的な補償の正当性との間に挟まれた社会的存在だからである。この考察の最初の2つの節は、この複雑な社会像の分析を行う。事実として、欧州の教育制度へのアクセシビリティと、歴史的な進展（Ainscow et al. 2013）[3)]によるインクルーシブ教育の普及とは、これらの移民生徒にとって障害となっている。実際、かれらの学校への参加は、「教育的な問題」の出現として、そして「特別な教育的ニーズ」の正当化によって、教授上・制度上の課題に位置づけられている。これらの生徒たちにとって教育制度をアクセシブルなものにしようとする試みを構造化するこれら二つの動きの要となるのは、言語の領域（言語の修得）であることに気づくだろう。このアクセシビリティの政策は、言語を軸に組み立てられたとしても、だからといって、移民生徒が複雑な分析の対象になってこなかったわけではなく、とくに、フランス語教育学者たちは、その分析において言語習熟度だけではない別の次元に焦点を当ててきた（Galligani 2012; Goï 2018）。

2） 1994年6月7日から10日にかけて、スペインのサラマンカにおいて開かれたユネスコ会議で採択された「特別なニーズ教育における原則、政策、実践に関するサラマンカ声明ならびに行動の枠組み」のこと。

3） フランスの障害に関する2005年2月11日の法律（第2005-102号）は、アクセシビリティの実現を目指して、教育の分野でこれまでにない進歩をもたらそうとするものであった。また、移民の子どもたちの学校教育を組織する2012年10月2日の通達（第2012-141号）も同じ方向で、教育制度をより利用しやすくするよう提言している。

1. 移民の子どもたちの「学校問題」の起源：移民、植民地化、民主化、学校の階層化

フランスは、啓蒙主義の価値観と「1789年の精神」を利用することによって、普遍主義的な政治レトリックの基礎を築き、市民という考え方に基づくその人文主義的・共和主義的な正統性を、教育という手段によって実現した。19世紀後半、ヨーロッパの産業「大国」であると主張するあらゆる主体の中で、フランスの特徴は、イギリスに匹敵するほどの、広大な植民地帝国であるというところにある。同時に、20世紀末まで、ヨーロッパにおいて最も移民の多い国であった。フランスにおける外国人の数は、1851年の国勢調査では38万1千人、20年後（1872年）には70万人近く、そして30年後（1881年）には100万人に達した。実際、19世紀末には、15歳未満の移民生徒が20万人、20歳未満の移民が30万人近くおり、とくにフランスの北部と南東部に集中していた（Noiriel 1988［=2015］）。この移民集団の一部は、アフリカの植民地で生まれた者で、フランスは同時期に文化的・経済的支配を確立し、フランス語だけでなく、人種支配を兼ねた行政形態も押し付けようとしていた。植民地化を進めていた他の国、たとえばイギリスやオランダとは異なり（Jacobson 2018）、フランスは、植民地の「文明化」を進めようとしたのであり、それは、人種共和主義の理想に基づき、教育を通じて、個人を未発達な「教育可能性」ととらえ、かれらを発達させようとした[4)]。この文脈で、この発想は、学校に通う移民（当時は外国人と呼ばれていたが、2つの身分が重なることはなかった）にも適用された。

19世紀末、フランスは学校教育の民主化を進めた（「フェリー法」による1881年の公教育の無償化、1882年の学校教育の義務性および非宗教性（ライシテ）の導入）。

4）このように、教育可能性に焦点を当てるというのは、野心的かつ規定的なプロジェクトである。それは、哲学的な自由主義の系譜である。また、それは、一見すると理性的でないと見える人々も含め、すべての構成員が個人としての地位を持っていることが認識されることによってあらわれてくるものである。このような焦点化は、とくに子どもに対するものであり、それは、1975年に出版されたフィリップ・アリエスによる『アンシャンレジーム期における子どもと家族生活』［邦訳『子どもの誕生』］で示されていたものでもあるが、同時に、植民地化された人々や不適応とみなされた人々も含まれていた。

フランスでは、労働者、農民、外国人の子どもたちが教育を受けられるようになったという点で、その開放性の社会的・政治的側面が強調されている。このような学校制度の漸進的な開放は、教育制度への「新規参入者」の到来という形で、学校教育を受けている人口の社会学的再編成につながった。この再編成は部分的には移民によって特徴づけられたが、また、移民労働者（ポーランド人やイタリア人）に対する排外主義や警戒心によっている。これらの労働者は、時には直接企業の庇護の下にあり（鉱山におけるような労働協約）、労働運動への参加や同化に抵抗する社会的な行動に乏しいと疑われている[5)]。しかし、1930年代末まで、移民（あるいは外国人）の子どもは、ほとんど学校教育を受けていなかったため、このような学校教育人口の社会学的な再編成は限られたものであった。つまり、卒業証明書を取得している子どもたちには「就学免除」が存在していたのであり、それは、社会的な状況のために就学が長続きしない子どもたちの就学を制限する方法であった。その中には農民や労働者の子どもも含まれ、移民の子どももいた。そのため、実際には、19世紀末から20世紀初頭にかけて、すべての移民の子どもたちが継続的に学校に通っていたわけではなかった。さらに、こうした就学免除とは別に、一部の地域では、外国人の子どもや若者の教育への権利について制限的な解釈がなされていた。これは、かれらを雇用する特定の企業の共同利益や、フランスの学校での就学によってもたらされる同化を制限したいという一部の国（たとえばポーランド）の意向によるものでもある（Sochaki 2015）。そのため、実際には多くの外国人の子どもたちは、「初等教育は男女を問わず、満6歳から13歳まで義務である」という1882年3月28日のフェリー法第4条の規定にもかかわらず、学校に通っていなかったのである。ある研究（Gogolewski 1994）によれば、ノール県あるいはソーヌ河畔やロワール河畔の学校に外国人生徒を入学させるよう教育機関に促す行政内部文書も発見され、1882年法の解釈変更を促している。1930年代初頭の経済・社会情勢の悪化を背景に、就学に関するフェリー法の普遍的な目的

5）　これは、たとえば、1924年から32年にかけてローヌ県選出の国会議員（下院）であり、1928年に『フランスと外国人ー人口減少、移民、帰化』という本を出版したシャルル・ランベールの立場である。[*La France et les étrangers: dépopulation, immigration, naturalisation* / par Charles Lambert, député, ancien haut commissaire à l'immigration et aux naturalisations; lettre-préface d'Edouard Herriot, Delagrave, 1928]

がより実効性をもってくるには、人民戦線が政権を握るまで待たねばならなかった。1936年8月9日の法律の第1条は、1882年3月28日の法律の第4条を改正し、「初等教育は、男女を問わず、フランス人および外国人に、満6歳から14歳まで義務とする」と規定した。外国人排斥や反ユダヤ主義的な行為が増加している時期に、外国人の子どもに関するこのような改正をし、同時に義務教育法に基づく学校卒業証明書を取得した子どもの就学免除を廃止したのである。当時、フランスの小学校には6歳から13歳までの外国人が30万人在籍しており、そのうち26万人が国公立の学校で教育を受けていた（生徒全体の7%）[6)]。ノワリエル（Noiriel 1988［=2015］: 290）は、当時の状況についての研究から、次のような概要を示している。つまり、当時のイタリア人移民やアルジェリア人移民の小学校への就学に関する研究は、見下されるような存在であったにもかかわらず、かれらを肯定的に捉えていた。というのも、同じ社会的背景を持つ同級生と比べて、かれらは比較的成績が良く、学校の秩序も尊重していたからである（Blanchard 1913; Marcel-Remond 1928; Mauco 1932）。国立人口統計学研究所（Ined 1954）の調査では、パリ地域圏のアルジェリア系の移民生徒は、学業成績は満足のいくものであり、「勉強熱心で、注意深く、良心的」であると描かれている。また、教師との関係は、実り豊かで平和的なものであった（Ined 1954: 133-134; Ined 1955）。したがって当時、これらの生徒たちが「学校問題」を形成することはなかったのである。なぜなら、フランス人と社会的、職業的に競争することになるとは思われておらず、フランス人の基準を参考にすることは期待されていなかったからである。このような状況の中では、移民生徒は、規準や学校からの逸脱というプリズムを通して理解されることがなく（Goffman 1975［=1970］）、かれらは、学校で歓迎されていないわけではないので（Ebersold et Armagnague-Roucher 2017）、特別な扱いの対象にはなり得ないのであった。相互行為主義的な推論を当てはめられるとすれば、学校におけるすべての人の平等な参加（したがって潜在的な「成功」）を理論的原理として措定するときにのみその規準（すなわちエリート主義的な規準）をすべての参加者に暗黙のうちに課すことになる。私たちは、そこから距離を置いたり、疑問を抱

6）1937年のジョルジュ・モコ（Mauco 1932）による統計およびジェラール・ノワリエルが示しているように（Noiriel 1988［=2015］: 289）、1929年の農業省による統計を参照。

いたりする者に対して、事実上、学校教育における逸脱という見方を当てはめているのである（Becker 1985［1973＝2019］)。「特別な教育的ニーズ」という概念が、学校の逸脱を規制するさまざまな方法において、徐々に登場してきたのは、このような文脈においてである。ノワリエルは、1930年代以降、移民の子どもたちがなんとか中等教育段階の学校に入学できたとしても、かれらは、初等教育段階の時よりも、一様に不適応者とされることが多くなったと指摘している（Noiriel 1988［＝2015］: 290)。

移民の子どもたちの学校教育についてのこのような歴史的な制度構築と並行して、フランスは、植民地における教育的影響力の関係に巻き込まれている。このような位置づけは、差異主義的な前提の一般化と、前世紀の自然主義から受け継いだ、人間を測定し分類することの正当性という考え方の普及を通じて組織されたものであった（Doron 2012)。こうして、差異化するための、人間を細かく階層化するための多くの基準がつくり出される（Quételet 1870)。つまり、私たちは、かれらの未来のために、かれらを社会的に発展させようとし、その知的水準を測り、誠実さを測り、さらには人種的純粋さを測るのである（Doron 2013)。この立場を正当化するのは、社会の進化を予測することで社会をコントロールしたいという願望である。こうした差異主義的なアプローチは、とくに教育（知能テストの普及、文化的な「類似性」や「距離」の理論化）を通じて、植民地時代の慣習や移民の見方に浸透し、影響を及ぼしてきた。このような状況では、フランス語の中心性とその修得が、移民の教育的要求、また植民地やいくつかの農村における要求に一貫性を持たせことを可能とする。フランス全体、とくに植民地や農村部では、フランス語修得の「能力」が同化の前提条件であり、暗黙の裡に、それは教育可能性の最低限の指標となされていた[7)]。フランス語の修得は、抽象的な普遍性を特徴とする市民であることの指標となる。したがって、学校が、共和主義的社会化の機能を果たすエージェントとして確立され、フランス語学習を優先事項のひとつとしたことは、決して異常なことではない。

7） 教育を受けるための最低限の指標として言語や言葉使いに焦点を当てることは、移民の子どもの学校教育の最初の段階からその根拠が見出される。これは、移民の子どもたちについてだけではなく、教育を受ける上で問題を抱えているすべての子どもたち、すなわち、移民、植民地下にある現地の者、そして、たとえば精神的な「障害」があるとされる者にも関わる。

2. 試行錯誤の中での制度の構築

第二次世界大戦後、学校教育への平等なアクセスという理念は、ヒューマニズムとフランス社会における共産党の政治力によって再び動き始めることになった。こうして、1947年にランジュヴァン・ワロン計画が発表され、15歳までのすべての者の平等なアクセスが提唱されたが、適用はされなかった。その30年後、統一コレージュを創設した1975年の「アビ改革」[8]の公布によって、その一部が具体化された。この改革は、社会的出自に関係なく、学校教育制度におけるすべての者の平等を正式に承認した。移民の子どもたちは、この民主的な動きに乗ることができ、それが移住したことの野心に結びつくものでもあったため、より大きな期待を抱くことになった。当時、こうした野心は、社会状況の広範かつ継続的な改善と不平等の是正という信念に後押しされていた。しかしながら、経済的・社会的繁栄の初期に構想されたこの学校開放は、フランスがその歴史的な高度成長期を過ぎた時期に行なわれることになり（当時はこの状況の不可逆性は知られていなかった）、とくに移民の背景をもつ生徒たちにとって、学校の民主化によってもたらされる平等化の実施の機会に現実的なブレーキをかけることになった。形式的には、移民の子どもや若者を教育制度に受け入れていくことは、言葉にならない暗黙の了解のようなものである。つまり、かれらは、社会科学や公権力によって、「労働者の子ども」のように把握されたのであり、第二次世界大戦後の社会階層パラダイムが、その長い歴史にもかかわらず、フランス社会の民族的・人種的分断を覆い隠すことになったわけである（Milza 1993）。このような社会階層への焦点化は、「共和国」を復活させたいという根強い願望と密接に結びついていた。こうして、民族・人種問題への科学的アプローチと平等主義的共和主義の理念の再発見には、学校教育制度がその主たる手段であったが、一致して、社会や学校における民族・人種的不平等を軽視するという逆効果があった。にもかかわらず、戦後のフランスは、脱植民地化の戦争と運動との舞台でもあった。この状況において、さまざまな方法で、国家「モデル」の精神が、とくに教育制度の組織化といった制度

8）アビ法とは、1975年7月11日の法律（第75-620号）のことであり、オンラインで入手可能。

的な統制の実現によって揺さぶられた。しかし、この構図は、フランス社会、とくに植民地化された国々からの移住を経験した人々やその子孫の間に憤りを生み、かれらの多くは社会的・経済的解放を期待していたはずで、一種の二重の幻滅を生むことになる。他方では、移住と植民地の状況は部分的に混同され、両義的な「適応」教育実践を生み出し、実際、実践の重要性、とくに外国人のためのフランス語の修得法（FLE：外国語としてのフランス語）が用意されている。徐々に、このようなグループに対する学校の役割という問題が提起されるようになる。すなわち、制度的な扱いは、これらの集団の違いや特別なニーズを厳格に認めない立場から「通常の」教育制度の要件と具体的なつながりのない授業や内容による「第二ゾーンの」学校教育を用意する分離・細分化されたアプローチまで、また、平等主義的なアプローチから排除的なアプローチまで、時代や地域によって交互に変化しているのである。

1970年代に、「統合補習授業（CRI）」や初等教育段階での「入門学級（CLIN）」、そして中等教育段階での「受入学級（CLA）」が普及してくるまでは、「フランスに新規に入国した生徒（ENAF）」とされた子どもたちは、どんな教育的支援も受けられない状態であった。一部の生徒は、「出身言語・文化の教育（ELCO）」を受けることもできるのだが、これは、出身国とのつながりを維持する目的をもつものであり、学業成績の向上のためのものではない[9]。この点は、入門学級や受入学級の目的とは反対のものである。この2つの施策は、1970年代半ばから始められ、それはフルタイムでの受け入れであり（入門学級は1年間、受入学級は2年間）[10]、当時は、フランス語の集中的で迅速な学習の必要性によって正当化されていた[11]。この教育政策の存在理由は、その分離的性

9) ELCOと同様の措置は1924年以来存在しており、1976年に公認された。1924年のフランスとポーランドとの間での協議から設置されたのであるが、それは、学校という組織における特殊性への共和国的無関心の原則には反する。「出身言語」の教育は、フランスの教師の監督下でその出身国からの教師によって行われるのだが、それは、授業時間外に行われること、臨時の許可に基づくものであること、また、1925年12月21日の「外国語教育における外国人指導者」についての通達に規定されているように、授業時間が全体の50%を超えないことが条件であった。この授業を担う教師の賃金は、多くの場合、出身国から支払われるのであり、公教育との関連はほとんどない。ELCOは、フランスの教育課程となっているわけではない。

10) この期間は、外国人の子どものための実験的入門学級に関する1970年1月13日の通達（第IX-70-37号）で示されているように、四半期あるいは半期に短縮することが可能である。1970年1月29日付官報（BOEN n° 5）を参照。

質にもかかわらず、ニーズという名の下で行われ、この時代の移民政策の文脈の中で理解されていた。つまり、1974年の移民労働者の受け入れ停止、1976年の家族呼び寄せの施策がとられたことで、移住における中心的課題である社会参加がかつてないほどの問題になってきたという文脈の中に位置づいていた。同時に、教育制度が民主化されてきたのだが（Prost 2013）、それは細分化されつつあり、移民の子どもたちは、より広く通常の学校教育のプリズムを通して考えられるようになっていく。1909年につくられた「知的障害児」のための学級は[12]、1967年に、1996年設立の「普通・職業適応教育科（SEGPA）」の前身である特別教育科（SES）によって補完され、知的水準の低い中学生を対象とするものであった。これらの学校不適応の子どもたちへの教育課程の中で、外国人を含む庶民層の家庭の生徒が多くなってきているのである（Schiff 2003）。

3. 言語使用状況と「欠損を補う」支援[13]

1990年代初頭以降は、移民の子どもや若者の就学は、いくつかの初期の出版物（Zéroulou 1988; Boulot et Boyzon-Fradet 1988a; Vallet et Caille 1996a）の対象となっていた「移民出自の」という類似性に対するものとは異なり、政治的にも科学的にもほとんど注目されなくなった。この問題は、「郊外の」社会問題や都市問題ではなく、アクセシビリティの問題を通して、思いがけない間接的な形で提起されることになる。アクセス可能な、あるいは「インクルーシブ」な学校とは、すべての子どもたちの異質性に対応するための資源を備えた学校と定義することができる。「学校での多様性」は、学業面での弱者とされる集団、すなわち就学上のリスクにさらされやすい子どもたちの多様性として理解される。つまり、障害のある子ども、何らかの困難を示している子ども、「高

11）並行して、統合補習授業（CRI）が存在しており、それは、現在推進されているものに比較的近い形で組織化されている。すなわち、移民生徒は通常の学級に就学し、それに加える形で、学習上必要なフランス語学習（FLS）の教師から特別な授業を受けることになる。

12）公立小学校に併設された再教育学級と「知的障害児」のための独立した学校に関する1909年4月15日の法律。

13）障害領域に関するに欠損を補うための拡張（prolongement prothétique）という概念については、クリスティナ・ポペスキュとセルジュ・エベルソルドとの議論に拠るものであり、感謝したい。

い可能性をもつ」子ども、「行動」や「認知機能」、「注意力」に問題を抱えている子ども、そして、フランス語を話さない移民の子どもなど。

学校教育へのアクセシビリティの原則は、何よりもまず、障害に関する2005年の法律で確認されており、2012年の通達や2013年の共和国の学校の改革に関する一般法によっても再確認されている[14]。その目的は、分離した状況に置かれた子どもたちを可能な限り減らしていくことである。

このような状況においては、学校における移民の子どもや若者の存在は、簡単に答えられるような問題ではない。専門家は、かれらを、言語的な状況に応じた教育的補償が必要であるとする「教育的ニーズ」をもつ者とみなし、公的機関は2000年代初頭から、これらの学業面で弱者とされる者[15]に対して、補習的な措置[16]といった間接的な方法によって、学校へのインクルージョンを促進する必要性があると主張している。この子どもたちを「公的資源の正当な受け手」とすることには、少なくとも2つの理由から、ためらいがある。

まずは、これらのEANAと呼ばれる子どもたちの学校教育についての専門家からの見解によるものであり、このような生徒たちが障害児教育についての公的政策による考慮と混同されることを懸念している。たとえば、権利擁護庁の委託を受けたある国民教育省の担当者は、「私たちの子どもは障害者ではありません、特別な教育ニーズは、障害と似てはいません、それは別のものです」と述べている。しかし、障害の定義については（生物学的アプローチとは対照的に）、1990年代以降（1994年のサラマンカ宣言）発展してきており、2001年に法的に採択されたように[17]、障害とは、提供されるサービス（この場合は、

14）共和国の学校の再構成のための指導と学習計画に関する2013年7月8日の教育基本法（第2013-595号）。

15）2002年および2012年のいずれの通達も、それぞれの時期に特有の意味において、インクルージョンの原則を肯定している。このようなそのつどの目的に適応した規則や「特別な」方法（割り当て時間、専用の教材、教員の資格の有無）の存在が、これらの子どもたちを学校の中でマイノリティにしているのである。

16）これは、UPE2A（新規他言語話者生徒のための教育単位）であり、CLIN（入門学級）、CRI（統合補習授業）、CLA（受入学級）といった制度に代わるものである。

17）障害と健康に関する国際生活機能分類（CIF）は、世界保健機関によって開発され、2001年の世界保健総会で承認された。これは、国際障害分類（ICIDH）に続くものであり、障害の社会的・社会政治的側面に焦点を当て、マンチェスターのリウマチ専門医であり公衆衛生学教授であったフィリップ・ウッドの下でつくられたものである（Chapireau 2001）。

教育）と、その目的（この場合、質の高い教育）を達成するためにその人が自由に使える手段とのミスマッチとしてとらえられる。学校のアノミーと解釈できるこのような状況への対応は[18]、「インクルーシブ」な学校の仕事である。つまり、そのような学校では、生徒一人ひとりに適応できるということである。フランスでは、この点に関する嫌悪感が「特別なニーズ」の分野にも持ち込まれている。それ自体が障害を元に構造化されているのだが、それが医療的な同一視への危惧とつながり、「カラーブラインド」の原理と結びつけられる。つまり、私たちは、移民を特別扱いすることは望んでいなかったのである。なぜなら、「移民である」というその性質は、それ自体、そしてフランス共和国の文脈においては、けっして客観化されるようなものではないからである。とはいえ、フランスにおける移民生徒の学習状況に関し、かれらが、「重度の教育的困難」や知的障害に関連した特殊教育課程（SEGPA）に多く在籍しているという研究結果（Ichou 2018）があることに留意すべきである。それゆえ、公共政策においてこれらの関連づけの欠如は、学校の降格や外部委託が組織化されるのを防ぐことはできなかったのである。このような「カラーブラインド」の原則は、今後も移民に対する教育政策に影響を与え続けるだろうが、それはフランスでの学校へのアクセシビリティの実施と連動することになるだろう。アクセシビリティは、しばしば制限的で「技術的」な意味で捉えられ、移民の生徒が非移民の生徒と「平等な機会」を得るためには何が「欠けて」いるのかが問われることになる。この「補足すべきもの」の探求は、アクセシビリティに対する技術主義的な発想に由来するものであり、学校で解釈される「教育的ニーズ」、すなわち公的な「教育的ニーズ」の特定につながっていく。この文脈において、フランス語は、フランスにおける統合政策と構造的に結びついている教科であるため、その修得は、学校における最初の優先事項となる。したがって、その修得がなされないことに対して、それが「学業失敗」を招くことから、最初の支援がなされることになる（Armagnague-Roucher et Tersigni 2019）。フランス語の教授学は、このような補足的な支援の延長上に、技術的な教育上の一貫性を与えることができるだろう。しかし、この論理は、アクセシビリテ

18）このアノミーの概念は、社会的目的とそれを達成するための手段との間のズレによって定義され、アメリカの社会学者ロバート・キング・マートンから借用したものである。

ィの原則に対応するものではなく、より古くからある学校制度への統合の原則に対応するものであり、その道具一式は、生徒の社会的役割への適合を促進する手段である。さらに、その教育目標が明確ではない。つまり、それは言語的なものなのか、教育的なものなのか（フランス語という教科の技術的な能力だけでなく、他の教科の能力も）。注意すべきは、フランス語は堪能だが学校で困難を抱える移民の生徒は、一様に「悪い」生徒とみなされているのに、学業の上では優秀だがフランス語のレベルはひどく悪い生徒は、しばしば「良い生徒」「他言語話者生徒」として扱われている点である。教師は、言語的な側面だけが「移民であることと正当に結びついた」困難の原因であると仮定し、その他のケースは、学校での困難を医学的または心理学的な対象とみなしやすい。しかし、言語とは無関係に、（社会的な意味での）移民と本質的に結びついた理由で、生徒がアイデンティティの問題を経験することもあるのである。

他方、公的な意思決定者や政策関係者には、優先的に支援されるべき人々の階層的な正当性という考え方が残っており、それは政権の交代によって変化している。優先的に支援すべき人々の階層的正統性という考えをいまだに持っており、それは政策上の転換によって変化するのである。このような状況により、移民の子どもたちは、「職業教育免状（BEP）の子どもたち」というサブ・カテゴリーとして、分裂的で不安定かつ不確実な存在となっており、そこでは、障害者であれば、より強く、安定した制度の恩恵を受けることになる。この試行錯誤は、まさにEANAと関連している。この混乱は、フランス語圏からの移民を理解することの難しさにもあらわれている。徐々に、支援の正当性は言語的な側面に基づくようになる（しばしば、移民的な側面、さらには学業的な側面は二の次に追いやられる）。実際、教育機関は、差異に無関心であるという原則に阻まれ、教授学的に客観化できるということでしか、支援の正当性を見出すことができなかったのである。提供できたのは、純粋に学校教育上での支援だけであり、したがって、移民の生徒に与えられる支援は、言語問題に焦点化された「教授的な」ものでなければならなかった。このEANAというカテゴリーは、当初から誤解を生んでいた。まず、「他言語話者（allophone）」ということが、移民という事実よりも優先されるということは、決して明言されてはおらず、これは、場所や関係者によって、異なる解釈がなされている。つぎに、社会学的な観点からは、フランス語の修得という点で、それは日常的でコミュニケーション可能なフランス語の問題ということなのかどうか、その目的が不安定なものであった。もし、そうであるなら、それは社会的にはどのようなものなのだろうか。都市における、教養ある人々の言葉なのだろうか。それとも反対に、フランス語や人文学（Lettres）の学習に関連する教育内容を修得することが問題なのだろうか。もしそうだとしたら、場所や教師によって教材が異なっている以上、どのようにして学校での公平な扱いが可能だろうか。就学言語としてのフランス語（FLSco）の導入は、外国語としてのフランス語（FLE）から脱却することによってこれらの疑問に答えることを意図したものであるが、教師や学校によって教材の多様性を排除するものではない。

おわりに―さまざまな教育制度の使命間の緊張関係を理解するための要素―

移民生徒の存在は、いろいろな意味で、その歴史的経緯から徐々に確立された学校の民主化の生きた化身である。それゆえに、教育制度の目的やその本質的なパラドックスを明らかにできるのである。そのひとつが、教育制度における社会化と知育という使命の間の緊張関係である。このうち後者の使命は、ほとんどすべての教育制度に共通するものである。それは、経済的な統合に向けた学習者を用意することになる。しかし、フランスではとくに前者が重要なのである。そこでの学校の役割は、生徒を共和国の市民として育てることであり、この国の社会参加の無視できない重要な部分を構成している。しかしながら、特別な教育ニーズを考慮した教育制度の最近の変化は、学校形態および生徒と教師の立場の再発見につながっている。教師には、ひとつの手段となることが奨励され、生徒には、自分自身の知識の共同生産者となること、さらには、学校生活の共同生産者となることが期待されている。知的投資の抽象的な対象としての知識との関係が見直されつつある。生徒の進化する「ニーズ」を分析することは、ときには、教育的な目的が忘れられ、特定のニーズを持つ子どもたちに対して、より要求の低い教育を行うことになる。移民生徒の場合、このことは、一定の時間、学校から離れ、また、生徒の職業的な要求を中心とし、外国人から見て学校の植民地的イメージから受け継がれた社会的・道徳的な適合という点でつらい航海として理解される。そして、学校の社会化機能は、移住してきた生徒のために再確立される。一方、通常の学校制度では、それは徐々に放棄され、必ずしも意図されているわけではないが、合理的なホモ・エコノミクスとしての生徒の新自由主義的な姿があり、G. ベッカー（Becker 1993

[1964＝1976]）がこの言葉に与えた意味での人的資本を構築することを目的としている。その結果、子どもたちが社会的に分割され、２つの形式が制度的な正当性を持つ、事実上、２つの学校が生まれた。一方は、価値観の普及に焦点を当てたもので、労働者階層に多く、もう一方は、学習内容の修得に焦点を当てたもので、上流階層による蓄積された資産の集合として理解されている。道徳的価値観への社会化が労働者階層に広く浸透しているこのような状況において、移民生徒は、学校での落伍者のレッテルを貼られる危険がある。というのも、この生徒は、暗黙の自己規範化において常に不利な立場に立たされるからである。このことは、「公平な学校でのインクルージョン」（Goï 2018）という問題を提起する。これらは、学校における正義にかかわる問題である。なぜなら、これらの異なる形態の学校が準備することになる学校および社会における立場が、尊厳の不平等な姿を生み出しているからである。

（池田　賢市 訳）

【付記】

本章は « Besoins éducatifs particuliers » et inclusion scolaire des enfants et jeunes migrants: le grand tâtonnement（Maïtena Armagnague）, dans *Allophonie. Inclusion et langues des enfants migrants à l'école*, Lambert-Lucas, 2020, pp. 25-38 の全訳である。著者および出版社の翻訳の快諾に感謝申し上げる。

第3章

国家はさほど強力ではないのか

―大学区レベルにおけるフランスでの新規移民生徒の就学―

マイテナ・アルマニャーグ

はじめに

2020年代初頭は、新型コロナウイルス感染症（COVID-19）の世界的流行に伴う国境閉鎖が行われた時期ではあったが、フランスにおける移民（immigration）に関する議論は一時的に棚上げされたにすぎなかった[1]。この議論は依然として白熱しているものの、移民（immigrés）がフランス人口に占める割合は比較的小さく（Héran 2017［=2019］）[2]、極右票の構造的増加[3]はあるにしても、フランスの人々は移民に反対していない[4]。ところが、歴代政府は、1970

1） パトリック・ヴェイユ（Weil［1988］2005［=2019］）は、1970年代半ばに起こった国籍法典における出生地主義の制限に関するものまでさかのぼり、これらの議論をたどり直している（国民戦線（FN）が誕生したのは1972年である）。40年の間に、外国人のフランスでの滞在の規制に関する法律が20本以上も成立しており、これは「立法の熱狂」を物語る（〈https://www.lacimade.org/decryptage-du-projet-de-loi-asile-et-immigration〉）。1986年の第一パスクワ法（Loi Pasqua 1）および1993年の第二パスクワ法（Loi Pasqua 2）の施行時には、議論は激化した。2018年のコロン法（Loi Collomb）の際も、再び議論の盛り上がりがみられた。同法では、国外追放手続きにかかる時間の短縮が定められ、これは特にパリ地域圏をはじめとする一部の県庁において適用された。2023年の移民法案は、滞在許可証を持たない人々を犯罪者とするとともに、滞在許可証の取得や更新に新たな条件（フランス語習得、家族呼び寄せの制限、フランスで生まれ育った若者のフランス国籍取得の制限）を加えることで、国外追放をさらに容易にするものであった。このような背景のもと、5月には共和党（LR）の国会議員により「選択的移民」についての合同発案による国民投票（RIP）が呼びかけられたが、これは、2023年2月27日にル・モンド誌に400名の科学者が連名で意見記事の寄稿を行い、「人道的な移民政策」および移民に関する市民会議の開催を求めた数週間後のことであった。

年代半ば以降、より悪条件の経済状況という背景のもと（Simon 2012; Noiriel 2001）、移民の社会的不容認なるものにより、制限的な移民政策を正当化してきた[5)]（Lochak 2011, 2016; Spire 2016; Weil［1988］2005［＝2019］）。他方、1990年代以降、国際機関（UNESCO（国際連合教育科学文化機関）、OECD（経済協力開発機構））や欧州諸機関による奨励のもと、教育制度に対しては、よりアクセスしやすい制度となるため、マイノリティ諸文化、特に言語文化へのさらなる配慮の実施が求められてきた。「共通価値、インクルーシブ教育、教育のヨーロピアン・ディメンションの推進についての欧州評議会勧告」[6)]は、移民の子ども（enfants migrants）は学校におけるインクルージョン政策において優先さ

2）2021年現在、フランスで暮らす移民は700万人である。これは人口の10.3%（20年間で3ポイント増）にあたり、うち36%はフランス人である（INSEE 2022）。これは、スイス（人口の30%）、スウェーデン（20%）、ドイツおよびオーストリア（20%）、ベルギー（17%）より低い数字である（Halman et al. 2022）。

3）1974年には1%未満（FN）であったが、2022年には41.5%（国民連合（RN））となっている（https://www.interieur.gouv.fr/Elections/Les-resultats/Presidentielles/elecresult__presidentielle-2022/（path）/presidentielle-2022/FE.html）。

4）移民への不信感を示す単発の世論調査がメディアの報道で取り上げられたことはこれまでにもある。この一例が、2022年11月に調査会社Cluster 17がル・ポワン誌（le Point）の依頼で実施した調査である。2,429名のうち、フランスの港に移民を乗せた船を受け入れることに「おおむね」賛成と回答したのは41%、反対と回答したのは55%であった（同調査は、NGO団体SOSメディテラネ（SOS Méditerranée）の船オーシャン・バイキング号が入港許可を得た1週間後に実施）。長期的な調査では、これとは異なる動向が浮き彫りにされている。1980年代後半以降、フランスの世論調査会社Sofresは、2年ごとに移民の社会的受容に関する数字の発表を行っている。1988年には、「フランスには移民が多すぎる」という主張に「完全に同意する」と回答した人は35%だった。この割合は1994年（第二パスクワ法後）には50%まで上昇したが、その後30%を下回るようになり、以後その状態が続いている（2006年を除く）。2021年の数字は21%である（https://www.observationsociete.fr/population/valeurs_immigrés-2）。European values survey（Halman et al. 2022）によれば、フランスでは28%の人が移民（immigration）は「良い影響を与える」と考えている（ドイツでは30%、イタリアでは25%、ハンガリーでは9%）。

5）これは、フランスにおける難民認定にも反映されており、2020年の認定率は成人で19.8%、未成年者で23.7%であった。この認定率は、1970年代以降低下している（1976年には90%以上、出典：Ofpra（フランス難民・無国籍者保護局））。参考までに、2020年のドイツの認定率は48.6%である（https://www.lacimade.org/asile-enfrance-premier-bilan-2020/）。

6）2018年5月22日公表（28/C 195/01-05）、2018年6月7日付欧州連合官報（JO de l'UE）。

れなければならないとしている（Garnier et al. 2020）。これらの原則は、学校教育の規範体系（Ebersold 2021; Verhoeven 2018）や、連帯や福祉国家のあり方（Rochex 2022）に変更を加えるものでありながら、発展および平和の促進という高位の意義の名のもと、ほとんど疑問視されてこなかった。その結果、さまざまなレベルにおいて、これらの方針の適用のされ方に曖昧さが生じている。一方では、教育分野は、フランスにおける外国人の就学の歴史の古さ、アソシアシオン領域における専門家（professionnels）の活発な取り組み、規則方針への、学校による能力主義的解放という道徳領域の深い浸透などにより、移民の子どもの受け入れについて比較的好意的な立場を示している。他方、この民主主義の論理は、内務省の移民政策[7]、特に滞在許可証の付与についての政策が公然とまとう制限的な論理との対立を余儀なくされている（Agier 2018）。いくつかの例外[8]を除き、国民教育省および内務省（県庁）の介入分野は比較的分離しており、前者が移民（migrants）を対象とした教育政策を担当するのに対し、後者はその一般的な滞在条件を司っている。しかし、こうした子どもたちの就学においては、滞在に関する制限が、就学条件（Armagnague-Roucher 2018）や、制度[9]や教育[10]のアクターたちの論理へ影響を与えている。このような、制限的な論理と民主的な論理の共存は、移民の子どもに対する政策の定義における、国家の「左手」と「右手」との逆説的な結びつきを示すものである（Bourdieu 2012）。不協和音が聞こえるこのような背景の中で、国際的な規則や教育法（2013年の共和国の学校再生のための教育基本法、2018年の信頼できる学

7） さらに、市町村の中には、本人またはその親が非正規滞在であるという理由で、（違法に）移民の子どもの就学を拒否する自治体も存在してきた（https://www.cafepedagogique.net/2018/04/13/des-amendements-en-faveur-des-jeunes-migrants）。これは、この問題に関する風潮、そして行いうる解釈のばらつきを示している。本章で取り上げる調査地には、このような立場を取る場所は含まれておらず、観察された制限的措置は全て、ひとえに各県庁により適用された内務省の政策の結果である。

8） 国民教育省と内務省（県庁）が担当する措置「保護者に対する学校の開放」や、国民教育省、内務省（県庁）および市町村が共同で進める「教育団地（cité éducatives）」を例としてあげることができる。

9） 「制度のアクター（acteurs institutionnels）」と呼ぶのは、初期教育の教師でありつつ、省、大学区本部、県の部局で勤務する人々（視学官、特命官吏（chargés de missions）、実習・研修担当）である。

10）「教育のアクター（acteurs éducatifs）」と呼ぶのは、学校で勤務する人々（教師、学校生活担当チーム職員、管理部門）である。

方法論

本章は三つの研究データに基づいている[a)]。本章のデータは、四つの大学区［教育行政単位］（大学区1および2はパリ地域圏、大学区3および4は南仏）における初等教育の学校2校と、中等教育の学校2校についてのものである。このコーパスには、大学区1および2内のコレージュ3校が追加されており、含まれる学校数は全19校（保育学校・小学校8校、コレージュ11校）となっている。これらの大学区の社会的・政治的特徴については後述の通りである。パリ地域圏の2大学区が選ばれたのは、両者が隣接しており、どちらもフランス国内でも最も高い割合の新規移民生徒（élèves primo-migrants）の受け入れを行っているためである。また、地方の2大学区も、地理的に近く、該当生徒数も両者間で近似している。調査を実施した学校では、UPE2A[b)]、通常学級、休み時間や夏期校外学習・講習、学級委員会、職員室においてデータ収集を行った。生徒（180名以上に対し1回以上実施）および学校教職員に対しフォーマル・インフォーマルなインタビュー調査を実施した。上記学校教職員には、通常学級教員、措置担当教員、学校生活担当チーム職員および管理部門、学校看護師、学校心理相談員が含まれる。さらに制度のアクターである視学官、コーディネーター、実習・研修担当官、進路指導部または進路指導センター責任者との面談（150名と1回以上実施）も行った。また、調査対象となった子どもや若者と関わる活動を行っているアソシアシオンや公的機関の教育のアクター（ソーシャルワーカーまたはボランティア活動家）との面談も行った。並行して、国の政策についても定期的なモニタリングを行い、2016年から2022年に掛けて、これについて計12回のインタビュー調査を実施した。

a）EMIGROSCOL（教育進路における移民経験、2018〜2022年）、EVASCOL（移民および移動生活者家庭の子どもの就学に関する調査、2015〜2020年）、EDUCINCLU（子どもおよび移民の若者のインクルーシブ教育、2016〜2021年）。チームの構成については、以下を参照のこと。〈https://www.defenseurdesdroits.fr/fr/etudes-et-recherches/2018/12/etude-sur-la-scolarisation-des-eleves-allophones-nouvellement-arrives〉、〈https://centrehenriaigueperse.files.wordpress.com/2019/12/rapport_educinclu-.pdf〉。
b）新規他言語話者生徒のための教育単位（UPE2A）。

校のための法律）が推進する学校教育へのアクセシビリティという命題と、移民（migrants）の滞在を制限する政策（国際保護対象者認定率の低さ、2018年コロン法の適用による、滞在許可申請者とその子どもを経済的・法的に不安定な状況に置く国外追放手続き）の影響との交わりは、どのような形を見せるのだろうか。これらの就学は、教育的、制度的にどのように調整されるのだろうか。我々の見るところ、この二つの論理は、国の政策がはらむ「ダブルバインド」[11] を課すものとしてアクターたちの解釈レパートリーに作用し、状況についての異なる理解を発生させている。本章では、この対立する論理が関係者の行為に及ぼす制度的・教育的影響を明らかにしたい。つまり、教育政策の実施に焦点を当てるため、内務省の政策について異なる県庁が示す特徴についての分析は脇に置き、制度のアクターや教師が公的行為に与える意味を理解するために決定的に重要となる、大学区レベルにおける制度的・教育的な裁定のなされ方について示すこととする。

本論では、三段階に分けて考察を進める。まず、新規移民の子ども（enfants primo-migrants）の就学に関する国レベルの政策を紹介し、それがいかに矛盾を含み、運用性に乏しいものであるかを示す。続いて、各大学区は、裁定を通じ政策実施について固有の構成を示しており、それがこの公共政策の場所によって異なる受容形態を作り上げているという点を強調する。すなわち、これは国際移民という文脈では真とされるものかもしれないものの、移民の子どもに対する教育政策における運用上の規則というのは、その実施において、厳密には「全国的」なものとは言えない（Lessard et Carpentier 2015）。それら運用上の規則は、大学区のレベルにおいても、政治環境やアクターの解釈に基づく状況的意味づけによって構築される（Spillane 1998）。最後に、こうした構成が伝統的な学校形態を再構成している点に着目する。これらは、ジレンマの解決と

11）エリアス（Elias［1983＝1991］1993）にならい、我々もグレゴリー・ベイトソン（Bateson G.［1977］1991）およびその娘メアリー・キャサリン・ベイトソン（Bateson M. 2005）の「ダブルバインド」という概念を取り上げる。当初は統合失調症（schizophrénie）（その社会構築的側面）の研究において理論化されたものであったこの「ダブルバインド」理論では、二つの矛盾する命令のソース間の「ときに病因ともなるゆがみ」が説明される（Bateson M. 2008）。「つながり」という語が、社会的紐帯や社会関係へと理論を結びつけると同時に、その引き受け手たるアクターの反応という次元を強調している。このダブルバインドは、確かに制約の媒介ではあるが、それらの制約は、アクターの行為によって調整される。

いう形を取る職業的実践を生み出し、その定義と正当化のトーンは、制限的な論理と、こうした生徒の学校への受け入れという民主的な論理との間で裁定されている。

1. 民主的論理と制限的論理とに板挟みにされた政策

1-1. 矛盾した枠組みに規定される教育政策

移民政策を特徴付けるのは、推測される移民に対する社会的不容認の高まりにより、政治的に正当化されたその厳しさである（Dubois 2021）。これを示しているのは、統制・監視を司る国家権力・主権行使機能による移民政策の掌握と、国家の「右手」の力の増大[12]である。未成年者に対するもの（Bouagga 2020; Valette 2018）も含め、さらなる厳格化に向かうこうした動向（Lochak 2021; Weil［1988］2005［＝2019］; Akoka et al. 2019; Agier 2016［＝2019］）の全てを改めて紹介する代わりに、ここでは、滞在許可の付与（国際保護および許可証）の厳格化が進んだこと、手続きが迅速化され、移民やアソシアシオンによる応答のための時間が削られたこと、就学児童も含めた人々が路上へと追いやられるようになったこと（キャンプ、福祉用ホテル（RHVS）、不法占拠地からの強制立ち退き）を指摘しておきたい。これはとりわけ、より貧しい国々からの移民の受け入れの非正当化を伴う移民の階層化と密接に関連している（Agier et Madeira 2017; Spire 2016）。移民の就学もその一環をなす教育政策の歴史は、これよりさらに古く、19 世紀末のフェリー法（Loi Ferry）、そして人民戦線（FP）による 1936 年の教育法にまでさかのぼる。その特徴は、国土内のあらゆる子どもたちを、その身分にかかわらず無条件で受け入れるという、ある程度の開放性にある。この民主的な野心は、とりわけ、児童保護を掲げる福祉国家の建設と、社会「モデル」における学校の中心化とを基礎とするものであった（Schnapper 1991）。これにより、ほかの欧州諸国々と比べ、フランスはいち早く移民の子どもの教育と関わり、比較的開放的な対応を行ってきた。この民主的な論理は、規則の観点からすれば、その後も失われることはなかった。2013

12）同政策は、政権交代の度に微妙な変化を経験してきた。フランソワ・ミッテラン（F. Mitterrand）大統領の政権下では、13 万人の人々の正規化が行われ、「左派連合」（1997〜2002 年）政権下でも 1 万人から 4 万人の人々の正規化が実施された。

年の「共和国の学校再生のための教育基本法」では、一般法として、全ての子どもたちにとってインクルーシブな学校を推進していく必要性を定めている。2018年には、教育法典の第L 111-1条において、この原則の強化が行われた。同条文では、「教育は、国家の最優先事項である。教育の公役務は（…）一切の区別のない、全ての子どもの学校へのインクリュージョンに留意する」と定められている。これらの法律を補完するものとして、新規移民生徒向けの特別な規則も設けられてきた。来仏生徒の就学のあり方について定めた2012年の通達第2012-141号においては、「他言語話者（allophones）の生徒の就学は、一般法および就学義務の問題である。統合のための最良の条件を確保することは、（…）共和国およびその学校が負う義務である」として、就学の権利の無条件性が改めて強調された。同通達ではまた、「学校はまた、個人的な状況の変化によって不安定な状況に置かれやすいこういった子どもたちや家族にとって、安全な場所とならなければならない」として、保護者としての国家の役割を主張することで、単に当該生徒を学校に通わせることにとどまらない教育的な野心を打ち出している。これによって、国は、その教育制度を、これらの子どもたちにとって、より広範な社会参加・社会的保護のための武器とすることを選択しているのである。平等を志向するこの方針は、すでに2002年に、初等教育および中等教育における外国籍生徒の登録および就学の方法に関する3月20日付の通達において明確に打ち出されている。同通達では、「教育の公役務へのアクセスに関して、フランス国籍の生徒と、外国籍の生徒との間に一切の区別を設けてはならない。ここで、フランス人か外国人かを問わず、6歳から16歳までの子どもは両性とも、フランス領土に居住した時点において、教育が義務となることを再度確認したい。（…）加えて、フランスも批准している1989年11月20日の子どもの権利に関する国際条約は、子どもに対し、その国籍や個人的状況に基づく一切の区別なく、教育を受ける権利を保障している」と述べられている。対して、通達第2012-141号では、これにさらに広い社会的側面が加えられている。同通達では、「学校は、他言語話者の青少年の社会的、文化的、ひいては職業面における統合を目的としたインクルーシブな教育実践を展開するための決定的な場である」として、これらの生徒を支援する公共政策に、包括的とも読める社会・政治的使命を与えている。

民主的な論理と制限的な論理とは、互いに影響から無縁というわけではない。前者においては、その解放の原則と平等の原則との間に緊張が生じる。一方、移民法（特に2018年のコロン法）の制限的な論理は、その権限が及ぶ活動範囲にとどまらず、教育空間を「汚染」（Goffman 1975［＝1970］）するものであり、その結果として、生徒の生活・学習環境、そして教育のアクターの仕事に影響を及ぼす。この論理は、「フローの規制」、到達不可能な質、または「枠組みからの逸脱」のリスクを冒して革新的なことをすることへの恐れ[13]、といったレトリックを通じ、学校にも広がっている。このダブルバインドから生まれるのが、ちぐはぐな介入枠組みである。国家レベルでの規定が比較的少ないようにみられることから、大学区のレベルにおいては特にこの傾向が強い。

1-2.「脆弱」な国家的運用方針枠組み

新規移民生徒の就学については、上述の通り国家的な法的枠組みが存在しており、その中核をなすのは、2018年に教育法典に編入された2013年の「学校再生のための教育基本法」である。しかしながら、現場においては、自身を「活動家（militants）」と定義する人々を除けば、これらの法律について言及されることはほとんどない。制度のアクターおよび教師たちが国家的枠組みとしてあげるのは「2012年の通達」（第2012-141号）である。ところが、これは、単なる（行政目的の）適用文書であり、（法律と比較し）法規においては二次的地位にとどまることから、強制権を伴うことなく、公共行為を組織することのみをその狙いとしているにすぎない。こういった教育行為の指針となる法的参照対象が単に一本の適用通達にすぎないという事実は、行政的次元の視点から見た場合の、ある就学人口群の二次的地位を比較的よく物語るものである[14]。さ

13）2018年までは、移民を援助する人々が、「連帯罪」や「保護歓待罪」に問われる恐れが存在していた。この問題については、憲法院への付託が行われた。同院は、2018年7月6日付決定第2018-717/718 QPC（合憲性優先問題）の解説において、「フランス領内への外国人の非正規な入国、フランス領内での外国人の非正規な移動および滞在を容易にする、または容易にしようとする直接的または間接的援助を犯罪とすることは、1938年5月2日にダラディエ（Daladier）内閣によって発布された外国人の取り締まりに関するデクレロワ（政令法）に由来している」と指摘した。外国人に対する最も制限の強い政策が敷かれていた時期への言及は、連帯の原則を合憲とし、「連帯罪」や「保護歓待罪」を違憲とする憲法院の決定を支持するものとなっている。ジャック・デリダ（J. Derrida（1997））（(「『連帯罪』との表現を耳にして」)、*Plein droit*, n° 3、2018年1月19日付ル・モンド紙（*Le Monde*）に再掲載）を参照のこと。

14）例をあげるなら、障がいのある生徒の就学については、法規の階層において通達よりも上位に位置づけられる法律（法律第2005-102号）が存在している。

らに、この「2012年の通達」は、運用面において明確さを欠くきらいがあるほか、一部すでに古くなり適用不可となっている部分（後に名称が変更された用語に言及しているなど）も存在しており、それが、制度のアクターや教師たちが通達を具体的に把握・活用していくことを阻んでいる。以上より、移民の子どもの就学に関する法的な規定は比較的「脆弱」なものにとどまっている。同通達では、ただ、「生徒の受け入れは、学校が定めた組織的方法によって行うものとする」ことのみが定められている。この相対的な脆弱性の現れは、行政レベルにおいても見ることができる。学校教育総局[15)]には、この問題を担当する特命官吏のポストが存在はするものの、その数はフランス全土で一つのみであり、ポストは「移民・外国人・他言語話者・来仏生徒（élèves migrants, étrangers, allophones ou arrivants）」といった用語を名称に含まない課および部の下に置かれている。この分野における学校教育総局の任務は、大学区の機関（CASNAV[16)]）のネットワークに対する情報提供および同ネットワーク推進の役割を務めることであり、そこには、これらの役務が通達第2012-143号によって国家レベルで規定されているにもかかわらず、国の政策の地域レベルにおける監視は含まれていない。この分野は地方分権化の措置の対象とはなっていないにも関わらず、このような背景の下、国の規制がほとんどない中でこの政策を自律的に展開していく役目は各大学区本部に任されることとなる。ここにおいて、教育政策の分権的な体制は、非常に多種多様な適用の形態を伴うこととなる。なお、こうした教育政策のローカルな定義については先駆的な研究で取り上げられてきており（Van Zanten 2014）、この分野における大学区レベルでの影響についても資料が存在している[17)]。この場合、大学区のレベルにおける政策の根本的なアンビバレンスは、ときに民主的な論理に基づき、ときに制限的な論理に基づく制度的行為への正当性付与を生み出す。その際、これら二つの論理は、地域に特有な構成の中で、互いに関連し合いながら組織される

15）Dgesco（学校教育総局）は、国民教育省の中央行政部局であり、「教育・指導方針を立案し、小学校、コレージュ、リセ、職業リセにおいて学習指導要領を確実に実施せしめる」役割を担っている（https://www.education.gouv.fr/la-direction-generale-de-l-enseignementscolaire-dgesco-7517）。

16）新規他言語話者と移動生活者家庭の子どもの就学のための大学区センター（CASNAV）。

17）大学区における教育政策の構築を取り上げた研究については、本特集の序文を参照されたい［Pons 2023］。

(Elias [1983=1991] 1993)。

2. 制度的裁定により形成される大学区の構成

国のレベルにおける規制枠組みが比較的脆弱であることから、2012年以降、数々の大学区が、「独自の」通達（事実上、国の通達の適用について定める大学区適用通達）を発してきた。これは、我々が考察の基礎とする四つの大学区についても当てはまる。聞き取りを行った制度のアクターたちによれば、この状況は、舵取り役という立場に置かれた大学区が迫られた、介入の枠組みを明確にする必要性から説明できるものであるという。これらの通達（情報明細）、観察結果およびインタビュー調査結果の検討から、我々は、立論の対象となり（要求資源[18]、特定の教育形態の正当化）、論争を形成し、行為の選択を導く6種類の指標を特定した。これらにより、最も制限的な就学の形態（大学区3）から、最も民主的な形態（大学区4）まで、大学区の四つの構成を描き出すことを得た。6種類の指標とは、1）通達の特徴および制度的立場、2）子ども1人当たりの支援の量/時間数、3）インクリュージョンの程度および形態、4）インクリュージョン用科目、5）就学の権利を定義すると見なされる年齢（権利の範囲）および年齢に応じ用意されている学校教育の種類、6）特殊教育を含めた支援措置との間で推進されている連携の形態[19]、である。これらの指標は、分析のグループ分けを実施するため、事後的に選択した（Grémy et Le Moan 1977）。

2-1. 大学区1：実践の調整による民主化のための隠匿の自律性

大学区1は、パリ地域圏にあり、毎年5,000名を超える新規移民生徒（nouveau élèves primo-migrants）（EANA[20]）を新規入学させている。2020-2021年度

18）同じ大学区の中でも、農村地区、半農村地区、都市化が進んだ地区、あるいは社会的な対比が顕著な地区が混在している場合、実施にばらつきがみられる場合がある。これらのばらつきは、国民教育県事務局（DSDEN）による大学区の資源の割り当てを通じて作り出されている。

19）ここでは、通常教育の範疇での軽度の伴走支援（PPRE）も、さらに大規模で、ときに通常教育の枠外で行われるもの（個別就学プロジェクト（PPS））も含め、学業困難のリスクを理由に、異なる就学形態を準備し補償措置を設けることを奨励する態度・動きに着目する。

20）国民教育省において新規他言語話者生徒を意味する。

のこの数は5,700名で、その半数が一つの県におり、調査対象校における当該生徒の生徒数全体に対する割合は最大で24‰となっている（DEPP 2022）。このうち、小学校相当年齢の児童数が顕著に多く（3,000名）、これは、比較的若年、そして家族での移民（immigration）を物語っている（DEPP 2022）。

この大学区は複数の非常に恵まれない地区を含んでおり、比較的組合加入率および経験値が高い教育指導チームを擁しているものの、非常勤のメンバーの割合も高くなっている。この地域の現場で出会った生徒の中には、国外退去やOQTF（フランス領土からの退去義務）手続きの対象となり、著しく不安定な行政的、社会経済的条件の下で生活する生徒が多くおり、その状況を前に、教育・制度のアクターが就学の権利を守るため、運動を行うということがしばしば起こっている（国外追放や移送をされたり、住む場所を追われたりした生徒を追跡調査する試みや、市長による反対の場合に就学登録を強制するべく、視学官による調停の要請を県知事へ行うためのアソシアシオンへの参加）。

メディア・制度的にかなり露出度が高いこの大学区において、教育・制度のアクターは、「隠匿の自律性」をどうにか作り出している。その狙いは、全ての場所には適用することが不可能な規則文書（「開かれた」措置と生徒のインクリュージョン）の公的なレーダーの届かない外側に、行為のための余地を生み出すことにある。この大学区では、2012年の通達が発せられたすぐ後にあたる2013年、一部の教師が、生徒一人当たりに割り当てられる資源の削減に等しいとみなすインクリュージョン義務への反対とより多くのリソースの要求のための社会運動が起こった。最初の大学区通達が発せられたのはこうした背景の中でのことであり、最終版は2017年のもので、ページ数は6.5ページである。その内容を見ると、多様かつその一部に定員超過/人員不足状態もみられる各地域に対応可能となるよう、比較的大まかな枠組みが示されている。それにより、各学校には、実施にあたりある程度の柔軟性が残されている。同大学区は、非常に対照的な社会空間的・人口統計学的状況を抱えていることで、大学区内の一貫性を保つために、比較的自由度の高い枠組みを定める方向へと向かうこととなった。この構成は、もし明示した場合、大学区内のまとまりのない実践（就学生徒の年齢範囲、インクリュージョン用科目、支援時間数は通達に明記されていない）が明るみに出てしまうであろう「暗黙の了解」によって勝ち取られた自律性と近しいものである。同通達はまた、措置の目的（言語面に限定される場合もあれば、学校教育および言語の両面についての支援を目的とする場合もある）、対象生徒の年齢、インクリュージョン用科目についても、比較的曖昧である。「特定の科目」として言及されるインクリュージョン用科目は、具体的にあげられているが、それが目指す通常学級へのインクリュージョンの度合いは非常に小さいものにとどまり、来校次第、生徒は通常学級で視覚・造形芸術、体育・スポーツ（EPS）、音楽教育、外国語1科目を履修「できる」とされている。生徒の完全なインクリュージョンは、「必要十分な能力を身につけた時点」でのみ行い、就学は生徒の進度に合わせ「柔軟に変化」するものでなければならない。特殊教育との関連については、通達は、フランスの教育制度に存在するあらゆる伴走支援措置）（学業成功個別計画（PPRE）、学業成功個別計画－橋渡し（PPRE-passerelles））を動員する「可能性」を強調している。通達では（大学区4とは対照的に）支援措置との連携を一切義務化してはいないが、このような連携は、潜在的には就学当初から「可能」であるとしている。この連携の目的は明記されていない。さらに、定員超過/人員不足の一部地域では、リソース不足のために、インクリュージョンの国家枠組みに対応出来ていない実践を明らかにしたくないという思惑もある。ここでの対応とは、各生徒を「通常」学級に（手続き上および実際上）登録させる、という要請に対し、人口的状況により、特に優先教育再生校（REP＋）においてこれらの枠が希少なものとなっており、全時期を通じ在籍する「通常」の生徒に枠が優先的に割り当てられる中でそれに応える、というものである。実際、これらの場所では、新規移民の子どもが通常学級で過ごせる時間はほとんどない（週最大26時間「閉鎖的」な措置内で就学している）一方、同一大学区内のほかの場所では、その人口的状況から通常学級の定員に余裕があることから、より踏み込んだインクリュージョンを行うことを得ている。こういった対照的な違いに対応するため、大学区は調整が可能で、自律性を発揮できる控えめな枠組みを提供している。これは、教師たちがリソースの必要性に揺さぶられる一方、あらゆるレベル（大学区、県、学校）で、アクターたちが学校教育のホスピタリティおよび教育を受ける権利の優先を行動においてなんとか作り出そうとしていると語る、政治的取り組みや組合参加を特徴とする背景において、アクターに対し、枠組みの解釈に大きな自由度を与えるとともに、革新的な実践を可能とするものである。ただし、大学区通達の内容は確かに比較的柔軟で、明示的でないものの、その行為の正当性の根拠として、2013年の共和国の学校再生のための教育基本法への言及は行っている（教育の普遍性に関する教育法典第L111-1条）。

2-2. 大学区２：国の枠組みの理論的な枠組みにおけるナショナルの解釈、正統なインクリュージョンによる民主化

大学区２もパリ地域圏に位置し、社会経済的なコントラストの強さと、毎年就学するEANA生徒の数の多さを特徴としている。同生徒数は2020-2021年度は7,000名近くに上った（調査校における全生徒数に占めるこれら生徒の割合は、8～24‰である。DEPP 2022）。このうち、56％が中等教育（特にコレージュ高学年）に在籍しているが、これは、前述の大学区と比較し、移民児童（immigration enfantine）の年齢がより高く、家族移民もより少ないことを物語っている。この大学区では、パリの経済的中心地に近い富裕地区と、パリから遠い郊外地区との格差があることから、前の大学区と同様な枠組みの柔軟さがみられてもよいところであるが、そうはなっていない。

この大学区の制度的立場は、学校教育におけるインクリュージョンに関する国の法規定（できる限り完全なインクリュージョン、フランス語学習だけでなく、知識技能の共通基礎に照らした学習目標）に厳格に従いつつ、同分野に明確な形で取り組んでいる点を特徴とする。これは、インクルーシブなレトリックや、教授的要件の優先によっても示されている。この点について、それは国の枠組みの「純粋かつ完璧な」理論通りの適用であるといえる。国の枠組みにおいては、できる限り早期の通常学級への完全なインクリュージョンが目指すべき目標とされ、そのために厳格に学校教育的なもののみに絞った教授支援（第２言語としてのフランス語（FLS）または就学言語としてのフランス語（FLSco））への注力が必要であるとされている。この大学区では、「独自の通達」を発するという選択は近年（2019年）になってから行われたものである。それまでは、大学区通達が存在していなかったことで、特に、該当する生徒数が多い、相対的に貧困な県において、解釈や実践の調整の余地が多い、より大まかな国の枠組みを用いることができていた。しかし、2018-2019年度に前例のないほど対象の生徒数が増大したこと（大学区通達によれば、前年の7,148名に比して8,778名）により、大学区内で実践をある程度標準化する必要に迫られた。これらの実践は、インクルーシブな語彙および教授的要件を通じて伝播された。この立場の根底には、インクリュージョンの効果を信じるアクターたちの制度的なスタンスとともに、通常学級へ生徒を入れることは、「就学させるべき生徒の数、中でもすぐに解決策のない生徒の数に対応する」（本文３ページおよび付録８ページからなる大学区通達の２ページ目）ことであるとする指摘が存在する。こうして、移民に関する

状況や人口的状況、そしてアクターの政治的スタンスに起因し、国家枠組みの精神が奨励するところの「非常にインクルーシブ」なあり方が観察されることとなった。ただし、大学区1でみられた、「より開放的でない」あり方も、確かに人口的状況はより厳しい中でのことではあるが、「いかなる代償を払っても」就学を実現させるという要請に応えるものであった。大学区1では、措置ごとの生徒数は（フルタイムまたはほぼフルタイムで）22名を超えることはほとんどない一方、大学区2では、措置内の登録生徒数は60名を超えることもある（これは、不定期に通常学級に参加することもあるが、全員が同時に出席しているわけではないため）。大学区2では、制度のアクターから、移民政策問題による直接的な影響を被る場合があるとの説明が聞かれた。これは、特に、地方議会議員を務める、国政に携わる著名な政治家（Le Petitcorps 2019）や、右寄りの選挙区が複数存在することに起因している。この例としては、比較的名高い国民議会議員が、自身の選挙区における措置の設置を拒み、そこから、大学区当局が、自らの言によれば負けが分かっていた綱引きを迫られるというやっかいな状況に追い込まれたケースをあげることができる。別の例としては、ある県の県庁が、全ての「115宿泊者（logées 115）」[21)]（世帯内に3歳未満または障がいのある人物を含む場合を除く）を組織的に立ち退かせることを決定したケースがある。これにより、大学区のアクターは、提供する学校教育を、これらの家のない家族に合わせたものへと調整することとなった。一つ目の大学区にまして、国の通達（2012年および2002年）および法律（教育法典第L 111-1条、第L 122-1条、第L131-1条）の解放の原則は大学区通達の前文において示されており、その具体的な適用についてもさらに踏み込んで明記されている。学校教育的側面と言語的側面とは、明確に区別されている。たとえば、非フランス語話者ではあるが、学業困難は抱えていない生徒に対して、集中的な就学の特別モジュールが設けられた。同様に、大学区1では明記されていない年齢基準についても、3歳から16歳までと明記されており、16歳から18歳の子どもについては、国ではなく、欧州社会基金（FSE）が資金を提供する措置の対象となることが付言されている。FSEの資金は国民教育省の資金を補完するものであるとされてはいるものの、このFSEの資金割り当ては事実上、国民教育省に対し、16

21）この名称が指す人々とは、主に緊急医療社会サービス（SAMU Social）を通じるなどして、緊急宿泊施設（福祉用ホテル、シェルター）に受け入れられた人々である。

歳から18歳への取り組みへの負担の軽減をもたらすものとなっている。インクリュージョン用優先科目は、通達の付録に、「EPS（体育・スポーツ）、音楽教育、造形芸術を優先」、次いで、「可能な場合」として、「数学および外国語」、さらに「文化的校外活動、市民行程（parcours citoyen）および健康教育行程（parcours éducatif de santé）への参加」と記載されており、中程度野心的なものとなっている。旧来の隔離的制度への批判を取り入れた（Zoïa et Schiff 2004）同通達は、支援措置とは明確に距離を置いている。これらの措置は、「可能なもの」として言及はされながらも、用いるのは、教育制度での就学3年目以降のみとしている（PPRE（学業成功個別計画）または個別受け入れプロジェクト（PAI［訳者による修正］））。これにより、困難を抱えている場合も含め、生徒に「時間を与える」ことができるようになる。このように、この大学区による国の枠組みに厳格に沿った解釈は、地元の政治アクターによる移民の拒否、県庁の決定による学校の時間編成の乱れ、毎年多くのEANAを就学させる必要性という、自らが直面する矛盾する命令に対し、同大学区が筋道を立てながら応答することを可能にしている。

2-3. 大学区3：国の枠組みの受容としての学校「流刑」

歴史的に見て相対的に工業が盛んな地域ではなかった場所にあたる大学区3においては、移民（immigration）はより近年のものであり、その数も少ない（2020-2021年度のEANAの数は2,400名。我々の調査地における全生徒数に占めるその割合は、3～5‰である。DEPP 2022）。すなわち、新規来仏の子どもたち（enfants nouvellement arrivés）の受け入れという問題は、比較的新しいものであり、より古くからの工業地帯である地域と比較して、学校教育機関が活用することのできるリソースは少ない（特殊教育教師オプションE、困難に陥った生徒のための特別支援ネットワーク（RASED）、優先教育網（REP）、教育団地（Cités éducatives）［放課後児童クラブ等］）。その上、この大学区は高い魅力度を有している（INSEE 2022）とともに、学校隔離がみられ、その中において、新規移民生徒は教育制度の周縁部へとさらに追いやられている。歴史的に移民（immigration）や労働運動の少ないこの地域は、社会的に比較的平穏であることをその特徴としている[22]。制度的には、同大学区は国の枠組みと折り合いを付け、形の上ではそれを採用しているものの、この枠組みは運営上の措置においては具現化されていない。すなわち、近年出された非常に短い形式（本文3ページプラス付録半ページ）の大学区通達（2021年）は、国の通達をほぼ原文に近い形で言い換えたものに過ぎず、そこでは国内外の政治的原則には触れられておらず、同地域の特殊性やその歴史への言及も行われていない。さらに、この大学区では、EANAの大半が支援付きで受け入れられている（全国平均同様90%、そのうち多くが措置内）にも関わらず、この短い通達文書の多くの部分は、これら生徒の通常学級への出席に費やされている。これは、インクリュージョン状況に対して、警戒レベルが不均衡とさえなりうるほど、（他の大学区よりもはるかに大きく）高まっていることを示している。さらに、同地域で就学するEANAの58%は中等教育機関（うち11%はリセ）に在籍しているが、大学区通達では、FSEの資金が利用できるのは公式には16歳以降であるにも関わらず、生徒が15歳に達して以降の就学は、国民教育省ではなく、FSEが担うものと明記されている。FSEを早期から用い、15歳から18歳をFSEが資金提供を行う措置へと委託することで、国民教育省の介入範囲は縮小され、この年齢層についての介入範囲は相対的にかなり抑えられたものにとどまることとなっている[23]。16歳に代わり15歳という年齢があげられていることは、就学義務について、他地域と比べてさらに狭い解釈がなされていることをよく示している。インクリュージョン用科目の定義は、さらに限定的である。ここでは、「言語・文化のより高度な習得が」必要となるため、「インクルージョンが最後になる」科目として、すなわち、「より遅く」提供するものとして、フランス語と歴史・地理の

22）この地域では、激しい社会的紛争は起きていない（たとえば、恵まれない都市部地区での労働運動や暴動はほとんど発生していない）。

23）FSE（欧州社会基金）は、欧州連合の構造基金であり、「全欧州市民、特に不安定な状況や排除の状況に置かれている市民の雇用見通しの改善を目指す」プロジェクトに資金提供を行う（https://fse.gouv.fr/quest-ce-que-le-fonds-social-europeen-0）。FSEの対象となるのは16歳以上のみである。新規移民生徒について言えば、つまり、FSEからは、16歳から18歳の就学および教育のための活動について、CASNAVの提出による「プロジェクトベース」での資金提供が受けられる。FSEは国の管轄下にはない。これは、当初は国やアソシアシオンの社会福祉活動を補完するために設けられたものであったが、この大学区においては（大学区2と同様）、この資金は、取り組みからの国（国民教育省）の撤退を正当化できる可能性がある年齢、すなわち義務教育終了年齢である16歳以降、それらを肩代わりするために使われていることが観察される。さらに、このようなプロジェクトベースでの資金提供という形態では、場所やプロジェクトごとに教育行為が異なる形態を取ることとなり、これにより教育を受ける権利（原則としては18歳まで保障）が損なわれる恐れがある。

みがあげられている。主要2科目の明白な学校「流刑」はとっぴなものであるばかりでなく、学校教育科目としてのフランス語の重視という国の方針（FLSco（就学言語としてのフランス語））にも反するものである。同様に、通達内では、UPE2A（移民他言語話者生徒のための教育単位）終了の時点から学業成功個別計画を利用することが推奨されており、これを通じ、この集団と支援措置とは明確に結びつけられている。

2-4. 大学区4：極限までの民主化のための主意主義的自主管理

大学区4は、2020-2021年度に2,900名近くのEANAを就学させている（我々の調査地における全生徒数に占めるその割合は10‰である。DEPP 2022）。大学区3とは異なり、この地域は、かつて工業地帯であったこと、そして季節労働者を要する農業地帯であることから、より豊かな移民の履歴を持っている。地域の魅力度は相対的に低く、また、貧困度も高い（貧困率は大学区3の13.3%、大学区1および2の平均値の15.5%と比較し16.8%である。INSEE-DGFIP-CNAF-CNAV-CCMSA 2021）。

大学区チーム［教育行政］は、移民生徒受け入れの専門知識を培ってきたと説明する。それを主導するのは、学校教育のホスピタリティを日々の優先事項とする管理体制である。行政のアクターたちは、地元および全国の大学の複数分野（教科教育、社会科学）の研究と強固な連携を行っており、社会的・教授的状況に合わせつつ、硬直化しない形で法規の適用を行う中で、自らの自律性を築いていかなければならないと説明する。これは、比較的革新的、そして主意主義的な文書の受け止めへと帰結する（生徒、教師、アソシアシオンアクターの統計的・質的モニタリング）。この自律性の展開は、ほかの大学区とは異なり、CASNAVが独自の予算を有していることにも見て取ることができる。学校の管理職たち（cadres institutionnels）にとっては、こういった、地域の専門知識は、比較的高いレベルのリソースを保つよう上層部を説得するのに役立っている。しかし、強い反移民運動、そして高い極右投票率を特徴とするこの地域において、この自主管理の構築には、活動への熱心な取り組みが必要となる。そのため、この大学区では、一本の通達（本文6ページと付録11ページという比較的長い文書で、2022年に改訂）が存在するほか、CASNAVのインターネットサイトに実践の枠組みについて述べた文書が掲載されている。通達では、その第1条からすでに、超国家的な文書（CIDE（子どもの権利に関する条約）とそのインターネットリンク、教育法典の中から権利の普遍性に関する3条文とこれらの生徒向けの特別な活動の展開義務に関する2条文、2002年と2012年の全国適用通達2本への言及）に依拠しつつ、これらの集団を就学させることの道徳的重要性に言及している。大学区通達では、大学区プロジェクトの存在も示されているが、これは調査対象とした全4大学区で唯一である。通達の特徴として、相乗効果を生み、リソースの設計に資するため、一連の作業用ツールをあげていることがある（Eduscolのサイト［国民教育省公認の教師・保護者向けHP］、やり取りや調停の際の通訳活用の奨励、これらの活動にあたってのCASNAVの専門知識の体系的な活用）。また、学校のアクターが時間外のリソース提供の請求を行うのに役立つチュートリアルのようなものも示されている。インクリュージョンは目標であることが明示され、それを促進するためのさまざまな方法が示されている。措置の受け入れ先である学校はもれなく、学校教育計画内への措置の記載が求められる。インクリュージョンの目標は、ほかの大学区と比較して野心的なものとなっている。たとえば、措置の目標は、至上命令たる「フルインクリュージョン」を通じ、学校教育科目としてのフランス語（FLSまたはFLSco）と、通常の学校教育内容双方の学習を行うことである。大学区のアクターは、発言の中で、教育制度への到着時に集中的に行われるとともに、その後最初の2年間最大限に実施される支援の時間の多さについて、その正当性を主張している。通達では、この立場を「集中的に学習すればするほど、移民他言語話者生徒（élèves allophones arrivants）の進歩は大きくなる」と説明している。同大学区の特徴として、生徒の社会的・居住的不安定さ（国外追放、キャンプ解体、「緊急福祉サービスのフリーダイヤル115」による他地域への移動など）への対応を可能とするため、就学モニタリング用冊子を導入した点がある。同冊子では、「リスクのある」時期に対する警戒（特別な手続きが存在する、CM2（小学校最終学年）から第6級（中学1年）への移行期および第3級（中学4年）終了時の進路が該当）の必要性に言及し、生徒やその家族、教師がこの時期を乗り越えるために活用できる連絡先のリストをあげている。補償措置との間に結ばれる関係は、この状況的なリスクの枠組み内に組み込まれており、初等教育と中等教育との間で「学業成功個別計画−橋渡し」を展開することが求められている。同様に、大学区文書内で、各EANAが［インターネット上の］「devoirs faits（宿題完了）」措置を利用できるようにすることが明示的に推奨されていることも注目される。つまり、この地域の大学区通達は、就学をできる限りアクセスしやすいものとするため、利用できるあらゆる武器を活用しているということができる。

同地域は、アクターたちの経験と安定性により、知識やノウハウを長期にわたって蓄積できる場となってきた。その結果、必要な道具がそろった中での教育政策の受け入れが実現しており、そこでは、制度のアクターたちにより、高いレベルの開放性が前提とされている。この解釈は、インクリュージョン用科目への言及内で運用へと落とし込まれている。すなわち、インクリュージョンは、数学および第一外国語（LV1）において、生徒が来校した時点から明確に義務付けられている。

以上四つの構成は、CASNAV および大学区部局を介して組織されており（Simon et al. 2010）、異なりはするが、一定の開放度のある、教育の民主化された形態を示している。このような異なる政策の構築は、2003 年に発表された総視学官による報告書（IGEN-IGAENR 2003）や、より近年の研究（Fehrat 2021）の報告を裏付けるものである。これは、これらの集団に対する学校教育の民主化ということが必ずしも同一の意味を持たない、逆接的かつ制約的な背景の下で、規定枠組みの解釈および実施が見せる異なる姿を示すものである。

2-5. 複数の強調に立っている就学の権利

示してきた大学区ごとの形態は、国や地域の政治的背景、ならびに権力の座にあるアクターの立ち位置と連関した直接的・間接的選択によってそれぞれ異なる特徴を見せている（表 1 参照）。ここで、民主化および補償に関する解釈の違いは、介入の背景、教育制度において EANA が占める位置、これらの生徒を支援することの正当性についての分析の違いによって正当化されている。EANA の就学の編成に関する参照文書[24]では、たとえば、UPE2A の初年度では、初等教育においては最低週 9 時間、中等教育においては最低週 12 時間の集中的なフランス語教育を実施しなければならないとされている。明確かつ均質なものに見えるこの枠組みについても、異なる実施方法が観察された。いくつかの大学区（1、2、4）では、移民青少年の就学は優先事項であるとの主張がなされ、専用の労働時間や会議、実験的取り組みの対象となっている。大学区 1 および 4 では、同問題を担当するアクターたちが、自分たちはそれだけの政治的信用を有していると考え、制度的に高い露出を示していることがその特

24）通達第 2012-141 号。

徴となっている。これらの地域では、2012 年通達において示されている時間配当は、就学の権利の構成要素とみなされている。これは、生徒の個別伴走支援に関するものと解釈されており、それに従えば、各生徒には、初等教育においては最低週 9 時間、中等教育においては最低週 12 時間が与えられなければならないこととなる。これにより、これらの支援ボリュームは、対象生徒の数に比例したポストの開設が行われる閾値として理解されることとなる。これとは対照的に、大学区 3 では、生徒一人一人に割り当てられる時間ではなく、措置内の教師のポストという観点から論理が組み立てられている。この論理においては、「不可侵の」保証としてのリソースの個別割り当てという概念は排除される。大学区 4 および 1 では、制度のアクターたちは、「生徒 1 人当たり 9 時間は最低限」であり、「さらに行うこともできる」と説明する。また、大学区の視学官やコーディネーターは、こういったリソースを得るために自分たちが動くことは、学校が新規移民生徒について担う、公的かつ明示的に民主的な使命によって正当化されるものであると述べる。かれらの主張の中心をなすのは義務の概念であり、それは、リソースの構造的な不足と、リソース配分においてこれらの集団を可視化し優先したいという願望に内在する、工作、交渉、革新の必要性によって具現化されている。移民が歴史的に制度構造にほとんど影響を及ぼしてこなかった大学区 3 では、新規移民生徒に対して学校が担う民主的機能は、大学区本部によってあまり明確に支持されていない。これらの制度のアクターにとっては比較的最近になってからの問題である移民問題がはらむデリケートさ、そして、公的リソースの乏しさという背景が、アクターたちを既存のもので「やりくりする」方向へとより一層向かわせている。このため、リソースは「シェア」、すなわち、分割されている（週に 2 時間しか支援を受けられない子どももいる中で、1 人の教師の業務が複数校で分割されている）。補償の質は人的リソースの配当と無関係ではなく、それが学業上の進歩を促すものであるということを認めるとすれば、二つの別々の地域に置かれた 2 人の新規来仏他言語話者児童（enfants allophones primo-arrivants）は、就学に関して不平等な状況に置かれていることとなる。

大学区によるこうした解釈は、移民（immigration）は社会的支持を生まないという考えと、アクセシビリティという至上命令を満たす手段を学校に提供する必要性との間で引き裂かれている。さらなるリソースを要求することと、希少なリソースをやりくりすることはどの大学区でもみられることであるが、そ

表1　提示した4つの大学区の構成の概要

EANAの就学の種類、その人数と割合（DEPP 2022）	実践の構成	通達の特徴および制度的立場	子どもあたりの支援ボリュームおよび交渉	インクリュージョンの程度および形態	インクリュージョン用科目	就学の権利の年齢範囲	支援措置/特殊教育との間で推進される関係性
極限までの民主化 生徒数2,900名（10‰）	主意主義的自主管理（4）	─6ページ、付録11ページ ─超国家的文書・国の文書の引用 ─大学区プロジェクト ─同集団の優先を主張 ─論の政治的色合い（人道主義、博愛）	─制度的露出高 ─政治的信用 ─最初複数日フルタイムでの集中的受け入れの後規則枠組み（初等教育9時間、中等教育12時間）、生徒をベースとするもの、かつ最低限と解釈	─学校による措置考慮の義務化 ─野心的なインクリュージョン目標：「フルインクリュージョン」を通じたFLS・FLScoおよび学校教育内容の学習	─生徒到着時から ─数学およびLV1（第一外国語）は必須	─国民教育省にとっての制限なし。教育を受ける権利の年齢言及：18歳	─「リスクのある」時期（小学校、コレージュ終了時の移行期）でのPPRE-passerelle
正当化を伴うインクリュージョンによる民主化 生徒数7,000名（8～24‰）	国の枠組みの「理論通り」の解釈（2）	─3ページ、付録8ページ ─国の文書の引用 ─インクルーシブ・管理的レトリック ─優先の主張	─移民政策により足かせをはめられている政治的背景 ─規則枠組み（初等教育9時間、中等教育12時間）は暗黙のものであり、生徒をベースとするもの、かつ調整可能な目標と解釈	─可能な限りフルインクリュージョン ─学校教育的側面と言語的側面の区別 ─厳格に学校教育的な目標および支援、共通基礎とFLS、FLScoを参照	─中程度野心的なインクリュージョン用優先科目：EPS、音楽教育、造形芸術、さらに「可能な場合」数学および外国語	─年齢要件明示：3～16歳 ─16～18歳はFSE	─距離が置かれており、教育制度への到着後3年目以降という制限付きで利用「可能」との言及（PPREまたは個別受け入れ）。
実践の調整による民主化 生徒数5,700名（24‰）	隠匿の自律性（1）	─6.5ページ ─国の文書の引用 ─優先の主張、連帯 ─不安定な経済・行政的状況における論の政治的色合い ─義務とホスピタリティの概念	─生徒の中に学校教育・行政面での不安定さが一定して存在、教育のアクターによる取り組み ─制度的露出高 ─政治的信用 ─規定通りの時間の支援時間配当、最低限（閾値）の補償的措置、かつ生徒をベースとするものとして解釈	─措置の目標に見られる混乱（言語の場合もあれば、学校教育および言語の場合もあり）	─インクリュージョン用科目およびインクリュージョンの時間的広がりに制約なし	─年齢制限なし	─連携は可能だが義務ではない（PPRE、PPRE-passerelles） ─就学開始時から ─この連携の目的についての説明なし
「流刑」的な就学 生徒数2,400名（3～5‰）	国の枠組みの「流刑」的受容（3）	─3.5ページ、付録½ページ ─教育政策内での同集団の立場の弱さ ─通達内に政治（国または地域）への言及なし ─管理的な論の展開	─教師のポストをベースにした配当（時間配当の総和を上限とした上で、それを複数の学校へ配分。各生徒の支援時間は非常に少ない）	─通常学級および措置における就学の目標・形態についての明確な提示なし	─インクリュージョン用科目は明示されていないが、短期的な除外科目（フランス語および歴史・地理）の記載あり ─インクリュージョンの時間的広がりについての言及なし	─15歳からFSE	─措置を出た直後からのPPREを明記（時期または学年とは無関係）

れぞれ異なる裁定に従っている。ある場所では、制度のアクターたちは、この希少性を不可逆なものと考え、反移民の社会通念的言説の考慮と結びついたある種の諦めを表明している。これについて、ある経験豊かな幹部は「これは簡単で（…）合意の上に成り立つ（…）テーマではありません（…）扱わなければならない問題はほかにも本当にたくさんあるんです」と説明する。特殊な例とは決していえないこのような立場では、より多くのリソースを求めるべき集団の優先順位を付けることが重要であると考えられている。反対に、就学生徒の数に応じたリソースの自動性を確保するために、規則文書を意図的に丹念に解釈するというアプローチもある。たとえば、大学区1、2、4の学校の管理職たちは、「自分たちが当然得るべきもの」を求めるために、大学区本部の関係部局や県の部局と多くの時間を費やしており、リソースが獲得できるのは、それが優先事項であると認められているからこそであると説明する。このような戦略の展開に時間を費やすことは、社会的・道徳的寛容さという領域ではなく、地域秩序の維持という実用的な狙いに基づいて正当化される。たとえば、大学区4の実習・研修担当官は「確かにX（CASNAV担当視学官）はリソースのためにかなり労力を割いていますが、彼は同時に、（…）それがなければ、爆発だということ、それを知っているんです。（…）なんとか耐えなければならない、彼は私たちを助けてくれています」と説明している。

このように、これらの解釈は、そのどれもが公式の枠組み内にあると主張する、異なる行為のレパートリーを生みだしている。そこから生み出されるのは、生徒たちと直接につながる日々の実践における混乱である。

3. 大学区の構成に一部埋め込まれた、学校の日常に影響を与えるダブルバインド

教師たちは共通して、自分たちが属する大学区の枠組みへの準拠に重きを置いていると述べている。この枠組みは、かれらと、国の政治的背景との間の一種の「緩衝材」のような役割を果たしている。というのも、公共政策の矛盾は大学区の枠組みに現れているものの、これらの枠組みは、それらの矛盾を、運用手順の中で「平滑化」することを得ているからである。ただし、この緩衝材は大学区ごとに異なる形態を取っており、また、これが存在した上でも、連鎖の端にある学校の日常に、公共政策の矛盾が再びその姿を見せることがある。

こうして、学校様式（formes scolaires）や教師像は、大学区の構成によってふるいにかけられた後の、矛盾した政策の受け取り方から影響を受ける。

3-1. 一定方向に偏っている学校様式

調査対象となったEANAの出身地は、欧州、アジア、アフリカ、中近東［訳者による修正］、インド亜大陸、カリブ海諸国、南米と、多岐にわたっている。庇護申請者および難民でない場合、その親の中には非正規滞在者もいる。これらの子どもの大多数は、出身国では必ずしも恵まれない層に属してないにもかかわらず[25]、非常に貧しい家庭[26]で暮らしている（Santelli 2001; Ichou 2018)。これらの生徒たちは、学業の素質の活性化が難しいこと（Armagnague-Roucher 2021）や、親による学校生活への参加度が非常に低いことにより、自身が間接的にしか介入できない学校の管理職に従属させられているものと分析することができる（Payet et al. 2008）。

上で見た大学区の構成の特徴は、措置の時間数、措置に同時に参加する生徒グループの人数（大学区3では4名、大学区1では20名超)、同等の学業成績の場合の措置の在籍期間（大学区2および4では1年、大学区3では数時間、大学区1では最長でフルタイムでの2年）などについて、これらの生徒の就学を条件づける。それは、教育方法（大学区2および3では個別指導中心、大学区1では講義中心）や、校具の配置、これらの生徒と1名または複数名の担当教員との対面、ほかの生徒たちとの接触（新規移民のみか、非移民か)、授業リズム（rythmes didactiques）の構成（ある程度継続的か非連続か)、アクセス可能な内容の多様性（フランス語のみ、体育・スポーツと芸術を含む、または数学、理科、言語へのアクセス)）に影響を与える。

これらの側面は全て、学校様式（Vincent et al. 1994）や、これらの生徒の自

25）移民前、両親は小商店主（店舗型および行商型)、行政または教育・医療関係分野の職員であり、これらの国の平均的な教育水準に照らすと、階層は中間層であることを示している。

26）両親のうちどちらか片方だけでも上位社会職業分類（民間や大使館の海外駐在幹部）に属している生徒は少数派である。それに対し、2世帯に1世帯以上は片親世帯である。親が就労中の場合、その職業は一般従業員または労働者である。過半数の世帯は、庇護申請手続き中の就労禁止のため、または非正規滞在のため、未就労世帯となっている。劣悪な住環境、脆弱な住居、過密住宅は、全ての調査地においてみられる。

律性（Lahire 2005）や「職（métier）」の身に付け方（Perrenoud［1994］2010）に影響を与えるものであり、教師たちはそれらと折り合いをつけていかなければならない。教授面において、インクルーシブかつ要求の厳しいあり方を推進する大学区2では、（インクリュージョンのために）同時に参加する生徒数が大学区1よりも少ない措置で運営を行っている。この結果、教師との教授法的関係がより緊密になり、教師は差異化された教育指導（différenciation pédagogique）により意識を向けるようになる。生徒が教室内を動き回ったり、自分を表現したり、互いにやり取りをしたりすることもより容易になるが、これは大学区1の講義寄りの形態では必ずしも可能ではない。教師たちは、面談で一人一人とより長い時間話をすることで、生徒たちをより良く知っていると語る。このような学校の構成は、教師が自身の仕事について持つ職業観により包括的な影響を与えている。

3-2. 介入の構成により形成されるちぐはぐな教師像

ダブルバインドは、とりわけ「大学区という緩衝材」のために、学校のアクターにとっては一部暗黙のものとなっているが、それでもそれはかれらの日常にのしかかっている。これらの異なるトーン（registres）の共存を明示できないことで、かれらは、自分たちの行為を正当化する必要性を表明しながらも、行為の優先順位をどのように付けたら良いのか必ずしも分からないという状況に置かれる。学校や学級のレベルは、確かに「政治的」である度合いは低いが、これから述べるように、このレベルも、地域の学校様式や修学リズム（rythmes scolaires）を組織する、大学区の構成と厳しい移民規定の支配を受けている。教師はしばしば以下への不満を漏らしているが、その結果、職（métier）を構成するあらゆる活動（内容の準備、教材やその伝達方法の考案、学級集団の統率、各経路の分析と支援、インクリュージョンの組織的実施、同目的のための同僚との連携など）は、移民政策の厳しさの影響を受ける生徒たちの生活条件（手続きの問題解決のための欠席、家族が別都市へと移動させられたことによる地理的距離の拡大から来る遅刻、疲労やその他生活条件に関連した衛生上・医学上の、または心理的な諸問題）に左右されることになる。

すでに見てきたように、大学区の構成は、それが生み出されるより広範な政治的条件と結びついている。ダブルバインド（内務省の移民政策と、各大学区で様々に展開される国民教育省の教育政策）という背景は、インタビュー対象となった教師たちを、二つの職業観の間で迷わせるという状況を生んでいる。そのうちの一つは、（アンヌ・バレール（Barrère 2020, 2002）が論じる「信頼関係を重視する」教師に近づきつつ、）学校の社会教育的側面の優先を基礎とする「ためにする」の論理を中心に構成されたものであり、もう一つは、学校の教育的使命のより狭い解釈の仕方を前面に押し出したものである。さらに、各大学区は、異なる教育の構成を作ることにより、特定の職業像の発展を促している。より民主的な就学を作り出している大学区（1、2、4）では、学校の解放という政治的目標が十分に明示されているため、教育のアクターたちは、それをとらえ、自らの行為の正当化を一部それに依拠させることができる。自律性を特徴とし、獲得支援量も最も多い大学区1および4では、社会的・教育的使命を担うことの正当性はさらに強くなる。そのため、関係的な教師という像は比較的受け入れられている。この関係的な教師たちは、自らの仕事を妨げている条件を特定し、それを制限するための介入を行わない限り、自らの仕事を適切に行うことはできないと考えている。「かれらに何も起こっていないようなふりはできません。そうでなければ（…）それはぬかに釘になってしまいます」（第4小、常勤、初等教育、59歳）。「ぬかに釘」への懸念が生まれるのは、「感染性のある」社会問題の影響を抑制し、学校に優先を課そうとする願望があるゆえである。「私たちの役割というのはかれらを助けることであり、それはある意味県庁の決定に『逆らう』[27] ことなんです（…）就学と教育を受ける権利、それが我々にとっての義務です」（第1小、常勤、中等教育、51歳）。このような立場に立った場合、教師たちは、日常的な学校生活が円滑に進むよう、学習支援、ほかの教育のアクターとの連携、家族の伴走支援、無料給食や「devoirs faits（宿題完了）」措置のための社会基金申し込み手続きの実施といった、ボランティア活動を展開することになる。大学区1では、より集団的な教育の構成が、学校における移民（immigration）という課題についての教師たちの集団的代表性を強化している。その代表性は、ほぼ疑問視されない「連帯的」または「保護歓待的」と定義される実践を正当化する、より広範な政治的・労働組合的枠組みにおいて見られる、かれらの社会的・教育的な行為に正当性を与えるものである。反移民を公然と掲げる議員たちからの圧力が強い大学区2では、教師たちは、関係的な教師の像についてよりはっきりしない態度を示すが、同時に、かれら

27）『　』内は調査対象者自身が手振りで示したもの。

も同じく、移民政策の、さらに厳しく、見て見ぬ振りをするのが難しいほどの現実（緊急宿泊施設からの強制立ち退き、一部コミューンでのUPE2A開設の拒否）に直面している。その結果巻き起こるのが論争である。たとえば、この大学区では、県庁が新規移民家族（familles primo-migrantes）の緊急宿泊施設からの強制立ち退きを決定したとき、その影響は直接学校へと及んだ。それらの学校の中には、移民に好意的といえない選挙区に位置している学校もあった。これらの学校は、住む場所を失った生徒の行く末について教師が果たすべき、あるいは果たすべきではない役割（家具の保管を行うか、衛生施設使用の可否、宿泊費支払いのための連帯の動きなど）をめぐる対立の舞台となった。教師たちの中には、このような極端なケースの場合、こういった家庭を支援する以外に選択肢がないと主張し、学校機関が見せうる無関心への懸念を示した者もいた。また、これは自分たちの役割ではないとし、時事問題や政治問題が学校に「侵入」してくることを憂慮した教師たちもいた。職員室では緊迫した話し合いが行われ、ある小学校校長が該当家庭への支援（家具の保管、共済基金、夕食用にするための給食の保管）を行う決断を下すと、職員室内や管理部の教師たちから一部反発の声が上がった。しかし、ほかの教師たちは、まさにこのような困難な状況下において、新たな役割（引っ越し、経済的支援、住居に関する支援など）を担った。

大学区2のように、共通基礎［義務教育段階で習得すべき知識技能］に照らした教育要件の優先が明示されている文脈では、指導者としての教師の像がより好まれる。それは、この大学区の方針は明らかに、就学当初からのインクリュージョンを課しつつ、学校時間を聖域化することをその目的としているためである。この像に従い、教師は「教師であり続け」たいと語る。そこに結びつけられているのは、社会問題がそれを脅かしかねない中で、守ることが重要である知の伝達である。このような差異への無関心の現実化は、指導要録の閲覧をしない、遅刻や欠席の理由を知ろうとしない、保護者との面会を手続きに関する機会（集団参加の歓迎会や、進路指導の話し合い）に極力限る、といったことを通じて、教師たちが、（可能な限り）教育指導関係の中に子どもの法的・社会的立場に関する問題を持ち込むまいとすることにつながっている。この立場は、解放の場としての学校と、学校教育の保全というレトリックによって正当化されている。「かれらの私生活に関すること全てについてまで面倒をみることはできません（…）私は授業をしなければならず、それが優先事項なのです」と、措置担当のある教師は説明する（第2小、常勤、中等教育、31歳）。「学校はかれらにとって（…）エアロックのようなもので、それは違うものであり、かれらは違うことをしているんです。（…）かれらは県庁や社会福祉サービスなど、学校外でもう十分問題を抱えていますが、ここでは学ぶことに専念するんです」と、別の教師は述べる（第２小、常勤、初等教育、34歳）。大学区３のように、移民の子どもの就学により低い優先度が付けられている場所や、大学区２のように議論の対象となっている場所では、このような知育への集中は、学習者の法的地位に関して、違法な状態に直面する恐れによってもたらされている可能性もある。「私は（…）滞在許可証を持っているかどうかということは、私は関知しないことにしています（…）それは私たちがすることではない（…）それは簡単なことではないし、それに常に超えてはいけない一線というのがあるのです」（第３小、非常勤、中等教育、29歳）、「合法性の問題も生じます」（第２小、常勤、中等教育、37歳）。関係的な教師と同様、この指導者としての教師というあり方にも、ときにその正当化に多大な犠牲を要したり、ある種の良心の呵責と戦っているように見える教師がいたりと、ざらついた面がないわけではない。

おわりに

この考察を経て、アクターたちの具体的な実践の、教育政策との社会的なつながりをどのように理解したらよいだろうか。二つの主要な観察結果を強調することができる。第一に、国の政策には内部矛盾があり、それが、大学区のレベルでの運用化を要するグレーゾーンを生み出している。第二に、大学区は、それぞれ異なるがある程度開放度のある学校教育の民主化の形態（極限までの民主化、正当化を伴う民主化、実践の調整による民主化、「流刑」的就学）を通じ、異なる形で教育を受ける権利を実現することによって、単なる政策の運用化を超え、国の政策の矛盾を部分的に調整する「緩衝材」の機能を果たしている。その結果、生徒および教師にとって、異なる学校構成が生まれている。教師たちは、かれらが押しつけられたものとして経験する２つの教師像の間で揺れ動きながら、さまざまな「ふさわしい」職業像との折り合いを付けている。教師たちの実践の意味付けにおけるこの両極は、完全に安定しているわけではない。我々が出会った教師たちは皆、そのプロフィールの違いを問わず、一様に自らのやり方の正当性に「疑念を抱いて」いた。かれらは、自らの選択について、

「別のやり方があったかもしれない」が、自らの使命の精神に最も叶うものであると思ったことをしたのであると説明する。

職業上の裁定や、自身のプロフィールがいかなるものであろうと、教師たちは、そのほぼ全員が、教育上の計画の必要性とは相容れない不確実性にさらされていると感じている。この強制的に降りかかる不確実性の感覚により、ときに、かれらの行為を規定する中間的な規則の中に一貫性を見いだせないという事態が生じることもある。教師たちは、学校の校長はこういった形式化を行うのにふさわしくないとみなすとともに、大学区は政治や予算に関する配慮にとらわれていると語り、学校や大学区のレベルでの一貫性を求める代わりに、より遠いレベルの行為へと訴えている。こうした事後的な行為の正当化は、義務、「真のインクリュージョン」、ホスピタリティ、解放といった、より広範な政治的・哲学的レパートリーに基づくことになる。これらの教師たちにとっては、自分たちの実践を組織するのは確かに大学区のレベルではあるが、行為の優先順位を明示し、より明確な分散化の形態を規定するのは国の役割である。これからの移民の状況は、このアジェンダ設定の必要性を示している。これは、学校のアクターたちはその準備が整っているように見えるためなおさらである。

（園山　大祐 訳）

【付記】

本章は Un État pas si fort? La scolarisation des élèves primo-arrivants en France à hauteur d'académies (Maïtena Armagnague), dans *Revue Française de Pédagogie*, no. 218, 2023, pp. 61–77 の全訳である。著者および出版社の翻訳の快諾に感謝申し上げる。

第4章

他言語話者生徒に教える

―学校現場の実践と教職に関する表象―

イザベル・リゴーニ

はじめに

欧州連合の加盟国では、両親あるいは保護者を伴う者も伴わない者も未成年の移入者が増加しており、それはフランスにおいても例外ではない。このような子どもや若者の到着は、2015年の移民が大量に流入した時期から上昇傾向にある。2017年における在留許可取得者のうち、家族を理由とする移住者が最多を占めていた[1)]。2016年にフランス難民・無国籍者保護局（OFPRA）で登録された庇護申請者のうち、未成年者がその4分の1を占めている[2)]。同様に、子どものための社会支援（ASE）との関係から、同伴者のいない未成年者（MNA）に対する県レベルの受入および支援課は、2017年のこのような若者の数は、2013年と比較すると約6倍に増えていると述べている[3)]。このような若い移入者の増加を背景に、初等および中等教育に在籍する新規他言語話者生徒（EANA）の数は、2014-15年の54,500人（Robin et Touahir 2015）から2016-17年には60,700人（Robin 2018）へと増えている。国民教育省評価予測成果局（DEPP）によると、このような新規到着者は、就学経験のない生徒も含まれており、うち10人に9人は、新規他言語話者生徒のための教育単位（以下、UPE2A）にて、あるいは第二言語としてのフランス語（以下、FLS）と教育的

1）Ministère de l'Intérieur, *Statistiques annuelles en matière d'immigration, d'asile et d'acquisition de la nationalité française,* 16 janvier 2018,（最終閲覧日2018年12月3日）

2）Eurostatのサイト参照（最終閲覧日2018年12月3日）

3）Ministère de la Justice, Mission MNA, Rapport annuel d'activité 2017.

な支援（accompagnement）を受けている。2012年の新規他言語話者生徒の就学に関する通達[4)]にしたがい、全員が通常学級にも在籍しつつ、新たな学習言語となるフランス語を集中的に学ぶための支援を受けている。

しかし、このような若い移民が移住後に学校で直面する課題は、学習言語であるフランス語の習得や就学に伴うものにとどまらない。移住の経路における異なる段階が、これらの生徒にとって大きな出来事であり転換期となっており、同級生および教師との接触（社会化）や学習に影響を及ぼす可能性は高い（Sanchez-Mazas et al. 2018）。これらの生徒の多くが慣れ親しんだ土地から切り離されるという物理的かつ象徴的な暴力を経験しており、新たな環境における生徒の編入（insertion）は、このような移住前の経験にしばしば影響を受ける。貧困や紛争から逃れてきた子どもは、それ（過去の経験）に向き合うためにだれかに常に支えられているわけでもなく、辛い（その）記憶を鮮明に覚えている（Martin 2015）。移住した国で、特に南欧では、初めての就学を経験する子どもは新たな社会化を強いられるという課題に直面することになる。フランスへの入国と移住にそれほどの負荷がかかっていない子どもでも、両親が決断した移住の選択について詳しい説明や対話がなかったという事態を逃れることができた者はほぼ皆無である。さらに、移動の期間が長引いた子どもたちは、到着というハードル自体を乗り越えなければならない試練に直面していたのである。移動のルートで置かれた環境や状態は、子どもの記憶として長期的に刻み込まれてしまう。さらに、移住後の両親や家族の滞在資格に伴う社会的状態や行政上の立場は、子どもたちの就学に多大なる影響を及ぼす。滞在資格を取得するための働きかけとして、子どもたちは、様々な行政手続き上の担当者と両親の間に挟まれ、通訳者としての役割を強いられ、精神的ストレスを感じている。人が詰め込まれた非衛生的な住居で過ごす不安定な生活環境は、生徒としての生活を送ることを妨げている。

他言語話者生徒に関する措置は、社会的編入および社会的包摂の過程において特に配慮すべき過酷な移住経験や事件を経験している子どもも含まれている。教員養成高等学院（以下、Espé）で実施されている教員養成では、このような状況への対応について、ほぼ扱われていない。それでは、教員養成のなかで伝

4）　Circulaire no. 2012-141 du 2-10-2012, *Organisation de la scolarité des élèves allophones nouvellment arrivés. BOEN,* no. 37 du 11.10.2012.

えられ、（将来の）教師となる人々が一部内面化している、制度によってもたらされる教師のメチエ像[5]と、このような生徒に学校現場で向き合い学びを促すことのギャップを、どのように理解させればよいのか。このような移民背景で他言語話者生徒に対する社会教育的な具体的支援を、特別な措置と通常学級に照らし合わせながら、教師はどのように確立すればよいのか。*「子ども」*（やその家族）の特別なあるいは多様なニーズに配慮すること、そして特定の*「生徒」*のみに配慮できるわけではなく*「生徒」のみ考慮するメチエ*である教師としての役割のあいだで、教師はどのように調整すればよいのか。近年みられる移民の受け入れ政策の厳格化と、就学および教育を受ける権利に関連する学校での包摂、共和国原則の間にみられる深い矛盾に由来する緊張関係を、教師は学校現場の実践においてどのようにうまく切り抜ければよいのか。このように、全校生徒を優先する制度的な考え方と、移民生徒の個人的な状況をふまえ、教育的および学校の厳格な枠組みを超えて配慮するための差異化をしばしば施している教師による日々の実践との間にみられる緊張関係について、問い直す。

はじめに、教員採用の条件と新規他言語話者生徒を抱える教師の研修の条件について探求することを提案する。つぎに、移住経験をもち外国語が第一言語であるという状況に置かれている生徒との関係や授業内での日常といった視点から、教師のメチエとしての代表例をいくつか取り上げる。さいごに、このような生徒を担当する教師が行っている行動範囲の変化について明らかにする。これは、フランス南部の大学区における7つの小学校および中学校の授業内の様子についての調査[6]であり、2014年から2018年の間に複数回に分けて実施された。各学校において、1週間に半日程度の観察を6回から12回程度エスノグラフィーという手法で実施した。アンケート調査は、UPE2A内、小学校最終（第5）学年（CM2）の通常学級内、また廊下、休憩所、食堂といった場所において実施された。インタビューは、教師、職員、現職あるいは退職後の教師も参加している移民の若者を支援するボランティアの人々が対象となった。

5）　教師のメチエについては、教育省のサイトを参照（最終閲覧日2018年9月28日）

6）　Migriti（2014-17年にパリリュミエール大学による支援）、Evascol（2015-18年に権利擁護者団体による支援）、Alterécole（2016-19年にアキテーヌ地方による支援）、Educinclu（2016-19年にIresによる支援）

1. 試されるメチエである教師の雇用と養成

生徒に対する教育は、それに応じた教員養成が施されているとはいいがたく（Schiff 2012）、実習生（stagiaires）の脱落（離脱）や新卒教師の採用状況が不安定な要因の一つとなっている。特別な教育的ニーズをもつ生徒の包摂というパラダイムに関連する教師というメチエの展開は、グローバル化の文脈のなかに組み込まれている（Ebersold 2009; Armagnague et Rigoni 2016）。

1.1　不安定な雇用と離職の増加

生徒のニーズが多様化しているにもかかわらず、それに対応するための枠組みが増えていない状況から、社会的かつ制度的な認識の欠如がもたらした具体化された教師のイメージの低下により、過去数年に渡り、特に初等教育における教師の採用が不安定な状況に陥っている（Corbion 2018）。小学校の教師の採用のための外部試験は、募集している全ての採用ポストを想定できているわけではない。さらに、いくつかの大学区では、この試験[7]を通した採用のための選抜がほぼ実現できていない。新規他言語話者生徒を最も多く受け入れているいくつかの首都圏の県のなかでも、ヴェルサイユ大学区とクレテイユ大学区では、外部試験を通して採用される新任教師の数が最も少ない地域となっている（Carle et Férat 2016）。

同様に、教師の離職傾向は教育実習生の不安を煽っている。離職の数は、2012-2013年と2015-2016年の間で、中等レベルでは2倍に、初等レベルでは3倍に増えた。教師資格保持者の離職も同時期に増えている[8]。この深刻な状況を受けて、国民教育大臣は、例外的な措置として、あまり研修を受けていない契約教師に助けを求める対応を講じた。

1.2　新規他言語話者生徒の包摂には適していない一般的な教員養成

新卒教師の採用に振り回される状況と同様に、教員養成高等学院（Espé）で

7）IGAENR, Suivi trimetriel des académies - Synthèse des notes des correspondants académiques, rapport no. 2014-41, juin 2014.（Carle et Férat 2016: 36）.

8）IGAENR, Suivi permanent des académies - Synthèse des notes des correspondants académiques, rapport no. 2015-92, décembre 2015.（Carle et Férat 2016: 36）

行われている教員養成は、キャリアを貫くうえで、とくにあらゆる生徒を包摂する必要性に応じてその困難に直面することに適しているのかどうか、という疑問が残る。新任の教師としてのアイデンティティ確立過程に関する研究が明らかにしていることではあるが（Rinaudo 2004）、教師経験１年目は「試験のために習得した知識」と「教授のための知識」のギャップに直面し、理論と実践の乖離という考えを強めてしまう（Nadot 2000）。教師になるための教員養成で習得した知識が、各自の教育実践および生徒の経験との関わりに影響を及ぼしていると推測できる。

教員養成で習得する知識は、特に教科に関わる有用なツールに依拠している。また、教員養成校で教わる教科の選択は、教師が把握することになる生徒の移住経験や、その生徒たちに適した教育方法といった回答をもたらしてくれるわけではない。教員養成で習得する社会学については、学術的なツールだけでなく実践的なツールについても触れ、また移民、子ども、若者の社会的な事象に関する著書や論文をみつけるカギを提供している。Espé で教える社会科学や人文科学のなかでも、何を重視するかは地域の特性に依拠することもあるが、教授法と教育学に関する知識は常に重要視されている。その一方で、社会学については、取り上げられる機会は断片的であり、主な教科にもかかわらずあまり時間が割かれていない[9)]。生徒の多様性に配慮することは、具体的な助言と思考のためのツールと同様に、教員養成の初期段階では、相対的に優先度は低い。移民に関する知識や受け入れの状況についての議論の欠如は、学校現場においても例外ではない。

1.3　UPE2A の教師のための選択可能な特別な研修

他言語話者生徒の特別なニーズにもかかわらず、UPE2A を担当する教師のための研修や資格の要求は低く、地域によってその様相は異なる。2012 年の新規他言語話者生徒に関する通達[10)] は、このような生徒を教えるにあたり、特別な資格も経験も奨励していない。初等課程においては、あらゆる教師が、UPE2A を自発的に担当する可能性がある。もし、大学で FLS 教授法に関す

9）Journée d'étude “L'enseignement de la sociologie en Espé”, Espé de Mérignac, 14-15 juin 2018.

10）Circulaire no.2012-141 du 2 octobre 2012, *Organisation de la scolarité des élèves allophones nouvellment arrivés.*

る科目を履修し、あるいは研修終了資格などを保持している場合には、もちろん（その担当を）優先される。しかし、これらの資格保持者は、校長や組合によって支持されている「大きな」教師と競争関係に置かれる。その一方で、このような他言語話者生徒を支援するポストに関わる新任教師は、補完的な資格証明を取得できることになる。中等課程では、通達によると、言語教科のすべての教師は、初期の養成段階から、FLS を教えることができなければならない。地域によって差異が生じており、いくつかの大学区では、UPE2A を担当する教師は、FLS 教授資格か教授言語としてのフランス語教授資格を保持していなければ雇用されない。そのほかの大学区では、契約教師を雇用するなど、特にフランス語教授資格保持者にこだわっていない。養成の欠如を一時的に補うために、新規他言語話者と移動生活者の子どもの就学のための大学区センター（以下、CASNAV）によってサポートされる特定の研修活動が、県や大学区レベルで開催されている。教育支援と創造ネットワーク（Canopé）や Eduscol のサイト［国民教育省管轄のホームページ］では、他言語話者生徒を担当する教師のうち、とくに教材等を持ち合わせていない人に向けて、二言語で書かれた受け入れガイドブック、評価およびクラス配置のツール、学びをサポートするツールボックスといった教材を共有している。

他言語話者生徒は、言葉に関する難しさの他に、移住経験と行政的な手続き等に関する特定のニーズを抱えている。

「教育的な支援に留まらず、グローバルな視点から複層的な考え方を研修のなかに取り入れなければならない」と、支援団体の責任者は強調する。

ところで、教師は、教員養成において、移民や庇護希望者といったテーマに関する内容を扱わない。この欠如は、会計検査院が教師の配置とその転職といったキャリアの展開のなかで不要なものと捉えられている[11)]。会計検査院は、「教員養成の課程は、教師ポストの特徴との間の溝を埋める」[12)] ことを優先すべきであるとしている。教師の多くは、制限的で肯定的に捉えられていない移民および庇護政策に依拠している個人と家族の状況が、生徒の生活全般を不安定にし、就学にも影響を与えているという状況を目前に、無防備に感じている。

---

11) Cour des comptes, *Gérer les enseignants autrement,* rapport public thématique, mai 2013 (Carle et Férat 2016: 49).

12) Cour des comptes, *La formation continue des enseignants,* référé, avril 2015 (Carle et Férat 2016: 49).

最後に、このような状況下で断念されている理由は様々であるが、教育実習生や新任教師の期待や研修内容は、特に社会文化的に多様な背景が混在している地域においては、メチエの現実への妥当性が確保できない。

2. 教室内の日常を映し出すメチエの代表例

2016-17 年には、60,700 人の他言語話者生徒が登録されており、5,700 の小学校、2,550 の中学校、1,050 の高校と、合わせて 9,300 の学校に配置された (Robin 2018)。にもかかわらず、移民人口が急激に増えている地域にみられる差異があり、措置を含めた学校で生じる断続的な緊張が見受けられる。たとえば、移民人口に対する予算を受け取っている地域でも、具体的な措置の欠如から緊張が生じている。さらに田舎では、「再地域化」あるいは「再配置」というように、新たな移民人口の流入に対して投資されており、地域の学校関係者はこのような状態に対して適した実践を編み出している (Clavé-Mercier et Schiff 2018)。通常学級あるいは特別な措置については、数万人の教師が、一時的にも長期的にも、新規他言語話者生徒の支援に携わっている。我々は、このような学級の実践のなかでかれらのメチエが試練にさらされている代表例とその変容について、7 つの学校で調査を行った。

2.1　通常学級に包摂する

新規他言語話者生徒の問題は、大学区あるいは県レベルで包摂のための政策として捉えられている一方で、UPE2A の数が足りないという状況において、生徒は通常学級にて比較的長い時間を過ごしている。いくつかの大学区では、UPE2A の担当教師が複数の学校を掛け持ちしている。このような初等課程における流動的な UPE2A に属する他言語話者生徒は、大半の時間を通常学級で過ごす。このことを通して、学校側は、同級生との社会化という効果を期待している。中等課程においては、UPE2A の数自体が不足しており、生徒は週に数時間のみ FLS を集中的に学んでいる。そのほかの時間は、通常学級で過ごしている。特別な教育的ニーズをもつ生徒の状況が多様化するなかで、教師のメチエとその実践も複雑化している。

「特徴が多様化するなかで、ケースごとに対応を迫られる難しさがある」と視学官も認識している。そして、他言語話者移民生徒の包摂という課題についてほとんど研修を受けていない通常学級の教師は、そのような生徒に適した教育的な回答をもたらしているとはいえない。

通常学級への包摂という制度的な結び付けは、インタビューに応じてくれた教師のメチエを変化させていた。特に、多様な背景をもつ生徒に合わせて、習得する内容を多少免除する判断能力が必要とされ、「同じことを違うタイミングで」生徒に指導する個別化された教授法（Zakhartchouk 2014）が求められると述べていた。さらに、教材の不足によって、授業内で課す課題についても、家で取り組ませる宿題についても制限されてしまうことがあるという。いくつかの中学では、他言語話者生徒が登録されている年度においても、必要な教科書が不足しているケースも聞かれた。教師側も、教材の不足については苦言を呈している。もし、UPE2A を担当するにあたって、適確な教員養成と職業経験を受けていれば、教材の不足という苦情は出なかっただろう。

「ほとんど必要な教材といえるものは持ち合わせていなかったが、それほど問題ではなかった。目の前の多様な背景をもつ生徒に対して、自分でツールを作成するのは興味深かった。」

通常学級の教師は、在籍している学年の内容よりも簡単なフランス語や数学の教材を準備し、クラスの端で他言語話者生徒の指導に手間取ってしまうことに対する狼狽もあらわにした。

このように困難な状況が続くなかで、通常学級の教師は、フランスの学校における個人の機会均等を保障するという原則（Dubet 2004）に従って生徒やその両親が主張する教育を受ける権利に応えられていないのではないか、という不安に陥っている。何人かの教師は、移住経験からくる感情や就学の断絶、フランスで置かれている不安定な生活環境に影響を受けている生徒の事情を汲み取ることができない無力感に苛まれている。一人の女性教師は、シリア人の生徒が、陸路や海路でヨーロッパを横断した経験や、父親の死という辛い経験を重ねてきたことに同情し、心が揺れていた。

「サバー（仮名）[13] は、最初の数週間は引きこもり気味でしたが、その後は順調でした。しかし、その後、私を咎めるようになり、先日はもうお手上げという状態でした。このような状態に教師として嫌気がさしています。」

その一方で、中学校のある教師は、自分の国では比較的優良であったイラク

13）回答例に使用される名前は、匿名を保持するために個人名を変更し仮名としている。

出身の難民の生徒が、成績が悪く、攻撃的な態度を取ることが理解できないと話す。

「とにかく勉強したくないのでしょう。彼の扱いは非常に難しいです。」

生徒のニーズや経歴を把握する難しさについては、学級委員会（conseils de classes）において教師間で共有される。もし、教師が学校外で生徒が抱える問題（移住経験や在留資格に伴う状況）に配慮せずに通常学級の他の生徒と同様に成績を評価するならば、その他の教師はこれらの生徒に対する評価方法に疑問を抱く。そこで、成績には関係のない見解を成績票に記したり（たとえば、成績評価が中学校修了国家免状（DNB）取得に全く無関係ではないことから［DNB は国家資格であるが、平常点で採点されるためである。］）、あるいはこれらの生徒については別の評価指標を適用したりしている（「他言語話者生徒も成績評価は必要と法規に記されているが、適した評価が必要である」と主張する教師もいた）。

道徳観（valeurs morales）の保障責任と、学びに全てをささげる教師というメチエが象徴するものと、通常学級の現場で目の当たりにする現実との間の隔たりは、異なる役割を担う教育指導チームと複数の専門家の動員を可能にしなければ、その溝を埋めることはできない。

2.2　UPE2A 担当教師と通常学級の担任の一様ではない関係

UPE2A 担当教師が、担当授業の運営をメチエを象徴するものとして想定される通りに行うとしても、FLS や就学言語としてのフランス語教授法の資格を取得していたとしても、他言語話者生徒を対象とすることの難しさとは別問題であり、それは、学業上だけでなく社会的な側面が入り組んでいる複雑な問題を生徒が抱えているからである。通常学級の担任が自分のクラス内でこのような生徒をどのように扱えば良いか分からない場合、このような生徒に単独で取り組まなければならず、仕事のうえで孤立してしまう恐れがある。3 つの異なる小学校で UPE2A を担当する教師によると、「通常学級の担任からの信頼を勝ち取るには時間がかかる。ずいぶん長い間、通常学級のドアは私に対しては常に閉じられていたが、何人かは、やっと、私を探し求めて尋ねてくるようになった」と話していた。その一方で、同様の状況におかれている UPE2A の教師は、「通常学級から締め出す教師に対しては、包摂を放棄しないように断固とした態度で接するべき」と話していた。CASNAV の熟練の研修担当者は、次のように同じようなことを述べていた。

「特定の支援を担当している同僚は、効果的な包摂を実施することに難しさを感じているが、考え方を変えていかないと。」

UPE2A の教師が、複数の学校を担当し、頻繁に移動すると、通常学級の担任との関係が複雑化してしまう。それは、学校ごとに異なる校風があり、意見交換する時間に制限が生じ、対話を必要とする相手が増えてしまうからである。指導を担当するスタッフと包摂を享受すべき生徒の間で会話ができたとしても、「言葉で埋め尽くすだけでは足りない」。UPE2A 担当教師と通常学級担任の両者による「協働」あるいは「両者による『介入』」を制度化する必要がある。UPE2A と通常学級の教師の間で分担できる企画や仕事は、同僚間の厚意のみではなく、各自が抱くメチエの責務や日常的に克服しなければならない困難について似通った価値観を共有していることが必要とされる。

UPE2A の教師と通常学級の担任の間の関係は、大学区や県レベルで推し進められる企画を通して構築される。たとえば、UPE2A 教師によって準備された「応急処置ツール」箱は、通常学級の担任に活用される。これは、授業内で使えるツールであり、他言語話者生徒を受け入れる際に特定のガイドブックなどが欠如している場合に有効となる。もし、そのツール箱が教師のサポートのために割り振られるとしても、外国語を第一言語としない生徒の学級への包摂が免除されるわけではない。「このツール箱があることで、その中の課題に取り組ませ、生徒の指導そのものを忘れ去って良いということにはならない！」と。そうではなく、「生徒の学力をより向上させるためのツールとならなければならない」と、UPE2A の教師で当ツール箱作成のためのワーキング・グループに参加した人が語っていた。

しかし、他言語話者生徒の包摂様式や教師間の協力関係についても、特に制度的な命令が出されているわけではない。学校制度によって牽引される教師のあるべき姿は、複数の要因が混ざり合う複雑な現実に直面し、包摂を実現できない教師たちを硬直化させている。仕事に携わる人々の間で硬直化した関係を解きほぐすためには、個人的な情熱と、特に異なる専門家同士の交流、協働を生み出す学校文化による影響が大きい。

3. 移民生徒に対して教師が取る行動範囲の流動的な境界

授業内の実践から生じる教師のメチエとして代表されるものと教員養成に関

する疑問のほかに、移民生徒に対して講じるべき行動範囲の境界線という課題がある。滞在資格を待つ行政手続き上の家族の繊細な立場、不安定な食糧および住居といった環境など、移民生徒が置かれているこのような状況から、担当教師は様々な対応策の必要性を痛感し、メチエとして代表されるものに対して個人が成せる業に疑問を抱いてしまう。学校外で、生徒やその家族を教育的な役割を超えて支援してしまう一方で、無条件に教育を受ける権利の尊重や外国人を受け入れる法的な権利の間にあるジレンマに直面し、自身の危険を感じている人もいる。教師は、移民生徒が置かれている境遇に対して、どの程度の個人的な共感を求められるのか。教師の役割は、生徒の支援であり、相手が子どもであることを見ないふりをしても良いのか。どのように生徒としてのメチエを教えられるのか。連帯に関する「努力」が移民に対する政策のなかでみられない現状下において、移民生徒に対してお互いの尊重、連帯、分かち合いといった価値をどのように構築できるのか。どのようにすれば、学校あるいは学校外の社会化が行われる環境を考慮せずに学校における包摂を推進できるのか。教師のメチエに代表されるものの在り方やそのメチエにどのように関係するかは、誰がそれを担い、どのような地域的な動因がかかわるかに由来する。

3.1　学校での学びと生徒としてのメチエに焦点をおく

教師の極端な行動例として、教師としての空間と生徒およびその家族の空間を完全に隔てる人もいる。それは、生徒の保護者と連絡を取らないことにまで至ることもあり、それは初等課程でも同様である。「生徒のメチエ」と学びに影響を及ぼし得る学校外の要因のほかに、ある状況が学校での学びに影響を与えることが明らかにされている。教師経験は長いが近年新たにUPE2Aを担当することになった教師は、生徒の家族にまつわる社会的および行政上の課題を理解することは難しい。

「私の前任者は、生徒の両親をはじめ、アソシエーション関係者など、学校外の関係を構築していたようですが、それは私の仕事ではありません。」

そして、さらに次のように述べていた。「生徒の両親にはまだ会っていません。そろそろ会わなければと思っていたところです」と話していたが、当インタビューは、生徒が入国してから4カ月は経過していた。このような分け方は、学校の学びや時間に密接に関係している職業上の考え方である。それは、移民生徒の保護者もフランスの学校制度について無知であるという事実や、そのような保護者も支援が必要であるという状況をほぼ考慮できていないことに原因がある。生徒の困難に関する詳細に立ち入らないように家族と距離を置く姿勢は、保護者による生徒の就学に対する支援の欠如を結果として招いている。

教師の行動が徐々に前進すると、好意的な状況が確認される。生徒の保護者との関係はそれを明示しており、その関係なしでは生徒の学力向上は難しいと教師は考えている。複数の小学校でUPE2Aを担当する教師は、次のように言う。

「私が担当している学校では、小学5年（CM2）の生徒のグループを、両親と一緒に、中学校へ連れていきます。生徒の目の前で、学校と保護者の関係を築く必要があるのです。」

この「目の前で」という教師による表現は、教育支援担当職員に他言語話者生徒の価値を認めさせるということ、また生徒の両親に子どもを認めさせること、さらにこのような生徒の正しい学びのためにフランスの学校制度で実施している支援そのものについて認識させるために必要であると考えられている。

家族とのコンタクトが構築されると、教師は、職業上の関わりから市民としての責任感へと変わる段階となる。このような段階では、UPE2Aの教師が、市役所における生徒の登録手続き等に家族のために同伴することもある。

「その家族は、数年前にすでに移住を試みたことがあった。ディパは3カ月間だけ小学校第一学年に通った。その後スペインへ去り、父親が数年間失業していたため、帰国した。ここに到着したときは、車の中に住んでいて、市役所の登録なしに直接息子を学校に連れてきた。だから、放っておけなくて、私が生徒の家族に付き添い市役所へ行った。」

複数の学校では、とくに、生徒が住居や公営住宅から追い出されるというように生活環境が悪化する特別なケースにおいて、担当している一連の教職員が動員される[14]。

「私たちの中学では、他言語話者生徒が14名在籍し、週に数時間のフランス語を習得しています。何人かについては非常に手を焼いています。今年

14）移民と統合センター（OFII）の統計（2017年）によると、庇護申請者のうち53%が住居をもたない状態であることが次の文献に引用されている（Cimade, *Décryptage du projet de loi asile et immigration,* Paris, 19 février 2018.：最終閲覧日2018年12月10日）。さらに、庇護権全国裁判所（CNDA）への控訴の申し立てに立ち上がる際には、住居をもたない庇護申請者の割合がより高くなっている。

は、これらの生徒のうちの一人が、自殺未遂を試みました。稀な言語（ほとんど話せる人がいない言語）を話す保護者と連絡も取れず、アソシエーションに生徒の授業支援と保護者の代理を依頼しました。」（生徒指導専門員とのインタビューより）

ある女子生徒は両親との関係修復が容易ではないと判断され、生徒指導専門員と複数の教師が、そのほかの介入できる人材に支援を依頼した。

学校の枠を超えた家族の支援は、教職員にとって職業上のストレスを生み出している。それは、生徒の保護者が、庇護申請を却下され、サポート委員会が生徒の保護者代表や国境なき教育団ネットワーク（以下、RESF）による支援や活動を支持するケースである。2015 年から庇護申請者数が非常に増加していることを踏まえれば、都会の学校はほとんどそれに対応しきれていない。このような支援委員会の構成は、学校の運営や教職員に危機感を抱かせることもあり、メチエの枠を超えた介入に経験値が不足しており、学校関係者はそれをどのように運営すればよいか困難を極める。庇護希望者である家族のサポートをするための嘆願書にある自分の名前を、上司等の復讐を恐れて削除した学校教師に会ったことがある。ほかに、難民申請を却下された家族のケースで、ある学校長は、学校に警察が来て生徒と家族に尋問することを恐れていた。しかし、学校内への警察や憲兵の介入は、2013 年 10 月 19 日の通達で不可能になった。

他言語話者生徒を抱えている教師は、生徒の包摂は保護者なしでは実現できないことを大抵把握しており、メチエの責務を全うする論理と家族の支援や連帯といった論理の狭間に置かれている。このような二つの異なる論理は、いくつもの職業上注力可能な行動や手法の間に置かれている教師の行動を決定づけてしまう不安定な状況をつくりだしている。

3.2　生徒を超えて：子ども、その家族、連帯のための行動

最後に、さらに極端な行動力の事例として、教師が「連帯活動家」として運動を行うケースもあり（Cohen and Rai 2000）、活動の種類も多様で、外国人を理由に運動に参加する異なる活動家のイメージも有している。いくつかの地域では、学校の教師が、市町村長に掛け合い、どのような滞在状況であっても、すべての住民に対して就学の権利を尊重し、それを実現すべきであると訴えかけている。大学区の管轄でも県の自治体にも取り上げられていない文書が存在する際に、教師は、アソシエーション側の支持者として、警告を発する役割を

担っている。ほかにも、活動家の域に結び付くために、厳格な教育的枠組みを超えた数々の活動を行っている教師もいる。RESFのようなタイプの支援ネットワークに積極的に参加している人は、他校で同様の問題に直面している同僚との関係を構築し、滞在資格を申請するために、生徒の両親に私的な立場で県庁まで同行している。特に、庇護希望者のための受け入れセンター（以下、CADA）に近い学校では、生徒の両親の行政状況に関する問題は、生徒の就学や個人的な経歴に関わっており、教師の仕事に影響も及ぼす。

「私のUPE2Aのクラスでは、生徒の出身地域は多様です。現在は、たとえば、スペイン、ポルトガル、ウクライナ、ジョージア、ロシア、アルメニア、コソボの出身者が在籍しています。生徒の家庭にみられる社会的な背景も様々であり、異なる社会職業に就いている家庭です。在留資格も多様ですが、大半が庇護申請者です。生徒の保護者とも話をしています。特に問題なのは、警察を恐れて、庇護申請中の生徒が登校を回避することです。」（CADA近辺の初等学校のUPE2Aの教師）

このように多くの事例は、学校の論理と家族の行政上の論理が混ざり合っていることを示している。その関連性が複雑であることから、それに対応するために教師が関わる活動や運動は多様化している。連帯のための活動に携わる人々は、生徒の教育のみを教師のメチエとせず、家族や生徒が置かれている複層的な困難を理解することで生徒の学修を助ける、という判断をしている。

おわりに

移住経験がある他言語話者生徒に教えるということは、学校教育・就学、教授法、教科法といった複数の側面に関連する多様な困難に直面する。それは、対象が「生徒」にとどまらずその両親を社会全体に包摂するための決定的かつ単独ではない役割を「学校」が担っていることを示している。生徒の就学および言語習得については、移住計画とその経験、フランスにおける滞在資格とその期間、子どもの責任を負う親が置かれる行政上の状況といった複雑な変数が混ざり合い影響を及ぼす。このように複雑に絡まり合う問題は、支援担当教師および通常学級教師の両者に危機的な感情と困難としてのしかかる。教師の採用の危機と離職者の増加は、補完的な措置が提案されないままに、学校のなかでこのような困難に直面させられる教師の苦難を予兆している。とくに通常学級における特別なニーズを必要とする生徒への対応に関する研修もほぼ受けていない教師にとって、他言語話者生徒を担当する難しさは非常に重要なものとなる。もし、このような支援を担う教師が、研修を受けていたら、特に他言語話者生徒のための教育やその教授法に集中し、移住経験に関する問題など特に配慮する必要もなくなるであろう。

教師の多くは、日常の学級内において、多様かつ繊細な状況におかれている移民生徒に直面し、騒ぎ立てている。通常学級の教師とUPE2A担当教師の関係についても、再検討が必要となる。さらに現場の挑戦を目前にして、教師が取り組む姿勢は様々である。ある教師は、生徒とその学びを中心とした手法を編み出し、ある教師は家族をとりまく個人的な論理と就学上の論理を混ぜ合わせた困難に応えようとし、ある教師は学外でも行われる連帯を求める活動に従事している。移住経験のある生徒、特に親が庇護を求めている生徒の就学に関わる学業、教育、そして社会的に求められることは、教師の仕事の域を超えている。それは、フランス語圏の移民受け入れ国についても同様の調査が明らかにしている（Sanchez-Mazas et al. 2018; Liboy and Mylatris 2016; Potvin et al. 2016; Tardif et Le Vasseur 2010）。このような状況は、教師という職業上の役割が多様化し、その境界が再定義されるべき局面であることを示唆している。

（小山　晶子 訳）

【付記】

本章はEnseigner aux allophones: Représentation du métier et pratiques de terrain（Isabelle Rigoni), dans *Allophonie. Inclusion et langues des enfants migrants à l'école*, Lambert-Lucas, 2020, pp. 91-106の全訳である。著者および出版社の翻訳の快諾に感謝申し上げる。

第５章

授業で移民第一世代生徒の「出身言語[1)]」を使用すること

―両義的な効果―

マイテナ・アルマニャーグ、オードレイ・ブーラン

はじめに

フランスでは、移民第一世代の生徒、すなわち学校制度によって行政上「新規移民他言語話者生徒」(EANA) と示される生徒の学校での対応に関する社会科学分野での研究はほとんど行われておらず、その根拠となる調査のデータはいまや古いものとなっている (Schiff 2003; Zoïa et Visier 2003; Zoïa et Schiff 2004; Schiff et Fouquet-Chauprade 2011)。かれらの学業成績に関する研究も同様の状況にあるが、移民の子ども全般に関する出版物ははるかに数が多く、またより早くから出版されている (Zirotti et Novi 1979; Zirotti 1980; Zéroulou 1988; Zirotti 1989; Lorcerie 1998; Vallet et Caille 1996a ほか)。こうした人びとやかれらの教育経路に関する学術的な関心は、決して衰えていない。国立人口学研究所 (INED) と国立統計経済研究所 (INSEE) が共同で実施した TeO 調査「経路と出自」のデータを用いて、研究者たちは、移民の子どもの教育経路に関する分

1) 本研究の関心は教育的、あるいは言語学的なものではなく社会学的なものであることから、(「第一言語」ではなく)「出身言語」と呼ぶことにした。この選択を支持する２つの論拠がある。第一に、現在学校でのやりとりの中で用いられているのは、知識のある人びとにしか通じない「第一言語」ではなく、「出身言語」という名称である。第二に、「出自」という概念は、生徒とともに／生徒のために／生徒が習得すべき言語を使用するという意図の社会学的妥当性を、よりいっそう示している。生徒の言語能力の社会的構築は、比較的知られておらず、特に曖昧で、社会的にも教育的にも部分的に不確定な社会的文脈においては、実際の、あるいは想定される生徒の「出自」といっそう密接に結びついており、この「出自」は、通常の学校状況の具体的な現実の中で社会的に構築され、意味を与えているのである。

析を提示し、その複雑さと不均質性（Ichou 2018）、社会的な偏り（Brinbaum et Kieffer 2009）、移住における家族資源の重要性（Moguérou et al. 2016）を浮き彫りにした。さらにごく最近、同じ調査のデータを用いて、（［当時］義務教育に相当する期間である）6歳から16歳の間に移住した人のみで構成された（抽出による）コーパスに焦点を当てた、ある前例のない取り組みが行われた。その結果から、適応教育学級へ追いやったり、短期職業訓練コースへの過度な進路指導がなされたりするかたちで、移民第一世代の生徒に対して差異化された制度的処遇が行われているという仮説が導かれた（Primon et al. 2018）。これらの研究は分析に向けた基本的な思考枠組みを提供してはいるものの、調査時点で成人していた人びとを対象とした、「*事後的な*」量的データ収集に基づいたものである。したがってこれらの研究では、特に主観的な観点から、今日の学校で構造化された社会的経験を把握したり、この差異化された制度的処遇が日々教室で構築されるメカニズムを分析したりすることはできない（Dubet et al. 2013）。この側面を研究するためには、こうした若者をとりまく環境を構成する学校様式を問い、構造化のプロセスについて考え、いくつかの影響を提示することが重要である。

方法論

本章は、パリ地域圏*の中学校における、1年間**（平均週1日）の、外国語を母語［原文のママ。用語解説参照］とする新規他言語話者生徒のための教育単位（UPE2A）の生活観察に基づいており、Educinclu研究プロジェクト***の一環であり、2人の著者によるものである。この観察は、形式化されていないやり取りと、このプログラムを担当する教師との2回の半構造化インタビューによって補われている。

現代文の免許状をもち、UPE2Aで働く正規のフランス語教師は、着任3年目であり、以前は別の学校で同じ職に就いていた。11歳から16歳の26人の若者（男子16人、女子10人）が、非常に幅広い期間（数週間から1学年全て）にわたって、このプログラムに参加している。これらの生徒の出身国はさまざまであり（アルジェリア、コロンビア、コンゴ民主共和国、エジプト、イラク、イラン、クウェート、リビア、マリ、モロッコ、モルドバ、ペルー、シリア、チュニジア）、移住のルートも多様である。かれらのほとんどは労働者階層に属している。

*この学校は、社会住宅に囲まれてはいるものの、優先教育地域には位置しておらず、社会的に入り混じった人びとを受け入れている。この学校があるコミューンは、歴史的に工業地帯でアルジェリア出身の人びとを多く受け入れており、2000年代以降は著しい高級化を経験している。民間部門の不動産価格は調査時の平均で1平方メートル当たり6,000ユーロであり（その後15％近く上昇）、コミューンは大規模な都市再生に取り組んでいる。社会住宅の割合は、40％近くとなっている。

**調査対象者が特定されることを避けるため、観察が行われた学年は明示しない。

***経済社会研究所の助成を受け、UNSA Éducationの支援を受けているEducincluプロジェクト（2016年～2019年）である「移民の子どもと若者のためのインクルーシブ教育」は、アルマニャーグとリゴーニが率いている。パリ地域圏、フランス本土のある地方、および海外県にある計3つの大学区の12校（初等教育段階6校、中等教育段階6校）が関わっている。このプロジェクトは、特に学校のモノグラフの作成に基づいている。

国民教育省によってEANAとされる生徒の環境を構成する学校様式は、相互に関連する複数の段階の組み合わせからなっている。すなわち、マクロは大学区関係者が地域ごとに解釈する政治的・制度的方針という段階、メゾは特に経営陣や学校生活チームの主導による学校という段階、そしてミクロは教師と生徒の相互作用空間として理解される教室という段階である。これらの異なる領域の出合いは、移民の分野における現在の公共政策に関する興味深い分析の鍵となる（Bertossi 2016）。本章では、これらのうちの2つの段階に限定する。ひとつは法的生産物を*通じ*て「上から」設定された枠組みの段階、もうひとつは教室の段階である。

移民第一世代の生徒については、公共政策が、UPE2Aという専用のプログラムで補償を組織化している。まず、移民の生徒の差異化された経路とかれらに対する教育実践の制度化が、歴史的に複数の論理の間で、特に、フランスの教育制度に最近到着しフランス語を習得してもいない生徒に対する「出身言語」への配慮に関して、揺れ動いてきたことを強調する。第二に、この曖昧さは教室空間でも見られ、言語的知識の使用が教師によって必ずしも準備されていたり教師がそれに熟達していたりするとは限らないため、そして－とりわけ－その使用が生徒によって必ずしも理解されるものであるとも限らないため、時として居心地の悪い教育状況を生じさせることを示す。

1．両義的な制度上の規定
－フランス語の中心性と出身言語への配慮との狭間で－

1世紀以上にわたって、ニューカマーの子どもに向けた教育の提供においては、－学校の選抜機能と、そのヒューマニズムや民主主義的な基盤とが集結した－相反するさまざまな論理が見出される。一方では、学校は個人の私的生活に関連するとみなされる差異の表出を伝統的に認めない機関でありながら、他方では、フランスの教育制度に流入する移民の子どもは、その移住の経験を理由に非常に早い時期から部分的に学校での特別な対応の対象となってきた（Armagnague et al. 2020［本書第2章］）。たとえば、1924年のフランス・ポーランド会議の後、1925年には出身言語・文化の教育（ELCO）が創設され、1939年にはその運用を定めた通達が出された。この教育はフランスと移民の出身国とのパートナーシップによって組織され、週に数時間、学校の授業時間外で行われるものである。これは、当時は充分に考慮されていなかったが（Sayad 2014）、学校制度の、共和主義的な非差異化という原則からの最初の逸脱であった。制度的な論理としては、移民をその出身国に結びつけるという政治的原則を定めている。その当時、人びとは移民が子どもを連れて帰って行くと信じていた－あるいは信じるふりをしていた－のであり、一部の人びとは実際に帰って行った。これは、G. ノワリエル（Noiriel 1988＝2015）によって「ノリア」として分析されたものである。その後、家族再統合政策によって若い外国人が大量に流入するにつれて「受け入れ」に関する施策が考案されたが、その教育的支援の原則は、ELCO[2)] の影響を受けていた（時にはそれと混同されることもあった）（Lazaridis et Seksig 2005; Zirotti 2006）。1970年代には、フランス語話者でない初等教育段階の生徒を対象とした入門学級（CLIN）と、中等教育段階の生徒を対象とした適応学級（CLAD）が設置された。これらの措置は集中的な再教育を

2）特に、ELCOはその恩恵を受ける生徒に汚名を着せ、生徒の言語的現実を否認するかたちで非文脈的な教育内容に依存していると批判されている。

目的としたものであり、分離されたかたちでの運用を基礎としている。1990年代以降、そしてさらに最近では、より「開かれた」プログラム（UPE2A）を推進する2012年の2つの通達において、学校でのインクリュージョンが公式に推奨されている。この形式上の開放に潜むインクリュージョンのレトリックは、不平等で不利であるとみなされる分離された学校での処遇の廃止を強く勧めている。しかし同時に、欧州、そして各国の政策は、教育制度がアクセシビリティの要件に準拠すること、したがって学校における多様性と普遍的なアクセシビリティ（困難な状況にある生徒、「障害」、「高い潜在能力」など）を考慮することを促している（Ebersold 2017）。学校でのアクセシビリティの推進に関するこのような文脈では、教師は教育的な差異化の実施を求められることから、定義上は、その扱いが全員同じであるというわけではない。ELCOの遺産のプリズムを通して読むと、教育的差異化は、移民の子どもや若者の学校教育の文脈において、異文化間性や複言語主義を推奨する教授法の専門家の原則にしたがって定期的に展開されることになる。

このような複言語主義の奨励は、即座に、そして必ずしも意図的にではなく、フランス語を通じて政治的同質性を生み出す道具と理解される学校の制度的論理において、困難をまき散らすことになる。というのも、この政治プロジェクトにおいて、フランス語は歴史的に決定的な役割を果たしてきたのである。1789年、フランス語は、貴族階級やラテン語に対抗し、自らを統合することによって構築された。当時、政治的表現（陳情書におけるような、話されたものあるいは書かれたもの）の道具として、またエリートに対抗して民衆を統一（また訓練）する道具としてフランス語教育を発展させた革命の大義に賛同した知識人によって、フランス語は広められたのである（Balibar 1999）。この文脈において、フランスの教育制度は、学校に関するフェリー法以来、フランス語の習得の優先という安定した制度的位置づけを規定してきた。しかし近年、とりわけ欧州の機関の圧力を受け、学校制度は移民が話す言語に対する自らの認識を改めた。2009年、国民教育総（中央）視学官（IGEN）と国民教育研究行政総（中央）視学官（IGAENR）の報告書は、言語学者の研究に基づき、母語の習得は新たな言語を学ぶための切り札であるとした。またこの報告書は、教育上の利点だけでなく何よりも象徴的な利点があるとして、フランス語学習において生徒の出身言語を最大限考慮することを主張する、特にN. オジェ（Auger 2008）によって展開されている比較のアプローチにしたがうよう促している。

「教室や学校の中で、生徒の出身言語や出身文化の象徴的な認識が保障される措置において心理的秩序による利点があることを、それほどのリスクなしに予測することができる」(Klein et Sallé 2009: 97)。学校制度によって生徒の出身言語が認識されることで、かれらに起こりうる行き詰まりを防ぐとともに、学校に関する活動への意欲を高めることになるだろう。しかし同時に、この報告書の著者らは注意を促している。すなわち、フランス語と出身言語の比較からなる比較のアプローチは「興味深い方法論的成果」につながるものでなければならず、教師の第一の目的であるフランス語の習得を損なうような実施となってはならないのである。

生徒の出身言語の使用を基本とするこの異文化間原則は広く認められ、一部の研修の場では、教育的合理性（「生徒が出身言語を話し続けるようにすることは、フランス語の習得のためにより効果的である」）と、道徳的合理性（「子どもが出身言語を話し－続ける－ことができるようにすることは、精神的支柱の媒介となり、「学習上の自尊心」を生み出す）とを組み合わせた、承認のための闘いと結びついた定められた*「ドクサ」*となっているほどである。このような姿勢は、特に新規移民と移動生活者とホームスクーリングの子どもの就学のための大学区センター（CASNAV）や国民教育省によって教員を対象に行われる研修でも奨励され、今日、（現在、言語教育学者からは「第一言語」と呼ばれている）「出身言語」を認識したり重視したりする教育形態を発展させようとする言説や教育実践が強化されている。しかし、実際の教室では、関係するすべての教師が言語教育の専門家であるわけではなく、言語教育の専門家は「現実の」授業を常時、またフルタイムで受け持つわけでもないことから、複言語主義の推進に由来するこの立場は、教師を居心地の悪い教育状況にさらし、また生徒の間に誤解を生みかねないのである。

2. 教室における出身言語の使用－漠然とした教授的枠組み－

公式な文書では明示的に推進されているが、出身言語の使用は、教師と、コミュニケーションの経験が手探りなものであり熟達していない状況にある生徒に対して、実際には教育上不安定なかたちを生み出す一因となっている。検討されるプログラムにおいて実施された観察に基づき、出身言語の使用が単発的な支援ツールにいかに近いかをさらに示していく。言語的な参照は、一部の生徒に教育的困難が生じた際に教師によって動員される。教育的差異化に関する教師の願望を集結させるかたちで出身言語に頼ることは、いくつかの限界を示している。

授業では、UPE2A の教師は主としてフランス語で話す。しかしながら彼は、口頭では、生徒が親と話す言語も頻繁に用いる。私たちが観察した各日、教師は少なくとも１回はフランス語以外の言葉を使った。しかし、この使用は非常に限定的なものであり、教師と１人の、あるいは数人の生徒とのごく短い言葉のやりとりがほとんどであった。また、その機能も限定的であり、このようなやりとりは教師が（フランス語での理解が難しい）生徒がきちんと理解しているかを確かめたい情報（時間割、あるいは校外学習や集会に関する情報）の伝達というかたちで行われることがほとんどである。

> たとえば、１月初旬、「教師はシルビア（コロンビアから最近やってきた生徒）とスペイン語で（フランス語のいくつかの単語もまじえて）やりとりをする。彼は時間割を説明し、翌日は EPS（体育・スポーツ教育）の授業に行くためシューズとジョギングウェアを持参するように言う」（観察日記より抜粋）。

あるいはまた数週間後。コロンビア出身のナリヤがフランス語（UPE2A）の授業に遅れてくる。教師は彼女の時間割を見て、ナリヤがフランス語の授業ではなく数学の授業を受けること、つまり授業を間違えていることに気づく。教師は彼女に数学の授業に行くように言うためにスペイン語で話しかける。ナリヤも彼にスペイン語で返事をする。

教師がここで生徒の出身言語を使うのは、自然なことである。これはすなわち、このプログラムに参加したばかりで、および／またはフランス語をほとんど、あるいはまったく理解していない生徒に向けた、教師による、あるプラグマティズムである。しかし、教師の言語能力から見ると、このようなやりとりはスペイン語話者である生徒のみに関係するものである。その他の生徒、たとえば（クラスの大多数である）アラビア語話者の生徒に対しては、教師は２つの方略を用いている。

ある時は、リビア出身のムニールのように、ある程度英語の基礎知識がある生徒には、次の観察日記の抜粋にあるように英語を使うこともある。

1学期の終わり、「教師は生徒に自分の時間割を確認するように言う。彼はまた、ムニールが前の2時間、体育スポーツの授業に行かなかったことに気づく。そこで、翌日の授業は何時から始まるのか彼に尋ねる。ムニールは理解できない。教師は「What time?」と尋ね、ムニールはフランス語で「9時」と答える」。

また別の機会で、より頻繁に、教師がクラスの他の生徒に通訳の役割を頼むこともある。

4月初旬、「教師は、参加は強制ではないが、登録がまもなく締め切られることを示しながら「学校開放」活動（学校が春休みに提供する活動）に関する情報を知らせる。シリア出身でアラビア語話者であるファレスは、伝えられた情報を理解していない。教師は彼に対して強制ではないことをフランス語で二度繰り返し、それから他の生徒に、今言ったばかりのことをアラビア語に訳してくれないか頼む。アラビア語話者であるガミラがそれを担う」（観察日記より抜粋）。

一方、学習に直接関係する教師と生徒の出身言語でのやりとりは、組織的な問題だけでなく、まれではあるものの上述したものと似たような特徴を示している。すなわち、きわめて簡潔であり、生徒がきちんと理解したかを確かめることを目的としており、教師が習得しているスペイン語が中心であるということである。

1学期の終わり、「生徒は教材プリントで提示された練習問題を各自で行う。教師は列を回って生徒が書いているものを見る。彼はペルー出身のマリアナに、（下線を引くべき単語は形容詞でなければならないところ、）彼女が下線を引いた単語のひとつが形容詞ではないと言う。教師はその単語をスペイン語に訳し、フランス語で「これは形容詞ですか？」と言う。するとマリアナは理解し、そして自分で修正する」（観察日記より抜粋）。

この例では、生徒が最もよく理解している言語（スペイン語）の使用が、学習上役立っているようである。教師と一人の生徒との間でのやりとりにおけるこの出身言語の使用はまた、修正や支援の個別化に関する教師の意志を示してもいる。すなわち、間違いがあり、フランス語での訂正を理解していないように見えるマリアナに対応するとき、それをするための言語能力があることで教師は躊躇することなくその説明をスペイン語に訳す。しかし事実上、このような個別対応はスペイン語話者である生徒にしかできないものである。

さて、学年のはじめに行われる集団での指導時間で生徒の出身言語を使おうとした別の試みは、あまりうまくいかないことが明らかになる。

第一の場面。学年のはじめ、スペイン語話者のミレーヌ、アラビア語話者のアマンとレダの3人の生徒が教室にいる。教師が映画の一部分を見せる。その冒頭で、パリの風景と都会の並木道が映し出される。数分後、教師は生徒に対して、その映画の一部分に関する説明を求める。レダは、大きな声で「森」と言う。教師は、「木」という単語を言わせたい。そこで教師は、そうなるよう彼に対して身振りで表現する。続いて教師は単語を黒板に書き、それから映画の冒頭をもう一度再生する。彼は「記念碑」という単語を示し、しっかりと理解しているかを確かめるとともにおそらく集中力を保たせるために、それを自分の出身言語に訳すよう生徒に求める。しかし教師は、自らがそれを求めたにもかかわらず、「記念碑」という単語のアラビア語訳を知らない。したがって、これは生徒がしっかり理解しているかどうかを確かめる方法にはならないことを意味する。

複数の回答のうちスペイン語話者である生徒の回答しか確認できなかったことからすれば、教師側から訳を求めたことの妥当性は疑問である。アラビア語話者である2人の生徒に質問することは、教室においてアラビア語を象徴的に認識する方略のひとつであり、これらの生徒をやりとりから排除しないこと、また、教師の実践の教育的効果を問う第二の場面のように、活動への参加を促したいという意志があるものと推測することができる。

第二の場面。数週間後に観察した時間は、紹介文にあてられたものである。ペルー出身のヴェランが、「こんにちは。私の名前はヴェランです。」、「15歳です。」と（左側の欄に）フランス語で、そして（右側の2番目の欄に）スペイン語で（「Buenos días. Yo me llamo Véran」、「Tengo 15 anos」）書くために、黒板に向かっている。教師は、スペイン語とアラビア語という2つの言語に関する文構造の観点からの共通点を、クラスに対して尋ねる。アキムは、「私」と答える。次に教師は、アキムとレダに同じ言語を話すかどうか尋ねる。2人はいいえと答えつつ、書き言葉では同じ言語だと答える。すると教師はアキムに、2つの文をアラビア語で黒板に書くよう求める。アキムは「やってみます。」と言う。教師は、「なぜ、やってみる、なのですか？」と応答する。アキムは、自分はもうアラビア語では書かないからだ、と説明する。アルジェリアでは、学校ではフランス語とアラビア語で書いていた。現在は、アルジェリアの友人と、メッセージで、アラビア語で時々やりとりしている。次の言語比較に関する練習問題で、その複雑さがあらわとなる。スペイン語話者の生徒であるミレーヌとヴェランの間で、スペイン語の動詞の有無について議論が広がっている。ヴェランは動詞はないと言い、ミレーヌはあると主張する。教師は「私はあなたたちよりもあなたの言語を知っているような気がします。」と示す。彼は、動詞はあると付け加え、それはどれかと尋ねる。しかし、ミレーヌとヴェランは、「呼ぶ」という動詞を特定するのに苦労していた。ミレーヌはその上、この言語比較の練習ですっかり途方に暮れたようで、結局教師に対してスペイン語で答える。ヴェランはというと、とても退屈そうである。アキムとレダの間でも、アラビア語の文章での動詞の有無について議論が広がっている。レダは動詞がある方を支持する。アキムは反対にないと主張し、そして最後には「忘れた。」と言う。しかし、フランス語とアラビア語の比較に割かれた時間はもっと短く、教師はアキムとレダに対し、自分はかれらの言語を習得していないと手短に言う。

この一回の授業時間は、公式に奨励されている比較のアプローチに関するいくつかの限界を示している。まず、生徒特有のものとして教師によって投影される言語が、生徒が自分のものとして選択する言語ではないことが確認できる。この点で、外国語を用いようとするこの試みは、生徒にとって意味をなさない文化（これらの例においてはアラビア語）への割り当てとなる。さらに言えば、フランス語以外の言語の使用は、やはり教師の言語能力にかかっている。ある生徒の言語では差異化でき、別の生徒の言語では差異化できないということは、学校でしばしば困難な状況にある生徒に割かれる時間が少なくなることを意味する。

教師は私たちに、この授業時間内で、言語の比較を通して、生徒が主として学んだことに関する情報を得たいのだと説明する。彼は、ミレーヌとヴェランが、自らの言語であっても動詞の意味を知らないことに気づく。彼は、「とても複雑なことになる！」と付け加える（教科書的にはこれは文法の習得という分野のことであり、かれらの年齢からすればすでに学習しているはずである)。より広く言えば、教師にとって、この練習は、生徒が出身言語で文法について習得した力をフランス語力へと変換するのを助けることを目的としたものでもある（たとえ実際にはこの比較の作業が教師によってほとんど支えられていないとしても)。しかし、ヴェランとミレーヌの2つの出身国であるペルーやコロンビアでの内容について尋ねると、教師はそこで文法が教えられているかどうかはわからないと答える。したがって、学校教育におけるコンピテンシーに関する国家間の同等性・互換性という課題は困難度が高い。彼は、スペイン語には動詞があるが（彼はそもそもスペイン語についても研究している)、フランス語のように（文法を学ぶというかたちでの）科学的な分析があるかどうかはわからない、と付け加える。綿密な言語比較の練習は、それが生徒全員を対象にする場合はいっそう、言語教授法の専門家ではない教師側にもかなりの準備作業が必要だろう。

（専用の授業時間内で）生徒の出身言語を正式に用いたのは、観察されたこの部分だけである。すなわち教師は、教材では、教育的差異化の道具として出身言語を用いてはいないということである[3)]。出身言語の使用は主に、困難を示す特定の生徒やスペイン語話者である生徒の理解促進のための、臨時の支援ツールとして用いられている。しかし、この暗黙の使用を導く教師の試行錯誤は、生徒の間に何の「誤解」も生み出さない、というわけではない（Bautier et Rayou 2009)。

生徒の出身言語は、教師による手探りな方法で認識されている。授業中、UPE2A の生徒は、頻繁に出身言語でやりとりをする。たとえばかれらは、教師の指示に応答するために助け合うことをためらわない。しかし、このようなフランス語以外の言語での生徒同士のやりとりに対する教師の態度は、両義的である。すなわち、あるときは「そのままにさせる」。またあるときは、口頭で叱責する。

3)　しかしながら、教育的差異化は教師による複数の実践の中心となっている。同じ時間の中で、生徒はフランス語の水準に応じて、さまざまな活動（このプログラムにきたばかりの生徒には単語カードを読む、それ以外の生徒には読解をさせる）に取り組んだり、同じ活動であっても異なる教材（「初心者」用のカード、それ以外の生徒は「上級者」用のカード）に取り組んだりする。しかし、これらの教材はすべてフランス語のみを使用したものである。

> 11月中旬、「生徒はフランス語の授業で一つの美術作品（絵画）を学び、それについて説明しなければならない。それに参加したいファレスは、クラスメイトに「髪」や「蛇」といった単語の（アラビア語からフランス語の）翻訳を何度も頼んでいる。アマンとレダはクラスメイトの頼みに応える。教師は介入しない。フランス語をまったく話さないファレスを正すことも決してない。ファレスはまた、アマンに、アラビア語で何かを尋ねる。アマンは、「わからない。」と彼に言う。彼はその時アラビア語で話しかけようとしたが、その時教師が、「アマン、あなたはフランス語が話せます。」と言いながらそれを止める（観察日記より抜粋）。

この例では、アマンとファレスの間にあるフランス語の水準の違いが、教師の反応の違いを説明していると推測される。しかし、どのルールも明確に述べられてはおらず、少なくとも生徒にはあまり理解されていない。アマンはアラビア語で話すことが認められていると感じてそうしたが、彼が叱られたのはまさにそのためであった。しかしながら、他の場面では、明らかに授業と関係のない生徒同士の話し合いが、矛盾しているように見える教師の側からの働きかけにつながることもある。

> 12月のある授業の際、「スペイン語話者のヴェランとアラビア語話者のアキムが話し合っている。ヴェランがアキムに、ある単語をフランス語で書きとらせているのが聞こえる。教師は何をしているのか尋ねる。アキムは答える。「彼が私にスペイン語で言葉を言ってきます。『リング式ファイル（Classeur）』ってどういう意味ですか？」。教師はあまり明るくない口調で、「あぁ、わかりました。」と言ってそのままにする。数分後、教師はアキムに戸棚から本を取ってくるように言う。アキムは笑い、教師がその理由を尋ねる。ヴェランが「リング式ファイル」と言ったからだと彼は答える。教師は「スペイン語で？」と尋ね、アキムは「はい」と答える。そして教師は、「今はフランス語に集中しなさい。スペイン語は後です。」と付け加える。（観察日記より抜粋）。

数週間後、教師はクラスメイトとアラビア語でおしゃべりをしていたレダに、同じような注意をした。「少なくとも授業では、アラビア語は話しません。」。

教師が生徒に自らの出身言語で自己表現させ、翻訳するよう求めさえする場合もあれば、（時には同じ時間内で）その使用を禁じる場合もあるという事実は、生徒の間に誤解を生まないとも限らない。それは、上で紹介した2つの状況で説明することができ、次のように拡張することを提案する。

第一の場面。9月、ビデオ（上述した映画の一部分）を見る際、教師は生徒に対して「記念碑」という単語を自分の言語で言うよう求める。その後、ビデオから2つ目の部分を流し、生徒にコメントするよう求める。ミレーヌはスペイン語で答える。教師は彼女に「スペイン語ではなくて、フランス語で言ってほしいです。」と言う。

それまで生徒を参加させるために他の言語（スペイン語やアラビア語）を用いて生徒に教えていた一方、教師にとって、練習に戻るということは自動的にフランス語の使用を意味するのである。しかし、ある教育的機能から別の教育的機能へのこの移行は、生徒には説明されず、生徒がそれを理解しているようにも見えない。

第二の場面。10月の授業で、フランス語の紹介文を黒板でスペイン語とアラビア語に訳す際、教師は生徒に自分の出身言語を使うよう求めた。ミレーヌは、「あなたの名前は何ですか？（Comment tu t'appelles?）」と書くべきところを、フランス語にするという指示を理解しておらず、「Commo」と書く（指示は説明されていなかった）。レダが、「Comment.」と訂正する。ヴェランはそれを、「comment」という単語としてスペイン語で書き取る。教師は「フランス語で。アルファベットは習いました。」と答える。

要するに、教師の選択は、生徒の出身言語を使おうとする意志と、生徒からは同じようなものだとみなされているにもかかわらず、主として出身言語の使用が生徒側から発せられたものである状況ではその使用を拒否することとの間で、揺れ動くのである。暗黙のルールは、教授上の効率を追求するプラグマティズムであると考えることができる。すなわち教室内では、出身言語の使用は、フランス語が最も苦手な状況にある生徒を助けるという目的の下で、教師によって求められたものでなければならないのである。したがって、生徒が他の言語を使用することについて与えられる許可は、状況、生徒のフランス語の水準、そして教師の言語能力に応じて制限されることになる。このように教師は、これらの表出が主体性の獲得の証拠であったとしても、フランス語以外の言語の自発的な使用を抑制する。生徒が自信や自主性を獲得したとして解釈されうる主体性の獲得というのは、学校による解放の言語であるはずのフランス語でのみ行われるべきなのである。このような教育環境では、ルールは*「事後的」*に明示されることはなく、また、生徒のための安定した、予測可能な運用を定義するために教授上の局面の上流で明示されることもない。

おわりに

公式に奨励されているにもかかわらず、私たちの調査によると、実践において、とりわけそれをするためのツールがないことから試行錯誤で使用したり認識したりする教師にとって、出身言語は依然として繊細な素材のままである。このような両義的な教育実践は、教育機関による期待に直面して自分自身を位置づけるのに苦労している生徒にとって、教育不安や誤解の原因となる。

したがってこの場合、生徒の出身言語を制限なく使用することは、期待される効果に反して、心理的な支えにも、教育効果の体系的なベクトルにもならない。このように、教師が生徒の出身言語を手探りで使用することは、その言語能力に大きく左右される。教師はそれ以外の生徒を犠牲にするかたちで教師自身が習得している言語を使用する生徒に支援を提供しやすくなり、このことで生徒間の公正や承認の問題を引き起こす可能性がある。アクセシビリティや複言語主義の重視という要請の裏側で、不安定な実践枠組みの存在が学校での対応に差を生むとともに、生徒の間に不公平感を生じさせる可能性がある。これは、当初は「適応教授法」として考えられていたものを、追い求められた目的への障害物へと何の意図もなく変えてしまう原因となるという、補償政策に起こりうるパラドックスである。この方法に関する「儀礼的」な注目は、学習方法への適応という当初の革新的な教授法的野望とも矛盾することになる。さらに、この注目は、特に学校関係者の日々の実践における規制とその実行によって伝えられる、マイノリティの若者に押しつけられているアイデンティティに関する社会的、教育的なパラドックスや問題点を明らかにしている。

（島埜内　恵 訳）

【付記】
本章は Mobiliser en classe la « langue d'origine » des élèves primo-migrants: des effets ambivalents (M. Armagnague, A. Boulin), dans *Agora Débats/Jeunesses*, 2021/3 (no. 89), Presses Sc.-Po, pp. 7-21 の全訳である。著者および出版社の翻訳の快諾に感謝申し上げる。

第6章

過去と現在にみる他言語話者生徒の担当教師の養成

―その展望とは―

カトリーヌ・メンドンサ＝ディアス、ブライム・アザウィ、
ファティマ・クナン＝ダヴァン

はじめに

1960年代には、フランスに来た新規移民他言語話者生徒（EANA）は、いわゆる通常学級に直接入れられ就学を行っていた。その後、1970年代からは、初等教育におけるフランス語入門学級（CLIN）や中等教育における受け入れ学級（CLA）といった、フランスに新規移民生徒向けの特別な受け入れ措置が設置されるようになる（Chnane-Davin 2005; Mendonça Dias et Schiff 2021）。2012年には、これらの措置は新規移民他言語話者生徒のための教育単位（UPE2A）へと発展を遂げた。このUPE2Aは、原学級を補足する形で機能する。すなわち、生徒は通常学級に在籍した上で、個別に定められた時間割に従い、一時的に通常学級を抜け、UPE2Aの授業に参加することとなる。この生徒たちを担当する教師の養成（formation）の必要性に対して、大学区［教育行政単位］の部局は、漸次的、部分的、そして行き当たりばったりの対応を行ってきた（Porcher 1984; Galligani 2007; Chnane-Davin et Cuq 2007）。制度による最近の勧告に応えるとともに、教員養成の変化に対応する初期教育および現職教育の実施には、依然として困難が伴っている［以下、本章では、教員養成というときに、初期と現職教育の両方を意味する］。その上、現職教育はその提供数もまばらである。結局のところ、制度が掲げる他言語話者生徒を対象としたインクルーシブな計画と、その教師たちを対象とした教員養成の提供プログラム、そして教師たちによるこれらの教員養成をめぐる経験との間には、どのような整合性が存在しているのだろうか。

本章は、新規移民他言語話者生徒および移動生活者家庭生徒（élèves issus des familles de voyageurs）の就学に関する学際的研究 Evascol[1]（Armagnague-Roucher et al. 2018a）の一環として収集したデータに基づいている。我々は、デジタル方式の質問紙に、137名の教師からの回答を得た。また、これらの回答をより良く理解するため、国民教育省のアクターたちに対するインタビュー調査も実施した。量的調査（質問紙）と質的調査（インタビュー）を組み合わせる混合研究法という方法論的アプローチ（Pinard et al. 2004）を採用したことで、新規移民他言語話者生徒を担当する教師たちの中には、こういった生徒たちを担当するための教員養成を受けていない教師も存在すること、また、ある程度の教員養成を受けた教師からは、学力や言語学習歴にばらつきのあるグループに対して、より質の高い教育を行うことを目指す上での不安や要望の声があがることを明らかにすることができた。

回答の置かれている背景を明らかにするため、フランスの教育制度について、ボルドー大学区を例に取りながら、他言語話者生徒に関するインクルーシブな勧告と、提供されている教員養成とがいかなる連関を見せているかに注目しつつ取り上げる。続いて、質問紙により、教師たちの観点の分析を行い、最後に、教員養成の可能性について検討を行う。

1. インクルーシブな教育政策という文脈における制度が提供する教員養成

1.1　欧州により、また国の教育政策により後押しされるインクリュージョンの原則

インクリュージョンとは、「あらゆる生徒を、当人の困難さに関わりなく、自身の年齢相応の通常学級にフルタイムで入れること」（Rousseau et Bélanger 2004: 39）と考えることができる。「インクリュージョン」という語は、他言語話者生徒の就学様式を特徴付ける語として定着するに至ったが、それを推進したものとして、一方には欧州の言説の、上からのしかかるような影響の存在が、そして他方には、フランスにおける障がいの領域が側面から与える影響の存在

1）　権利擁護機関による資金提供を受け、障がい者教育と適応教育のためのフランス国立高等研究所（INSHEA）により実施された。

がある。後者では、特に障がいのある人々の権利と機会の平等、参加および市民権に関する2005年2月11日付法律による影響が大きい。

第一に、欧州共同体委員会（Commission des Communautés Européennes 2008）の緑書では、インクリュージョン（勧告19）、とりわけ、「社会的インクリュージョン、移民の子ども（enfants de migrants）とその他の人びととの友情および社会的紐帯」（勧告26）の奨励が行われた。これに続いて、欧州議会による2009年4月2日の移民の子どもの教育に関する決議では、加盟国に対し、「『ゲットー・学校』や、移民の子ども向けの特別学級を作ることを避けるとともに、インクルージョンのための教育政策を促進すること」（勧告22）が推奨された。総視学官の報告書（Klein et Sallé 2009: 59, 108, 138）では、これら三つの勧告の引用箇所でのみ「インクリュージョン」という用語が用いられている。この原則は、他言語話者生徒の就学のあり方について定めた2012年の通達においても取り上げられており、この通達内では初めて、「インクリュージョン」という用語が、社会化の手段（社会的インクリュージョン）、学籍登録の基準（行政的インクリュージョン）、他言語話者の生徒の就学は一般法の範疇にあるとの主張（法的インクリュージョン）という三つのパラメータに従い4回登場する[2)]。ただし、これが、教育内容や教授法に及ぼしうる影響については、両者を結びつけての検討はなされていない。

第二に、欧州の影響を超えて、インクルーシブな政策は、障がいのある数多くの生徒に向けた取り組みの努力においても推進されている。実際、2017年には、新規移民他言語話者生徒数は約6万700名と推計されているところ（DEPP 2018a）、32万1,476名の障がいのある生徒が「通常学級・課程」に在籍した（DEPP 2018b）。フランスにおける生徒カテゴリーの新たな系統図では、2009年以降、他言語話者生徒と、障がいのある生徒とが、特別な教育的ニーズのある生徒（EBEP）というグループにまとめられている（Klein et Sallé 2009）。他言語話者（allophonie）[3)]と障がいとをまとめることは、制度の考え方としては目新しいものではない（Mendonça Dias 2018）。特筆されるのは、2012年、受入学級（CLA）が、新規移民他言語話者生徒のための教育単位（UPE2A）とい

2）新規移民他言語話者生徒の就学のあり方に関する2012年10月2日付通達第2012-141号における用語の使用3回と、CASNAVの編成に関する2012年10月2日付通達第2012-143号における使用1回。

う、障がいのある生徒のみを対象とし（Klein et Sallé 2009: 52, 170, 179）、2015年に最終的に障がい児のためのインクリュージョン教育単位（ULIS）へと改称された[4] 統合教育単位（UPI）とのつながりを強める名称へと変更されたことである［訳注：2010年にUPIから中等のみを対象にULISに変更、2015年に初等のCLISを含めたULISと名称変更］。ただし、2019年、インクルーシブな教育政策の再定義を行った最新の法規[5] においては、他言語話者生徒への言及は一切なされず、障がいのある生徒のみがインクリュージョンの唯一の対象とされるようになった。

こうして、欧州指令とフランス国内の現実が収斂した結果、「統合」という語は、「インクリュージョン」という語へと置き換えられることとなり（Goï et Huver 2013: 121）、現在もその状態が続いている。通常課程からの締め出しがより強い、障がいのある生徒にとっては、その効果は明らかであるが、他言語話者生徒にとっては、これは真に革新的なことといえるのであろうか。

1970年以前は、外国から来た生徒は、当時この言葉は用いられてはいなかったものの、事実上インクリュージョンの状態にあった。ただし、アラビア語話者の青年期の子どもを、フランス語の書き言葉の体系を学ばせるために6歳児と同じ学級に入れる（Kerchouche 2003）など、地域によってさまざまな体制が存在していた。初等教育を対象とする1970年の通達[6] および中等教育を対象とする1973年の通達[7] では言語習得用措置の設置が定められたが、そこでも通常学級への所属が消え去ることはなかった。確かに、小学校における入門学級（CLIN）は閉じられた学級であったが、それに反して統合補習授業（CRI）は、「外国人をフランス人同級生と同じ学級に入れ、週当たりの通常の授業時

3）　フランス本土の文脈では、近年発展してきた用法に従えば、「他言語話者（allophonie）」とは、現在学習中のその土地の公用語よりも、それ以外の言語をより多く使用する移民の多言語状況を表す。ほかの文脈では、“allophone”という語が、その人物が国外起源（allochtone）か国内起源（autochtone）かにかかわらず、より広く常用されている。

4）　2015年8月21日付通達第2015-129号「初等教育および中等教育における障がいのある生徒の就学のためのインクリュージョン教育単位（ULIS）」。

5）　2019年6月5日付通達第2019-088号「2019年度新年度通達―インクルーシブな学校のために」2019年6月6日付各省官報第23号。

6）　1970年1月13日付通達第IX 70-37号「外国人生徒のための実験的入門クラス」。

7）　1973年9月25日付通達第73-383号「12歳から16歳でフランスに入国した非フランス語話者の外国人生徒の就学」。

間内において、7時間から8時間の言語の授業でのみ集まるようにさせる」ものであり、中等教育でも、措置を開かれたものとすること、すなわち、生徒が通常学級での授業にも出席するようにすることが想定されていた。最新のものである2012年の通達では、(それまでに就学経験がほとんどない生徒や、読み書きのほとんどできない生徒を除き) インクリュージョンが就学の一般的なあり方であることを定めるとともに、教師が教育指導チームにおいて孤立せず、通常学級の到達目標とのつながりを維持できるようにするため、「通常学級での授業も引き続き受け持つ」ものとしている。ただし、現実においては、教師の多くはUPE2Aの授業のみを担当している。

こうして、公的文書は、部分的な統合を奨励する一方で、閉鎖的な仕組みを容認していたのであり、そういった仕組みには生徒が数年にわたって留め置かれることもあった (Schiff 2003)。このようなインクリュージョンの欠如は、教育指導チームがその体制を整えることの困難さを我々に示している。さらに、現実においては、インクリュージョンは学校への在籍登録の仕方という面のみにとどまり、教育内容や教授法に関する提案には結びつかない、といった場合もみられる (Goï et Huver 2013; Mendonça Dias 2016)。そして、仕組みの開放性が再確認されると、教師の専門性が希薄になる。1970年においては、「移民の子ども」の教育は、必要な手段を身につけていた、外国語としてのフランス語 (FLE) の専門家にもっぱら委ねられており (1970年の通達)、1990年代になると第2言語としてのフランス語 (FLS) という概念が誕生した (Bertrand et al. 2000) が、2012年になると、「フランス語」へと名称が戻され、同教育の「脱専門化」が行われることとなった。誰も専門家ではないのであれば、誰もが専門家であるべきであるが、果たして教員養成はこの野心に応えるものであろうか。

1.2　教員養成の方法：ボルドー大学区の事例

他言語話者生徒を担当する教師に向けた教員養成としてどのようなプログラムが提供されているかを探るにあたり、Evascolの一環として調査を実施したボルドー大学区の事例を取り上げたい。およその規模について示せば、同大学区において2014-15年に受け入れた他言語話者生徒の数は1,681名で、受け入れ学校の数は487校であった。

1.2.1　教員養成高等学院（ESPÉ）[8] に忘れられた初期教育

ボルドー大学区は、2014年に、中等教育教師適性証書（CAPES）近代文学部門の競争試験に、改革によって外国語および第2言語としてのフランス語（FLE/FLS）の選択分野が導入された（Chnane-Davin et Spaëth 2015）時点まで、一切の初期教育を提供していなかった。この選択分野導入は、「CAPES FLE（外国語としてのフランス語教師資格）が存在しないこと」と、その導入の要望とに対する妥協案であった（Desvernois et De Miras 2004: 102）[9]。この改革の後、ボルドー大学区では、フランス語教師を目指す15名の学生に対し、12時間の［初期教育プログラムの］提供を行った。試験官の報告書によれば、FLES（外国語および第2言語としてのフランス語）選択分野を選択して試験に臨む受験者の多くは、試験準備にあたり、教員養成高等学院（ESPÉ）からの指導をほとんど、あるいはまったく受けていない。大学区および大学の人的・物質的リソースに依存する教員養成は、その発展に苦しみ、ESPÉの創設を通じて大学附設教師養成大学院（IUFM）が大学に併設されたものの、そのことも提供される専門職養成（formation professionnelle）・大学教育にほとんど変化をもたらさなかった。修士化以降、ESPÉの教職修士（MEEF）のプログラム枠組みでは、「生徒の多様性に対応する[10]」、という、教師が身につけるべき能力の養成に充てた時間が用意されている。しかしながら、他言語話者を担当するための初期教育はほとんど、あるいはまったく実施されていない。

1.2.2　限られた対象者向けの現職教育

ボルドー大学区では、3種類の現職教育を提供していた。大学区教員養成計

8）ESPÉ（教員養成高等学院）は2019年以降INSPÉ（国立教職・教育高等学院）へと再編成された。ここでは、研究時の名称であるESPÉのままとする。

9）ただし、ダニエル・ヴェロニックは、1952年以降のCAPES近代文学部門において「外国」という専攻分野が存在したことを突き止めている（Véronique 2010）。しかし、このことは、筆者が挙げていたデクレにおいて確認することができなかった。

10）2010年5月12日付アレテ「教師・学校図書館司書・生徒指導専門員が職務遂行にあたり身につけるべき能力の定義」2010年7月22日付B. O.（各省官報）第29号。第6番目の能力が該当。2013年7月1日付アレテ「教職・教育職の職業能力の参照枠組み」2013年7月18日J. O.（官報、Journal Officiel）2013年7月25日B. O.（各省官報）第30号にて更新。第4番目の能力が該当。MEEF（教職修士）内で提供される教員養成の国家的枠組みを定めた2013年8月27日付アレテを修正する2019年5月28日付アレテにて再確認された（10ページ）。

画（PAF）への登録により全中等教育教師が受けることのできる大学区研修、教育指導チームの要請により校内で実施される研修、そしてUPE2Aのフランス語教師のみを対象とした大学区研修がそれである。第一の形態においては、研修の期間は2日間で、対象となった教師の数は25人であった。第二の形態である校内教育実習の開催校は6校であった。これは対立の緩和、チームでの仕事の編成、潜在的なプロジェクトの立ち上げなどに役立つものである。最後に、UPE2Aの教師用の第三の形態についてであるが、これについては、2005年以降、UPE2Aのフランス語教師と、毎年選定される教科に応じて「選抜」される同じ学校勤務の通常学級教師1名との出席を組み合わせる方式が採用されていることに留意したい。しかし、この教師の集まりは、その人数（参加者20名）および期間（1日）の少なさから、プロジェクトの立ち上げという点についての可能性は限られていた。この教科横断的なアプローチは、同じくEvascolの際に調査対象となったモンペリエ大学区においても類似のものがみられる。これは、UPE2Aの教師が、他教科の同僚、校長、初等教育および中等教育視学官を伴い、研究者による講義と省察ワークショップを組み合わせたセミナーに参加するというもので、教育界全体に関係するテーマについての、共同かつカテゴリー横断的な考察を促すとともに、それを長期にわたり持続させることを目指すものである。

授業に関するこれらの教員養成のほかに、評価手法に関する特別な研修も提供されている。すなわち、同大学区では、学校教育対象フランス語学力資格（DELF scolaire）試験の採点・試験官資格付与のための教育実習および、2012年通達の推奨に従った、新規移民生徒の受入時評価およびプレースメントテストを担当できるようにするための教育実習の実施も行っていた。

ここで、教員養成における大きな欠落点が明らかになる。それは、第2言語としてのフランス語（FLS）の補足的資格である。2002年の試行[11]の後、2004年に正式化[12]され、2019年に改変が行われた[13]同資格は、他言語話者生徒を教えるために必要な職業的知識および能力を証明するものであり、「養成場

11）2002年4月25日付通達第2002-100号「フランス語または学習の習得が十分でない新規移民生徒の就学の編成」2002年のB. O.（各省官報）第10号。

12）注1を参照のこと。

13）「特定科目分野における補足的資格認定の方法および授与」2019年7月16日付業務通達、2019年7月16日付B. O.（各省官報）第30号。

(vivier de compétences)」(Klein et Sallé 2009: 145) を形成する役割を持つ。しかし、統一化の不足により、大学区間での不均衡が発生している。たとえば、その開始期には、アミアン大学区ではおよそ10日間という期間が設けられていたが、その日数は年を追うごとに激減していった一方、ボルドー大学区では、リソース不足により、未だ一切の提供がなかった。

国が掲げる目標と現場の現実との乖離として、最後に以下の点を挙げることができる。他言語話者生徒の就学と教員養成を担当する、新規他言語話者と移動生活者家庭の子どもの就学のための大学区センター (CASNAV) には、専門的資料および教材にアクセスできるようにするためのセンターとしての役割が求められていたが、資金不足 (書籍の購入) とリソース利用の制限 (インターネットを介したリソースのプール) により、この役割を担い切れていない。その結果、現場の教師たちは、自らの養成のために個々の手段を講じることでそれを補うこととなる。この大学区には、オンラインの教員養成モジュールが存在していたが、同モジュールはオンライン上でアクティブになっていない、あるいは教師たちから存在を知られておらず申し込みがされない、といったことがみられた。

1.3　インクリュージョンという課題を前に提供されている教員養成についての結論

結局のところ、初期教育は冷遇され続けており、職業能力の養成には、現職教育の充実が求められるということになる。この状況は、バルテレミーにより、「外国においてもフランスにおいても、移民やその子どもたちのニーズに応え、ますます増える外国人の受け入れに対応するため、真の社会的需要がある」(Barthélémy 2011: 7–8) 中で、逆接的なものと指摘されている。さらに言えるのは、欠けているのは内容でも、教材でも、方法論的方向性でもないということである (Auger 2010; Chiss 2008; Chnane-Davin 2005; Klein 2012; Mendonça Dias 2012; Verdelhan-Bourgade 2002; Vigner 2001)。最後に、UPE2Aでほかの科目を担当している教師たち (特に数学) は、現職教育が、科学的研究の結果を知り、それを踏まえながら実践について意見を交わし、その構築や更新を行うための共同作業の時間をもたらすものであるにも関わらず、大学区教員養成計画 (PAF) の実習・研修および学校開催の研修を受講してしまえば、現職教育の対象から外されるという点を強調しておきたい。一つの大学区について、その提供する教員養成について紹介したが、次は、自分たちのニーズについて語る教師たちの方へと分析の視点を移すこととしたい。

2. 教師たちのプロフィール、教員養成に関するニーズと提言

Evascol研究プロジェクトの一環として、ボルドーとモンペリエという二つの大学区を例に取りつつ、デジタル方式の質問紙[14]を用いて、措置の組織のされ方を探るとともに、教師のプロフィールについての理解を深めるための調査を行った。ボルドー大学区では、92名の教師（保育学校・小学校勤務42名、コレージュ勤務37名、リセ勤務13名）が質問紙への回答を行った。一方、モンペリエ大学区の回答者は45名（教師約95名中）であった。回答者の教師のうち、中等教育（主にコレージュ）の教師たちはその大半がフランス語教師であり、それ以外に、より数は少ないが、外国語教師または学校図書館司書が含まれている。それ以外は初等教育の所属である。その数は、モンペリエ大学区の回答者では過半数を占めるが、ボルドー大学区の回答者においては、中等教育の教師と同数である。回答者の大多数はUPE2Aにおいて、他言語話者生徒、そしてより数は少ないが移動生活者家庭の子ども（EFIV）の生徒を担当している。

2.1　他言語話者を担当する教師の三つの典型的なキャリアパス

これらの教師について、そのプロフィールを特徴づける、三つの主要なキャリアパスのケースを見いだすことができた。

一つ目は、FLE（外国語としてのフランス語）の契約教師である。1986年3月の通達[15]では、教師は、「能力に基づき、また、必要な場合には、外国語教授法を専門とする機関で受けた教員養成に基づき」選ばれるものと規定されている。これに従い、語学教授法を学んだ学生は、教師のプールを構成することとなる。そのため、2000年代までは、臨時職員（年間200時間）または契約教師として採用される教師たちが複数存在していた（Chnane-Davin 2005）。その身分は不安定であり、制度的な承認もなかった。かれらはFLE教師としての役目を担った。かれらの受けた大学教育は文学、また一部の者においては現代外

14）https://evascol.hypotheses.org/exercices-en-ligne
15）1986年3月13日付通達第86-119号。

国語（スペイン語、英語、ドイツ語など）であり、中には一部学士、または修士の際にFLEを専攻したという強みを持った者もいるが、他言語話者生徒向けの分野であるFLS（第2言語としてのフランス語）は専攻していない（Bertrand et alii 2000; Chnane-Davin 2005）。我々のサンプルには多くの契約教師が含まれているが、そのうち一名はさらに即席で数学の授業を受け持っていた。

UPE2Aで授業を行う常勤教師のケースを見てみよう。その中には、教職のための競争試験を受け任用される前に、語学教授法を含む大学課程を修めた者もいる。未来の教師たちは、いわゆる「通常」学級の制度的論理において、まず専門分野の専科教師（中等教育）または全教科（初等教育）となり、それ以前に獲得したFLE/FLSの技能はその実務に資するものとなる。

最後に、教師の中には、言語科学とは無関係の大学専攻分野の出身者も存在する。通常学級・課程におけるかれらの専門職化（professionnalisation）は十分に進んでいたものの、複言語・異文化間状況（Azaoui et al. 2019）、さまざまな移民の軌跡、教育・学習状況の文脈化を考慮した場合、かれらが有する、学校で他言語話者生徒に対応するための能力や知識は、期待に応えるのに十分といえるのだろうか。

2.2　デジタル方式の質問紙を介し教師たちが表明したニーズの分析

ボルドー大学区では、より多くの教師が教員養成は不十分であると回答した（>75%）。これに対して、モンペリエ大学区では、回答者の過半数が、教員養成は十分であると回答している。これらの結果は、量的には同一ではないものの、回答の内容は非常に似通っている。教師たちが表明したニーズは、教員養成の形式、そして内容という二つのカテゴリーにまとめることができる。

形式については、教師たちは、複数のレベルにおいて教員養成の区切りを取り除く必要性を強く支持している。そこで想定されているのは、チームワークを奨励し、生徒のインクリュージョンを促進するプロジェクトを作り上げていくために、初等教育と中等教育の教師間、そしてそれだけでなく、さらに強力に、異なる分野の教師間の垣根をなくしていくことである。その目的は、つまり、UPE2Aの教師たちと、通常学級での他言語話者生徒たちとが直面する二重の孤立状態の打破ということになる。隔壁の除去という考え方と同じ発想から、これらの生徒を担当する教師たちが集まって話し合う時間を持てるような教員養成を、ときには同じ学校内で開催する必要性を指摘する声も挙がった。

教師たちが求めるこの教科横断性は、そもそも、欧州レベルでも奨励されているものである。移民の子どもの教育に関する2009年の欧州議会決議には、教師の教員養成に関して六つの勧告[16]が含まれており、特に勧告28では、教員養成は教科横断性で、「多様性、および多文化・多言語教育のさまざまなアプローチ」に対応するものでなければならないとされている。各アクターには、自らの実践を多かれ少なかれ修正することにつながるような協力連携に参加するか否かを決める自由がある程度残されてはいるが、教師たち［初等と中等］の間、そして各教科間に、同じペースで進化してきたわけでもなく、同じ理論枠組みに基づいているわけでもないさまざまな教授法が混在していること（Sarremejane 2001）を見るに、そういった変化は必ずしも全員が望んでいるわけではない。こういった企てを阻む障害として、少なくとも以下の二点を挙げることができる。すなわち、各アクターの関与の不十分さ、そして、各教師がいくつかの点において相違のある異なる実践共同体（Lave 1991; Wenger 1998）に属することによる、ある種の職業的異文化間性である。教科横断性は、実際のところ、確かに伝達という同じ目標を原動力とし、学習者を学習の中心に据えることを理想とする教師たちの出会いの場を作り出すが、そこでは、協力連携が容易ではない複数の教授法文化も出会うこととなる。

教員養成の内容について見てみると、他言語話者生徒を受け入れる学校における学校生活のあらゆる面に存在し、教育に携わる全てのアクターに関係する多様性について教育関係者の意識を喚起するための第一歩は、情報の伝達であるとみられる。この点、2012年の通達では、インクリュージョンを学校共通の課題であるとみなすことを奨励しており、そこから「インクリュージョンのための本格的プロジェクト」の策定が推奨されていたが、これは、回答者の教師の一人も指摘したところである。インクリュージョンについての理解は、一部「生徒の特別ニーズをより良く見極める」必要があると述べる教師もいることから分かるように、教師の経験やキャリアの年数によって異なる。教材も、内容についての回答者の考察の一部をなしている。ある回答者からは、特に、「診断・『進度』用テストについて、全国的な標準ツールを開発する」必要性が、別の回答者からは、教材を知り、開発する必要性が挙げられた。

16）移民の子どもの教育に関する2009年4月2日付欧州議会決議（2008/2328（INI））。勧告23、28、30、31、32、33。決議には46の勧告が含まれている。

2.3　教員養成の回顧、展望、予測

我々は、その移民の軌跡、そして社会的・文化的・言語的関係に関して子どもたちのプロフィールの特徴を挙げたポルシェ（Porcher 1984）の記述の中に現代性を見いだすことができる。それに続き、ポルシェは、「移民たちの問題を言語的な側面のみに限定すること、（そして）それらを、気に掛ける必要などない単なる付帯的な現象にすぎないとみなすこと」という二つの傾向を嘆いている。この状況把握から、ポルシェは、「移民状況は、その対処のために、言語的なものも含め、関係するいかなる要素をもおろそかにしない総合的なアプローチを必要とする」（*ibid.*: 142）と主張するに至っている。教師たちは、対象生徒の分析、ニーズの把握、評価可能な目標を伴う指導案の作成という3段階に取り組まなければならない（*ibid.*: 144）。ポルシェは、「多様かつ体系化された人類学的教員養成」を提唱し、そのアクションの概略を、「たとえば1週間程度の短期の実習のモデルを開発・構築し、（…）真の教科横断性を生むための条件を体系的に整え、（…）実際の指導の流れの例を含む（…）具体的な教員養成用文書の考案、テスト、作成を行い、（…）研究活動を展開・刺激する」（*ibid.*: 148）と示している。1984年に行われたこの分析は、Evascol研究プロジェクトによる提言（Armagnague et al. 2018a: 363-374）と呼応するものである。

同研究の結果は、教師たちの教員養成と、他言語話者の学習者において伸ばすべき能力とがかみ合っておらず、これは、ほとんど就学経験のない他言語話者の学習者が、学校教育で困難、中でも読み書きを学ぶことについての困難に直面している場合に特に顕著であることを明らかにした（Mendonça Dias 2020）。ここから考えれば、初等教育および中等教育におけるロマの生徒の就学を促進するため、生徒の言語レパートリーを考慮することを目指すRomtels[17]のようなプロジェクト（Auger et al. 2018）も、ESPÉ（教員養成高等学院）の指導者にとっては支えとなる可能性があるうえ、それにより、現場と研究とを結びつけるという利点も生じるだろう。調査では、これらの生徒の就学状況が教師たちに抱かせる苦悩（Azaoui 2020）や、脆弱な住居に暮らす移民の社会的・学校教育的成功のために実施されているいくつかのプロジェクトの欠点と考え得る点（Azaoui et Lièvre 2019）も示されていることから、この生徒集団に特有の問題はますます重要なものとなる。

17）https://research.ncl.ac.uk/romtels/

より広く、Evascolの研究チームは、教員養成の活動を、「フランス語」科目以外にも広げて展開することを推奨している。ESPÉおよびさまざまな人文社会科学課程を通じCASNAVと大学との連携を強化することは、体系的で幅広く、多分野を含み、さらには初等・中等教育共通である場合もある初期教育((心理相談員、ソーシャルワーカー、生徒指導専門)、学校図書館司書、全教科・科目の初等教育および中等教育教師等）の場合であれ、教育指導チーム、学校長、受入時評価担当者向けの現職教育の枠組み内であれ、理論・実践両面の知見を関連付けつつ、研究と教育現場との結びつきを強めることに役立つであろう。さらに、CASNAVの指導者自身が、大学区レベルであれ、国家レベルであれ、教員養成を受けることにより、学術研究や制度改革に関する知識を最新のものとするとともに、共同プロジェクトに取り組むこともできるようになる。理論と実践とを結びつけることは、さらに、学校における「優れた取組」を見いだし、それを普及させることにもつながる。それはまた、「リソースへのアクセスやその開発を促進する」ことでもある（Armagnague et al. 2018b: 14)。

最後に、我々のみるところ、対象生徒の多様性に鑑みれば、専門職化が質の高いものとなるには、実践を理解するための理論的・方法論的アプローチを取り入れること、そして、それが、「比較教育とは、認知的かつ実用的な目的で、直面する問題を理解したり既存のものを改善したりするために、多様な学問領域と関連しながら、国際的又は国内的な教育現実に接近し、教育現実をその包括的な社会背景の中で比較によって研究することを可能にする一つの専攻である」(Groux et Porcher 1997: 26［＝2011（上原訳）：24]）に組み込まれることが必須条件となる。

おわりに―今日そして未来の教員養成を見据えて―

フランスの教育制度は、新規移民他言語話者生徒のインクリュージョンという目標を、より公然と打ち出してきている。最初の複数の通達ですでに掲げられていたこの目標は、欧州の視点を通じて、そして、国家レベルで障がいのある生徒のための政策と融合する中で、繰り返し表明されてきた。インクリュージョンは、社会的・行政的・法的な手続きとして掲げられ、それがしばしば、その影響が通常学級への学籍登録に限定され、教育実践の変更は必ずしももたらされないという状況を生んできた。二つの大学区における現行の教員養成に関する調査に基づく我々の分析は、回答者の教師たちが表明したニーズに対する制度的な対応は、質・量の両面で必ずしも適切でなく、また十分とも言えないことを示した。

「専門職化」（Wittorski 2008; Paquay et al. 1996）を論じることは、特定の分野における能力や知識の開発を通じた職業の習得という問題を取り上げるということである。この専門職化は、一定の文脈の中に位置づけられており、我々の場合は、その文脈とは、学校現場における他言語話者担当の教師たちということになる。しかしながら、グローバル化と人々の移動が、学校、そして言語と文化の多様性に特徴付けられた学級で指導を行う教師たちに影響を及ぼしていることは明らかである。そこでは、制度的要求に関する言説と、教師向けの教員養成、そして現場の現実との間にあるギャップの存在が我々に示されている。

（園山　大祐 訳）

【付記】

本章はFormation des enseignants en charge des élèves allophones d'hier à aujourd'hui: quelles perspectives?（Catherine Mendoça Dias, Brahim Azaoui, Fatima Chnane-Davin）, dans *Allophonie. Inclusion et langues des enfants migrants à l'école*, Lambert-Lucas, 2020, pp. 123-136 の全訳である。著者および出版社の翻訳の快諾に感謝申し上げる。

第7章

職業適格証に限られるのか
—同伴者のいない未成年移民の学業進路の形成—

セリーヌ・ペルシニ

はじめに

経路と出自調査（TeO 2008）及び評価・予測・成果局（DEPP）によると、フランスにおける移民の子どもの年齢は、この50年間で上昇した[1)]。かれらの移住経路が複雑化した結果（Armagnague-Roucher et al. 2021）、複数年にわたる離学を経験した者、混沌とした就学（難民キャンプなど）を経験した者、又はその両方を経験した者もいる。これらの若い移民の中には、頼りにする大人もリソースもなしに到着する者もおり、当局にとって、「同伴者のいない未成年者（MNA）」である。2018年7月、我々の調査地域であるブーシュ＝デュ＝ローヌ[2)]では、このような状況にある若者は約930人であった。うち724人のMNAが県議会により責任を引き受けられ、約200人の正確な居場所が特定できない、あるいは責任を引き受けられていない若者がマルセイユの路上で生活していた。

1）たとえば、INEDの経路と出自調査によれば、1949年～1970年にフランスに移住した子ども及び青少年の9%が、12歳～16歳の間に到着している。1980年代には21%、2001年～2005年は48%であった。

2）この研究論文は、学校年度2018年～2019年を通じて、エクス＝マルセイユの大学区において大学ディプロムINSHEA（障がい者教育と適応教育のためのフランス国立高等研究所—パリ/シュレーヌ）の教育、移民、未成年の一環として執筆されたものである。これは、UPE2A（新規移民他言語話者生徒のための教育単位）及び中途退学対策の教師、ソーシャルワーカー、若者、非営利団体のボランティアに対する6回の半日の観察及び17回の非公式の半指示的面接（コーディングによるテーマ別分析を行った）に基づいている。

フランスのすべての未成年者と同様に、これらの若者も就学しなければならない[3)]。国民教育省において、これらの若者は、2019年には中等教育における新規移民他言語話者生徒（EANA）の約15%を占めている（フランス人の生徒の0.69%もEANAとみなされていることも指摘しておく）。多くの調査によると[4)]、フランス語の学習と職業訓練は、これらの若者の優先的な目標であるように思われる。かれらは「学校に行くことを夢見ている」。これらの生徒たちは、それまでほとんど、あるいはまったく学校に通っていないことが多く、一定数が16歳以降に初等教育修了の学業レベルに達している。

我々が実施した定性調査により、就学した生徒たちは、一般的に、人手不足の職業に就くための短期職業課程に進学していることが確認された。調査時点では、これらの生徒のほとんどが職業適格証（CAP）及び職業バカロレア課程に進学していた。その分野としては、建設・公共事業（BTP）、修復、清掃及び警備、介護、機械修理、パン製造、そして残りは、理髪である。短期課程の進路は、外国語を出身言語とする生徒によくある進路である（学校制度に到達する時期が遅くなるほどその傾向にある）（Schiff et Fouquet-Chauprade 2011; Primon, Moguérou et Brinbaum 2018［本書第9章］）。しかし、MNAの行政上の制約により、この状況はさらに強まっているように思われる。

このような背景の下で行われた対談と観察によって、これらの若者たちの進路をとりまく複数の関与者を視野に入れることができた。かれらの証言を分析すると、進路はこれらの社会－教育的関与者が一堂に会する重要な瞬間と位置づけることができる。教育者、教師、ボランティアのロジックや表現は多様であり、時に矛盾しているようにも見える。質問を受けたソーシャルワーカーたちは、その大多数がこうした若者の自立を確保できるような進路の緊急性を強調したが、出会った教師たちの中には、早い段階での進路の選択や、この分野に関する教師自身の研修不足について後悔している者もいた。とはいえ、短期職業課程への進学の傾向は共通している。関与者はどのようにして意見の一致を図るのか。こうした背景において、これらの若者の職業計画はどのように構

---

3)　フランスが批准している子どもの権利に関する国際条約第21条による。現実には、多くの子どもが就学していない。社会福祉機関により正確に居場所が特定されなかったり、施設や措置等の下に置かれるのが遅かったことが理由である。

4)　「国連の国際難民機関」、*私たちの声に耳を傾けてくれるのはいいことだ（C'est bien qu'on nous écoute）*、2018年12月、他。

築されるのか。この問題は、関与者の職業的アイデンティティの変化や社会や学校制度における他性の姿とどのように関係しているのだろうか。

これらの若者の進路の周辺にある法的問題点をみた後、MNA の進路の問題に対する大人たちの議論の収束点と乖離点を分析することで、当該若者の保護をとりまくさまざまなロジックを実務者に示すことができる。この問題は、それぞれの職業実践に関して関与者に一定の自己反省を促すとともに、一定の他性の集団認識にも関係してくる。

1. MNA の学業進路をとりまく法的問題点

MNA に関する学術的研究の大半は、かれらの法的地位と関係づけたかれらの責任の引受状況に焦点を当てている。ミグランテール（Migrinter）研究所の研究は、これらの若者たちの特徴を、特に移住経路とその動機に応じて確立している（Étiemble et Zanna 2013）。たとえば、領土的・比較的な視点からの地理学者プシビル（Przybyl 2016）の研究や法律家バイユールとセノビージャ＝エルナンデス（Bailleul et Senovilla Hernández 2016）の研究もそうである。最近、多くの会議や研究活動がこれらに費やされている。かれらの就学、ましてやその学業経路は、教育法学者のルメール（Lemaire 2009, 2012）、人類学者クランと社会学者リゴーニの研究（Crenn et Rigoni 2020）を挙げることはできるものの、まだほとんどそれ自体として研究されていない。新規他言語話者生徒（EANA）としての MNA の生徒に関する特別なデータは、EVASCOL 報告書（Armagnague-Roucher et al. 2018c）のような、EANA に関する論文でも確認することができる。

フランス領土に入国すると、MNA は到着地の県の機関によって、未成年性と単独性の評価の対象となり、疑義がある場合は、書類による検証や法医学的検証が行われる。この評価の間、かれらは緊急措置において庇護されることになっている。このプロセスが終了した時点で未成年であると認められれば、司法当局は割当ての要点に従って、申請を行った県又は他の県で一時保護命令（OPP）を出さなければならない[5)]。その後、主に社会福祉用の子どもの家（MECS）や緊急ホテルなど、社会‐教育的フォローアップのある受入機関に収容される[6)]。実務上は、評価の遅れ、責任引受や庇護の遅れや不平等、部分的な就学や就学の大幅な遅れ、責任引受なしの就学、責任引受の完全な欠如など、状況は県によって大きく異なる。

かくして、我々の調査年である2018年にブーシュ＝デュ＝ローヌ県で責任が引き受けられた724人のMNAのうち、待機時間と受入機関の空き不足などにより、506人のみが完全な責任引受を享受した。加えて、未成年者として認められた若者のなかには、庇護されていない者もいる。県は、他の公共団体と同様、行政裁判所の命令を受けている（Rof 2018）。責任が引き受けられた場合、教育者は、若者とともに学業・職業生活計画を定める。

2.「学業進路」の問題点

学業進路を「就学中の若者が、他でもない特定の教育課程に割り当てられるすべての心理的、社会心理的、社会的プロセス」（Huteau 2007）と定義するならば、そのプロセスの個人的問題点だけでなく、集団的問題点も考慮することが適切である。個人としては、その野心に合致し、能力を伸ばすことができる選択をすること、あるいは自分の憧れに応じた勉強や職業を見つけることが重要である。集団レベルでは、進路とは、施設の定員数に応じて生徒の流れをできる限り管理することを目的とした、選択と配分の実践と解釈される。

さて、こうした若者たちが就学するためには、まず、新規他言語話者と移動生活者家庭の子どもの就学のための大学区センター（CASNAV）又は大学区事務局の情報・進路相談所（CIO）で位置づけ審査を受け、学校制度の中で「位置づけられ」、受入教育機関に「割り当て」られなければならない。1年後、これらの生徒はCAP又は職業高校に入る場合もある。職業ルートへの入学にはこの二つの可能性があるため、このプロセス全体は、ここでは生徒の進路のプロセスとみなされる。最初のステップは、心理的、社会心理的、社会的プロセスにほとんど左右されず、その他の要因に左右されることを強調すべきである。

5）「調整制度」ともいう（2013年5月31日の通達により施行）。定められた数のMNAを各県が受け入れる。2019年1月30日のデクレは、MNAの本人確認と年齢の決定に関する情報を一元管理する生体認証カードを実施する。

6）2021年12月16日に上院の第1読会で採択された子どもの保護に関する法案では、2年以内に緊急ホテルを禁止し、これらの若者を「青少年及びスポーツ」施設に収容することを認めている。

実際、出身国で得られた就学レベルと年齢に応じて、16歳未満の若者は、ほとんどの場合、コレージュ、新規移民他言語話者生徒のための教育単位（UPE2A）又はこれまでに不就学ないし部分的な就学経験の生徒（出身国で不就学ないし僅かしか就学経験がない者：NSA）/（出身国での部分的な就学経験者：PSA））のためのUPE2Aに割り当てられることが最も多い。16歳以上の者で、学業レベルにより職業高校に入ることができない場合（これらの若者の到着時の平均的な学業レベルにより、普通・技術高校に入ることの方がはるかに稀である）、就学言語であるフランス語の時間のみが提供される非営利団体の措置又は職業高校のUPE2Aに割り当てられる。これらの方法は、各学区事務局及びさまざまな受入機関の空き状況によって異なる。実際、数えきれないほどの状況が存在する（Armagnague-Roucher et al. 2018a, 2018c）。

位置づけ審査を受け、その後割り当てられるための時期は、就学年の時期とその措置の残席数に左右される。CASNAV（Bailleul et Senovilla Hernández 2016）によると、2週間から3ヶ月以上と幅がある。実際、特に16歳以降に到着した若者の中には、一度も就学しない者もいる。

責任引受及び就学の場合、教育者（éducateur）は、若者と一緒に就学及び職業面を含む生活計画を作成しなければならない。若者は、これらの分野の教師にアドバイスを求めることもできる。進路の連絡用紙は、教師と教育者の間で回覧され、教育者が最終的な意向を反映した書類に署名する。教育者と教師は、実習や見習訓練のための雇用主を見つけるために若者を支援する。後述の通り、実際、このプロセスは多様である。

にもかかわらず、これらの若者の学業経路は、かれらの正規化に不可欠な役割を果たしている。外国人入国滞在被庇護権法典（L. 313-11・14・16条及びL. 453-3条）及び非正規外国人の滞在に係る例外的な許可に関する2012年11月28日付通達によると、未成年者がASE（適応統合教育）サービスに託されている場合、

―15歳未満については、成年に達した時点でフランス国籍を取得することができる。

―それ以降16歳までは、次の3つの条件を満たせば、18歳の誕生日の翌年に「プライベート・家族生活」の一時滞在許可証を取得することができる。その条件は、勤勉で真剣な学業経路及び「教育の現実的かつ真剣な性質」、出身国に残された家族とのつながりの性格、フランスへの挿入に関する受入機関の

意見である。

—16 歳から 18 歳の間：18 歳になると、若者は 18 歳の誕生日の翌年に、資格のある職業訓練を 6 カ月以上継続している場合は「賃金労働者」又は「短期労働者」許可証、若しくは、中等教育又は大学教育を継続し、16 歳までに到着した場合と同じ 3 つの条件を遵守している場合は「学生」許可証とともに、例外的な（すなわち自動的ではない）正規化を得ることができる。

16 歳以上で責任が引き受けられた MNA の場合、正規化は自動的ではなく、選択した訓練や教育課程に左右され、これが滞在資格に基づく保護の程度を条件づけていると考えられる。実際、通達で規定されている「学生」滞在資格は、「プライベート・家族生活」資格よりも保護の程度が低い「賃金労働者」資格よりも毎年の更新が難しい。

正規化の条件は県に解釈の余地を残している。県は、「学生」滞在資格が他の滞在資格よりも大きな拘束力を持つことから、「学生」という文言をいっそう優先する（Bailleul et Senovilla Hernández 2016）。

その結果、時に、学業レベルが不十分であるにもかかわらず、できるだけ早期に資格のある職業課程（CAP 又は職業バカロレア）の進路に向かう傾向がある。この傾向は、特に 16 歳以降に到着した若者に見られるが、それだけではない。16 歳未満の若者も関係している。この基準に加え、18 歳になるとこれらの若者は ASE 制度から離れるため（責任引受の延長は以前に増して稀で短くなっている）、経済的に自立しなければならないからである。そのため、最初に割り当てられた就学措置は、一時的であることが多い。最初の編入で割り当てられた UPE2A から数カ月で見習い職業訓練センター（CFA）に行く者もいれば、逆に、十分な学業レベルがないまま職業高校に直接割り当てられ、職業高校の UPE2A に「戻る」者もいる。

ルメールの論文では、こうした若者たちが緊急性や不安定さがもたらしうる見習訓練の問題を抱えながら、正規化の可能性を確保するために就学し、資格のある職業課程に登録する「レース」について実証している（Lemaire 2012）。このプロセスはどのように生じているのか。誰が関与しているのか。どのような方法なのか。

我々の調査では、さまざまな交流（進路アドバイザー、国境なき教育団ネットワーク（RESF）の会合、対談）の中で、向かい合う関与者の正当化のレジストリ（Boltanski et Thévenot 1991［＝2007］）の相違が共通の進路戦略につながっていることを確認できた。

3. MNA の進路をめぐるロジックの相違とは？

対談により、MNA の進学の際、社会 - 教育的な関与者の間に任務の重複があることを確認することができた。教師、教育者及びボランティアは常に顔を合わせるわけではない。このことが、無理解を生じさせ、非常に複雑な状況の不確実性をさらに増大させている。潜伏期中はなお一層こうした状況となる。それぞれの専門分野を尊重しないことが緊張を生むこともあるが、関与者たちは、同じ目標の周辺で再会する（ジロンド県で実施された研究で共有された確認事項（Crenn et Rigoni 2020））。

3-1. 各関与者が自分の専門分野を超えるとき

若者のフォローアップにばらつきがある（教育者は多くの未成年者を管理しなければならないことが多く、中には引き受けられていない未成年者もいる）ため、就学させる段階や学業進路の段階で、教師やボランティアが引き継ぐこともあるという。逆に、教育者が必要と判断すれば、就学期間中に介入する場合もある。

また、ボランティアは、就学の責任を負うことに関し、不確実性を明らかにしている。事態を進めるために、かれらは就学の解決策を探すこともあり、なかには稀ではあるが、料金交渉をしてまで私立の職業高校への就学のために出資するケースもある。このような人たちの中には国立教育機関の元職員もおり、より容易にこうしたフォローアップに介入できる人脈を持っている。

教育者は［滞在許可証の］正規化の条件に基づいて若者と緊急に進路計画を作成するが、教師は必ずしもその条件を認識していない。ほとんどの教師が、こうした MNA の生徒の引き受けに関する情報不足に言及している。迷ったときには、教師は授業中も含めて、一定の社会 - 教育的な任務を引き受けられる状態にある。

フランスでは、その多様性にもかかわらず、職業教育課程が「学業流刑」の課程とみなされることが多いだけに、進路が緊張のポイントになることがある（Palheta 2012）。

ある職業高校の外国語としてのフランス語（FLE）の教師は、RESF に MNA の進路に関する特別会議の開催を依頼したという。その理由について次のように述べている。「私の教え子が、職業バカロレアを離れてCAPに行くよう強制されているのです。本人はこの進路を望んでいないのに！　彼は私の最も優秀な生徒の一人です。」[7]

資格取得に向けた随伴支援措置の担当者は、なぜ教育者が彼に示した進路を拒否するのか理解できなかった。

「担当者、つまりこうした若者の教育者と議論するのは難しいと感じました。進路を断られることが多くて困っています。その若者が最初の滞在許可証を取得するためなのはわかりますが、それは一体どんな書類なのでしょうか。私は知りませんし、それに関する研修を受けていません（…）私は自分の仕事が好きなので、使用者との面会や見習訓練の署名のために若者に同行する必要がある時は、少し席を外して空いた時間に行っています。」[8]

過去2年間、生徒の3分の2がMNAであるコレージュの不就学あるいは部分的な就学経験生徒のためのUPE2Aの教師を務めた二人の元小学校教師は、予告なしに「姿を消した生徒」「わずかの間に出ていった生徒」について語った[9]。元教師の一人は、教育者との接触が少ないことを残念に思っている。特に教え子の社会的問題に深く関わっているからである。「私たちはこのための研修を受けているわけではなく、教育的な面での研修しか受けていません。」と彼女は認めている。しかし、彼女は授業を中断して弁護士を呼んだり、行政手続を行ったりすることもある。彼女は自分の仕事が好きだと言う。「人を助けたり、人と人とを触れ合わせたりするのが好きだからです（…）今は社会的・法的なこと、進路に関すること（セミナーを見つけました）にも多く携わっています。それに食料支援もやっています。」

この特別な熱意は相対化する必要がある。職業高校のUPE2Aで1年前から契約教師をしている者は、自分のクラスで誰がMNAなのか本当に知らず、それは自身の問題ではなく生徒指導専門員（CPE）の問題だと明言している。

7）2019年3月5日のマルセイユでの教師、生徒、RESFのメンバーの会合の観察の抜粋。

8）2019年3月18日に行われたマルセイユの職業高校におけるカリーマF.との対談の抜粋。

9）2019年4月にマルセイユで行われたUPE2Aの2人の教師ペリーヌM.とアンG.との対談の抜粋。

「私は学業の内容についてのみです。」[10]

質問を受けた教育者は、CASNAVの割り当ては非常に時間がかかり、さらに不確実なものであると認識しており、手続きを早めるためにCASNAVの割り当てのプロセスと並行して私立の職業教育機関に申請することもある[11]。さまざまな教育者から度々挙げられた3つの施設では、こうした若者の教育の需要の高まりに応えるために「特別クラス」を開設していた。最も多く示されている理由は次のようなものである。「私立の方が早い」、「より融通が利く」、「必要であれば、レベルに達していなくても事務処理を容易にするのであれば上のクラスに進級させることができる」。また、別の教育者は次のように語っている。

「国の教育制度では2カ月半から4カ月かかるのに対して、1週間で登録できることもあります（…）17歳半の子どもたちには、1年間の識字教育などをしている時間はありません。この点で民間施設は貴重なのです。」[12]

また、ある女性教育者はこの現状を次のように説明している。「それぞれが自分のレベルで、自分の人脈で仕事をしています。必ずしも最も効率的とは言えませんが、これが私たちがやっていることです。」[13] この方法は、アメリカのニューウェルと社会学者サイモン（Newell and Simon 1972）による意思決定の合理性理論の分析に照らして分析することができる。実際、教育者は、必ずしも最適解を探しておらず、自分が最初に満足いくものであると判断した最初の解決策で止まってしまうことが多いという。この種の解決策は、短期間であることを優先し、目先のことだけにとらわれているときによく使われるもので

10）2019年3月17日に行われたマルセイユの職業高校におけるアニッサB.との対談の抜粋。

11）2019年4月1日にマルセイユで行われた教育者、ネリーP.との対談の抜粋。

12）*Idem.* また、社会福祉用の家（MECS）は私立の職業高校への就学の資金を出すための特別な予算を割り当てているということも指摘することができる。ある教育者は、それは「彼らが一刻も早く自立するために支払わなければならない費用」だと説明している。これらの就学の費用が、当該高校で年間400ユーロとかなり控えめであることを考えれば、若者の責任の引き受けを仮に延長することと比べた経済的計算の合理性が理解できるだろう。

13）*Idem.*

ある（同掲書）。

この状況は、時に緊張を生じさせることもある。社会福祉用の子どもの家の教育者は、次のように証言する。

「私は、生徒指導専門員（CPE）に、できるだけ早く見習訓練に行かせるために、生徒を家（かれらの施設）から出さなければならないことを説明しようとしました。これはかれらやその若者の能力に反していないと伝えました。なぜなら、県は彼がもっと何ができるかなんて気にしていないからです。彼を枠にはめなければならないし、見習研修に行かせなければいけません。彼が他に何ができるかは問題ではありません。かれらの優秀な生徒を失うことは理解しています。しかし、大事なのは書類だけなのです（…）それでも、ここに戻らなければいけませんでした。先生たちが、もし若者が望むなら施設に残る手助けをすると言ったからです。」[14)]

一般的に、進路は関与者にとって手間のかかるものである。MNA の社会的状況の複雑さは、そのハイブリッドな法的地位と相まって、社会学者クロジエとフリートベルク（Crozier et Friedberg 2014）がいう不確実な領域を生み出すことにつながっている。実際、この問題に関する変わりゆく規制の条文や受入措置を使いこなすには、ある程度の技術が必要である。「接触先・交渉（コンタクト）」や民間教育の特別課程に関する知識も形式化されていないため、不確実性の要因となっている。また、できるだけ早く職業課程に入らなければならならない若者の学業レベルやポテンシャルにも不確実性があり、さらに、滞在資格についての県の評価の余地にも不確実性がある。現在、関与者たちは自分ができることに応じて、また、さまざまな教育的、法的、経済的なロジックに従って行動の余地をとらえている。

3-2. さまざまな社会的、法的、経済的ロジックと一つの目標

法的、経済的ロジックが働いているように思われる。正規化の条件、成年に達した若者の責任引受が延長される可能性がますます低くなっていること、若

14）*Idem.*

者によっては借金を返済するために給料を得る必要があること、これらはすべて密接に絡み合い、可能な限り早期に短期職業課程へ進学することの論拠となっている。ある教育者は、重要なのは若者の権利を乱用することではなく、誰もが認める「18歳で書類も仕事もなくホームレスになる」[15] というリスクを回避することであると明言する。

学業に関するロジックは、新しい言語を学ぶのに必要な時間である少なくとも1年、あるいは2年の就学という、異なる、より広い時間性を暗に意味する。このロジックには、これらの若者たちが、能力がある場合は他の生徒と同じ進路の選択肢を持つことが前提となる。

しかし、たとえ例外があったとしても、これらの生徒、特に不就学ないし部分的な就学経験の生徒は、別のタイプの進路を検討する十分な時間がない。不就学のUPE2Aのある教師は、CAP以外の進路を考えたことがあるかという質問に対して、学業進路のこの側面について認めた。「考えたことはありません。というのも、かれらはUPE2Aクラスに1年在籍した後、CAPに進むのにさえレベルが低すぎることさえあるからです。そのため競争の少ない課程を探さなければいけません。」[16] 非常に低いレベルのフランス語ではあるが、過去の職務経験などによってCAPに合格する者もいる。3年かかる者や、時には職業高校のUPE2Aに戻る者もいることは注目に値する。

こうした異なるロジックや、各人の介入領域を尊重しないという事実に結びついた緊張にもかかわらず、教師、ボランティア、教育者は、これらの若者の保護という同じ目標の周辺で協力し合っている。

たとえば、観察したある学級委員会では、施設長と教師が出席した教育者に対し、「(15歳以下で来仏した) この若者が、優秀な学業成績を修めたUPE2Aをたった2カ月間で離れ、急いでCAPや見習訓練に行く必要はあるのか。」と2度も質問した。教育者は、こう答えている。「本当にこれが彼にできる最善のことで、チャンスなのです！」この若者は極めて熱意があると思われる。UPE2Aの教師は次のように主張する。

15）2019年4月8日にマルセイユで行われたMECS型の組織の責任者となった教育者カレドM.との対談の抜粋。

16）2019年4月にマルセイユで行われたUPE2Aの2人の教師（ペリーヌM.とアンG.との対談の抜粋。

「私たちは教育者の意見に耳を傾けています。若者の書類にとって何が良いかはかれらの方がよく知っています。彼はまだもう少し私たちと一緒にいることができたのではないかと自問することもあります。まあ、本人に言いましたが、結局のところ、自身が望めばいつでも勉強を再開することはできるのです。」[17]

このように、最終的には、たとえそれが職業上の希望に反することだとしても、経路の安定化の必要性については誰もが同意している。

3-3.「幻想を抱いた社会的カテゴリー」の構築？

MNA の学業進路は、さまざまな社会 - 教育的関与者の出会いの場でもあり、その議論は、かれらの評価を高めるイメージ、職業的アイデンティティについての自己反省性に収斂していく。これらは他者による自己認識を通じて作られる社会的構築物として理解される（Sainsaulieu 2014）。施設の大人や規範に対する若い MNA たちの模範的で尊重的な振る舞いはしばしば強調され、かれらの存在と同様、教室やホームの緊張感を和らげた。しかし、生徒や教師の勤務条件の変化は、教育実務に多くの変化をもたらし、また、一部の教師に地位の喪失感をもたらしている（Périer 2004）。教育者の任務も、教育者が提案する社会への統合計画に加わる若者たちによって価値を高められるようにも見えるが、責任引受の制約と技術はまた、教育者の職業的アイデンティティにも疑問を投げかける（Petilléon 2013）。MNA の受け入れは、移民政策と子どもの保護の交わる点にあり、ソーシャルワーカーに心理的緊張をもたらす（Rollet 2018）。

この生徒集団の価値を高める側面に関する言説は、学校の大衆化の動きや「新たな教育問題」の出現とは対照的に、第三共和制の学校の歴史的公衆の表現、集団的想像の産物としての共和国の学校神話[18] に帰するように思われる（Moignard 2018）。

ある女性教育者は次のように説明する。「彼らは女性教育者にとっても、もちろん教師（prof）にとっても、彼らに接するすべての大人にとっても、非常

17）2018 年 12 月 20 日にマルセイユのコレージュの学級委員会での観察の抜粋。
18）共和国の学校は、社会的にセグリゲーションされ、長い間、労働者層、農村部、そして最も裕福な家庭の子どもたちはそれぞれ別の施設におり、ほとんど交流はなかった（Noiriel 2016［＝2015］; Prost 2007）。

に価値を高め、やりがいを与えてくれる人たちです。彼らは大人を尊敬し、計画に加わり、学校に行くことを望み、感謝の言葉を伝えてくれます。私たちは自分の仕事をしているだけなのに！　学校にいるMNAたちや彼らの振る舞い、学習意欲を見ていると、私の祖母のことを思い出します。」[19)]

以前マルセイユ市の「困難地区」の施設に勤務していた就学経験のない生徒のためのUPE2Aの教師は、次のように指摘する。「それにしても大変落ち着いています（…）大人を尊敬しているし、しつけの必要もありません。」[20)]

問題を抱えた青少年と25年間関わってきた教育者によれば、MNAは伝統的な社会福祉用の子どもの家の人たちとはまったく異なる人たちに見える。「私はこの地域の若者たちのことを「非行的な脱落者」ではなく、「学校の惹きつけ役」とよく言っています。」[21)] この10年間で、組織の層が完全に変わったという。「以前は「100％マグレブの若い非行者」（外国人とフランス人）でしたが、現在は100％MNAを受け入れており、その80％はサハラ以南のアフリカ出身（その半分がギニア共和国）です。」

「今日、生活規範の問題や職業上の挿入に関する問題はもはやありません。彼らはほとんど手がかからず、すべてが上手くいっています。彼らは学校に行き、成功している割合がとても高いです（…）このような人たちがいる以上、他の人たちの世話などマゾヒストでなければできません。彼らはプロジェクトの一員であり、責任の引き受けはグローバルで、素晴らしいことです！（…）この（私立職業）高校に来て、運動場を見てもらえばわかりますが、大きな黒人ばかりで、以前はばかにしていた教育者たちも今では満足しています。」[22)]

質問を受けた一人も次のように話す。「地下鉄でバッグを盗むマグレブ人よりギニア人の世話をする方がずっといいです。」[23)]

19）2019年4月1日にマルセイユで行われた女性教育者ネリーP.との対談の抜粋。

20）2019年4月にマルセイユで行われたUPE2Aの2人の教師ペリーヌM.とアンG.との対談の抜粋。

21）2019年4月8日にマルセイユで行われたMECS型の組織の責任者となった教育者カレドM.との対談の抜粋。

22）*Idem.*

23）2019年4月にマルセイユで行われたASEの一環でのベアトリスC.との対談の抜粋。

2018年12月のコレージュでの観察では、受け入れてくれた体育・スポーツの教師は、次のように話している。「ああ、移民を観察しているのですね。彼らは普通の人ですよ！　素晴らしい子どもたちで、とても前向きです。ご覧の通り、運動しているのは皆外国人ばかりです。（…）彼らの存在はクラスの雰囲気を落ち着かせ、一種の良識をもたらしてくれます。他の人たちはすぐに彼らの「アラー」とともに自分のことをばからしいと感じました。彼らは大人と規範を尊重しています。彼らは礼儀をもってやってきたのです。」同じ日、コレージュの教師はこう話している。「彼らはフランスの価値を最もよく表す新しい移民です。」

関与者たちのこうした表現によれば、最初の移民である生徒たちは、庶民階層の若者や移民2世、3世の若者たちよりも、制度や社会規範を尊重しているように見える。この対比を理解するために、社会学者ラペイロニー（Lapeyronnie 1997）の分析グリッドは、「移民の姿」という用語のもとに移民の2つの政治的表現を提示しており、示唆に富んでいる。「第一の移民の姿」とは、元の帰属から離れると同時に統合され社会に適応する、受入社会の外国人を指す。「移民の第二の姿」とは、植民地支配の歴史を経て、すでに受入社会の文化に適応している個人の姿である。統合されてもこうした外国人は他性のスティグマを持ち続け、公平であるべき機関（学校）などで不当な状況や差別的な状況といった困難を経験する。

また、サハラ以南出身のMNAに関するラモン（Lamont 2002: 257）によるフランスにおける他性の表現の分析も参考にすることができる。彼女によると、フランスでは黒人に対するステレオタイプは、北アフリカ人に対するステレオタイプよりも否定的でない。一方において、黒人の人口の方が少なく、地理的起源や宗教的信条の点でより異質だからである。他方において、サハラ以南のアフリカにおける脱植民地化のプロセスは、同じようには行われなかった。社会学者アルマニャーグ（Armagnague-Roucher 2019: 40）によれば、UPE2Aの教師は、その社会的・主観的な経験に基づいて、社会、学校、都市の想像の産物の中に存在する典型的な学生の理想像を結集させているという。この形容の作業により、以前の学業経路についてほとんど知らない他言語話者生徒をよりよく識別し、彼らの進歩に役立つ姿勢を取ることができる。こうした理想型の中で、賞賛に値する、「従順で」、自分の状況に責任のない永続的な難民の子どもの姿は、いわゆる「経済的な」移民や、「郊外の若者」に属する移民の姿よりも、より親切と思いやりを生じさせるように思われる。

地理学者のプシビル（Przybyl 2016: 389）はまた、教育者がMNAに関して伝える表現がMNAに本質を与えていることを示している。その表現とは、「感じが良い」、「気難しくない」、「従順」、「闘志がある」、「問題がない」である。こうした表現はまた、「もはや単に行政的なカテゴリーではなく、すべてのMNAに共通するであろう特徴（従順、勤勉、遵守）に基づいた社会的・幻想的なカテゴリーの構築にも寄与しうるが、学業進路の問題に関する考察を犠牲にする。」[24]

おわりに

MNAの学業経路は、時に矛盾する経済的、法的、社会的ロジックが交わる緊張点であるように思われる。とはいえ、共有された優先事項は、緊急性と不確実性という状況の中で子どもたちを保護することである。つまり、若者の当初の計画や正規化のための客観的条件がどうであれ、かれらの進路は、人手不足の［労働市場につながる］短期課程に向かう傾向にある。この問題は、社会-教育分野における職業上の進展だけでなく、移住した、移民の状態にある人たちの集団的表現にも関係してくる。同伴者のいない未成年者の強制的な進路の形成は、こうした若者の選択や学業経路の構築の問題も提起している。

（園山　大祐 訳）

【付記】
本章はTous en CAP? La fabrique de l'orientation scolaire des mineurs non accompagnés（Céline Persini), dans *Enfances et jeunesses en migration*, Le Cavalier Bleu, 2018, pp. 233-250の全訳である。著者および出版社の翻訳の快諾に感謝申し上げる。

24）Crenn et Rigoni 2020, *op. cit.*

第Ⅱ部

定住化する移民子孫の教育達成

第8章

教育支援措置に基づくアプローチ
―ステレオタイプ、学校規範の民族化、不平等な扱い―

ファブリス・デューム、シュザナ・デュキック、
セヴリンヌ・ショヴェル、フィリップ・ペロ

はじめに

「異文化間」に関する議論は、共和国の学校の民族中心主義（Berque 1985; Chomentowski 2009）などに疑問を呈し、折りには新たな教育学の道を模索してきた。しかし、他者性を批判する研究そのものが、「我々／かれら」のカテゴリーを復活させ、硬化させかねない。さらに、文化主義的アプローチは、教育対象者への焦点を減らすどころか、逆に移民の子どもたちの学業にあたる「失敗」や「驚くべき成功」に関する理論を支持してきた（Zéroulou 1993）。これらのアプローチは、（無意識にか？）国の国境閉鎖政策を正当化するものであるが（Henry-Lorcerie 1986）、逆説的に、次のような結果をもたらした。

「学校に対する限定的な批判は、学校をより鋭い批判から守る機能を果たす（あるいは少なくともその効果をもたらした）。このような鋭い批判が抽象的な原則だけでなく、教育実践について広く共有されている大前提をも覆しかねないものである。たとえ教育内容の民族中心主義を非難することが容認されていても、通常の教育実践を差別の枠にはめることは許し難くなってきた。」（Payet 1992b）

本章は、このような実践と教育支援措置における「出自 origine」のカテゴリーの位置づけに関連する一連の研究に焦点を当てる。この一連の研究により、「出自」のカテゴリーの確認方法に関して次の５つのレベルに分類することができる。それは、学校環境や教育支援措置に浸透し、構造化している表象（ステレオタイプ、偏見など）の重要性（第１節）、成績評価や進路指導方法における

「出自」の影響（第2節）、より一般的な学校管理や学校規範の民族化（第3節）、教育対象者が経験する不平等（第4節）、そして最後に、見習い訓練資源へのアクセスにおける民族的・人種的不平等と差別（第5節）という5つのレベルである。

1. ステレオタイプと偏見：「出自」によるピグマリオン効果？

教師による生徒の評価やその学業達成度（position scolaire）に社会的な偏見が強く働くことが明らかにされている。特に、教師は「基本的な割り当ての誤差」と呼ばれるものを用いている[1)]。それは学業失敗の原因を個々人に帰することであり[2)]、環境の影響、個人間の相互作用、教育実践の影響を軽視するという現象を指す。このようにして、学業失敗は生徒の責任とみなされる一方で（Deschamps et al. 1982; Gosling 1992）、「学業成功」の一部分は教師に帰属される（Berthelot 1991; Houssaye 2001）。特に心理学、社会心理学、教育科学などの一連の研究は、年齢、性別、社会階層、容姿などが教師による生徒の認識に与える影響を指摘している（Rosenthal et Jacobson 1971; Gilly 1972; Wilson et Nias 1977; Gilly 1980; Ecalle 1998）。では、「出自」によるバイアスについて研究が何を明らかにしているのか？

(1) 「出自」による社会的・学業的地位の階層化

生徒が学校職員からどのように見られているかという点について、多くの研究が「出自」の重要性を示している。この分野での画期的な研究は、1970年代後半にD. ジメルマンによって行われた。

1980年代末、J.-C. デュラン（Durand 1991: 38）は、教師と生徒の表象に関する博士論文（Tunidis-Durand 1989）の中で、「教師がアジア系、北アフリカ系、ジプシー系の生徒を階層的に区別している」ことを明らかにした。タルヌ＝エ

1） 心理学者のL. ロス（Ross 1977）は、この概念に基づき、責任帰属の歪みという重要な現象を説明している。

2） 差別化が「生徒の個人的特徴との関連として」説明される場合にも、たとえば、「『恵まれた』社会的背景を持つ女子生徒、若い生徒、フランス国籍の生徒の合格率が高い」というように、同類の論理が社会学的言説を支えている（Duru-Bellat et Mingat 1993）。

＝ガロンヌ県の小学校教師 61 人を対象としたデュランの調査によれば、教師たちは「出自」によって異なる学業的、道徳的、認知的資質（勤勉さ、モチベーション、安定性、秩序性、親切さ、正直さなど）を与える。

ジメルマンの研究は、言語と学校規範の習得に基づく選抜は、「教師側の感情的拒否を伴う、あるいは強化される（…）」と結論づけた（Zimmermann 1978）。一方、デュランは、教育的または社会的な「望ましさ」が、「子どもを生徒として評価する基準」を修正すると結論づけている。「子ども」と「生徒」に対する成績評価を区別することで、デュランは教育対象者の地位の変化を指摘している。この地位は教育対象者が示す推測的な学校規範からへの距離[3]と関連づけられている。こうして、これらの研究は、生徒に与えられる地位と教師の生徒に対する判断との間に関連があることを推測している。この課題が学校成績の評価にどの程度影響するかについて後述する（Dhume et al. 2011: I. 3.2 参照）。しかし、ここで注意しなければならないのは、階層化は単なる侮蔑的表象をはるかに超えているということである。それは、「出自」によって区別されるのは子どもたちの社会的・学業的地位だからである。

(2)　民族中心主義、進化論、文化主義：「実践的人種差別主義」（Borgogno 1990）と教育制度の計画の狭間で

「出自」による地位の差異化は、教師による生徒の判断方法の違いに関係する[4]。実験心理学の研究は、生徒の「社会的・文化的出自」に応じる教師の区別的期待の重要な役割を明らかにした（Chryssochoou, Picard et Pronine 1998）。この研究によれば、「学力を判断するために、またはそれを説明するために使用されている学業達成の理論」において教師は「出自」というカテゴリーを動員する（ibid.: 179）。実際この研究が、パリ地域圏の 65 人のコレージュ（中学校）の教師に「明らかに学業失敗に直面している生徒の話」を提示し、話の中で民族（苗字）と社会的地位と職業に関する情報を変えることで、教師たちに学業失敗の可能性のある理由を挙げさせ、将来の成功または失敗の可能性を予測させた。この研究によれば、教師たちは「文化的」出自と「社会的」出自による違いを明確に示し、それぞれの要因の特殊な影響を示している。

3）「保護者」から「家族」への移行という現象は、労働者階層の居住区でも見られる（Glasman 1992）。

この研究は、北米の研究と同じ線上にあるといえる。それは、「出自」に関連するカテゴリーが学校での判断や実践に情報を提供している、またはこれらの実践が「隠れた評価的言説」の再生産を支える（Hamel 1998）という点を明らかにしているからである。このように、「出自」は「理想の生徒」の概念に直接関わっていると考えられる（Becker 1952a）。言い換えれば、教師の間で比較的に共有されている規範が生徒の成績、行動、気質、地位の評価基準となっている。それは、必ずしも一貫しているわけでも一義的ではないとしても[5)]、「出自」に基づく分類が特に階層や性別とともに、「良い」生徒と「悪い」生徒のレッテル貼りの生産に役立つという現状を説明するものである（Payet 1992c; Dhume-Sonzogni et Sagnard-Haddaoui 2006a）。

このような成績評価は、個々人を切り離して考えることはできない。というのも、カテゴリー化の言説は確かに、それを表現する主体による主観的な差異認識に基づいている。そのカテゴリーはまた、主に国家に基づく共同体の歴史的産物でもある。それは、カテゴリーを実施する個々人を超え、それを通過するものだからである（Butler 2004［1997＝2015］）。教師の成績評価は、植民地化（Belhandouz 1998）や移民の政治史（Lorcerie 1995）から受け継がれたカテゴリーを通して、部分的にはその政治史に根ざしている。学校におけるこれらのカ

4）教師の成績評価から得られたデータは、生徒に対する成績評価にどのような地位が与えられているかによって解釈が異なることに注意すべきである。たとえば、H. バスティード（Bastide 1982）が発表したデータによると、教師は「アジア系」の学業達成を「良い」または「優秀な」（59％）と評価する一方、「モロッコ系」、「アルジェリア系」、「チュニジア系」はそれぞれ半分（29％、28％、26％）の評価を得ている。このデータはE. トッド（Todd 1994［＝1999］: 349）によって取り上げられる。その中で、「民族は、決定要因としての階級を消し去ることに成功している」と指摘されている。これらのデータは、また移民の子どもの就学のための教員養成と情報センター（CEFISEM）の２人の養成員による著書（『移民出身の生徒に教えること』という曖昧なタイトル）で取り上げられている。著者たちは、「ピグマリオン効果」という仮説を用いて、この現象を、教師による偏見、特に「大多の教師が抱いている（アジア系の）生徒に対する好意的な偏見」によるものとして解釈している（Clément et Girardin 1997: 119-120）。

5）ここには、「良い生徒／悪い生徒」というカテゴリーにおいて、時には矛盾するいくつもの形態が共存している（Kauffman 1976; Weiss 1986）。これは、民族化に関する一見逆説的な調査結果を説明するものである。「アジア系」の生徒は「規律」を重んじて高評価される一方、同じ理由でその「服従性」が批判される（Simon-Barouh 1995）。

テゴリーの隆盛は、部分的には説明できないとしても、少なくとも「教育政策と植民地政策（…）」の間の歴史的収束と関連づけることができる。それは、「ここでは貧しく、他の場所では野蛮な人々にとって、『普遍的なもの』へのアクセスを開くものなのである」（Zoïa 2007: 108)。このため、こうしたカテゴリーの存在は偶然ではなく、むしろ学校規範を構造化する要因となっている。これらのカテゴリーは、民族中心主義に染まった「共和国モデル」の普及によって定義されてきた教育体制の道徳的・政治的意図から意味づけられる。

これにより、多くの研究者が、「比較」という観点から、生徒の学業達成度の説明を求め、「移民」を「国家教育制度に関連する分析要因」として位置付けることを試みた（Barou 2000; Todd 1994［＝1999]; Gokalp 1989)。しかし、これらの分析は、他の「モデル」に議論の余地を与える一方で、実際には２つの曖昧さを拡張している。第一に、これらの分析は、しばしば問題を「学校＋移民」という異なる単純なカテゴリーを扱っているが、それらを貫通し結び付ける密接な関係を明瞭にしていない（Laacher 1990, 2005)。第二に、これらの分析は、教育理念と国家神話の理解と批判のレベルに焦点を当てているが、教育実践の影響を隠しかねない方法で行われている（Payet 1992b)。

多くの研究は、教育関係者が「出自」とそれに伴う階層化に実用的な価値を付与し、社会化、学習、成功/失敗、教育、文化などの職業カテゴリーで知覚されることを示している。基本的には、学校を上位文化の規範の具現化とする民族中心的な要素が、「学校との『距離』」というテーマ[6)]（学校の規範、規則、文化など)、または「フランス語の習得不足」と「学業の成功」への不向きという混同において見なされている（Payet 1992a; Schiff et al. 2004)。

一方で、「アジア系の優秀な生徒」（Tanh 1985; Le Huu Khoa 1995; Simon-Barouh 1995)、「アフリカ系の家族」（Poiret 2000)、「ジプシー」（Durand 1991）や「アルジェリア戦争」（Gouirir 1999）などに関するステレオタイプの効果が確認されている。これらのステレオタイプは学校に固有のものではないが、これらは学校秩序の解釈を支持している（Blanc 2006)。「アフリカ系の家族の進化度合いは、かれらが学校によって伝達される規範に従う能力に基づいて評価される」（Poiret 2000)。Ch. ポワレ（Poiret 2000）は「出自」の階層化に関して、「進

6）　不明瞭で曖昧な概念は、常識的な言説から科学的な議論まで、さまざまな文脈で利用されている（Payet 2002)。

化の段階に非常に似たものがある」と考えている。その中でポワレは、最下位には「『マリ出身』の家族（よりまれにモーリタニアやセネガル出身の家族）が置かれている」と述べる。

G. ゾイア（Zoïa 2007: 108）は、一般的に「進化論」と「文化主義」という2つの要素を特定し、それを「教師の知的形成」の一部と見なしている。ゾイアによれば、これらの要素は成績評価（jugement scolaire）にも見られる。これらの分析は、基本的にカリキュラムや教科書に関するさまざまな研究と一致しており、これらは共和主義のナショナリズムが国家の民族的なビジョンを取り込んでいることを示している（Citron 1987; Legris 2009）[7)]。これは教育理念にも浸透している。

(3)　表象から実践へ：それらがどのような関係を持つのか？

上記で紹介された研究は、「出自」のカテゴリーに対する学校関係者の信念を浮上させるのに役立つ。しかし、この信念の存在は議論の対象となることがほとんどなく、まるである合意に基づく研究にも映る[8)]。一方で、教育実践の評価という課題に移ると、「出自」の影響の承認に関して論争や不一致が激化する。このように、ステレオタイプの問題に対する見掛け上の合意と、特に統計学の研究では実際の教育実践における「出自」が問題されていないというずれの存在は、問題を引き起こしかねないと考えられる（Dhume-Sonzogni et al. 2011）。

まず、理論的な問題が存在する。それは、観念から行動へ、または表象から実践への移行の説明に関する問題である。ステレオタイプに関する研究が認められている一方で、教育実践に関する研究が拒絶されるか無効にされるのと同時に、研究者たちはこれらの間の移行を相対的に明白だと見なしているのも不思議である。たとえば、M. デュリュ＝ベラ（Duru-Bellat 2003）は、「教育に対する実践と期待は明らかに相関している」と述べ、その一方で、「教師は性別

---

7)　最近のHALDE（差別禁止平等推進高等機関）が依頼した教科書の中のステレオタイプに関する研究は、1990年以降、植民地主義の典型的な図像の消失を示唆しているが、植民地主義に由来する民族中心主義の非対称な構造が持続していることを明らかにしている（Tisserant et Wagner 2008）。

8)　そこには特定の研究の隠蔽や、より直接的なテーマの隠蔽が見られるかもしれない（この仮説については「おわりに」を参照のこと）。

や社会的または民族的所属などの基準に基づいて期待を抱いている」と指摘している。しかし、同時にデュリュ＝ベラは民族カテゴリーの影響については研究しておらず、「性別や民族の所属による不平等は、実質的に異なるプロセスに帰属する」と仮定している（ibid.: 20）。そしてその結果、デュリュ＝ベラは「外国の出自」という変数と「社会的出自」変数の効果を統計的に分離する必要性を強調することで、これらの基準の範囲を狭めている。

したがって、上述の研究が考えてきた表象と実践の関連について再考する必要がある。しかし、この「熱い」課題は、詳細な議論の対象となることはほとんどなく、さらには調査の対象ともなっていない。しばしば研究者たちによって推論される。研究者たちは信念の実践上の影響を推定する一方で、参照される行動に関する理論を明示することなく、これらの関係について論じる。しかし、言語（行動として）、表象（スキームとして）、カテゴリー（分類として）、予測的行動（ピグマリオン効果）などの観点によって研究の暗黙の理論モデルは多様に存在する。したがって、さまざまな研究結果を等価にすることは問題がある。そして、この文献レビューももちろんその批判から逃れられない。

表象と教師の行動の関係そのものが研究されたが、その関係が実証的に否定されたことがある（Roux 1981）[9)]。さらに、教育支援措置における民族的なカテゴリー分類を示す実証的観察は、同時に次の二つのことを示している。1）このカテゴリー分類の動機付けと意味は、特に教育実践内容における複数の規範や要因の同時的な影響により、一様でも自動的でもないこと[10)]。2）出自のカテゴリーは、しばしば他の要因、たとえば性別、社会階層、年齢などと独立して作用しないこと[11)]。しかし、これらの点については、行動の多重参照性とインターセクショナリティに一度に対処する複雑な理論モデルがほとんど存在

9）他国での研究によると、習熟度別のクラスでは、教育的な側面が生徒の学業達成に対して、学業期待やラベリングの心理社会的メカニズムよりもより重要な役割を果たす可能性がある（Pallas et al. 1994）。

10）これらのステレオタイプに対する「寛容さ」は、状況や学校施設、学校内のトラブル解決の形態によって異なるようである（Payet 1995; Debarbieux et Tichit 1997; Perroton 2003）。また、時代や制度組織の変化によって教育実践に影響を与える可能性があると考えられる（Talbot 2006）。ただし、これは異なる分析結果を説明する仮説であり、一定のデータを比較しているわけではない。さらに、教育スタイル（Roussier-Fusco 2003）や職業へのアプローチ、組合活動も考慮する必要がある（たとえばGosling 1992）（しかし、「出自」の課題が取り上げられていない）。

しない[12]。したがって、議論はまだ終わっておらず、特に「出自」に関する議論は明確に開かれているとは言い難い。

2.「出自」が学業評価と進路指導の実践に与える影響

性別、社会階層、年齢などのカテゴリー[13]は、特に学業評価と進路指導に関する重要な研究調査の対象となっているが、「出自」のカテゴリーは、直接的には4、5つの研究でしか取り上げられていない。

ここでは、研究の過度な解釈による潜在的な「差別」を特定することはせず、「出自」のカテゴリーが学業評価と進路指導の実践に与える影響について、現時点で何が明らかになっているかを検討することが重要である。

(1)　学校における成績評価と進路選択における民族的な偏見

一般的に、成績評価と進路選択は、生徒に対する知覚と期待の心理的スキーマを特に関与させることが知られている。これには、たとえば、ステレオタイプが含まれる（Bressoux 2006）。P. メルル（Merle 1996）の研究では、バカロレア（1984年）の回答用紙を二重評価に出され、評価の違いが20点中10点の差をもたらすことが指摘されている。また、教師にクラス全体のパフォーマンスを評価するように求めた研究では、P. ブレスー（Bressoux 1993）が、生徒の「客観的」なレベルが成績評価の分散のわずか20% を説明するに過ぎないことを明らかにした。そして、生徒がリセ（高校）に進学する割合を予測する際に

11）おそらく、統計的アプローチが「出自」変数の独自の影響を特定しようとするのに苦労しているのは、このカテゴリーの実際の使用の現実を説明するのに十分でないからであろう。そして、「分散のフラットな分解」ではなく、むしろ「分析的な視点」を提案するアプローチも、この組み合わせを十分に考慮していないようである（Duru-Bellat et Mingat 1993: 21）。なぜなら、「これは民族的変数が社会的変数によって重なり合う」ということになるからである（Payet 2003a; Dhume-Sonzogni et al. 2011）。

12）ただし、ケベックで行われた研究（Hamel 1998）や、フランスでのいくつかの基礎的研究（Goldberg-Salinas et Zaidman 1998）は、インターセクショナリティ理論を用いて、これらの異なる支配的カテゴリーを考える上で重要な視点を開いている（Poiret 2005; Scrinzi 2008）。

13）「比較的に子どもたちがCM2［小学校5年］を卒業する年齢が、かれらの進路を大きく左右する決定的な要素となる」（Baudelot et Establet 1971: 54）。

は、この割合が17%未満にまで減少する。この予測は、特に「クラスの社会的な特色」に影響されていることが示されており、その結果、ブレスーは「クラスの外国人生徒の割合の影響（大学進学の予測の説明に対する1.73%の寄与率）」という、控えめだが有意な関連性を確認している（Bressoux 2006: 26）。

「コンテクスト効果」を超えて、「出自」は評価に直接的な影響を与える可能性があるのか？　実験心理学の研究では、その答えは「可」である。1970年代に行われた成績評価に関する研究によれば、「出自」は教師や生徒の評価に影響を与える（Amigues et al. 1975）。フランス系の名前がついた回答用紙を評価する場合、「外国出身」という出自の評価者は回答を過大評価する傾向が示される（平均得点は12.14対10.81）。フランス系の名前がついた回答に対しては、フランス出身の評価者の影響はそれほど大きくない（フランス系の名前がついた回答には10.11、外国系の名前がついた回答には10.95）。通常通りに、この全体的な傾向は地域ごとの変動や「教育スタイル」や職業姿勢の影響を受ける[14)]。これは、教師の成績評価が民族によって変わるという傾向が和らげられたり制限されたりすることを示している（結論に参照）。民族学的アプローチの研究は、特に「移民」人口によって定義されるクラス、学校、地域を対象にしている場合、この基準が実践に与える影響を明確にしている（Payet 1995）。

新しい統計学の研究では、実際の評価に関する洞察が提供されている。L-A. ヴァレとJ.-P. カイユ（Vallet et Caille 1996b）は、「外国人または移民集団に属することは、（…）それ自体では一般的にわずかな効果しかない」と結論づけている。これはフランス語と数学の成績において、おそらく男子のフランス語の成績に関しては除外される。したがって、性別変数と独立しているようには見えない差異があるが、研究者たちはこれを扱い方の違いとして解釈していない。むしろ、かれらはこの変数の効果を軽減している。進路指導に関する成績評価については、「移民の家族への意向がより頻繁に拒否される傾向があるようである。労働者と一般事務職の中で、フランス出身の場合は26%、ポルトガル出身の場合は33%、マグレブ出身の場合は39%の拒否率が見られる」（Brinbaum et Kieffer 2005: 73）。

14）広義的に言えば、教師がクラス編成において採用する基準が、試験の採点に必ずしも「影響を与える」わけではない。少なくとも特定のクラスに関しては、使用される教授法によりその影響が決定的により強くなる（Isambert-Jamati et Grospiron 2007: 192）。

これが「出自」変数の差別的な特性を示しているとしても、それを解釈する必要がある。したがって、学校関係者による学業成功の可能性の評価がどれだけ民族的な偏見を含んでいるかという課題は未解決のままである[15]。最近 L. ボナル（Bonnal 2009）の指導のもとの統計学的研究では、成績評価と進路指導における民族的差別を明確に裏付けることで議論が展開し始めている。異なるアプローチで、Ph. ペロ（Perrot 2006）の研究では、民族学と統計学を組み合わせて、郊外のコレージュの状況に焦点を当てている。この学校は以前に社会学的調査の対象となっていたが（Zirotti et al. 1984）、その後、プロレタリアート化と「民族化」が著しく進行している。成績評価と進路指導における間接的な差別の可能性を明らかにするために、ペロはまずロジスティック回帰分析法を用いて、各科目の比重を、実際の進学状況におけるそれぞれの生徒のケースに関連付けて、「理論的な進学確率」と比較する（Perrot 2006）。ペロはいくつかの「不調和な状況」（76 人中 4 人）を見つけ、これは、一方では進路選択における驚くほど高い市民教育の比重性を示し、他方では女子に有利な進路指導を確認する。これを学級委員会の観察と結びつけると、「このコレージュでの性差別」を分析するが、教師の視点からは、性差別の課題が「民族性と弁証法的に結びついている」としている。「男女の区別は、学校内の社会関係の民族化プロセスに完全に組み込まれている」。そして、教師による生徒の「将来の可能性」の評価には、性別/人種の組み合わせによって生徒に与えられた特殊な「本質」が明瞭な影響を与える。それが成績評価および進路指導における「重大な社会的バイアス」として現れる。それでも、これらのバイアスは必ずしも系統的ではなく、従って統計的には顕著なものではない。それは、これらのバイアスが常に他の評価論理と組み合わされているためである。

この研究方法の独自性とそのミクロの特性によって、この研究結果を他類の研究調査と直接比較することが困難である。しかし、その同じ理由で、この研究は「出自」による潜在的な偏見を明らかにする特定の方法論の重要性を強調

15）さまざまなデータは、見かけほど矛盾しているわけではないと考えられる。実際、ブレスー（Bressoux 2006: 26）は、特定された民族的変数が文脈として機能するとき、現在ここでのパフォーマンス評価と学業成功の予測との間に差異があることを明らかにした。それは教師による「生存」の可能性の評価に「出自」の影響を探る材料があり、この評価が一部で配置の選択や家族の願望の評価に影響を与えるとしても、特に時間の経過とともに社会的要因の重みが増すかのようである。

している。特に「認定の社会的条件」を考慮に入れることが重要である（Garcia et Poupeau 2003）[16]。

(2)　出自に基づく進路指導の不平等と強制的な進路指導の実践

1970年代、ルーベ（Roubaix）市のあるコレージュで行われた研究により、生徒の学校教育には「出自」に基づく差が確認された。フランス生まれの「外国出身の子ども」（学校全体の30%）は、1年生のクラスの半数を占めているが、4年生のクラスの生徒の5分の1にまで減少している。一方、「フランス出身の子ども」の割合は完全に逆の変化を示す（1年生では4分の1から、4年生では半分に増加）（CRDP. Lille 1977）。ただし、これは単なる全体像に過ぎない。研究は、2年生［高校1年生］終了後の職業課程やCPPN（職業前教育学級）、3年生特別級（3e aménagée）［中学校最終学年］への「フランス生まれの外国出身」グループの寄与率が最も大きいことを示している。また、これらの生徒がより頻繁に簡略化されたプログラムの2年生クラスに所属していることも示している。しかし、研究は、「2年生を除いて（これが当時の選抜の決定的な段階！）、生徒の出自は教育タイプへの所属において有意な要因ではない」という驚くべき結論を出している。研究は、選抜の重要な時期に職業コースへの明確な傾向を示しているにもかかわらず、結論は「出自」の影響を相対化としている。上記の指摘に他の点をつき加えるのは困難である。なぜなら、この研究は古く、方法について明確ではないからである。さらに時代の影響があると考えられる（少なくとも選抜の段階は変わっている）。また、これらは「生の」観察結果であり、社会階層との比較が必要である。

ほぼ同じ時期に、学校による「移民の子どもたち」への差別（表現は明確！）の説を支持する研究が発表された。この研究は後に別の研究で展開される（Zirotti et al. 1984）。1970年代末以来定期的に（Chazalette et al. 1977）、一連の研究調査が、「差別」のメカニズムを入念に分析するだけでなく、「強制的な進路

16）さらに、この問題をより広範な学校の成績評価問題に着目して再検討する必要があると考えられる。複数の調査が、学校の評価における生徒の「学業失敗」や「学力」に関するミクロプロセスにおいて、民族的または人種的な要素を用いて生徒を軽蔑したり、屈辱を与えたりすることを示しており、これは学校の成績評価に民族的な側面を与える一環となっている（Payet 1992b; Broccholichi 1994; Merle 2001; Alamartine 2003; Dhume-Sonzogni 2007）。

指導」の現象を強調している。この現象は、選抜的な教育制度に由来する「不満」に加えて、若者たちが学校に対して強い憤りを抱くことを引き起こす。E. サンテリ（Santelli et al. 2006）らは、進路指導が「人種差別的な偏見」によって特に職業課程に強制的に導かれることを示している。近年、4つの地域を対象にした約3900人の若者へのアンケート調査は、ほぼ3分の1の若者が学校によって（若者の「進路計画」に従ってではなく）、時には若者の意志に反して（Farvaque 2008）進路指導を強いられたということを明らかにしている。同様に、約100人の「マグレブ系」の若者とのインタビューを通じて、E. ペラン（Perrin 2008）は、実際の学習困難に対する支援の増加よりも、短期かつ低く評価される教育課程に傾く「妨げられた進路」を指摘している。

「（…）しばしば繰り返される話は、マグレブ出身の若者たちが早期かつ大量に職業課程に向かう傾向を指摘している。これは、かれらが［コレージュ］2年生の段階で、自分たちはあまり進学しないだろうし、長期の学校教育に向いていないと理解させられる若者たちに対して行われる進路指導である。したがって、大学にたどり着く多くの人は、曲がりくねった、迂回した道を進み、あらゆる困難にもかかわらず、最初に普通教育課程から追放された後、方向転換するために途中で多くの年月を失う。（…）多くの人が、最小限の弱点も許されず、最初の困難を克服するのに何の助けも受けなかったと証言している。」（ibid.）

これらのプロセスの現れ方は微妙である。これらのプロセスは、一般的に、生徒とその家族が学校とその代表者と対立し、意見の相違や葛藤に巻き込まれており、研究者の視点を問題視する。それは学校と教育対象者の視点対立という視点である。このような視点の対立は、「特別クラス classe spéciale」と呼ばれるものに関するデータの解釈でも見られる。

(3)「特別クラス」への進路：差別の一部？

「特別クラス」[17] の課題は、その論争的な性質からして象徴的である。これは、1960年代以来、労働者（Vallot, Courgeau et al. 1973; CRESAS 1974）や「移民」の子どもたちの集中を示す「生の」認識が社会的・政治的な関心を集めてきた。1974年から1975年にかけて国民教育省は「特別クラス」に在籍する「外国人」の割合を6.56％と推定している（Clévy 1977）。1987年には、EREA

（地域圏適応教育施設）における外国人生徒の割合が11.7%であり、1989年には13.2%に達した（Nyer-Malbet 1985）。さまざまな公的報告書がこれを象徴的な問題として提示している（Berque 1985）。A.ユスネ（Hussenet 1990）が1990年に提出した報告書は、移民生徒の割合を10%に減らすことを提案している。1989年2月6日の通達は、SES（旧特殊教育科）に代わってSEGPA（普通職業適応教育科）を導入するものであり、この変更を正当化する根拠として、このような状況について述べている。

国民教育省によれば、「フランス語を不得手とする多くの外国人生徒」で、「専門的な教育を受けることを前提とするものではない」とされる生徒たちが、これらの特別な教育課程に配置されている。そして、「このような生徒たちのSES入籍が悪用されており、かれらはコレージュで適切な言語クラス（structures linguistiques）に受けられることで利益を得るだろう」と国民教育省は強調している（1989年2月6日付通達第89-036号）。

17）多くの研究者が参照する「特別クラス」という概念は多様である。一般的なレベルでは、これは原則として学校内の条件に基づく「適応された」教育を指し、通常の学習課程やリズムに一時的または部分的に、または「持続的に」（2005年9月1日の官報BOENに記載されたSEGPAのような）適応できないと見なされる生徒のための措置である。関連するプログラムは異なる教育課程（小学校、コレージュ）であり、単純に同等ではない。さらに、それらの定義は時代によって異なる。また、理論的には異なる生徒を対象とし、学校の困難、フランス語の不十分な理解（CLIN、CRI＝統合補習授業、CLAC＝読書と文化活動センター、CLAD＝適応学級など）、および「障害」、「精神薄弱」、または「知的障害」（養護学級、またはCLIS＝障害児のためのインクリュージョン教育学級、SES、UPI＝統合教育単位、EREA＝地域圏適応教育施設）、または特定の教育対象者としてカテゴリー分けされている「ジプシー」など（Bachiri 2006）。さらに、一般的な「積極的差別是正措置」（Nafti-Malherbe 2006）と呼ばれる論理の他に（これは議論の余地がある）、関連する対応策は「出自」に対して異なる程度に敏感である。（原則的に「新規移民」や「ジプシー」向けのクラスが出自をかなり明らかな基準とするものの、各種のクラスはそれらの人口カテゴリーを異なる程度に集中させる可能性がある（Boyzon-Fradet et Boulot 1992）。したがって、各対応策の特異性に適した分析が必要である。

ただし、「特別クラス」の全体的なカテゴリーは、その他の条件とは異なり興味深い。まず、これは学校教育の「通常」の条件と、学校によって組織された一連の例外の規範的な二分法の効果を示している。次に、これらのクラスが理論的には「障害」、「言語問題」、および「学習の困難」を分離するという特性は、実践や時には制度上の構想でも成立しない。これらの二つの面、つまり「異常性の共通の地位」と「カテゴリーの透過性」に関するほとんどの批判は、「特別クラス」への指導方法に関するものである。

近年の国民教育総視学官の報告書によれば、一部の生徒はSEGPAの目的に合致しておらず、その中には「外国出身の生徒、特にマグレブ出身者、ジプシー」などが明らかに過剰に在籍している（IGEN-IGAENR 2000）。

研究側は、このような明らかな過剰在籍を確認しているが、その解釈については一致した見解を提供していない。1980年代に、フランスにおけるチュニジア系の子どもたちの教育に関するM. マサリ（Massari 1987）の研究では、そのうち7% が特殊教育（enseignement spécialisé）に該当し、これは全生徒の2% にしか該当しないことが明らかにされた。かれらは、SES、CPPN（職業前教育学級）、CPA（職業見習準備学級）のクラスに比例して過剰に在籍されている「他のマグレブ系の子どもたち」と同様である。この認識は40年近くにわたって繰り返されている。もし「外国人生徒」[18] の平均が5% であるなら、M. カクオーとF. ウヴラール（Cacouault et Œuvrard 2009: 45）は、「かれらは小学校の児童の約6%、コレージュの生徒の5%、職業リセの生徒の約6%、普通リセおよび技術リセの生徒の約4% 未満、そしてSEGPAの生徒の約8% を占めている」と推定する（ibid.）。著者たちは、一方では「学校文化との接近の欠如が、庶民階層のすべての生徒に共通している」と説明し、他方では、「かれらが学校の言語や文化との距離に関連する適応問題に敏感に直面している」と述べて、この状況を説明している（ibid.）。最後に、最近のボルドー大学区でのセグリゲーションに関する調査では、姓に関する統計に基づいて、外国人生徒は8.8% がSEGPAに、平均では3.3% しかいないことが確認された（Felouzis et al. 2005）。

これらは「生の」データであり、その使用は一部の研究者によって批判されている。特に、フランス語の普及のための学習と研究所（CREDIF）の研究者は、このアプローチを「数字のデータの早まった読み取りと（…）その意図的な解釈」に関連付けている（Boyzon-Fradet et Boulot 1992）。1970年代から、セーヌ＝サン＝ドニでのCLIN（入門学級）の研究調査をもとに、J. クレヴィ（Clévy 1977: 60）は「入門学級はハンディキャップを生み出す分離的な進路ではない」と断言した。S. ブロとD. ボワゾン＝フラデ（Boulot et Boyzon-Fradet 1988b）は、さらには、この状況に対する「出自」の変数の効果を全般的に否

18）教育機関は、生徒の国籍とその父親（または子どもの責任者）の国籍を混同する傾向があるので、「外国人生徒」の概念は推測的で不安定である。

定し、「社会的出自」を特に非難している。1992年に、かれらは、特別クラスでの過剰在籍という課題を相対化する研究を発表した。「パネル1989年」(国民教育省評価予測局（MEN-DEP））からの統計をもとに、かれらはSESにおける「外国人」の割合が確かに増加していることを示し、1978-1979年の15.5%から1990-1991年の18.7%に増加したと述べている。しかし、かれらは、増加の一部の説明が「外国人の人口増加による」ものであり、「実際には、かれらの特別教育への相対的な在籍が減少している」と推定している（Boyzon-Fradet et Boulot 1992)。かれらはまた、フランス人と外国人の間の格差が定期的に縮小しており、職業カテゴリーに関連して、「フランスで生まれた外国人」の生徒がSESへの進路指導がフランス人と同じであることを示している。これは、国民教育省の専門家たちが、同じ職業カテゴリーの学業成功/失敗率の等価性を主張している分析に一致する傾向があることを示している（Goapper 1985)。ただし、不平等の要素が2つある。一方で、「特別クラスの進路に対してフランス人と外国人との間に存在する不平等が必然的に大きい（2倍以上)」(Boyzon-Fradet et Boulot 1992)。他方で、「外国で生まれた外国人」にとって、SESへの進路指導が平均的に約2倍頻繁である。これは、受け入れ学校の不足を補うための実践の効果として研究者が分析している。

したがって、ここで特に注目すべきは、結果の解釈の問題である。他の研究では、生のデータが実際の意味での「外国人」の社会的地位と「不適応な」生徒の間の相関性を示すものとみなし、そのような生徒は「通常の学校教育から排除されている」と考えられている（Grimaldi 1998: 28)。そのため、ある種の「出自」(少なくともその一部のカテゴリー）がスティグマとして機能し、「外国人生徒の特徴を特定する価値観が、これらを常に「リスクのある」生徒の中に配置する」(Charlot 1993）という状況が生じている。さまざまな研究で、特定の装置から別の装置への移行効果に重点が置かれることにより、学業不振の心理学化や「学業失敗の医療化」が観察されている。社会コードの問題が「障害」や「弱さ」のカテゴリーに変換され、再教育装置への早期の方向性が正当化される。したがって、P.ピネルとM.ザフィロプロス（Pinell et Zafiropoulos 1978）は、1970年代後半に行われたよく引用される研究調査で、特別クラスへの過剰在籍の理由の1つとして、「移民の子どもの割合が高いこと（特殊教育における子どもの50%以上に対して、地域全体の15%に過ぎない)」を強調した。もう1つの研究では、2つの再教育チーム（教育心理的援助グループ（GAPP)）に焦点を当て、教師による報告が「移民の子どもたちの学業失敗」を予測していることが示された（Benisahnoune 1987）。

「出自」のカテゴリーから医学的・心理学的なカテゴリーへの移行は、そのカテゴリーが曖昧であるほど、また、これら2つのカテゴリーがそれぞれ学校における通常とは異なる裏側を表しているため、ますます容易になる。「したがって、認知心理的障害と民族文化的な障害は、これらの生徒の学力の弱さの不可分かつ重なり合った原因を構成している」（Zephir 2007）。

この所見は、学校教育の進路の観点に置かれるべきである。特別クラスでの学校教育は、生徒のプロフィールに間接的にしか「出自」と関連しない否定的な影響を与える可能性がある。多くの研究者は、特別クラスが一時的な支援よりも、通常の学校教育からの逸脱したキャリアへの分岐点として機能することがあると指摘している。かれらは、「ゲットー」の影響を非難している（Berque 1985; Zéroulou 1993）[19]。1970年代の統計データ[20]は、一般的に特別クラスへの進路指導を多く示し、同時に、職業教育の短期化と並行して、「外国の子どもたち」の長期的な学校教育へのアクセスが「明確に」低いことを示した（Blot et al. 1978）。近年多くの研究がこの分析を支持している。A. マンガ（Mingat 1991）のGAPPに関する研究では、再教育を受けた小学校の児童は、より頻繁に留年を提案され、特別な装置の在籍は学業の遅れとして反映されることが示された。2010年に、J. ザフラン（Zaffran 2010＝2018）は、SEGPAに関する研究で、統計的に「出自」の差別的な役割を示し、学業成績だけではこのクラスへの進路指導を説明できないことを明瞭にした。なぜなら、それは留年／または以前の困難に陥った生徒のための特別支援ネットワーク（RASED）の在籍、適応学級、またはCLINの在籍によって決定されているからである。「非常」と見なされる生徒を受け入れる課程の硬化プロセスが観察され、結果的に、学校を生徒に適応させようとする逆の政策を阻止することがある（Monceau 2001a）[21]。これらの取り組みは、累積するミクロ的決定を通じて、特定の支援と、信用を失った教育課程への偏差を同時に組織化するように見える（Debar-

19）CLINに関する「ゲットー」の概念は長い間議論されてきた（Collectif 1976; Porcher et al. 1978）。

20）時代や状況によって、これは絶対的な規則ではないようだが、実際には、少なくともいくつかのレベルで、他のクラスへの受け入れに障壁が存在する（Leblon 1970; Clévy 1977）。

bieux 1992; Simon 2007; Landrier et Nakhili 2010）。

3. 学校の管理と規範の民族化

これまで特別クラスへの進路指導について議論してきたが、いくつかの研究が特別クラスでの就学状況について関心を示している。民族化の過程が学校の組織と管理に関与していること、最後に、これが「家族」との関係管理に大きく影響していることを検討していく。

(1)「特別クラス」、「出自」による管理と「スティグマ化による学校教育」との狭間で？

「出自」と「不適応」の間のカテゴリー間の混同性や透過性は、間接的な進路指導に関する教育関係者の実践の他に、「社会」と「民族」の管理に関する制度上の戦略をどのように反映しているのか。E. ドバルビエ（Debarbieux 1992: 62）は、「低く評価された課程、特に特別教育（enseignement spécial）における進路指導への方向付けは、逸脱と見なされる行動を示す子どもや青年たちを追いやることである」という仮説を提唱している。「イメージの否定的な側面と特にマグレブ出身者の出自に関連する治安維持のファンタジーは、特別教育における若い移民の多い人数という実態を裏付ける。ここで追いやられることは危険な行動である」。

まずに、少なくとも 1970 年代までの一部の研究が、「労働者階層の身体的または精神的な欠如」に関する「生物学的出自」の仮説を支持してきたことを思い出す必要がある（Zazzo 1969; Eysenck 1977［= 1973］）。それらが特に知能指数の測定に基づいている[22]。移民の子どもたちに関しては、いくつかの研究がこのようなツールの民族中心主義的なバイアスを批判し、心理テストを適応させることを提案してきた（Léonardi et Pelnard-Considere 1980; Mesmin 1993）。しかし、不平等に割り当てられたとされる「知能」に関する成績評価の平凡さを検

21）このプロセスは、比較の範囲内で、フランスの専攻分野の総合的な堅牢さと、生徒の技術または専門教育への進路における「閉じ込め」の効果と類似していると言える（Boudesseul 2010）。

22）ビネー以来、心理テストの結果は社会階層によって傾向的に対照的に生成されることが知られているツールである（Lautrey 1980）。

討すると、これらの理論が公共論争、制度政策および実践にどのような影響を与えているか。このような理論は、選抜性を正当化する必要がある学校制度で「実践的」に見えるかもしれない。そのため、たとえばSESにおける「外国人生徒」の過剰在籍の正当化は、トトロジーとして表れるのであろう。「生徒の進路指導が、この特別課程（section spéciale）に在籍する事実自体によって正当化する。それは生徒の不適応の「証拠」である」というトトロジーである（Zirotti et al. 1984: 84）。これらの理由が、特に学校による不平等の生成の傾向の解析において、「特別クラス」を正確な分析ツールとして位置付けている。

このような論理は、対応策によって異なるようであり、少なくとも教育対象者によっても異なるようである。これは「特別クラス」という総合的な概念の限界である。これらの論理は時間とともに変動し、時系列的に捉えるのが困難である。新規移民の受け入れに関しては（Dhume et al. 2011: I. 1.4）、これらの対応策の初期の定義が学校規範の民族化を組織化していたことが明らかである（Henry-Lorcerie 1993; Lorcerie 1995）。2000年には、学校による「出自」の基準の操作が原則として「ゲットーの回避」という明示的な理由で「分散」を図るために行われた。民族化の影響は少なくないが、この「学区の下方からの回避」は、一般の人々にとって「差別」として経験されている（Zoïa et Visier 2004）。また、「ジプシー」に対する教育に関しては、不適応のカテゴリーへの移行を組織する民族的な管理が元々学校の選択であったことを思い出さなければならない。J. コタン（Cotin 1984: 28-29）は実際に、1966年の家族手当と学校義務の結び付きによるロマ系の子どもたち（enfants du voyage）の学校施設への流入に直面して、「学校関係者は、マージナリティーを扱う能力が最もあるように見える人々に向かい、つまり不適応の子どもたちの学校施設に向かった」と指摘している。そして、「1970年11月9日の通達は、適応の問題の教育的管理を担当する県教育視学官（…）に、ロマ系の子どもたち（enfants nomades）の問題を託し、適応クラス、あるいは不適応の子どもたちを担当する教師によって行われる移動教室の設立の可能性を見込んでいる」。

この状況も一部では変化している。A. コトネック（Cotonnec 1984a）は、1980年のディジョン市での研究会で、有意義な曖昧さを持つ目標を設定し、学校経営の考え方に断絶があると位置づけている。それは、「できるだけ専門化の少ない施設に優先順位を付ける」ということである。しかし、それで終わりなのだろうか？　最近の「ジプシー」に関する研究は、これを疑問視する材料を提供している（本章第5節（2）参照）。より広範囲にわたって、この特定の公共のカテゴリーが例外であるか、または学校制度全般に広く存在する傾向の膨張効果であるかを検討するべきかどうかは明確ではない。研究は決定的な結論を下すのは難しいが、状況に応じて民族的管理を使用して資格付けや資格喪失を行う実践と正当化の連続体またはネットワークの仮説を提示することができる。

それにもかかわらず、特別クラスの課題は「出自」に基づく統計的な集中度の議論に単純化されるべきではない。特別クラスの異常性の経験的影響を考慮する必要がある。まず、学校秩序のミクロ活動が「排除」（Brillaud 1987）や特別な取り扱いに貢献していることが明らかである。さらに、「SESはしばしば学校内で独立した建物である」（Blanc 2002）。いくつかの研究では、障害児のためのインクリュージョン教育学級（CLIS）やSEGPAを受け入れている施設で、分離の系統的なプロセスが観察されている。それには、独自の規律という差別的な実践、通常クラスと異なるプロジェクト、そしてこれらの生徒を「通常の」クラスに統合しない拒否などが含まれる（Rousson 2004; Dhume-Sonzogni 2006）。次に、これらの対応策は内外の学校でのスティグマの担い手となる（たとえば、インターンシップの応募）。そのため、一部の研究者は「学校から企業への進路指導の連続性の影響」（Dhume-Sonzogni et al. 2000; Dhume-Sonzogni et Sagnard-Haddaoui 2006a）を検討する。生徒への影響は学校内でも学校間でもうかがえる。「『追いやられた』クラスや学校にいる人々は、自分たちにかかる軽蔑を感じている。それは外部の視線、より優秀な生徒、または教師の視線に現れるものである。スティグマは耐え難いものである」（Felouzis et al. 2005）。また、この学校の制度的な暴力が学校内の暴力を説明するのに役立つことも知られている（Debarbieux 1992）。より制度的なレベルでは、特別クラスの受け入れは学校のイメージの重要な要素であり、学校間の競争で使用される動機の1つでもある（Dhume-Sonzogni et Sagnard-Haddaoui 2006a）。要するに、特定の信用を失った教育課程における集中の影響の議論は、「過剰代表性」の単一の問題を超えている。それは、「スティグマによる学校教育」（Vayssière 2004）の影響を考慮することである。しかし、これはほとんど研究されていない。

（2）　学校秩序の民族的な管理の実践について

「出身」の基準を考慮したクラスの構成については、すでに議論されている

(Dhume-Sonzogni et al. 2011)。一方、パイエ（Payet 1995）やバルトン（Barthon 1997）によって観察された効果と同等の効果が、クラス内で見られる可能性があると考えられる。特に、「ジプシー」や「マグレブ系」の生徒の証言に従うと、1970年代から現在に至るまで、次のような声が挙げられている。「かれらは私たちをクラスの奥に追いやる」（Cotonnec 1984b; Perrin 2008)。これは、学校秩序の管理において「出自」の基準が考慮される可能性を示唆する一例に過ぎないが、それは重要な指標である。「クラスの奥」のイメージは、教師によって確立された教育空間内の内部境界を指し、学校のステータスと生徒への注意を同時に決定する。実際、1970年代の研究からは、たとえば「読解力テストの成功は、子どもたちが受ける相互作用の数に依拠する」（CRESAS 1974）ということが分かっており、この要請はかれらの「社会的出自」や性別に応じて変化することが示されている（Acherar 2003)。

1990年代以降、学校経営の民族化に関する理解は進歩しているが、研究の数が少なく、時には矛盾する結果が示されることから、この分野はまだ大きく未解明のままである。いくつかのケースでは、民族化は状況の規制において権力を取り戻す手段として解釈されることがある。Ch. リノド（Rinaudo 1998a）は、ニース市の汚名高い地区での調査をもとに、学校生活と教育行政の民族化された実践が、共和国の学校の統合機能を維持することを矛盾的に目指していることを示している。民族的・人種的基準は、教職員と生徒（またはその家族）の間の力関係の日常的な管理に寄与し、学校による地位の分配を維持することを可能にする。これらのカテゴリーは、教育関係者の間で共有される「ノウハウ」や偏見を通じた共犯行為の対象としても機能し、特に優先教育地域（ZEP）の場合、民族的ステレオタイプが特定の人を管理するために動員されるため、教育関係者にとってますます重要な役割を果たす（Rinaudo 1998b; Zephir 2007)。

これは、「共和国の学校」のイデオロギー的な地位によってさらに強調され、それによって学校が政治的に使用される可能性がある。この点で、共和国の民族主義は定期的に「政教分離の戦い」を再演し、学校を一部の観客に対抗して民族的に描写する（Lorcerie 1996, 2003, 2005; Zirotti 2004; Dhume-Sonzogni 2007)。複数の研究によれば、これが教育関係者の実践に反映されているとされている。F. アラマルティーヌ（Alamartine 2003: 102）は、パリの職業高校での参与観察研究において、政治およびメディアの議論の文脈が、「移民出身の若者」の

「アイデンティティの収斂」や「コミュノタリズム」に懸念を示すことで、教師の問題定義の方法を変更し、「それらを民族的な問題のパズルの周りに再構成する」ことを示している。F. デュームによる学校における人種差別の調査は、エスノナショナリズムのスキーム（この場合、「コミュノタリズム」というテーマを通じて）の再発動が、「地方の学校」を「国家的・政治的な」状況に変え、状況の評価と管理のカテゴリーを変えるのに寄与することを確認している（Dhume-Sonzogni 2007: 第２章）。これにより、一部のマーキングやサインが学校秩序と断絶していると見なされる傾向が高まる可能性がある。

したがって、「アラブ系の少年」や「アフリカ系の人」のイメージが学校の機能を乱す要因と見なされ、暴力に関して予備的な行為者と見なされる可能性が高いとされることが、教育関係者がかれらをより多く制裁する傾向にあることが示されている（Debarbieux et Tichit 1997）。いく人かの研究者は、生徒の「出自」を考慮した不平等な罰の実践を観察している。「最も罰せられている生徒が意味的には『マグレブ系』の少年」であることが明らかである（Debarbieux et Tichit 1997; Payet 1995）。ただし、このデータは、他の研究では、「他の点はすべて同じとして」、「人種的出自」の確率には「影響がない」と結論付けている（Grimault-Leprince et Merle 2008）。これらの対立する分析を理解するために、研究と社会学的評価は続けられるべきであるが、大きなリスクを冒さずに、自動的な効果はないとする仮説を受け入れることができる。

これは、学校と「出自」の基準の政治学的な読み方が、民族化と例外的な処遇の実践を普及させ、正当化していることを示している。これが、いく人かの研究者が「学校教育と社会的、性的、象徴的、あるいは民族的なラベリングは、教育の解体の入り口である」と指摘している（Mabilon-Bonfils et Saadoun 2002）。

(3)　学校境界の民族化：家族との関係

すでに、多くの研究では、学校と家族の関係を大げさに表現していることが指摘されている（Dhume et al. 2011: I. 4.1.3）。多くの研究者が、生徒の行動と家族に帰せられる教育モード（mode éducatif）との関連が、根本的な異質性を可能にするかどうかを分析している。特に、暴力の地位は、特定の「外国の」家族に帰属するとされ、その暴力は「文化的システムの一部として構築され、その異質性、および基本的には、受け入れ国の主流文化との価値観との非互換性が強調される。（…）この学校の見方は、教育モード」が一般化される傾向がある（Payet 1992b、著者によって強調）。

他の研究（Poiret 1996, 2000; Debardieux et Tichit 2001）は、「衰退の言説が時に国家主義的な意味で使われている」ことを確認している（Debarbieux 1998a, 1998b）。F. ロルスリ（Lorcerie 2003）によると、学校における礼儀作法[23]の問題を「文明の衝突」の観点から考えることによって学校の中の民族化という現象が生じる。学校は「危険な地区と有害な親」と対立して構築され、学校の枠組みを定義するのに役立つ学校の原則（ライシテ、文化など）は、民族化に逆らうのではなく、学校の閉鎖を硬直化し、教育対象者を「出自」に応じて非合格にすることを正当化する可能性がある。

J.-P. パイエ（Payet 1992a）は、学校職員と親の間のコミュニケーション形式に関心を寄せた。パイエは、一方で民族的・人種的な前提条件、他方で家族の社会的地位が、相互作用の意味を決定するのに関係していることを明らかにしており、「民族性は、学校と家族のコミュニケーションのアクティブな識別子であり、より硬直的でより遠い関係の枠組みの構築に影響を与える」と指摘する。パイエによると、コミュニケーションの誤解から、学校職員は規範（学校）の期待に対するずれた行動や態度を推測する。誤解は「言語の不適切さ」からではなく、パイエによれば、それは「出自」に関連するステレオタイプの解釈によるものである。J. ガンペールは、実際に「最初のコミュニケーションの違い（…）が価値判断に負荷されたイデオロギーの区別に結晶化し、理解上の問題が最小限でも新たな分裂を生じるため、象徴的なアイデンティティの構築で新しい溝を生じさせる」と指摘した（Gumperz 1989）。

したがって、スティグマ化された人々との相互作用は、共感が少なく、相互作用の儀式に「小さな違い」をもたらし、最初から距離を設けることに基づいている。この学校と家族の関係の民族化（Poiret 1996）は、結局のところ制度的なレベルで見られ、たとえば、調停の対応策が特に「外国の」家族を対象にしていることが挙げられる（Perroton 2000）。「外国の家族との接近」を名目にして、仲介は家族と学校の間の空間を占め、または「文化的距離」として組織化された差を維持する。このように、「仲介」は言語的意味で「翻訳」となり、

---

23)「ここでの境界の概念は複数の価値を持つ。学校の権力を持つ人々や社会的な通常性を持つ人々は、物質的な障壁、遠ざける実践、相互性のない対話、資格を剥奪する発言によってそれを構築し、維持する」（Lorcerie 2003: 183）。

対象となる人々の定義が民族化される。こうした距離が置かれた人々が学校との関係をどのように感じているかは、まだ検討されていないところである。

4. 学校における「出自」に基づく不平等な扱いの実感と体験

少なくとも1990年代以降、主観主のアプローチは、学校に関する社会科学で進歩してきた。これらのアプローチは「主体への回帰」に参加し、ますます「知識への関係」、または「経験社会学」や学校での経験に重点を置いている。学校への一般の人々の関係に注意を払うこれらのアプローチは、分析の観点を逆転させるという逆説的な効果がある。これらは、学校制度の生産、そのモデル、およびその正義の基準を広く問いただす（Boltanski et Thévenot 1991［＝2007］)。したがって、国際比較によって研究された生徒の「自尊心」の違いは、現在、「フランスで他の国よりもより頻繁に生徒を落胆させる実践が原因である可能性がある」という仮説を引き起こす可能性がある（Merle 2004)。ただし、この認識の地位は常に曖昧[24]ではなく、学校の一般の声を政治的に意味あるものとして理解しようとする社会科学の大きな抵抗が見られることがある。

24）主体の経験が今や呼び出されているとしても、その地位は一様ではない。一方で、「出自」というカテゴリーはさまざまな観点から考えられており、これが主観性の解釈に影響を与えている。他方で、「人々の意見」に対する原則的な不信感は、特にG.バシュラールから受け継がれたものであり、依然として強い。「意見は間違って考える。意見は考えない（…）意見から作れることはない。まずはそれを破壊しなければならない」(Bachelard 1989［＝2012]: 14)。A.サヤドは、一部の少数派グループのメンバーに対して、社会学的な真実の探求に等しい洞察力があると初めて見出した人の一人であり、「自己分析の姿勢（生存の条件として構成される)」としている(Sayad 1993［＝2020]: 860-861)。しかし、このような考え方の変容は、差別への意識を最大であっても単なる「直感」にとどめることがしばしばある。たとえば、「移民出身の若者」と呼ばれる若者たちが、研究者が調査の過程で出会うこの差別について自覚があること（言葉や形式で表現される直感的な自覚)」(Charlot 2000）とされている。これらの分析自体は少数派だが、それでも教育機関の視点と規範が優勢であり、生徒の分析が「被害者化」に還元されている。したがって、学校や家族の視点を考慮することは、必ずしも制度のカテゴリーとの決別を意味するわけではなく、公共の視点を採用するプロジェクトは、事実上「共和国学校の問題を超える」という点で正当化される可能性さえある（Cousin 1998)。

(1)　学校と教育対象者にのしかかる植民地の遺産

学校内での「出自」の地位とその生徒の学校経験への影響に関する課題に対して、いくつかの研究は、植民地経験に由来する「遺産」の論説によって答えている。一方で、フランスの植民地化は、支配を確立するために学校を広く利用したことが知られている（Belhandouz-Gadiri 1981)。

人種や性別のカテゴリーの構築がこれらのプロセスに役立った（Dorlin 2006)。たとえば、アルジェリア系の女性を保護する必要があるという主張があり、これにより男性を支配するために彼女たちを味方にする必要があった。学校制度がこの歴史をどのように扱ってきたか、およびいくつかの人々との関係が植民地で歴史的に構築されたカテゴリーや管理方法にどの程度影響を受けているか、課題が生じる。

A. ベランドューズ（Belhandouz-Gadiri 1981）は、大学前の「学業復帰」の若者を対象にした調査を通じて、「[教育] グループの社会史と個人の学校への関心の間に密接な関連がある」と指摘している。

他の研究者は、アメリカの社会学者 J. オグブ（Ogbu 1992）の研究に着想を得て、「植民地および植民地後の遺産」が学校による「マグレブ系」の若者の扱い方に影響を与えるという仮説を支持している。オグブによれば、かれらの地位は「自発的な少数派」(移民が自らの運命を改善するための「選択」をする）と「非自発的な少数派」(征服、植民地化、奴隷制を通じて「意志に反して」統合されたもの）の両方から来ている。A. アカリ（Akkari 2001）の仮説では、この「少数派」の地位がフランスの学校による「マグレブ系」の若者の取り扱いに著しく影響を与え、これらの若者が「対抗的アイデンティティ」を発展させ、それが「失敗の真の戦略」に対応しているとされている。同様に、モース派の理論的アプローチを用いて（Rémy 2006）覇権を借金と見なす観点から、ポストコロニアルのイデオロギーは、植民地支配に対する抗議を妨げ、植民地出身の人々を「逸脱の選択肢しかない状況」に閉じ込めることになる。

これらの分析は、ほとんどがベランドューズの調査を除いて、主に解釈的なものである。しかし、これらの分析は、一部の研究では「出自」に基づく学校の公正の経験の差異（本章第 4 節（3）参照）や、民族性のパラダイムを用いて、「逸脱」や「出自」の同時生成が学校とその教育対象者の相互作用によって生じるとする研究（本章第 4 節（4）参照）に根拠を見出す。

(2)　不公平と差別の感覚

統計は、「出自」によって不公平感に変動があることを記録している。研究者は、これらの変動を、まず異なる社会化モデルや学校と労働に対する異なる側面を通じて解釈している（Dubet et Martucelli 1996; Caillet 2001）。特定の社会集団が特に「マグレブ系」、指導された進路を不当だと感じる可能性が高いと考えられる。「職業教育で学んでいると、かれらのうちの42%がこの進路を不公平だと考えているが、フランスやポルトガル出身者ではこの割合がはるかに低い」（Brinbaum et Kieffer 2005: 73）。

パイエとF. シコ（Payet et Sicot 1996）は、1000人の中学生を対象としたアンケート調査で、外国籍の若者の間で特に不公平感がより頻繁に見られることを明らかにした。かれらは一般的に、外国籍の若者たちの学校に対する認識がより否定的で、特に公平性や大人との関係の質の点で、かれらの学校に不満を持っている。また、かれらは、受けた処罰と犯した「逸脱」の歪みを最も主張しており、特に「フランス国籍の生徒」よりも、生徒たちに不平等に適用される処罰の感覚について触れている。ここで示されているように、不公平感、人種差別、スティグマ、または差別の感情は、生徒たちの学校への関係の中で意味を持つ。この関連は、ドバルビユ（Debarbieux 2004）が示した統計的相関関係と、学校における差別の経験に関する心理学の研究によって今日明らかになっている（Boutry-Avezou et al. 2007）。

しかし、特に差別に関して、非対称性の傾向が見られる。一方で、研究者が差別の感覚を確認するとき、それを感覚とみなすが、これは論理的であるが、さらに探求する価値がある。一方、いくつかの研究者は、それを「被害者化」とみなす（Caillet 2007）。もう一方、学校における差別の存在を問うと、研究者が傾向的に否定的な回答を得ると、それは感覚としてではなく、むしろ「フランスのシステムが皮膚の色に関連するこの「異質性」の側面をかなりうまく取り込んでいるように見える」と述べられる（Vasquez et Xavier De Brito 1996: 34）。確かに、異なる時期や場所で行われた異なる研究を比較することは慎重を要するが、この例は、社会学的推論の形式を考えることを促すものである。これは、一般に「基本的な帰属の誤り」を教育対象者の扱いに延長する可能性がある。

(3)　差別のアイデンティティ効果：民族性と「逸脱」の生成

学校は、人種差別を経験する場所、または人種間関係を自覚する最初の場所の一つである。J. ガラップ（Galap 1991）は、このような経験が「黒人 Noirs」の学業成功や失敗の戦略に影響を与えると考えている[25)]。一部の証言は、学校への投資減少が教師による人種差別の経験と関連していると結びつけている（Munoz 1978）。一部の研究では、「民族間の分裂は（…）一般的に学校のメカニズム（選別）を利用して強化される傾向がある」と述べている（Quiminal et al. 1997）。一方、1980 年代の H. マレフスカ＝ペール（Malewska-Peyre 1982）の研究では、ステレオタイプや人種差別の内面化が、「移民の若者」をかれら自身の価値を低く評価するイメージを確立し、「逸脱」への同一化を促すことが示されている[26)]。1990 年代には、「学校における暴力」の課題が台頭し、研究ではその経験が学歴に与える影響を確認した。差別の被害者の調査によれば、学校で約 4 分の 1 の若者（23.6％）が人種差別的な罵倒を受けたと報告し、暴力被害の経験は一般的に繰り返されるものである（Debarbieux 2004）。したがって、学校での人種差別の経験のアイデンティティ効果を指摘する多くの研究が存在する。この経験は、民族的同一性（「出自」への言及）の形成に寄与し、これが規制されない場合、広範な社会関係や学校への関係に影響を与える。

F. デュベと D. ラペイロニー（Dubet et Lapeyronnie 1992）の郊外に関する研究に続き、V. カイエ（Caillet 2001）は学校の不公平感と学校暴力の関連を研究している。コレージュやリセの生徒へのインタビューによるこの研究では、特に成績や進路指導に関する規範的な期待が裏切られたことが、「失望」と呼ばれる感情を生じさせ、これが屈辱的な経験と重なることが示されている（Merle 2005）。なぜなら、生徒が学校での進路指導が妨げられたと感じたからとい

25）1980 年代後半から 1990 年代初頭に行われた彼の研究は、統合の論調に満ちているが、それでも彼は差別の文脈で民族性の出現を分析している（この研究の場合、用語は明示的だが、その影響を職場や住居、配偶者の選択に限定して分析し、学校は分析の観点に入っていない）。

26）最も不利な教育システムの教育課程（職業高校、特別クラス、就業振興など）で活動する専門家は、スティグマの内面化の影響をよく理解しており、逆に「闘争心」を価値観として強調し、就労への論理の中でそれを評価している。差別に直面して、かれらは「再び動員する」ことを求め、そのためには、現象を最小限に抑え、平凡化し、さらには生徒が差別に対して反応しないように事前に条件づけることさえも行う（Dhume-Sonzogni et Sagnard-Haddaoui 2006a）。

って、学校が不公平だと感じるわけではなく、時にはその逆の場合もあるからである[27)]。カイエ（Caillet 2007）によれば、暴力に屈する生徒は、学校から遠ざかっているのではなく、むしろ規範に反するものに苛立っているとされている。生徒たちは承認を期待しているが、それが得られないため、「かれらはそれに過度に（学校規範に）同意している。かれらはそれによってのみ、否定的に定義されていると感じるからである」。このメカニズムは特定の生徒のカテゴリーに限定されるものではなく、著者は「民族変数」が感情の強度、重要性、および深刻さに影響を与え、採用される反抗的行動を決定するのに寄与すると推測している。しかし、学校の規範に対する生徒の適合度を基準とすると、著者はこのメカニズムを「被害者化」と結論付けている。

「出自」が「変数」として扱われる場合、それは暴力の説明や寄与要因として暗黙のうちに受け入れられる。しかし、認知学の研究によると、むしろ不公平感や排除感が民族同一性を促進することが示唆されている[28)]。社会学や社会心理学の様々な研究によると、「出自」は様々なスティグマへの反応を支えるために呼び出される。これには「面目を保つ」（Dannequin 1999）というものから「スティグマを払拭する」（Goffman 1975［＝1970］）というものまで含まれる。シャルロ（Charlot 2000: 186）によれば、「地域のサブカルチャーを維持することは、差別の屈辱を補う方法の一つである」と述べている。A. アマン（Amin 2005: 145）は、「出自」の際立たせが、「支配的文化と支配される文化との間の摩擦」に対するアイデンティティ資源の一部であると考えている。この研究は、ローヌ＝アルプ地域のさまざまな学校で約 500 人の「マグレブとトルコの移民出身の若者」について行われた。彼らは、「社会の不利な認識と高い排除感が、親の出自への同一化を決定する」と結論づけている（Amin et al. 2008）。この研究は、「マグレブからの移民」出身の生徒が、トルコ出身の生徒と比較して、より多くの民族、国家、宗教的な意味づけをするのは、一般的に「フランス

27）L. ランヌグラン＝ヴィレム（Lannegrand-Willems 2004）は、職業リセの生徒たちの中に、しばしば自分たちの進学希望で挫折を経験しながらも、学校の正義に対する強い信念を見出している。この研究者は、自分の進路指導を再解釈することで、将来に対するポジティブな再教育投資の機会が開かれる可能性を仮説として提示している（Lannegrand-Willems 2004: 249–269）。

28）この説明の逆転は、「民族性のパラダイム」を特徴付けており、それは「民族グループの存在を証明することではなく、その存在を問題として位置付ける」ことに関心を持ち、その出現の条件に焦点を当てている（Poutignat et Streiff-Fenart 1995: 17）。

人」との関係がより摩擦的だからだと説明している。民族同一性は、「アイデンティティと反応的主張」の一部として、集団的なモードで発生する。これはJ.-P. ジロッティ（Zirotti 2006）の分析と一致している。

一方、N. カプコ（Kapko 2007）は、若者がイスラームに頼る理由は、実際には実質的な共同体に基づくものではなく、社会的地位やポジションへのアクセスの軌跡に依存することを示している。ここで学校は否定的な対照点を果たしており、実際には「学校による追放」が民族性や宗教性に大きな影響を与えている。N. カプコ（Kapko 2005: 143）によると、「学校によるスティグマ化と若者が学校での自分の立場をどのように捉えているかという認識は、宗教への投資モードの設立に重要な役割を果たす」と述べている。したがって、新たな「出自」の創造は、しばしば学校での地位が低いことと、認識への欲求に基づく社会的野心との間の矛盾に対処するための可能性を提供する。しかし、この対処法は学校以外の場所で行われ、学校規範の逆転の形態を利用している。

(4)　強い学業志向におけるスティグマの逆転

学校での経験は、逆に、生徒たちの強い「野心」の形で再教育投資として利用されることがある。父親の低い地位から逃れる意志が、キャリア計画において、特に「清潔な propre」または「潔白 blanc」の職業［ホワイトカラーの職業］への欲望に影響を与えることが知られている（Chazalette 1977: 25）。より最近の（そして時にはより包括的な）社会学や心理学の研究は、これを広く裏付けている（Beaud 2002; Enel et Delesalle 2003; Boutry-Avezou et al. 2007）。失意主義とは対照的に、民族性は社会的決定論の影響を部分的に緩和するためのリソースの動員として現れる[29)]。

「出自」を考慮に入れた研究は、しばしば、特に「マグレブ系の人」などの特定のグループにとって、学校による社会的昇進の期待の重要性を強調してきた。かれらは「強力な（時には圧倒的な）」抵抗を示す（Enel et Delesalle 2003）。より「野心的な」進学希望（Vallet et Caille 1995; Roux et Davaillon 2001）；学業成績や学校教育の批判；学校の職員に対する「人種差別」の非難；また、自分の見解を擁護するために生徒代表になる選択（Payet et Sicot 1996; Zephir 2007:

---

29)「家族が貧しいほど、失敗のリスクに対する感受性が高まる」（Mingat et Perrot 1983: 9）

350）と多くの「野心」がさまざまな形で現れている。

「出自」による生徒の学校体験の比較研究に基づき、R. アケルス＝ポリニとジロッティ（Akers-Porrini et Zirotti 1992）は、スティグマの経験によって生じる特異な集団ダイナミクスに重点を置いている。かれらは、学校ランキングの原則を認めながらも、パフォーマンスと将来の可能性の評価との間の混同を批判することで、その形式を疑問視することができると指摘している。かれらは、学業成績が不利な場合でも、高い志向性を維持するために、「一種の学校の分類に対する戦い」を共同で展開することがある。この観点から、「進路決定の瞬間は、実際に戦いが始まる瞬間でもある」。ある意味では、学校の規範が「民族的」な視点から新たに取得され、逆に利用されている。

特定の集団が社会的決定論を反駁し、成功の欲望を達成しようとするために異例の活動を行っているように見える中で、ジェンダーが介入する。ジロッティは、「マグレブ系」の若者たちの特定の動員を確認しているが、これは制度によって評価されることなく、通常は低く評価される反応モードである。M. ハシニ（Hassini 1997: 84）は、男子とは異なり、「移民の女性」の野心は、留年や遅れに直面しても一貫していると考えている。「最大限の利益を得ようとしており、他の集団よりも学校にとどまることを余儀なくされる」。これらの結果は必ずしも矛盾していない。そして、ハシニはジロッティの研究を言及している。それらは生徒の反応と態度がジェンダーに応じて異なることが考慮され、許容される（Felouzis 1991）。スティグマの内面化は、学校の規範に反する動機付けまたは落胆の独特な戦略を生み出すが、これらは、学んだ性向と/または認知的リソースとして、学業、ジェンダー、または「出自」など、特定の組み合わせに応じて変化することがある。

5. 学校資源へのアクセスにおける不平等と差別

第5共和政憲法（1958年10月4日）は、「国家は子どもと大人の教育、職業訓練、文化への平等なアクセスを保障する」と規定している。判例は、これが義務教育だけでなく、義務教育を受けていない若者を教育しない場合も理由を示さなければならない[30)]。この原則は、教育の義務とともにあるとされ、通常、学校へのアクセスに問題がないと考えられる。しかし、研究はこの原則に一定の例外があることを示している。このような逸脱は、しばしばアソシアシオンの注意を引き、特に外国人の子どもの教育に関するガイドや法的助言がいくつかの団体によって発行されている。また、教育資源へのアクセスに関するHALDE（差別禁止平等推進高等機関）の関心もあり、「ジプシー」の子ども、「フランス人でない」子ども、ヴェールを着用する若い女性などの課題について、いくつかの決議が出されている。しかし、研究がこれらの課題にあまり関心を持っていないことが明らかである。

（1）　一部の教育課程における集中度の不均衡

地域的集中度の影響に加えて（Dhume-Sonzogni et al. 2011: 第2章参照）、ある特定の教育課程が社会階層、性別、または「出自」によって特化するプロセスは明瞭化されている。特別クラスへの進学に関してはすでに取り上げられている（Dhume-Sonzogni et al. 2011: I. 3.2.3）。その点については詳しくは触れない。生徒の「国籍」がコース内の分布に統計的に差別的な影響を与えることが明らかにされている。たとえこれらの結果が「同等の社会階層」に基づくアプローチによって争われている場合でも（Vallet et Caille 1996a/b; Felouzis 2003）、最もよく知られている例はおそらく職業リセである（または普通および技術教育課程、または職業教育課程との区別）。とにかく、この大雑把な認識は問題と見なされることが十分にあり、それが国民教育省の関心の的になっている。したがって、国民教育総視学官は2002年に「2000-2001年において、外国人生徒の割合は、教育分野によって変動し、職業教育課程の後期段階（6.4%）で普通および技術教育課程の後期段階（3.8%）よりも有意に高くなっている。この国全体の平均値を超え、パリ地域圏の一部の学校では、この割合が20%を超える場合がある」と指摘している（MEN-IGEN 2002）。

しかし、国民教育総視学官（IGEN）は、異なる生徒層による「不均一性」による教師の問題を認識している。したがって、スティグマに焦点を当てることによって、「外国人」生徒を学校制度の課題と見なす。

職業教育への集中の延長として、教育課程の研究ではほとんど研究されていないが、「出自」による分布の不平等を示すものもある。それは、高等教育で

30）Conseil d'État, 23 octobre 1987, Consorts Métrat; MEN-DESCO, Circulaire n° 2002-063 du 20-3-2002, *Modalités d'inscription et de scolarisation des élèves de nationalité étrangère des premiers et second degrés*（「初等および中等教育段階の外国籍生徒の登録および就学方法」）

ある。

この研究は、一方で、大学での学習における「スティグマ化される可能性の高い名前」（相互作用主義によるスティグマの意味で）の特定の効果を明らかにする。「各変数が進路に与える効果を個別に検討すると、名前が最も強力な差別を生み出すものとして非常に有意に現れる」（Decharne et Liedts 2007: 32）。また、変数の組み合わせを検討することにより、これが全就学課程、特にリセの種類に関連していること、そしてその結果、異なる種類や専攻課程のリセ卒業生の集中が（ある場合）一部で続くことが明らかにされている。

(2)　教育拒否と分離教育：異質性のカテゴリーの管理

過去40年間の歴史において、「出自」に基づく「不就学」または「不十分な就学」の問題は相対的に顕著である（Sicot 2003）。1980年代と1990年代には、何度か「モンフェルメイユ市の事件」が報道され、市長のピエール・ベルナールが「外国人」の子どもたちの登録を拒否したことが話題となったことがある[31)]。この象徴的な事件は、地方、特に市政の管理の一側面に過ぎず、虚偽の行政上の理由での登録の遅延や、クラスの「移転」の圧力などの迂回行為を含む、他の地域でも見られる（ランシー市のエリク・ラウルト［Éric Raoult］市長の場合）（Laronche, *Le Monde*, 2003）。このような状況は、学校教育の問題が学校制度の実践に単純化されることはなく、地域的かつ学校間のアプローチが必要であることを示しており、学校の関係者もそれに参加している。

生徒の就学拒否やフランスに新規に入国した子どもたち（ENA）を受け入れるクラスの拒否は、C. シフら（Schiff et al. 2004）によって報告されたさまざまな例によって学校で反響を呼んでいる。

たとえば、リセが、コレージュの学級委員会の決定に異議を唱えることで、ある管理戦略を逆手に取ることがある。これは、例えば受け入れクラスでの留年を促進するだけでなく、「新入生の評価と初期の進路指導を向上させる目的で設けられた施策を「進路変更」の装置に変える傾向もある（ibid.: 203）。この研究は、これらの就学拒否（または不就学）と「特定の民族的出自または滞在権に対する地方的にあいまいな敵意」（ibid.: 193）の間に直接的な関連性がある

31）市長は、刑法の187-1条（現在の225-1条）に違反したとして何度も有罪判決を受けている。Cf. TGI de Paris 25 février 1988; Cour d'appel de Paris 12 mars 1992.

と述べている。

これらの認識は、地域的な「市場」や施設間の競争の一般的な文脈において意味を持ち、その中で「出自」というカテゴリーが否定的な意味を持つ（Dhume-Sonzogni et al. 2011: I. 2.3: 5）。しかし、学校に対する特別な取り扱いは、教育対象者のカテゴリー化にも関係している。「ENA」に対する管理上の識別自体がカテゴリーを生み出す。それは、教育関係者に異なる取り扱いが許可され、教育行政にさまざまな配慮によってそのカテゴリーが調整されうる（Derouet 1992）。

もしもう2つのカテゴリーの教育対象者の運命に興味を持つ場合、それらの状況が「出自」に基づいて特定され、決定されたことを考えると、「ジプシー」と「アルキ」も同様の分析が確認され、強調される。まず、これらの教育対象者のカテゴリーは、ここでその社会的地位の特異性を示す研究によって特別に取り扱われていることに注意する必要がある。これらの集団はほぼ常に他の集団とは異なるように研究される。これにより、この民族的に特徴的な状況が学校制度に適合していないかのように振る舞うことが許可され、結果として、専門的ながらも科学的にしばしば不十分な研究が生まれる[32)]。

「アルキ」の状況について知っていることから、かれらは一般に特定の取り扱いを受けており、しばしば村部の学校ではなく、かれらが滞在していた収容所で教育を受けていたことがある。ヨーロッパ出身の引揚者とは異なり、アルキの子どもの大部分が別の場所に滞在していた。これ自体が不十分な学校教育を意味するわけではない（Pierret 2008）。しかし、T. シャルビ（Charbit 2006）の研究によれば、収容所の運営の多様性や、これらの収容所への到着と滞在の条件が、これらの子どもたちの社会的経歴に持続的に影響を与えていることが示されている。C. ヴィトール＝ド＝ヴェンデン（Catherine Wihtol de Wenden）

32)「移民」と「ロマ人 gens du voyage」の間の分離は、政治的なラベリング（およびそれに伴うアイデンティティの衝突）、学校制度の活動、および研究の共同作用を通じて構築されたと見なされる（Cotonnec 1984a, b）。「ジプシー」に関する文献はいくつかあるが、その範囲や質は異なる。なぜなら、ほとんどの文献は科学的な検証の条件にあまり関心を払っておらず、むしろ証言、十分に裏付けの取れていない成績評価、または分析されていない特定の結論の無限の繰り返しに焦点を当てているからである。当然ながら、1980年代（特に1984年の『*Études Tsiganes*（ジプシー研究）』誌の特集号で初めての研究が記録された時期）と2000年代の間では状況が同じではない。

も、これらの大部分の人が失敗した理由を次のように説明している。

「両親の統合と子どもの学業成績は、人口が小さな町のフランス人の間に分散した場合に優れていたが、都市の郊外に集められた場合や、旧収容所に残された場合よりも良かった」(Chabi 2007: 64)。「両親の統合への支援の不足が、子どもたちを決定されていない進路や、劣った学業、そして高等教育への非常に限られたアクセスに導いた」(ibid.: 77)。

これらの人の「不就学」は、アルジェリアの植民地時代の歴史と密接な関係があるようである（Belhandouz et Carpentier 2000)。ただし、これらの問題は議論されており、他の著者はよりニュアンスのある解釈を提案している（Muller 2000)。

「ジプシー」の人に関しては、研究のレビューがしばしばはるかにニュアンスのある解釈を促している。

このような研究の中で、すべての要素の相互作用を体系的に読み取ることができるようなフレームワーク、つまり「別個の」学校制度について考えることが望ましいと考える。D. バキリ（Bachiri 2006: 64）は、これらの生徒の非就学に関する研究で、そのような解釈を提案している。彼は次のように強調している。

「特定の民族集団の孤立が、『隔離された教育』と呼ばれる学校措置と［コレージュに設置される］『ジプシーのみ』の〈SEGPA〉、『7年生［フランスのコレージュ1年生は「6年生」と呼ぶのに対して、その1年前の小学校の最終学年の意味]』と呼ばれる『特別な措置』を設置する連続の『民族的な隔離地域』を通過することで特徴付けられている」。

従来の研究が維持する個別的なアプローチは、教育対象者の状況に対して測り知れない印象を与える。学校制度に何が可能か、そしてそれが「出自」に基づく教育対象者の管理とどのように関連しているかについて、むしろ包括的に考えることが賢明だと考えられる。

(3)　インターンシップにおける人種・民族に基づく差別

数年前［2000年代］から、インターンシップ[33]における人種や民族、または性に基づく差別に関する研究が行われている（Landrieux-Kartochian et Guillot-Soulez 2005)。この課題と学校の進路指導や経歴の関連は二重的である。一方で、「教育する企業」という理念の展開とともにますますインターンシップは教育的資源として認識されている（Moreau 2008）。他方で、これがほとんど分析されていないものの[34]、インターンシップでの差別と若者の「移民出身者」としての社会参加のために向けられる取り組みのタイプとの間に関連があると示唆するデータも存在する[35]。

この課題は、いくつかの先駆的な研究、主に 1999 年から 2000 年の公的報告書によって浮上した。モンベリアール地域で行われた研究では、あるコレージュの「統合教育プログラム」[36] の生徒たちがインターンシップの求人活動を行う際に多くの差別的求人があることが指摘された。研究者が収集した文書によれば、インターンシップの求人を行った地域の企業 201 のうち、40 の異なる雇用者から直接差別的な求人があったとされている。これは、サンプルの中で 20% の雇用者が電話で明確な差別的基準を表明していることを意味する（Dhume-Sonzogni et al. 2000）。

明示的なケースの 10 分の 6 は「出自」の基準に関連しており（10 分の 3 が性別基準、20 分の 1 が「SEGPA の若者」の対象）、この結果は網羅的ではなく、他の間接的な選択形態（「親による紹介」など）は考慮されていないため、これらのデータは差別的な求人を非常に過小評価している可能性がある。ほぼ同時期に、

33）ここでは、しばしば研究で行われるように、我々はこの用語を一般的な意味で使用している。国民教育省は、その一方で区別を行っている。（参照：国民教育省、2000 年 6 月 26 日付通達第 2000-095 号）

34）これは特に、学校、公共政策、および企業の間で共有されている当然の前提となっている。たとえば、F. シラ（Sylla 2008）は、「初等教育と経済的現実との適合をより先取りするために、学校を企業に開放することで進路指導に取り組むことを提案している」。

35）したがって、モンベリアール地域で実施された調査で観察されたように、「移民の子どもたちが予備資格のプログラムに過剰に参加している」という事実は、「これらのプログラム（およびそれらへの指導）が、交互制の資格取得プログラムへのアクセスがないために、デフォルトで「挿入（insertion）」と呼ばれる対応策として機能している」ことを示しているようである（Dhume-Sonzogni et al. 2000）。おそらく、挿入と雇用の特定の分野では、これを支持または否定するための研究が見つかるであろう。しかし、適用された研究に含まれていない場合があるだけでなく、インターンシップにおける差別に関する研究が最近のものであり、非常に少数であるため、この関連性はあまり分析されていない。

36）国民教育省の挿入のミッションによって管理されているこのプログラムは、学校教育から進学せずに卒業した若者を、企業での研修や教育プロセスに案内することを目指している。ここでの分析は、1996 年から 2000 年にかけて企業との接触で得られた情報に基づいている。

国民教育総視学官（IGEN）の報告書によってもこれらの現象がほぼ確認され、2000年に国民教育省の調査に基づいて行われた。IGENは、インターンシップの求人活動において外国出身の生徒の30%から50%が差別を受けると推定している。この報告書は公表されなかったが、その内容はいくつかの国内新聞によって伝えられた（たとえば：Guibert, *Le Monde*, 2000; Rotman, *Libération*, 2000）。

この報告書の影響は顕著[37]であり、国家は規制枠組みを強化するようになった（教師に警戒を促す省内通達や、2001年11月16日の法律でインターンシップにおける差別を罰する規定の導入）。しかし、知識の面では、これが単なる差別の違いの大雑把な認識に閉じることに矛盾がある（Dhume-Sonzogni 2010）。

数年後、ヨーロッパのEQUALプログラムの枠組みで、専門家の視点から現象の分析が行われた。ロレーヌ地方の5つの地域で行われたデュームとN.サニャール＝アジャウイ（Dhume-Sonzogni et Sagnard-Haddaoui 2006a）による社会学的研究は、職業リセ、技術リセ、およびコレージュを対象としている。これは、約120の個別およびグループインタビュー、観察、およびインターンシップ管理ツールからの情報処理に基づいている。この研究は、学校レベルでの統計データを使用して、まず教育目的のあるデータとして「民族的出自によるインターンシップ配属戦略」を示している。教師や企業は、生徒と指導教師、さらには生徒とフォローアップする教師を「出自」に基づいて組み合わせる傾向がある。これは、一部は「能力」に対する偏見の影響であり、もう一部は教師が差別的な求人に対処するための民族化されたタスクに対する対応とされている。

最後に、これは「民族的構成」という論理を示しており、教師は生徒のプロフィールを企業のプロフィールの知覚に合わせて適応させようとしている。したがって、ここには差別の予見があり、それは共同作業の形である[38]。社会学者のA.ジェラブ（Jellab 2004: 20）も、専門学校の社会学的な枠内で、教師たちの「用心深さ」に触れている。

差別は、国民教育省の指針に支持される教育対象者に対する「障害学的」な読み取りに基づいており、これはインターンシップの質の交渉を犠牲にして教

37）国民教育省2000年6月26日付通達第2000-095号、*Encadrement des périodes de formation en entreprise*（「企業におけるインターシップ期間の監督」）。

38）これらのプロセスは、元々は挿入と雇用の領域で明らかにされた。（Noël 1999: 5-12）

育対象者の適応にますます重点が置かれている。研究者たちはここで、学校と企業の間で規律の標準が比較的連続していると見なしている（Foucault 1975［＝2020］）。

「この規律の論理は、生徒を企業や学校の規範に完全に従わせることを正当化しているが、それは完全に企業のものでも学校のものでもない。この論理両者を結びつけている。したがって、差別の課題は、学校から企業へ（企業から学校へも）の相対的な連続性を確立するためのローカルな文脈に即した複雑で多様な操作を通じて統合されている」（Dhume-Sonzogni et Sagnard-Haddaoui 2006a）。

したがって、差別的な暴力は、学校にとって、生徒の社会化の形として意味を持つ（Dhume-Sonzogni 2009）。職業的な苦痛や教育の困難は、民族化、共同作業、および差別の正当化において矛盾して逃れを見つける（Franchi 2004: 22-31; Noël 2004: 116-122）。問題を維持する条件の１つは、状況を資格付けないための沈黙と回避である。この「曖昧さ」の維持は、生徒に影響を与え、かれらが民族差別の経験の認識を妨げることによって、かれらのために効果を発揮する。「民族的差別を告発する行為を自己被害者化として指摘されるほど、民族的差別の告発行為は避けられるべきである」ということである（Cerrato-Debenedetti et Yigit 2005）。

N. ファルヴァック（Farvaque 2008）による別の研究は、主に統計調査を通じてこの問題を取り扱っている。彼が行った調査は、リセと見習い訓練センター（CFA）の生徒 3887 人のアンケートを対象としている（北部-パ＝ド＝カレーの 70%、その他の地域はアン、マルヌ、ロワール＝アトランティック）。インターンシップを見つけるのに苦労する感覚は、「出自」と性別と強く相関していることが示された。

「マグレブ出身または他のアフリカ諸国で生まれた少なくとも１人の親を持つ子どもたちの困難は、ほとんどフランス本土で生まれた子どもたちよりもほぼ２倍である（…）。しかし、性別による違いも見る必要がある。女子を対象とする研究より男子を対象とする研究実施は難しい」。

「居住地、肌の色、名前や姓」などの基準が、困難の感覚の強度と関連している。この感覚は、インターンシップを見つけるための努力の重要性に注目することで部分的に客観化できる。全体では、生徒の 42% が拒否されていない一方、少なくとも１人の親がアフリカ、アジア、または海外県ならび海外領土

(DOM-TOM) で生まれた生徒は、しばしば多くの手続きを踏む必要がある。26% の生徒は、10 回以上の応募をしなければならない (つまり、両親がフランス本土で生まれた生徒の 2 倍の数)。したがって、著者は、「出身地の影響は二重である。それは差別的な動機に関連する困難 (…) を示している。またそれは [関連する] 家族の社会的状況 (…)、親の学歴が低いことに関連している」と結論付けている。これにより同著者は、「両親の社会的、文化的、経済的資本の不足」という説明を用いることになる (Farvaque 2009: 26-27)。

最後に、この差異はインターンシップの体験そのものにも反映されており、企業に「よく統合された」と感じるだけでなく、(Dhume-Sonzogni et Sagnard-Haddaoui 2006a が示すように) インターンシップの独自の経験でも、生徒は差別、民族化、または人種差別を経験する可能性があるが、時には雇用主の代わりに差別を実施することもある。したがって、差別はインターンシップの「隠されたカリキュラム」の次元として考えることができる。

(4)　見習い訓練へのアクセスにおける差別

見習い訓練の問題は、インターシップで確認された状況を延長するが、同時に、見習い訓練へのアプローチやプログラムが異なるため、大きく異なる方向に整理される[39)]。診断の観点では、「出自」に応じて若者が見習い訓練にアクセスする差異はよく知られている。2001 年には、[連帯雇用省の] 移民人口総局 (DPM : Direction de la population et des migrations) が「男女の外国人青少年は全ての若者に開かれたさまざまなインターンシップにおいてよく代表されているが、企業との交互制契約に関連する場合、つまり雇用へのより確実な道筋を提供するデバイスでは、かれらの代表性の不規則性が高まる」と指摘している (Capel-Dunn 2001)。国民教育省の 2002 年に公表された若者たちに関する調査 (Enquête Jeunes 2002) によれば、労働者および一般事務職の家族の間では、「マグレブ系」の両親を持つ若者のうち、見習い訓練に参加しているのはわず

39) 見習いの生徒たちは、インターンシップではなく、しばしば見習い訓練センターへの登録の前提条件である労働契約を探している。後者の原則はある程度柔軟に適用されるが、これは、たとえばリセへのアクセスよりも、入学の選抜性がはるかに強く、体系的であることを示している。見習い契約の応募は、雇用の応募の条件に類似している。最後に、さまざまな理由から、高校生と見習いの生徒のプロフィールは大きく異なる。

か1.3%であり、「フランス出身者」の場合は11.7%である（Chavanes 2009: 52）。実態の課題を超えて、本来の課題はその解釈にある。

国立統計経済研究所（INSEE）と資格調査研究所（CEREQ）のデータを分析したR.シルベルマン（Silberman 2002）は、「学校教育中の進路選択」が説明の大部分を占めるとしている。「職人の父」は職業教育を選択する一方で、「マグレブ系の父親」は「小規模な経営者」と同等の地位を持つことを望む「野心」を重視する（Silberman 2002）[40]。こうして、学校教育への異なる戦略的投資プロセスが「出自」による区別を具現化することになる。」一方で、M.ヴィプレとL.ドローシュ（Viprey et Deroche 2000）の研究では、交互制契約へのアクセスがより困難であることが明らかにされている。このタイプの契約を取得するまでの時間は、「フランス系」や「ヨーロッパ系」の若者の場合、他の出身カテゴリーよりも有意に短い。最初のグループの27%は、最初の試みで契約を結んでいるのに対し、2番目のグループの8%である。逆に、「外国人または外国出身の若者」の半分（48%）は、受け入れてくれる企業を見つけるまでに11社以上に連絡しなければならず、これに対して「フランス系」または「ヨーロッパ系」の場合は16%である（ibid.）。これにより、今回は差別の仮説が立てられている。

1990年代末に、民族的・人種的差別の公然化を中心に、差別プロセスの分析が現れた。いくつかの地域研究が、ミクロ統計とインタビュアーを組み合わせてこの事実を裏付けた。その中で、1997年にH.アンリ＝ダルマソ（Henry-Dalmasso 1997）の高等専門教育証書（DESS）論文が先駆的な研究の1つである。就職・進路指導担当者や見習い訓練教員への調査を通じて、著者は「移民の世代」に対する差別的な実践を明らかにしている。しかし、見習い訓練担当教員や雇用者による若者に対する否定的なイメージに加えて、かれらが見習い訓練へのアクセスに対してより不利な立場にあるというのは、家族ネットワークの弱さも原因であり、候補者が配置経済において「保証」のリソースを失っていると著者は推測している（ibid.）。

1999年から2000年にかけて、モンベリアール市の見習い職業訓練センター（CFA）で実施されたミクロ調査では、姓を基準に、「見習い訓練」課程と見習い訓練付きの教育課程に在籍している生徒を比較した。それによれば、CFA

40）著者は、1990年代に広まっていた解釈を単に延長している（Auvolat 1996）。

には「フランスの名前の人が86.5%で、外国の姓の人は13.5%であり、一方で実習医の生徒には外国の名前の人がいない」という極端な偏りが確認された（Dhume-Sonzogni et al. 2000）。これらの結果の分析と照らし合わせた著者たちは、差別効果を結論づけた。同様の分析は、F. ロペ（Ropé 2002）も行っており、彼女の研究の余白に掲載された小さな記事では、ピカルディ地域の2つの職業学校と2つのCFAの生徒を比較した。これらのミクロ研究調査は、見習いの生徒が「白人」であり、移民の子どもたちが過少に表示されていること、建設業などの不足している分野でも同様であることを確認し（Moreau 2008）、「大規模な差別の仮説」を支持している。しかし、システム的な分析はまだ一部であった。

1999年、特に社会行動基金（Fonds d'Action Sociale (FAS) pour les travailleurs musulmans d'Algérie en métropole et pour leur famille）と雇用と職業訓練総局（DGEFP）の主導により、見習い訓練における差別に関する研究プログラムが開始された（Persuy 2001; Boubaker 2003）。これにより、いくつかの研究が行われた。O. ノエル（Noël 2000）は、ピレネー＝オリアンタル県でアクションリサーチを行った。この研究では、数量的分析、面接、観察を組み合わせて、「三つの意味空間（…）を差別化する」システムの組み合わせを分析した。それは、「見習い訓練の雇用システム、見習い訓練へのアクセスシステム（指導、支援、配置）、そして若い見習い訓練とその家族の代表的な表現と戦略のシステム」である。著者は、差別の共同生成の組織的プロセスを分析している。このプロセスは時に「体系的」になり、仲介者によってファイルや記録資料に記載された差別的なコード[41]にまで読み取ることができる。これらの文書は、スティグマ化された人、特に「マグレブ系の若者」と「ジプシーの若者」を示している。雇用主の要求の単なる中継役となり、これらの仲介者のインターフェースの役割は単一の側面に縮小され、かれらは教育対象者に対する障害論の言説を反映させる。仲介者によるこの共同生成は、最終的に、教育対象者が学習への入り口での選択方法やそれに関連する合法的または非合法的な基準を内面化することにも延長する。これにより、この形態の職業訓練/挿入への「障壁」や社会的距離が強化される。ノエル（Noël 2006）によれば、この体系的な差別

41）このようなシステムは、1990年代初頭に地域の雇用支援機関で既に明らかにされていた（Noël 2008）。

は、学習措置がセグメント化され、規制されていないほど効果的に機能する。公立および私立の学校の代表者は、しばしば差別に対して曖昧な立場を取る。かれらは、差別に対抗するよりも、その正当化や否定を奨励する。

おわりに

本章の総合的な内容を通じて明らかになるのは、「出自」に関連するカテゴリーが、生徒や家族[42)]に対する教師の成績評価や実践、および学校制度全般の機能に影響を与える可能性があることである。これらは、学校関係者が持つイメージやステレオタイプにも反映されている。生徒に対する評価や指導、進路指導、または処分に関する研究において、それらが時には専門的な評価を通過し、構造化する一方で、差別は周辺活動（インターシップなど）だけでなく、学校における境界の構築（家族との関係、クラスの構成など）に関連して発生していることがわかる。しかし、「出自」のカテゴリーは、他のカテゴリー（階層や性別など）と比べて実践において全体的に決定的ではないが、それはこの問題の妥当性を無効にするわけではなく、学校制度の教育課程によって異なることもある。そして、「出自」のカテゴリーは、他のカテゴリー（階層や性別など）と結びついており、それぞれの専門職の姿勢などによって異なる。さらに、それは実際に階層や性別などのカテゴリーと結びついており、特定のカテゴリーに焦点を当てることが、この現実を消す効果を持つことを説明している。

「出自」の影響は、直接的および間接的な方法で明確に現れるが、均一であるわけでも、体系的であるわけでもない。また、差別に対する学校経験は、警察や貸主との関係などの他の状況にも関連しており（Leclerc-Olive 1997）、その経験は必ずしも問題の制度的なセグメンテーションと一致しないことがある[43)]。変動があることが知られているが、実際にはこれらのカテゴリーの「ゲーム」

42）しかし、同僚に対しても、私たちはこの点に触れていないが、同様の事例が存在する（Bernard 1991; Bérard 2002; Poiret 2003）。

43）「（社会の制度的分割に従って論じると）、差別が特定の場所や特定の時点で起こるかのように思われる。所々方々で目にする行動が、社会の機能のより広範な理解から切り離されているかのように思われる。特に、差別を受ける人々がこのような屈辱や人間性の否定を経験するのは所々方々で、一時的にだけだと思われる（…）差別の経験には、研究や公的政策が分離して考える傾向のあるすべての「領域」の間で、根本的な連続性がある。」（Dhume-Sonzogni et Sagnard-Haddaoui 2006a）

の条件についてはほとんど知識がない。この点を考慮することは、現実を見る方法を変え、地位（statut）の実際の割り当てのカテゴリーにより敏感なアプローチを採用し、不平等の影響の関連付けのアイデアに基づいて構築することを促す。しかし、もちろん、これにはこれらの問いの妥当性を認めることと、理論の構築が必要だが、それは確かに始まってはいるが、大部分はまだプログラムの段階にある。とは言っても、これらの研究はすでにかなりのデータ量と分析量を示しており、最初からこれらの問題に重みを持たせるために十分に一致しているように見えるかもしれない。しかし、少なくとも4つの制限がある。

まず、情報セグメントによっては、研究が非常に少ない場合があり、それらの間に矛盾がある場合もある。第二に、これらの研究のほとんどは、少ないサンプルや局所的な状況、時には特異な状況に関するものである。一部の研究者は、この状況に関連した慎重さを示し、「証明することはできないが、単に例を挙げるだけだ」と述べているが、常にそうではない。

第三に、2つの問題が交差している。一方で、民族学的およびより広範な実証的方法の分析の強化は、分析の一般化の問題を提起する[44]。他方で、科学的証明の要求と説得の論述との間には、時に非常に曖昧な境界がある。パイエ（Payet 1996: 91）が指摘したように、「具体的なデータの提示は、ほとんどの場合、説明的な方法と説明的な目的とは無関係である」。

第四に、文献のレビュー自体に問題がある。これらの異なる研究間の循環と相互支援の条件は、通常はほとんど見られない理論的構築を前提としている。

これにより、次の点が明らかになる。他の2つの種類の研究よりも、この最後の種類は異質である。認知の次元からのアプローチは、実際には複数の学際的アプローチの交差点に位置しており、社会学の支配力を相対化し、心理学や社会心理学のアプローチを増やしている。また、地域研究に関する研究に関して既に指摘されていた異質性の第二の源泉が現れる。「出自」の地位は、一方では公の客観的な属性と見なされ、他方では相互作用的な構築と見なされる。これは、分析を大きく方向付ける。さらに、この種の研究を著しく異なるものにする別の側面がある。一般的に、社会的関心からの距離が「常識」からの離

44）エスノグラフィックという形容詞は、しばしば誤用され、それ自体ではその参照を正当化しない質的アプローチの印としてかなり頻繁に使用されていることに注意する価値がある。

れることと混同する場合があるが、少数派の範囲では、主観的な視点がより重視される。これは、この種の問題が、抵抗のために法的情報を活用する団体によって研究されていることを示している。同様に、一部の研究者が標的化のカテゴリー（人種、性別、階層など）の交差分析に注意を払っていることも意味がある。これらの理論は実際に、性差別や「階層主義（classisme）」の理論に否定されたカテゴリーの当事者によって構築された（Dorlin 2008）。

したがって、この3番目の種類の研究が、認識論のレベルでは、私たちの関心課題にとって非常に重要な問題提起を提供していると考えられる。

（ソッティーレ・マルコ 訳）

【付記】

本章はUne entrée par l'action scolaire: stéréotypes, ethnicisation des normes scolaires et inégalités de traitement（Fabrice Dhume, Suzana Dukic, Séverina Chauvel, Philippe Perrot）, dans *Orientation scolaire et discrimination*, La documentation Française, 2011, pp. 153-201の全訳である。著者および出版社の翻訳の快諾に感謝申し上げる。

第9章

フランスの学校における新規移民生徒

―「経路と出自（TeO）」調査に見る、学校教育における受け入れ、経路、「流刑的措置」と経験―

ジャン＝リュック・プリモン、ロール・モゲルー、
ヤエル・ブランボーム

はじめに

この10年間、陸路や海路を通じて欧州にやってくる新規移民たち（migrants）のうち、「ロマ」と呼ばれるルーマニア人およびブルガリア人の子どもたち、あるいは同伴者のいない未成年者たちの到来は、子どもたちや家族がどのような法的・行政的状況にあるかに関わらず、フランスの教育制度における受け入れと、全ての人に開かれた就学の権利という問題を提起してきた。新規に入国した外国人青少年の就学という問題は、国会の議論の論点ともなり、今日では多数の報告書や委員会議事録、国民議会、または元老院での討論時の質問で取り上げられるようになっている。

フランスの学校教育制度においては、すでに半世紀にわたり、非フランス語話者、あるいはフランス語の習熟度が低い外国人青少年を対象とした、一時的措置としての受入措置が存在してきた。橋渡しとしての役目を持つこれらの措置は、その当初から、該当する生徒に対し、十分なフランス語の習得と、学校生活上の基礎的な行動様式（habitus）の獲得を通じ、通常学級および課程への参入を果たさせることを主に目指すものではあったが、名称には変更がみられたほか、年とともに、また、その目的・仕組みを定める異なる通達により、変化を遂げてきた。初等（保育学校と小学校）、コレージュ（中学校）およびリセ（高校）に設置されている統合学級・受入学級は、2012年に行われた教育単位への名称変更を経て、学校教育面、そしてさらに広く文化面について、新規移民の受け入れ社会への統合を目指す政策にとって重要な手段となっている。

外国生まれの子どもの到来は、1980年から1990年の間に減少または横ばいの傾向を見せたが、その後一貫して上昇に転じている。こうした他言語話者（allophone）の生徒数の顕著な増加、そしてかれらの非フランス語話者向け措置内での就学は、必然の結果として、学校内に、受け入れのための仕組みを多数誕生させることとなった。2009年の国民教育総視学官（IGEN）と国民教育研究行政総視学官（IGAENR）による報告書[1)]によれば、海外県（DOM）を含めた場合の入門単位（unités d'initiation）の数は、初等教育においては、1994-1995年には893であったものが、2002-2003年には1,137となり、中等教育においては、1996-1997年には464であったものが、2002-2003年には762となった。

本論は、2015年に調査結果および分析が公表された、「経路と出自（TeO）」統計調査（TeO 2008）のデータに基づくものである。同調査は、外国で生まれ、子どものうちにフランスに入国し、その後フランスの制度内で教育を受けた移民の学業経路および最終学歴について、回顧的データではあるが、全国レベルでの情報をもたらしてくれる数少ない情報源である（囲み記事1を参照）。

以下では、まず受入措置の変遷について簡単に振り返った後、TeO調査実施時（2008年）にフランスに居住していた18歳から60歳までの移民（immigrés）のうち、義務教育終了年齢前にフランスに入国した新規移民の主な社会人口統計学的特徴を紹介する。

次に、全移民人口の中で、フランスに幼少期または青年期に入国したこれらの人々の層について、その学業経路および到達した最終学歴にみられる最も顕著な特徴を指摘する。同じ情報源に依拠して行われた先行研究（Moguérou, Brinbaum et Primon 2015）の知見を活用するとともに、就学期間途中に入国した移民の、ニューカマー（primo-arrivants）また他言語話者の生徒向けの各種受入措置（復帰準備中継学級（classes relais）、CLIN（入門学級）、CLA（受入学級）など）や、さらには、SES（特殊教育科）、SEGPA（普通・職業適応教育科）、CPA（職業見習準備学級）、CPPN（職業前教育学級）といった適応教育や職業前見習い訓練（囲み記事2を参照）学級への通級経験に特に注目する。フランスへの入国時にフランス語を全く、あるいはほとんど習得していない生徒が、特別な受入

1)　受け入れ単位（unités d'accueil）の数とその変遷についての、より最近のデータは入手不可であるものとみられる（Lang et Sorre 2017）。

措置の学級に通うことができたかどうかという点にも注意を払う。さらに、本来は新規移民の子ども（enfants migrants）向けではなく、学業上の深刻な困難を抱える子どもや、障がいのある子どもを対象としている適応学級への新規移民の子どもの在籍が、どの程度まで統計的に過剰な比率となっている（あるいはなっていない）かについても確認する。約20年前、ヴァレとカイユ（Vallet et Caille 1996a）は、移民の子どもたち（enfants d'immigrés）の就学についての分析の中で、外国生まれで、学齢期の途中で入国した子どもは、第6級［中学1年］の通常学級よりもSESへ入れられる確率が、ほかの生徒と比べてはるかに高いことを強調した。後ろ向きに観察した場合、新規移民の子どもが適応学級へと「流刑」（relégation）される類似の形態はみられるのだろうか。また、もしみられる場合、それは差別的慣行の具現化と捉えるべきなのだろうか。

本論の最後では、新規移民生徒（élèves migrants）に対し、学業上で受けたと感じる好意的な扱いまたは不利な扱いについて尋ねた質問を元に、主観的な報告に基づくかれら新規移民生徒の学業経験に注目してみたい。

囲み記事1：「経路と出自（TeO）」調査

「経路と出自（TeO）」調査は、2008年9月から2009年2月にかけて、フランス本土の2万2,000人を対象に、国立人口研究所（INED）および国立統計経済研究所（INSEE）が共同で実施した調査である。同調査は、一般人口を代表する層化抽出サンプルに基づいており、様々な出身の移民（immigrés）、移民の子孫、海外県（DOM）出身の移住者とその子孫、そして「マジョリティ人口」と呼ばれる移民人口出自以外の人々についての調査が可能となっている。サンプルには、2008年時点での年齢が18歳から60歳の移民（外国人として外国で出生した人）が8,500名近く含まれている。サンプルに含まれる、年齢が18歳から50歳の移民の子孫（両親の少なくとも一人が移民であるフランス生まれの人）の数は8,200名である。マジョリティ人口は調査対象者のうちの3,800名を占めている。TeO調査は、移民の履歴、住居、雇用などと並び、就学に関する履歴についての質問も含む多テーマ調査である。就学に関する申告から、フランスの学校教育制度における外国人の子どものための受入措置や、適応学級への通級を経験した人々を特定することが可能である。調査内における措置への通級経験の把握：

1. 外国ですでに就学を開始していた人物については、「適応教育学級（SES、SEGPA、EREA（地域圏適応教育施設）、CLIS（障がい児のためのインクリュージョン学級）、UPI（統合教育単位）、ULIS（障がい児のためのインクリュージョン教育単位）など）または職業前見習い訓練学級（CPA、CPPN、CLIPA（職場教室交互制による職業前入門学級））」および「外国人向けの特設受入学級」を含めた中から、フランス入国時に登録した学級の申告が求められる。
2. 義務教育期間途中に外国からフランスに入国した人物が、フランスの制度の最初の在籍学級として、職業見習い教育学級、適応教育学級または外国人向け受入学級を申告しなかった場合は、「入国時に特別な学級（classe spéciale）に通ったか、非フランス語話者または新規入国生徒向けの特別な授業を受けたり学級に通ったりしたか」を回答するよう求められる。
3. 最後に、全回答者に対し、「初等・中等教育課程において、移行学級（classe de transition）、適応学級、CPPN、SEGPA などの特殊・適応学級に通ったか」について回答が求められた。

TeO 調査からは、フランスの学校教育制度への在籍を経験した移民人口の像を、部分的ではありながらも描き出すことができる。この像が部分的であるのは、調査が対象としたのが、2008 年の時点でフランスに居住していた 18 歳以上の人々のみであり、2008 年までにフランスを離れてしまった人々は調査に含まれていないためである。これらの理由から、本調査のデータを用いてニューカマーの流れを偏りなく再構成することは不可能である。本調査は、利用可能なほかのデータソースと比較して、1）両親の行政上の身分を問わず、移民の子どもを含んでいること、2）フランス生まれの移民の子孫と、青少年期にフランスに入国した移民とを区別し、その人生経路をマジョリティ人口の子どもたちのそれと比較できること、という利点を有している。分析においては、フランス生まれの移民の子孫と区別するため、後者を「新規移民生徒」または「新規移民青少年（enfants ou adolescents migrants）」と呼称することとする。

1. 学校内における受け入れのための仕組み

フランスの教育制度における新規外国人・移民の子ども（enfants étrangers ou migrants）のための特別な受入措置の歴史は、一般的に、1960年代半ばまで遡るものとされている（Zirotti 1989; Lazaridis 2001）。当初の取り組みは、フランス語を習得させやすくするために外国人の子どもたちを同じ学級にまとめるという形で、地域ごとにばらばらに行われていた。これらの試みは、1970年に、外国人の子どもたち向けの実験的入門学級を、「入門学級（CLIN）」および「統合補習授業（CRI）」として制度化する一連の措置が省によってとられたことで公式なものとなった。非フランス語話者の生徒を対象としたこれらの学級は、後に（迅速に）通常の学校環境へと統合できるようにすることを目指し、フランス語の運用能力の獲得を促すことを目的とするものであった。中等教育においては、1973年以降、入門学級は受入学級（CLA）へと名称が変更された。以降、これらの措置は、複数の条文によってその枠組みを規定され、顕著な進化および発展を遂げてきた。

新規移民青少年の受け入れのための仕組みについて定めた最新の通達は2012年に出されたものである。同通達では、初等教育におけるCLIN、中等教育におけるCLAを引き継ぐ形でのUPE2A（新規移民他言語話者生徒のための教育単位）の創設が発表された。この新たな措置では、特殊な学級へと生徒を隔離し、閉じ込めてしまうことを避けるため、より柔軟かつ包摂的な措置のあり方が目指されている。国民教育制度の用語として、「フランスに新規に入国した生徒」を示すENAFという略語が使用されなくなることこそなかったものの、通達からは、ニューカマー（primo-arrivants）、新規入国者（nouveaux arrivants）、非フランス語話者（non-francophones）といった言葉は姿を消し、代わりに他言語話者生徒（élèves allophones）という言葉が使われている。2012年の通達は、全ての子どもに学校教育を受ける権利を保障するとともに、それぞれ初等教育課程および中等教育課程について定めた第321-4条および第332-4条において「フランスに新規に入国した非フランス語話者の生徒の受け入れおよび就学に特別な措置を講じる」ことを定めた教育法典の遵守を意図したものである。なお、ここで、この二つの条文では、困難を抱える生徒や、ギフテッドの生徒に対する特別な対応についても定められている点を強調しておきたい。後で紹介するように、学校現場では、時に、これらの生徒のグループが全て混同されてしまうという事態がみられることがある。さらに、2012年の通達の動機および精神は、学校を、他言語話者の社会、文化、そして職業上の統合のための道具であると公然と見なしているという意味で、統合の政治的スキームに依然として依拠したものである。周知のように、1980年半ば以降、統合の概念が、移民およびその子どもたちについての国家思考の合い言葉となった。この統合の目的は、統合高等審議会（HCI）の最初の報告書（HCI 1991）にはっきりと示されているように、出身文化を、言い換えればこれらの文化が伝えるものとされる言語や信仰、価値を規範へと合わせてゆくことにある。この意味において、学校教育の言語としてのフランス語の教育に基礎を置くこの措置を、しばしば文化的差異や多文化主義を推進する手段であると見なされる、出身言語・文化の教育（ELCO）を奨励する措置と対比してみることもできよう（Lazaridis 2001; Seksig 1990）。

囲み記事２：非フランス語話者の新規入国生徒の受入措置

これらの子どもたちの、小学校における教育を規定した最初の通達は、1970年1月13日に出された。1973年9月25日の通達は、コレージュに関するものである。これらの措置は、1970年には、小学校におけるCLIN（入門学級）およびCRI（統合補習授業）の創設、続く1973年には、CLA（受入学級）の創設を中心とした中等教育での就学環境の整備となって現れた。1986年と2002年には、新たに3本の通達がこれらの仕組みの運営手順の規定を行った。2000年以降は、小学校におけるCRIや、コレージュにおける一時的受入モジュール（MAT）のように、より柔軟な言語支援措置を展開する大学区（académie［＝教育行政単位］）も存在するようになった。これらのより「軽」く、より適応力に富み、より低コストの仕組みは、従来の仕組み（CLINやCLAなど）より好まれる傾向にある。これら様々な措置の対象となるのは、フランスに入国して日が浅い6歳以上の生徒のうち、フランス語または学校での学習の習熟度が低いために、年齢に対応する教育課程の通常学級に即時に入ることが難しい全生徒である。かれらが入国すると、大学区視学局または大学区本部（rectorat）のレベルにある受入センター（「移民の子どもの就学のための教員養成と情報センター」（CE-FISEM）から「新規他言語話者と移動生活者家庭の子どもの就学のための大学区センター」(CASNAV）へと変更があった）が、一切のオリエンテーションや就学先学校の指定に先立ち、既に身についているフランス語の運用能力および学力の評価を行う役目を担う。対象の生徒は、必ず自身の学年に応じた通常学級に登録することとなる。生徒は、小学校では CLIN または CRI、コレージュまたはリセでは CLA もしくは MAT に集められつつも、フランス語の習得が履修において決定的な重要性を持たない科目（体育スポーツ、造形芸術、音楽）について通常学級での履修を行う。中等教育においては、出身国での就学経験が全く、またはほぼない生徒は、就学未経験生徒向け受入学級（CLA-NSA）に入る。2012 年には、新たな通達により、措置に大幅な変更が加えられた。これにより、「フランスに新規に入国した生徒」という表現は姿を消し、代わりに、よりシンプルな「他言語話者生徒」という表現が用いられるようになった。また、CLIN の学級（初等教育)、CLA の学級（中等教育)、そして入国前に就学経験のない生徒のための CLA-NSA の学級が、「新規移民他言語話者生徒のための教育単位(UPE2A)」へと置き換えられた。なお、この新規則は、INED と INSEE によるフランスの人口の多様性に関する調査「経路と出自（TeO)」の母集団には影響を与えるものではなかった点を指摘しておきたい[2)]。

これらの特別な措置の存在と、それに起因する、特別な対応の存在に対しては異論が唱えられることはなかったものの、複数の分析において、過去、学校におけるこれらの措置の適用には問題があったこと（Lazaridis 2001)、また、学校教育関係者や学校内部、または保護者の間に、他言語話者の新規移民の子どもの通常課程への統合に対する抵抗が数多くみられたことが示されている。外国生まれの子どもの就学や、さらには学校における受け入れのための仕組みの設置に反対するための、保護者や選挙で選出された政治家による運動の例も複数存在している。初等教育では、一部のコミューン（市町村）において、必要な証明書類の不備を口実とする市長により、居住地に近い学校への就学が一時的に不可能とされることがあり（Lang et Sorre 2017)、その場合、教育を受ける権利を現実のものとするために、移民支援団体の介入が必要となるケースが

2)　本紹介部分においては、主にクラインオルト（Kleinholt 2008）の記述を参照している。

非常に多い。また、対象となる生徒の保護者が、割り当てられた学校までの距離が遠すぎるといった理由から、受入措置内での就学に反対するというケースもある（Mendonça Dias 2016）。結果として、学校教育制度への登録完了までに数ヶ月もの時間がかかる場合も出てくることとなる。

こうした措置の当初の目的は、対象となる生徒を学校共同体全体から排除してしまうことのないよう、なるべく迅速に通常の学校教育制度に統合することにあった。ところが、実際の運用が進むにつれ、規則では受入期間が最長１年であるはずの仕組みに、複数年にわたって留め置かれた子どもたちも存在した可能性が明らかになっている（Cortier 2007）。また、受入学級にフランス語話者の生徒が通うケースもあり、その中にはフランス生まれの生徒も含まれていたことは、複数の著者が指摘している3)。これらの措置に伴うもう一つの副作用に留年［原級留置］がある。たとえば、ボルドー大学区の受入学級に在籍した第６級［中学１年］および第５級［中学２年］の生徒のコーホート追跡調査では、一部の生徒が最長４年もの間受入学級に留まるケースがあり、それが、すでに不足状態にあったこれらの措置の受入枠が凍結され、また通常の制度から遠ざけるという二重の結果を招いていることが示された（Schiff et Fouquet-Chauprade 2007）。

さらにもう一つの公正さに欠ける慣行も指摘されている。それは、受入学級を出た後、自身が必ずしも該当しないにもかかわらず、学業困難を抱える生徒や、知的・身体的障がいのある生徒向けの学級（前者向けとしてはSEGPAやEREAなど、後者向けとしてはCLISやULISなど）に進むよう進路指導がなされるというケースの存在である（Lorcerie 2003）。ボルドーのコーホート調査においては、20％のニューカマーが、運動障がい者や深刻な行動障がいを抱える生徒向けである、インクルーシブ教育のための教育単位（ULIS、旧UPI：統合教育単位）へと進まされたことが示されている（Schiff et Fouquet-Chauprade 2007）。同様に、過去においては、新規移民の子どもが「特殊教育科（SES）」、「普通・職業適応教育科（SEGPA）」、障がい者の生徒や学業上の深刻な困難を

3)　翻って、この点については、1986年の通達でも「フランスで生まれた、またはごく幼少期にフランスに入国した外国人生徒が直面する困難については、書き言葉の習得が不足している場合であれ、ほかの基礎科目に不足がみられる場合であれ、フランス人生徒における同様の困難と同じように対処をしなければならない」と指摘されているところである。

抱える生徒向けの第3級参入学級（中学4年）、さらには運動・精神・視覚・聴覚障がいを持つ若者向けの統合教育単位（UPI）などに入れられるというケースが、国民教育省［DEPP］による生徒パネルデータの各分析において観察されている。たとえば、1989年に第6級に在籍した生徒の全国パネルデータに基づく移民の子どもの就学に関する統計的研究の中で、ヴァレとカイユ（Vallet et Caille 1996a）は、学齢期の途中で入国した外国生まれの子どもたちに対する、中等教育のSESへの進級指導にみられる差異のある扱いについての分析を行った。その結論によれば、社会的・家族的特性が類似している場合において、（フランス生まれおよび外国生まれを含んだ）移民の子ども全体を見たとき、移民出身ではない子どもたちと比較して、かれらがこれらの特殊課程等へと向かわせられる頻度が高いということはなかった。しかし、一つの顕著な例外が指摘されている。それは、外国で生まれ、学齢期の途中でフランスに入国した子どもたち、言い換えれば新規移民の子どもたちである。これらの子どもたちの場合、「ほかの条件が全て同じ」であったとしても、SESへの在籍の頻度がほかの生徒と比較して顕著に高かった。すなわち、フランスの制度外の学校での1年以上の就学期間があった場合、通常の第6級よりもSESに在籍される確率が有意に高くなったのである［ザフラン（2018）参照のこと］。

国民教育省の統計では、特にCLIN、CLAのUPE2Aへの改変に伴い、集計方法に変更が加えられたため（DEPP 2017）、残念ながら統計データの全てについて時系列に沿った比較が可能というわけではない。ただしそれでも、10年以上前から、ニューカマーの生徒の数が増加していることは、どう見ても間違いのないところであるとみられる。たとえば、初等教育における新規入国の他言語話者生徒の数は、2009-2010年には1万7,350人であったものが、2012-2013年には2万800人であった。国民教育省各局の調査によれば、2014-2015年には、教育制度内で就学中の他言語話者の生徒は、フランス本土のみで5万人弱に上った（初等2万4,000人、コレージュ2万1,000人、リセ4,600人）。これらの生徒のうち、UPE2Aに類する支援を受けている生徒の割合は全体で86.7%［DEPP 2017より訳者修正］であるが、これには地域および大学区により大きなばらつきがみられる。2014-2015年にそれぞれ926名と1,505名の他言語話者の生徒がいたパリとグルノーブルでは、この割合は99.5%（パリ）と96.5%（グルノーブル）を記録している一方、他言語話者の生徒の数が195名であったリモージュでは、57.9%［同上］に留まっている。受入措置や実践を一律に実施させるはずの通達が存在するにもかかわらず、外国人生徒の受け入れが統一されている状態とはほど遠く、現在もなお各地域の運営に密接に依存していることについて、エビデンスが必要であるならば、これがまさにそれにあたる（Fouquet-Chauprade 2008）。

2. 新規移民の子どもの社会人口統計学的特徴

TeO 調査には確かにバイアスは存在する（囲み記事1参照）ものの、同調査からは、満16歳未満で入国した新規移民の社会人口統計学的特徴を記述し、青少年新規移民の履歴をたどることが可能である。

統合高等審議会（HCI）が1991年に提唱した統計上の定義に従えば、これらの人々は、外国で外国人として生まれたフランス在住者である移民人口の一員である。人口統計学者にとっては、かれらは、受入社会で社会化された人々である1.5世代を構成している。アメリカ合衆国の移民世代の包摂様式に関する研究で知られるルンバウト（Rumbaut 2006）は、さらに、移民先国への入国時の年齢に応じて、初等教育開始年齢（6歳）前の年齢で入国した1.75世代と、13歳から16歳という、より遅く、青年期の年齢になってから入国した1.25世代とを区別するよう提案している。この場合、1.5世代は両者の中間を占めるグループとなる。移民出身の各世代にナンバリングを施すことは、該当人口の文化変容という観点に立ち、同観点からすると外国（人）性の象徴となる移民第一世代と、各群との距離の大小を示すことを狙いとするものである。

まず、外国で生まれ、17歳になる前にフランスに入国した子どもたちであるが、本論で「新規移民の子ども（enfants migrants）」または「新規移民青少年（enfants ou adolescents migrants）」と呼び、学術文献および学校教育統計においては一般的に「ニューカマー（primo-arrivants）」、「新規入国者（nouveaux arrivants）」、「ニューカマー移民（primo-migrants）」と称されているこれらの人々は、調査（2008年）時点で、18歳から60歳の移民全体の30%以上を占めていた。我々のデータによれば、その半数以上が義務教育開始年齢（6歳）以降に移住を経験しており、6歳という年齢が、これらの青少年の移住時の年齢の中央値にあたる［義務教育開始年齢は、2019年から3歳となる］。

フランス本土に居住を続けている移民から集めた回顧的データが示すところによれば[4)]、入国時期は1948年から2005年にまたがっており、その歴史的、

図1　移民のフランスへの入国時年齢および入国時期別分布（単位：%）

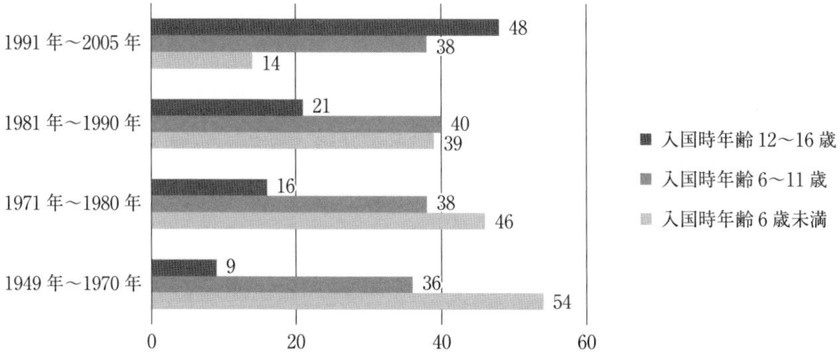

範囲：17歳未満で入国し、初期教育を終了しており、調査時点（2008年）で年齢が18～60歳の移民
読解：1949～1970年に青少年としてフランスに入国した18～60歳の移民のうち、54%は入国時の年齢が6歳未満であった。
出典：「経路と出自」調査（TeO 2008）5)

図2　移民のフランスへの入国時年齢および出身国分布（単位：%）

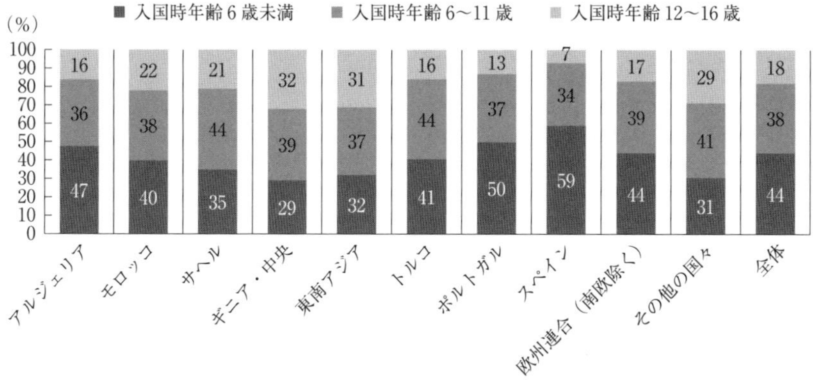

範囲：17歳未満で入国し、初期教育を終了しており、調査時点（2008年）で年齢が18～60歳の移民
読解：青少年としてフランスに入国したアルジェリア出身の18～60歳の移民のうち、47%は入国時の年齢が6歳未満であった。

4）2008年時点でフランスに居住していた移民（immigrés）の「ストック」から回顧的に再構成したものであり、流出入（flux）には、その間に発生した死亡や、「再移住」、すなわち出身国への帰国や、より単純なフランスからの離国分は含まれていない。
5）本論に掲載の図表は全て「経路と出自」調査（TeO 2008）に拠る。[TeOの2008年調査の結果は、Beauchemin, Hamel, Simon (2015) を参照のこと。]

社会・経済的背景はしばしば大きく異なっている。

さらに、TeO 調査における青少年の移住経験や就学に関する観察結果は、主として 1990 年代以前の期間についてのものとなる。これは、調査対象となったのが 18 歳以上の成人移民のみであり、その結果、調査には 1990 年以降に生まれた移民に関するデータが欠けているためである。

たとえば、青少年期に移住を経験した移民（immigrés）の 3 分の 1 以上（36 %）が、1971 年より前に初めてフランスの地を踏んでいる。言い換えれば、それは、非フランス語話者向けの受入措置が未だ制度化されていないか、未発達であった時代にあたる。この時期（1949～1970 年）、半数以上（54%）が義務教育開始年齢（6 歳）より前に入国している。これに対し、1980 年代の移民に占める義務教育開始年齢前の入国者の割合は 39% に留まる（図 1 参照）。その間に、移民政策に顕著な変化がみられたとともに、新規移民（migrants）の出身国・地域も多様化した。

こうした歴史的変化は、調査データからも読み取ることができる。イタリア、スペイン、ポルトガルを出身とする古くからの移民においては、その半数以上が 6 歳になる前に入国しており（それぞれ 59%、50%、47%）、これはある程度までアルジェリア出身者にも当てはまる。これに対し、就学年齢前移民［5 歳以下］の割合は、中央アフリカおよびギニア湾岸諸国からのより新しい移民では 29% へと下落しており、サヘルアフリカ（35%）や東南アジア（32%）の国々からの移民でも 3 分の 1 へと低下している（図 2 参照）。

TeO のデータは、ストックのデータであるため、これによって各時期の入国フローを正確に再現することはできない。しかし、1970 年代および 1980 年代（26% および 28%）と比較して、1990～2008 年の時期（10%）には新規移民の子どもの入国は途絶したように見える点は指摘できる。国勢調査や行政データにも記録されているように、1970 年代に多数の青少年の流入があったことがここでも示されている（Thierry et Eremenko 2009; Eremenko 2015）。

囲み記事３：社会・家庭的出自の分類

社会的出自の分類は、両親の就業状態（就労/無職）、職業状況、一般事務職と労働者に分類した両親の職における熟練の有無とを組み合わせた社会職業カテゴリー（CSP）の詳細なコードに基づく。人口の社会人口統計学的特徴の説明にあたっては、「両親が農業従事者」、「両親が職人、商人、企業主」、「両親が上級・中間管理職」、「両親が熟練の一般事務職または労働者で、両親とも共働き」、「両親が熟練の一般事務職または労働者で、片方は無職」、「両親が非熟練の一般事務職または労働者で、共働き）」、「両親が非熟練の一般事務職または労働者で、片方は無職」という七つのカテゴリーの区別を行った。

引き続きTeOのデータによれば、新規移民の子どもたちは、非常に低い社会階層の家族に属しており、上級・中間管理職（12%）、さらには自営業者（9%）でさえもその数は少ない一方、非熟練従業者（一般事務職および労働者）世帯は家族全体の3分の1を占める（32%）[6]。全体として、熟練か非熟練かを問わず、労働者および一般事務職が全社会・家庭的出自の4分の3（75%）を占めている（図3参照）。また、庶民階層の両親（一般事務職および労働者）においては、共働きのケースは、両親の片方のみが働いているというケースより少ないことも観察される。

青少年期に入国した移民においては、両親が免状を有していないことがむしろ一般的であり、無免状者は66%であるのに対し、バカロレア資格またはより上位の免状の取得者は16%にすぎない[7]。また、家族構成としては大家族が多く、新規移民の子どもの70%は、子どもが4人以上いる家族単位に属している[8]。就学年齢に達する時点では、一組の両親と子どもたちのみで構成される家庭と比較して、一人親家庭やその他の形態の家庭が多い傾向にあり（28%）、これは特に12歳から16歳にかけて移民してきた子どもたちにおいて高い数値を示している（48%）。

家庭内では、コミュニケーション言語としてフランス語のみを使用することは珍しく（回答者の6%）、むしろ外国語のみを話すこと（58%）が言語使用に関する標準となっている。ただし、回答者の37%は、家庭内でフランス語も含

6）18歳から60歳の人口全体でのパーセンテージは、それぞれ、上級・中間社会職業的地位が25%、自営業者が24%、一般事務職および労働者は50%で、うち14%が非熟練となっている（出典：TeO 2008）。

7）両親の学歴水準は、出身国における相対的な学歴の高低ではなく、免状のフランスの分類基準に基づいてコード化されている。前者の方法の方がより厳密であり満足のいくものではあろうが（Ichou et Goujon 2017）、現時点ではデータにおいて用いることができない。

8）18歳から60歳の人口全体では42%である（出典：TeO 2008）。

図３　移民の社会的出自別分布（単位：％）

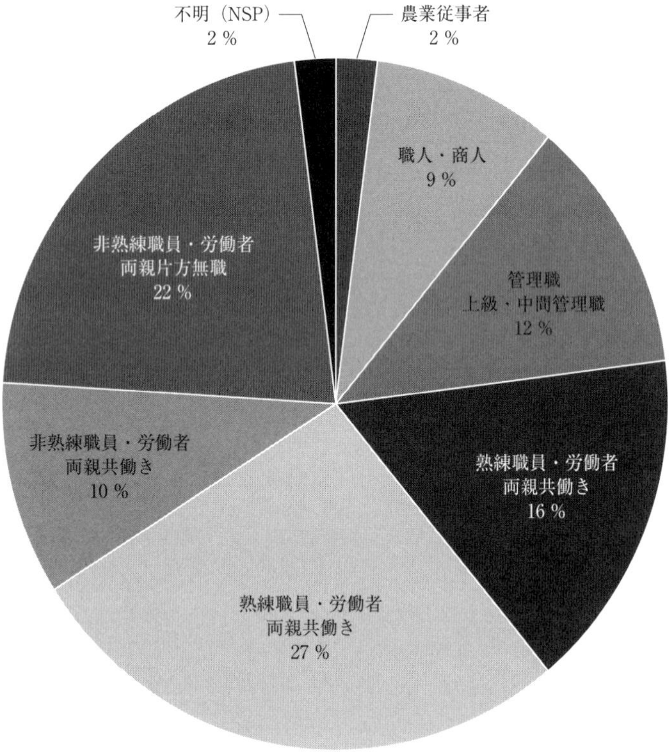

範囲：17 歳未満で入国し、初期教育を終了しており、調査時点（2008 年）で年齢が 18～60 歳の移民

読解：2008 年時点で 18～60 歳で、青少年としてフランスに入国した移民のうち、22% は社会的出自が「一般事務職・非熟練労働者、片親無職」である。[円グラフの「職人・商人 9%」「一般事務職・熟練労働者・片親無職 27%」については訳者修正]

む複数の言語を使用していると答えている。

3. 学業経路

外国生まれながらフランスで就学し教育を受けた移民およびフランス生まれの移民の子孫と、マジョリティ人口の成員との学業経路の比較は別の研究で行っているが（Moguérou, Brinbaum et Primon 2016）、その際対象としたのは 18 歳から 35 歳までの人口集団のみであった。以下では、まず、17 歳未満で入国した、2008 年の時点で 18 歳から 60 歳であった新規移民を対象に、その「ニューカマー」生徒向け受入措置への在籍について、フランスの教育制度へのアクセス年齢を考慮しつつ分析する。続いて、コレージュ卒業後の進路と、義務教育終了時の取得免状について見ていく。

TeO 調査には、非フランス語話者または新規入国者向けの学級への通級に関する質問と、適応教育学級への通級に関する質問も含まれている（囲み記事1参照）。受入学級への学籍は、原則として義務教育開始年齢以降にフランスに入国した新規移民の子どものみを対象とする一方、適応学級への在籍は移民であるか否かにかかわらず、あらゆるカテゴリーの生徒が対象となりうる。平均して、フランスの制度内で就学した18歳から60歳の人口のうち、7% が適応学級への通級を経験していた。

表1には、2つの措置それぞれへの受け入れについてのデータが示されている。まず分かるのは、新規移民青少年のうち75% は通常学級のみに登録したと答えていることから、学校制度への入国時に、全ての新規移民青少年が特別な支援や扱いを受けたというにはほど遠い状態であるということである。非フランス語話者外国人向けの受入措置への登録を行ったのは新規移民の子どもの半数に満たない。また、これには入国時の年齢によって顕著な差異がみられ、入国時年齢6歳から11歳の場合は19%、入国時年齢12歳から16歳の場合は39% である一方、6歳未満で入国した場合はゼロとなっている。回答者が調査の際、こういった仕組みに通った事実を述べ忘れたという可能性のほか、この状況を説明することのできる仮説がさらに二つ考えられる。

―まず考えられるのは、就学開始年齢において、これらの新規移民はフランス語に十分慣れ親しんでいると判断され、最初から通常学級での就学が行われたということである。TeO 調査の言語実践に関する質問では（Condon et Régnard 2010a）、青少年期に入国した移民のうち、フランス入国時に話し言葉としてのフランス語能力が「高かった」「非常に高かった」と答えたのはわずか20% に過ぎず、書き言葉としてのフランス語能力について同じように回答したのは22% であった。振り返って見た場合、17歳未満で入国した移民の大半が、フランス語能力が十分でない状態で入国したと感じているということになる。さらに、6歳を超えてから入国した移民の60% 以上が、外国語で両親とコミュニケーションをしていたと回答している［訳者修正］。6歳未満で入国した移民のうちこの回答をしたのは40% である。すなわち、本人の申告を信じる限り、フランス語能力が不十分であるために学校における専用の措置に入れられ支援を受ける新規移民青少年の割合は、これよりはるかに高くなければならないはずである。

—もう一つは、現地調査や学校のモノグラフィー（上記参照）に基づく、(特に古い世代の場合）学校内に特別な学級が設置されていなかったり、受入学級に枠がなかったりしたことから、一部の生徒について、通常課程に入れられたり、適応教育学級へと「流刑」されるといったことが起こった[9]、という仮説である。適応学級は、本来新規移民の子どものみに対象を限ったものではないが、18歳から60歳の人口での在籍者は7%にすぎない一方、表1に見ることができるように、17歳より前にフランスに入国した新規移民における在籍者は15%であり、12歳から16歳の間に入国した新規移民におけるその割合は20%にも及ぶ。したがって、適応学級における新規移民の子どもの割合は過剰に高く、その傾向は、フランスへの入国時年齢が高いほど強くなるということができる。

これらの数字は、学校における受入学級の設置がなかったり、それらの仕組みに十分な受入枠がなかったりしたことから、一部の生徒が、通常の学級や課程ではなく、非常に深刻な困難を抱えた生徒向けの仕組みへと入れられたということを示すものと見てほぼ間違いないだろう。また、過去においては、現地調査で、すでに定員超過であったり、学習に困難を示す生徒を抱えていたりする通常学級に新規移民の子どもを入れることに対し、教育指導チームからの抵抗が観察されることも珍しいことではなかった（Zirotti 1978 et 1979; Schiff 2003; Lanier 2016）。

我々のデータ（表1）は、義務教育期間途中で入国した移民の7%と14%が2種類の仕組みに在籍していたことから、受入学級への在籍および適応教育措置への在籍はしばしば一致する形で起こることを示している［移民全体の5%と比べてより高く、入国年齢が高くなると両方に在籍する割合も高くなる］。

今ここで問題となるのは、フランス入国時の年齢は、第3級［中学4年］終了後の進路、バカロレア取得、高等教育機関への進学、免状の取得、あるいは

9)　これは、これらの学校生徒が適応学級に通級した比率が比較的高いことからも裏付けられているようである。

表1　年齢および入国との関係別に見る非フランス語話者向け受入学級および適応学級への通級経験（単位：%）

	移民			移民全体
	入国時年齢 6歳未満	入国時年齢 6～11歳	入国時年齢 12～16歳	
受入学級・適応学級ともになし	89	69	55	75
受入学級のみ	0	12	25	9
適応学級のみ	11	12	6	10
受入学級と適応学級両方	0	7	14	5
全体	100	100	100	100
受入学級全体	0	19	39	14
適応学級全体	11	19	20	16

範囲：17歳未満で入国し、初期教育を終了しており、調査時点（2008年）で年齢が18～60歳の移民。
読解：6歳未満でフランスに入国した移民の11%は適応学級に通級した。

表2　青少年として入国し、2008年時点で18～60歳の移民におけるコレージュ終了後の進路、バカロレア取得および高等教育機関への進学（単位：%）

	移民			移民全体
	入国時年齢 6歳未満	入国時年齢 6～11歳	入国時年齢 12～16歳	
第3級（中学4年）終了後の進路				
普通・技術教育	46	42	32	42
職業教育	43	47	48	45
就学終了	10	11	20	12
バカロレア取得	39	31	26	34
高等教育機関への進学	34	26	23	29

範囲：17歳未満で入国し、学校教育の全部または一部をフランスで受け、初期教育を終了しており、調査時点（2008年）で年齢が18～60歳の移民。
読解：6歳未満でフランスに入国した移民のうち、39%がバカロレアを取得している。

義務教育終了時における学歴となる資格の不在といった、かれらの実際の学業経路に影響を与えるのか否かということである。

第3級終了後の長期課程（普通・技術リセ）への進学は、18歳から60歳の過半数（55%）（TeO調査2008年より）が経験したことであるが、義務教育開始年齢以前にフランスに入国した移民においては、これは半数にやや満たない数字となる（46%）。義務教育期間途中の年齢での入国の場合、中等教育長期課程への進学の可能性は減少する（表2参照）。初等教育途中の年齢で入国した生徒は、後期中等教育において、未分化［普通・技術］課程よりも短期の職業課程への進学の方が多いことが見て取れる（前者 42% に対し後者 47%）[10)]。より遅く、12 歳から 16 歳で入国した移民には、学業面での脆弱さが際だってみられる。かれらのうち中等教育の長期課程に進んだ者はわずか 32% であるのに対し、その 5 人に 1 人（20%）は第 3 級終了前に中途退学をしている。

バカロレア取得者の割合は、下位人口集団によって大きく異なっている。18 歳から 60 歳のうち 46% がバカロレア取得者である。このパーセンテージは、6 歳未満で入国した移民では 39% へと落ち込む。さらに遅く（12 歳から 16 歳で）入国した移民では、中等教育の締めくくりにこの成功のカギを獲得した者は、わずか 4 人に 1 人（26%）となる（表 2 参照）。それより前（6 歳から 11 歳）に入国した場合のバカロレア取得率は若干高くなるが、比較的低い水準にとどまる（31%）。高等教育機関への進学も、おおむね同様の差異傾向に従っている。

義務教育終了時の各人口カテゴリーを比較すると（図 4 参照）、6 歳から 11 歳、または 12 歳から 16 歳の時点で学校教育制度に参入した移民における免状未取得者の割合の多さが示すように、学業上の強い格差がみられる。これらのグループにおける免状未取得者の割合は、それぞれ 30% と 33% であり、これは 18 歳から 60 歳のそれと比較し 2 倍近くに当たる。その代わりに、バカロレア取得者または高等教育免状取得者の割合は非常に低いものとなり、この傾向は外国で生まれ 12 歳から 16 歳という年齢で入国した人に顕著である（図 4［訳者修正］参照）。より低い年齢（6〜11 歳）で入国した移民は、第 2 級（高校 1 年）未満の教育水準であることが多い（36%）ものの、後期中等教育免状取得者［訳者修正］（職業適格証（CAP）－職業教育免状（BEP）：32%）やバカロレア取得者（13%）、さらに高等教育免状取得者（19%）の割合は、より年齢が進んでから入国した移民と比較してわずかに高くなっている［原文のママ］。義務教育期間途中での入国は、比較的長期間の就学を目指す上で不利となり、バカロレアや、ましてや高等教育免状取得よりも、短期間の職業免状（CAP または BEP）の取得という結果に至ることが非常に多くなる。

以上から、フランス入国時の年齢およびフランスの学校教育制度への入学年

10）コレージュ終了後の学業上の進路の違いは、統計的に有意である。重み付けされていないデータ（標本）から計算すると、自由度 4 のカイ二乗分布による 28.4 というカイ二乗指数の確率は 0.0001 をわずかに下回る。

図4　移民の取得免状レベル別分布（単位：%）

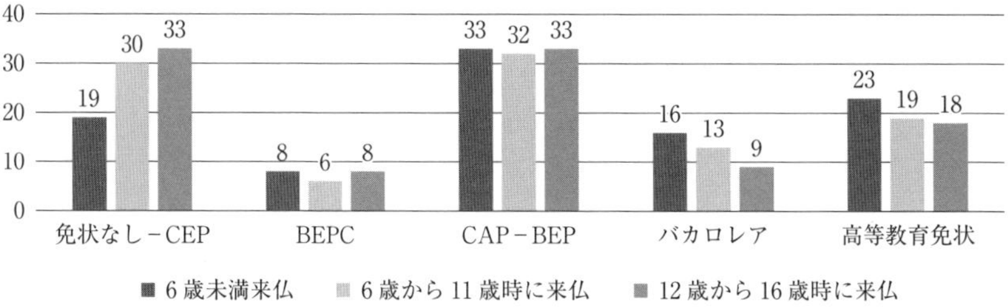

範囲：17歳未満で入国し、初期教育を終了しており、調査時点（2008年）で年齢が18～60歳の移民。
読解：6歳未満で来仏した移民のうち、19%は免状なし。

によって、学業経路および最終取得免状に不平等があることが見て取れる。しかし、入国時年齢のほかに、進路および取得免状の不平等の説明に加えることのできる要因は存在するのだろうか。特に、ニューカマー向けの特別な措置または適応教育学級に在籍したことは、経路に影響を与えなかったのであろうか。

こうした問いに答えるため、移民の子孫、フランス生まれの移民の子どもたちを比較対象として、これらの学業上の不平等の説明において各要因が占める割合を明らかにするための統計モデルを作成した（囲み記事4参照）。

結果（表3参照）は、6歳以降にフランスに入国した移民と、義務教育開始年齢前にフランスに入国した移民との明確な差異がみられる。6歳から11歳で入国した場合、無免状でフランス学校教育制度での就学を終えるリスクが1.8倍となる一方、普通教育課程に進みバカロレアを取得する可能性はほぼ同じ程度［約0.6倍となる］低くなる。より遅い年齢（12～16歳）での入国は、さらに不利となる。ほかの条件を全て同じとした場合でも、長期課程へ進む可能性（OR（オッズ比）＝0.5）やバカロレア取得の可能性（OR＝0.4）は明確に減少する一方、免状未取得となる可能性は3倍となる。フランスの学校教育制度での就学開始年齢の「遅れ」は、学歴にとって不利な要因となり、これは受入学級への通級では補われていない。

囲み記事4：学業経路の説明モデル

モデルは、フランスに入国した年齢、入国の時期、出身地（欧州連合（EU）か欧州連合外か）、受入学級または適応教育学級への在籍に加えて、学業経路に影響を与えると従来考えられているその他の複数の変数も含んでいる。TeO には学業成績の評価は含まれていないため、初等教育での留年をもって評価を行った。青少年期に入国した移民に対するフランス入国時の特別な扱いにおけるフランス語習得の重要性から、モデルにはフランス語能力に関する2つの変数を含めた。青少年時代の家庭でのフランス語の使用の有無と、（自己評価による）フランス入国時のフランス語能力（話し言葉/書き言葉）評価（基準言語がフランス語、全く習熟していない、一部習熟、習熟度高）がそれである。青少年期に入国した移民は、無免状者の両親の元で、したがって庶民階層において育ったケースが多いため、モデルでは、社会的出自および両親の免状取得状況による影響について統制を行っている。モデル（表3）では、第3級（中学4年）終了後に未分化［普通・技術］課程に進んだ確率（モデル1)、バカロレアを取得した確率（モデル2)、いかなる免状も取得せずに就学を終えた確率（モデル3）を扱う。6歳未満に入国した移民を参照群としている。

フランスに入国した時期について見ると、1970年代にフランスに入国した青少年は、それより後に入国した青少年よりも、より有利な就学条件を経験していると見て取ることができるようである。より後の時期、特に1991年から2008年にかけての時期に入国した場合、短期課程への進学や、バカロレア不合格のリスクが2倍となる。同様に、新規移民青少年の出身国・地域も、フランスの制度における学業経路に対し中立ではない。ほかの条件を全て同じとした場合、非EU加盟国出身の新規移民の子どもの方が、EU出身の新規移民の子どもよりも、比較的成績が良い傾向がみられるようである（表3参照)。

この分析からは、受入学級への通級に関して、もう一つ重要な知見を得ることができる。就学中に受入学級に通級したか否かは、ほかの条件を全て同じとした場合、コレージュ卒業後の未分化［普通・技術］課程第2級への進学にも、バカロレア取得にも有意な影響を及ぼしていない。振り返って見た場合、これらの措置に在籍した生徒の経路は、通常学級のみに在籍した生徒のそれと似通っている。ここから、これらの措置は埋め合わせとしての役割を担っていると見なすことができる。反対に、新規移民青少年の適応学級への通級は不利となり、これは、その生徒がそれより前に受入学級への通級を経験していない場合、特に顕著であることが明らかになった。ただし、学業経路を説明する要因は、ただ特殊学級への通級経験に限られるわけではなく、初等教育における留年も同程度不利であることが示されている。

フランスへの入国年齢や時期に関しても、家庭内での使用言語および入国時のフランス語能力は、フランス入国時の年齢および時期、あるいは出身社会階層（両親の免状および社会階層）を考慮した場合、学業経路に対し明らかな影響を与えるものではない。両親の教育水準は、社会的出自と並び、新規移民の子どもの学業経路を強く条件付けている。ほかの条件を全て同じとした場合、両親が免状未取得者である場合および庶民階層に所属している場合、バカロレア取得の可能性は著しく低下する一方、いかなる免状も取得せずに就学を終える可能性は上昇する。しかし、社会文化的ハンディキャップや、フランスの学校教育との文化的距離を示す指標であると見なされることもあるこれらの要因は、学業経路を強く条件付けるものではあるが、適応学級または入国時年齢がそれぞれ与える影響を排除するものではない。

4. 制度的差別という仮説

外国語話者の生徒に頻繁にみられる、受入学級から一般的には学業上の深刻な困難を抱える生徒のために設けられている特別学級（classes spéciales）への移行からは、学校内に、制度的差別の一形態に等しい、新規移民の子どもの「流刑」の慣行が存在しているのではないかという疑問が提起される。教育課程のさまざまな段階に存在する新規移民の子どもの就学に対する制度的障害は、中等教育における「移民の不就学、学校離脱、部分就学」に関するシフを研究代表者とした共同研究（Schiff et al. 2004）で浮き彫りにされている。1990年代末から2000年代初頭にかけて中等教育機関で実施されたこの調査では、とりわけ、学校教育制度への登録時にこれらの生徒およびその家族がしばしば直面するさまざまな障害が明らかにされるとともに、生徒が1年を超える期間、受入学級に留め置かれるというケースも頻繁にあることが示された。また、ニューカマーを通常学級よりも適応学級に入れるケースが過剰にみられ、これは生徒に、ある教育段階に対応する理論上の年齢と比較し、数年にわたり遅れがある場合、より顕著になることも指摘されている。

シフとフーケ＝ショプラード（Schiff et Fouquet-Chauprade 2011）による、三つの大学区（ボルドー、パリ、クレテイユ）のコレージュで1998年に初めて受入学級に入り就学を開始した生徒のコーホート（N＝1,755）の分析を始め、学校、または大学区のレベルでのさまざまな観察結果により、ニューカマー生徒が、外国人の非フランス語話者生徒向けの受入学級への通級後に、適応学級や特殊学級（classes spécialisées）へと入れられるケースが過剰に存在することが確認されている。この調査において、社会学者たちは、ニューカマーの他言語話者の生徒の受け入れに関して定められている現行の規則の形式上、あるいは見かけ上の遵守の反面、校内で既に定員超過となっている学級の空席不足を口実として、これらの生徒の通常学級への統合に対し学校教育関係者が見せた抵抗を観察することに成功している。これに伴い、調査対象となった大学区の一つでは、受入学級に通った生徒の20％が、就学中のいずれかの時点で統合教育単位（UPI）への通級を経験したものとみられる（Schiff et Fouquet-Chauprade 2011）。また、生徒のその後に関する分析に基づき、両研究者は、たとえば、ある大学区では受入学級の留年率が特に高い、あるいは短期職業課程への進学の頻度が非常に多い、といったように、大学区によって他言語話者の生徒の扱いに大きな差異がみられることも観察している。同じように、同調査では、受入学級への最初に登録されてから5年経過した時点での離学も、大学区によって大きなばらつきがあることも指摘されている。

我々のデータからは、過去において、新規移民生徒は、移民出自のほかの就学人口（フランス生まれの移民の子どもたちおよびマジョリティ人口と比較して）より多く適応学級に通っていたことが確認できる。ヴァレとカイユ（Vallet et Caille 1996a）（上記参照）による分析の例にならいつつ、我々は、ほかの条件を全て同じとした場合、受け入れのための仕組みへの在籍経験があることにより、適応学級へ在籍する可能性が上がったか否かについての分析を試みた。サンプルサイズが小さかったため、各モデル内の変数および水準（modalités）の数を制限した（囲み記事4参照）。

囲み記事5：適応学級の通級経験率に関するモデル

五つ［訳者修正］のロジスティック回帰モデルの検証を行った。第一モデル（M1）は、フランス入国時の年齢（6歳未満、6～11歳、12～16歳）のみを考慮に入れている。これにより、青少年期にやってきた新規移民が適応学級に通級した確率を、入国時の年齢別に分析する。第二モデル（M2）では、移民の履歴に応じた受け入れ政策の差異を考慮するため、年齢に加え、入国時期（1971年より前、1970年代、1980年代、1991年から2008年）も分析に含める。第三モデル（M3）では、年齢、入国時期のほかに、受け入れのための仕組み（この種の仕組みの利用経験の有無）を加える。第四モデル（M4）は、M3の変数に、フランス入国時のフランス語レベルの自己評価（フランス語に全く習熟していない、一部習熟、書き言葉・話し言葉とも習熟度高、フランス語が基準言語）を加えたものである。第五モデル（M5）は、ほかの全変数に加えて、初等教育における留年、初就学時の年齢、通った学校の隔離度（移民の子どもの集中度）、欧州/非欧州出身、庶民階層に所属するか、両親の免状といった、それまでの学業経路に関する要因や、移民・家庭的出自を考慮に加えている。

モデル化の結果、フランスへの入国が遅い、すなわち法定就学開始年齢（6歳）以降に入国した場合（M1）、適応学級への通級の可能性が高まることが示された。オッズ比（OR）で測定した、小学校入学年齢（6歳）未満での入国と、中途年齢（6〜11歳）での入国の効果差は常に統計的に有意である。また、オッズ比の値は、入国年齢が上がるに応じて、適応学級へ在籍するリスクが上昇する傾向を示しているようである。新規移民の若者が12歳から16歳で入国した場合、6歳未満で入国した新規移民の子どもと比べ、特殊学級に通ったリスクは2倍となる。入国が遅れれば遅れるほど、子どもたちは遅れを累積させた状態となると考えることができる。そのため、本来の水準に追いつくには、1年以上の時間がかかるだろう。しかし、特別な学級には空席が不足していることや、受入学級への在籍期間は1年のみと法令で定められていることから、適応教育学級へと入れられることとなると考えられる。

学校制度内における受入措置の公式化と整備が初めて行われた時期にあたる1970年代を参照群とした場合（M2）、1980年代は、新規移民の子どもの適応学級への在籍が特に行われやすい時期であったようである。とはいえ、フランスおよび学校教育制度への入国の歴史的時期そのものは、フランスおよびフランスの学校教育制度への入国時年齢自体が適応学級への収容の確率に及ぼす影響にはほとんど作用しない。換言すれば、これは、新規移民の子どもの就学開始年齢の方が、入国時期よりも、適応学級に在籍されるリスクにおいてより大きな要因であったとみられるということである。

第三モデル（M3）では、非フランス語話者の外国人向けの受け入れのための仕組みへの通級経験が適応学級への通級に及ぼす影響をより直接的に検証す

表３　第３級（中学４年）後の普通・技術課程への進学率、バカロレア取得率、無免状率（ロジットモデル）

	第３級後の普通・技術課程への進学		無免状		バカロレア取得	
	OR	有意性	OR	有意性	OR	有意性
フランス入国時年齢						
6歳未満	Ref.		Ref.		Ref.	
6～11歳	0,7	**	1,8	***	0,6	***
12～16歳	0,5	***	3,0	***	0,4	***
入国時期						
1971～1980年	Ref.		Ref.		Ref.	
1949～1970年	0,8	**	1,9	***	0,4	***
1981～1990年	0,8	*	1,1	ns	1,0	ns
1991～2008年	0,4	***	1,2	ns	0,5	***
移民出身国						
欧州連合（EU）加盟国	Ref.		Ref.		Ref.	
EU外	1,6	***	0,8	*	1,6	***
新規入国者向け受け入れ学級への通級						
なし	Ref.		Ref.		Ref.	
あり	1,0	*	1,1	ns	0,9	ns
適応学級への通級						
なし	Ref.		Ref.		Ref.	
あり	0,4	***	2,1	***	0,3	***
初等教育における留年						
なし	Ref.		Ref.		Ref.	
あり	0,5	***	1,8	***	0,5	***
家庭内でのフランス語使用						
あり	Ref.		Ref.		Ref.	
なし	1,1	ns	0,9	ns	1,0	ns
フランス入国時のフランス語能力の自己評価						
フランス語が基準言語	Ref.		Ref.		Ref.	
フランス語に全く習熟していない	0,9	ns	1,2	ns	1,0	ns
一部習熟	0,8	ns	1,2	ns	0,9	ns
書き言葉・話し言葉とも習熟度高	1,1	ns	0,8	ns	0,8	ns
両親の社会的カテゴリー						
上中流階層	Ref.		Ref.		Ref.	
庶民階層	0,6	***	1,6	***	0,573	***
両親の免状の水準						
CAPまたはBEP	Ref.		Ref.		Ref.	
無免状	0,6	***	2,6	***	0,6	***
CEPまたはBEPC	1,0	ns	0,9	ns	1,2	ns
バカロレアまたはそれ以上	1,9	***	0,6	ns	2,6	***

範囲：17歳未満で入国し、学校教育の全部または一部をフランスで受け、初期教育を終了しており、調査時点（2008年）で年齢が18～60歳の移民。

読解：6～11歳で入国した移民は、6歳未満で入国した移民に比べ、第３級（中学４年）の後に普通・技術課程第２級（高校１年）へと進学する可能性は0.7倍である。言い換えれば、後者の可能性は前者の1.4倍となる。

有意水準：$^{*}p<0.1$、$^{**}p<0.5$、$^{***}p<0.01$

表 4　受入措置への通級経験と適応学級への在籍率（ロジットモデル）

	M1		M2		M3		M4		M5	
	OR	有意性	OR	有意性	OR	有意性	OR	有意性	OR	有意性
フランス入国時年齢										
6 歳未満	Ref.		Ref.		Ref.		Ref.		Ref.	
6〜11 歳	1,7	***	1,7	***	1,2	ns	1,3	ns	1,3	ns
12〜16 歳	2,1	***	1,8	***	1,0	ns	1,2	ns	1,3	ns
入国時期										
1971〜1980 年			Ref.		Ref.		Ref.		Ref.	
1949〜1970 年			0,9		1,0	ns	1,0	ns	0,9	ns
1981〜1990 年			1,3	*	1,2	ns	1,3	*	1,4	**
1991〜2008 年			1,4		1,2	ns	1,4	ns	1,6	*
新規入国者向け受け入れ学級への通級										
なし					Ref.		Ref.		Ref.	
あり					4,1	***	3,8	***	4,2	***
フランス入国時のフランス語能力の自己評価										
フランス語が基準言語							Ref.		Ref.	
フランス語に全く習熟していない							1,1	ns	1,0	ns
一部習熟							0,7	ns	0,7	ns
書き言葉・話し言葉とも習熟度高							0,3	***	0,4	**
初等教育における留年										
なし									Ref.	
あり									2,1	***
初就学時の年齢										
6 歳以下									Ref.	
7 歳以上									1,5	**
学校の生徒										
移民出自の生徒の割合が少ない									Ref.	
移民出自の生徒の割合が高い、または中程度									1,3	*
移民出身国										
欧州連合（EU）加盟国									Ref.	
EU 外									0,8	ns
社会的出自										
上中流階層									Ref.	
庶民階層									1,1	ns
両親の免状レベル（niveau de diplôme）										
CAP または BEP									Ref.	
無免状									2,2	**
CEP または BEPC									1,1	ns
バカロレアまたはそれ以上									1,1	ns

範囲：17 歳未満で入国し、学校教育の全部または一部をフランスで受け、初期教育を終了しており、調査時点（2008 年）で年齢が 18〜60 歳の移民。

読解：モデル 1（M1）において、6 歳未満で入国した新規移民の子どもに比べ、6〜11 歳で入国した新規移民児童の適応学級への在籍率は 1.7 倍である。

有意水準：*$p<0.1$、**$p<0.05$、***$p<0.01$

ることができる。これにより、適応学級への在籍と関連しているのは、入国時年齢や入国時期よりも、非フランス語話者の生徒向けの受入措置への通級経験であることが明らかになった。我々の結果は、新規移民生徒の学業経路において、フランス入国直後の受け入れのための仕組みへの統合と、適応学級への在籍とは、非常にしばしば対をなすものであることを示している。この2つの就学上の体験の関連性は特に強い。受け入れのための仕組みへの入級を経験した生徒は、入国時年齢および入国時期が同じほかの新規移民生徒と比べて、適応学級へ配置されるリスクが4.1倍となる。

統計分析において、フランス入国時のフランス語能力の自己評価［訳者修正］（M4）に関する要因や、学業経路、両親の社会的出自および免状（M5）に関する要因を考慮に入れても、受入措置での就学経験が適応学級への通級を行った確率に与える影響は排除されない。

以上の分析を終えた後も、新規移民青少年の適応学級への「流刑」の実施による隔離的（かつ差別的）慣行が存在するのではないかという疑念は払拭されない。非フランス語話者向けの仕組み（CLIN（入門学級）、CLA（受入学級））への新規移民の子どもの受け入れは、それらの生徒を、1970年以降公式文書（［官報］）でなされてきた推奨[11]に従い通常学級・課程で受け入れることができない、あるいは受け入れたくない学校における、その生徒たちの適応学級または特殊学級への「流刑」を伴う傾向が歴史的にあったと考えることができることは、全てによって示されている。では、こうした「流刑」の慣行を、「制度的差別」[12]と呼ばずに、どのように表現したらよいのだろうか。

11）2012年の通達でも、それまで過去50年間達成が困難であったと思われるこの大きな目標が再度強調されている。同文書が述べるのは、もはや「統合」ではなく、「インクリュージョン」である。「通常学級へのインクリュージョンは、就学の主要形態をなす。これは、たとえ一時的に特別な対応や措置が必要となろうとも、達成されるべき目標である。」

12）制度的差別の概念は、より多く用いられている制度的人種差別の概念と同様、直接的差別や個人的差別との区別を行いつつ、組織や制度による慣行に焦点を当てるものである。制度的差別は一般的に潜行性を持ち（あからさまではなく）、規則の適用方法、また同様に、制度や運営職員の慣行やルーチンに原因が帰されるものである［たとえば本書第10章を参照のこと］。

表5　フランス入国時年齢別に見る、移民による学校教育での不公平の経験（単位：%）

	不利な扱い	進路について	人種・エスニック差別	学校における人種差別
入国時年齢6歳未満	21	16	16	23
入国時年齢6～11歳	21	16	15	17
入国時年齢12～16歳	18	14	11	9
新規移民の子ども全体	20	15	15	18

範囲：17歳未満で入国し、初期教育を終了しており、調査時点（2008年）で年齢が18～60歳の移民。
読解：6歳未満で入国した移民のうち、21%が自身についての不利な扱いを少なくとも1回経験したと申告している。

5. 新規移民の子どもの学校経験

就学期間途中に入国した新規移民の子どもの就学に関する客観的条件を考慮すると、かれらの多くが、振り返って見た場合、フランス教育制度で過ごした時間についてどちらかといえばネガティブな主観的経験を共有しているものと考えることができる。フランスの学校教育制度においてかれらがたどることを余儀なくされた「障害物競走」(Schiff 2007, 2015)、乗り越えなければならなかった期待や制約、頻繁に行われる職業教育への進路指導、かれらの多くが経験した適応学級への「流刑」、学業失敗や離学［退学］、それに加わるほかの生徒との、ときに対立的で、スティグマを伴う関係（Schiff 2004, 2007）を考え合わせれば、このカテゴリーの生徒が自身のそれまでの学校生活に向ける視線は、批判的なものとなることが推察できる。

TeO調査の独自性の一つに、事実についての質問と主観についての質問を組み合わせ、学業経路を振り返り記述させることを狙いとした質問事項の一部に、成績評価、進路指導、懲戒処分または言葉のやり取りにおいて、差異のある扱いの対象となった可能性がある場合に申告を促す質問を設けた点がある。これらの情報は、フランス生まれの移民の子孫についてはこれまでに詳細な分析がなされており（Brinbaum et Primon 2013, 2016)、とりわけ学業進路について、旧植民地（北アフリカ、サブサハラアフリカ、トルコ）出身移民の子孫である男性の一部が、不公平感、さらには人種差別を受けたという被差別感を示したことが明らかになった。

調査時18歳から60歳の移民の学校経験の分析を行った結果は、仮説または予想とは一致していない。すなわち、就学開始年齢前（6歳未満）で入国した新規移民の子どもの14%、入国時年齢が6歳から11歳の移民層の13%、12歳から16歳の移民層の11% が、学校で否定的な扱いを受けたと回答しており、遅い年齢で入国した新規移民の子どもの方が、早い年齢で入国した新規移民の子どもよりも不公平感を表明する割合が低くなっている（−3ポイント）。概して、問題とされるのは進路指導である。不満を抱く人の割合は、6歳未満入国の新規移民および6歳から11歳の入国者では16% となるが、12歳から16歳に入国した人々では14% である。

囲み記事6：学校で経験した不利な扱い、差別および人種差別の測定

TeO調査では、「個人的に、進路決定の際/成績評価において/懲戒処分において/あなたへの話しかけ方において、ほかの生徒と異なる扱いを受けたと思いますか」という各質問が行われた。回答の選択肢は、「優遇された/同じだった/劣る扱いをされた」である。ほかの生徒と異なる扱いを受けたと申告した人には、続いて、差異化の基準について、「性別、健康状態または障がい、肌の色、出身または国籍、服装、年齢」という六つの理由と、「その他」という選択肢のリストから回答するよう質問が行われた。設問が、教育機関による生徒の扱いおよび平等と非差別の原則に関するものであることは明らかである。質問は、「不公平」（injustice）および「差別」という語を含んでいないが、これは意図的なものである。事前に設定された学校における状況について、一つでも「劣る扱いをされた」との回答があった場合、不利（または否定的）な扱いの総合的な指標を我々で再構成している。性別、年齢、肌の色、出身および国籍、服装、健康状態または障がいという、法律で認められている差別的基準に基づいた一切の否定的な扱いを「差別」とみなしている。調査ではまた、当事者の個人および集団が感じ取り、報告したままの形の人種差別の経験についても記録が可能となっている。質問票では、回答者に対し、人種差別の正式な定義を提示することなく、生活において、「フランスで公然と人種差別的な侮辱や発言、態度」の対象とされたことがあるかをたずねている。また、副質問でその事実や出来事が起こった場所についても回答を求めている。さらに、人種差別的偏見の対象となる特徴（色、出身、アクセント、外見的

特徴、名前等）もリストアップされた。

これらの結果については、二つの指摘が必要である。第一に、新規移民の子どもによる不利な扱いの申告（20%）は、18歳から60歳の人口の平均（7%）よりも顕著に高い数字を示している。第二に、客観的に見て、就学における障害や、学業上の困難に最も多く直面する新規移民の子ども、すなわち、12歳から16歳の時点で入国し、中等教育段階で制度に編入した新規移民の子どもは、最も否定的な経験を申告するグループというわけではなく、これは特に進路に関して当てはまる。同様に、自身が対象となったであろう差異のある扱いについて、考えられる原因を尋ねた質問に対し、地理的出自や国籍、さらに肌の色を回答として挙げた回答者の割合は、12歳から16歳で学校教育制度に編入したかつての生徒たちのグループで最も少なかった。我々のデータのうち、これらの基準を挙げ、自身が学校で受けた扱いを人種差別と同一視したのは、合わせてわずか11%にすぎない。より低年齢で入国したグループでは、この率は、6歳から11歳で入国の場合15%、6歳未満で入国の場合16%と、より高くなる。学校での人種差別の経験についても、同様の差異がみられる。新規移民の子どものうち、18%が学校での人種差別の経験を挙げている。この数値は、6歳未満で入国したグループでは23%となるが、複数の調査でコレージュまたはリセにおける、ほかの生徒たちによるニューカマーへの偏見の経験が指摘されているにもかかわらず、12歳から16歳にかけて入国したグループでは9%にすぎない。学校に対する信頼をたずねる質問に対しては、遅く入国したグループ（12〜16歳）では89%が肯定的な回答をしており、これは6歳から11歳に入国したグループ（90%）およびそれより前の年齢で入国したグループ（88%）と似通った割合である。

これに対し、言葉によるやり取りについては、入国時年齢による差がより大きい。すなわち、6歳から11歳で入国した子どもと、12歳から16歳で入国した子どもは、6歳未満で入国した子どもと比較して2倍、この点において不利な経験をしたとの回答を行っている（順に7%、8%、4%）（TeO調査2008年より）。

就学に関する客観的条件と、かつての生徒たち自身が回答した個人的経験との間にみられる、この明らかな不一致は、どのように説明すればよいのだろうか。年齢が上がってから入国した移民生徒による申告には、批判的視点が欠けている、あるいは学校への過度の適合がみられる、と考えるべきだろうか。かれらの視点に、いずれにせよかれらを受け入れてくれ、自身が外国人であるにも関わらず恩恵を受けてきた制度［学校］に対して批判するのは不当であるという考えの表出を読み取るべきなのだろうか。かれらの目には、学校経験におけるさまざまな困難は、移住の計画を成し遂げたことによる満足感により相殺されるものと映っているのだろうか。さらにもう一つの仮説は、一部の保護者たちの証言（UNAF 2015）が示唆するように、中途でフランスの学校教育制度に編入したこれらの移民の多くは、出身国で最初の就学経験があり、その結果として、両就学条件の違いを肯定的に評価しているのではないか、というものである。いずれにせよ、これらの回答からは、成人移民の申告に見られる、かれらの方が、その子孫よりも、仕事における不公平や差別に対して不満を訴えないことが多い、というのと同じ傾向を一部見て取ることができる（Brinbaum, Safi et Simon 2016; Dubet et al. 2013）。

おわりに

古くからの移民国家であるフランスは、半世紀も前に、移民生徒の通常課程への挿入を視野に入れ、外国からやって来て、教授言語を習得していないか、習得が不十分な生徒に向けた措置の制定を行った、ということを誇ることはできよう。しかし、新規移民青少年の学業経路や学校経験を回顧的に捉えた上述の各分析では、義務教育開始年齢以降に入国した生徒が直面したさまざまな困難や、公式文書や規則で定められている原則とは裏腹に、多かれ少なかれ意図的または意識的にこれらの生徒に対して行われる学校教育内「流刑」の慣行が示された。こうした生徒の受け入れに関する国の監督や、ニューカマーの学習や就学の進展に関する継続的かつ定期的な統計による監視が存在しないことが、ニューカマー・非フランス語話者の生徒を、受入学級の後、学校内の適応学級や特別学級に入れる、あるいは後期中等教育において職業教育を優先する進路指導を行う、といった差別的な慣行の長期的な再生産を助長してきたものと考えられる。

義務教育開始年齢以降の年齢での他言語話者の生徒の教育制度への参入、さらに一般的に、青少年の国際的な移動および移民は、明らかにフランスの学校教育制度にとっての真の課題と言える（Armagnague-Roucher et Bruneaud 2016）。

同制度は、フランス生まれで、定住しているか、移動の少ない生徒に向けて作られた時空を形成しており、その中においては、学習および就学の進展は、いまだ、学校教育と文化的な遺産が変わらず持つ決定的な重みについては言うに及ばず、生物学的年齢の尺度およびフランス語の習熟度と密接に連動するものとなっている。

（園山　大祐 訳）

［訳註 1］TeO 調査 2008 年の調査結果の詳細は、Beauchemin, Hamel, Simon（2015）に詳しい。

【付記】

本章は Les enfants migrants à l'école française. Accueil, parcours, relégation et expériences scolaires d'après l'enquête Trajectoires et Origines（Jean-Luc Primon, Laure Moguérou et Yaël Brinbaum）, dans *Revue européenne des migrations internationales*, vol. 34（4）, 2018, pp. 13-43 の全訳である。著者および出版社の翻訳の快諾に感謝申し上げる。なお訳者修正については、著者に確認をさせていただいた。

第10章

学校における差別から見る北アフリカ系移民の子孫

シュクリ・ベン＝アイェド

はじめに

差別は社会学にとって重要なテーマであり、社会的出自と学歴との間に関連性があることは国際的な社会学文献、とりわけフランス社会学によって立証されている（Bourdieu et Passeron 1970［＝1991］）。では移民出身であることに関連した潜在的な差別的バイアスについてはどうなのだろうか。この問題には1970年代から1980年代より社会学者が取り組んできているが、近年では経済学者が主に定量的な観点から関心を寄せている。しかし、学校における差別と学歴との因果関係を立証できた調査はなく、それには主に三つの理由があげられる。第一に、学校教育のメカニズムは複雑で、そこには生徒の学歴を説明し得る外的（学校機関の中）要因とも内的（家庭内）要因ともとれる余地のあるさまざまな要因が集約されているからである。これまでのところ計量経済学の統計モデルは、これらの入り組んださまざまな要因を識別して差別的バイアスを明確に説明することはできなかった（Vallet et Caille 1996a; Caille 2007）。第二の理由は、フランスでは「民族的」および「人種的」変数の符号化が法的に禁止されており、それらの使用について多くの論争を生んでいることである（Beaud et Noiriel 2021）。そのうえ「出自」変数（両親の出生国）は、社会的出自に比べて説明力が限られている（Ichou 2018）。第三の理由は、学校における差別概念の形成がされておらず、このことが研究対象の構築に大きな影響を及ぼしていることだと考えられる。不平等と差別はどのように区別されるだろうか？　学校における差別を引き起こす学校のプロセスとはどのように確固たる方法で定義されるのだろうか？　これらの問いに対し本研究は、教育社会学の知見を法的分野（Fassin 2002; Bereni et Chappe 2011）、特に教育法と結びつける方法を取った。本章は、この独自のアプローチについて書かれた近著（Ben Ayed 2023）からの抜粋である。

1. 教育社会学と教育法の関連性

このことを考証するために使用した資料は多岐に渡る。特にJ.リンゲルハイム（Ringelheim 2016）による研究に基づいた教育に関連する欧州人権裁判所の判例集の分析や、子どもの人権と教育の権利に関する欧州および国際的な法律や条約の分析、フランスにおける「権利の擁護者」となった差別禁止平等推進高等機関（HALDE）による2013年から2021年までの学校に関するすべての提訴と声明の内容分析などである。この第一カテゴリーのコーパスには、生徒の親（フォーカス・グループ形式）、教師、教頭との63のインタビューからなる質的調査、移民系の庶民階層出身生徒を多く抱える学校における賞罰規則の分析、副検事とのインタビューも加えた。研究対象の中心となる集団は、北アフリカからの移民（モロッコ、チュニジア、アルジェリア）の子孫である。これらの資料からはまず、不平等と差別を区別することができる。ここでは、不平等観察局（Observatoire des Inégalités[1]）が提唱する区別を参照する。同観察局によれば、差別と不平等の区別するのは法律である。法律では、たとえば肌の色など、選別や階層化のメカニズムを作用させる禁止基準が定められている。差別は、人間の尊厳を侵害するという点で刑犯罪である（Tharaud 2021）。この数十年の差別撤廃に向けた法は、新たな禁止基準の導入や、意図的かどうかを問わない間接的差別概念を取り入れるなど、多くの変更を経てきた。

2. 差別に関する学校空間の特徴

しかし、生徒を選抜し階層化することを社会的機能とする制度（Bourdieu et Passeron 1970［=1991］）において、どのようにして合法と非合法、適当と不当、と制度的メカニズムを切り分ければよいのだろうか。この問いに答えるには、

1）不平等観察局は、所得、教育、雇用、男女間の賃金格差など、フランスにおけるさまざまな不平等の現状を常に把握し報告を行う独立機関である。

教育社会学ではあまり使われることはないが、教育に関する法に照らす必要がある。これには、国連による1989年の子どもの権利に関する国際連合条約、1966年の経済的、社会的及び文化的権利に関する国際規約など特定のいくつもの法文が対象となる。これらの中でもっとも中心的なものは、1960年のユネスコ「教育における差別を禁止する条約」である。その条文では第1条において、教育における差別を「(…) 人種、皮膚の色、性、言語、宗教、政治的あるいはその他全ての意見、出身国や社会的出自、経済的条件や出生に基づくあらゆる区別、排除、制限、選好であり、教育における機会や扱いの平等を害したり損ねる目的または効果を有するもの (…)」と定義している。この条文と質的調査のコーパス[2)]を用いると、学校における差別は次のように類型化できる。すなわちそれは、生徒の道徳的完全性［無傷であること］および尊厳の侵害、学校資源へのアクセスの制約、差別的な学校組織、賞罰制度、差別的バイアスによって妨げられる学歴である。

3. 生徒の道徳的完全性および尊厳への侵害

この一つ目のカテゴリーはまた、最も中心的かつ横断的なものでもある。生徒が学校で受けるさまざまな損害や差別体験は、常に生徒の道徳的完全性や尊厳を侵すことになる。これこそが学校における差別の核心であり、倫理的・道徳的領域であることから不平等という差別とは区別される。このような生徒の廉潔と尊厳に対する侵害はさまざまな形で行われる。まず、学校の教職員が民族をカテゴリー化し、生徒を高く評価したり低く評価したりすることが日常的に行われていることがそれに当たる。このような侵害は、あらゆる形での個別主義への言及、特にそれがネガティブなやり方でされることを禁止した共和主義的普遍主義と矛盾している。こうして、北アフリカ系移民の子孫は、常に「存在の正当性」を疑われる嫌悪感を買う生徒として登場する (Akkari 2001)。教頭や教師の中には、特定の生徒を「マグレブ系」や「アラブ系」と形容したり、肌の色で指し示すことをためらわなかったり、このような生徒が学校に不

2)　2021-2022年にかけて実施された質的調査によって、これらの概念的・類型的要素を実証的に理解することができた。これはインタビュー対象者の多様性がもたらしたものである。調査は、パリ市内外、南フランスの大都市、フランス中部の小都市、農村部など、国内のさまざまな地域で実施された。

釣り合いであるとか、生徒、さらには生徒の両親の振る舞いについてさえも不平を言う者もいる。これらの生徒を分離した学級編成を行って欲しいという人種差別的な意見を言う保護者たちからの要望を取り次ぐこともある。このような民族区別主義は教師の間でも見られ、生徒を「出自」や肌の色で分類し、たとえば特定の生徒を「ブラック（black）」と形容する者もいる。このように、他の研究と同様、特定のカテゴリーの生徒を低くみなしたり異国の者とし、学校において他者的関係という否定的な扱いをすることは、禁止されているにも関わらず（Perroton 2000; Perroton et Schiff 2018）観察された。このように民族を区別することは、見かけ上は善意のように見えるケースもある。これは私たちが「ノン・カラー（non-*colorbliness*）」と呼ぶ教育実践をしているケースで、生徒のアイデンティティ、あるいは複数のアイデンティティの問題を教師が指導の流れの中心に据え、宗教性や肌の色の問題を積極的に提起していることがある。このような実践は、人種的に非常に偏りのある学校でのみ観察されるが、そのようなところでは生徒が自分たちはフランスの規範から逸脱しているのだという感覚を強化し、より広い世界に開かれるのではなく、自分自身や近隣界隈に閉じこめてしまう危険性がある。

生徒の道徳的完全性と尊厳に対する侵害の二つ目の形態は、繰り返される侮辱と屈辱からなるもので、対面関係における象徴的暴力の形を取ることがある（Bourdieu et Passeron 1970［＝1991］; Goffman 1975［＝1970］; Becker 1985［1973＝2019］）。たとえば、きょうだいの影響があったと話す生徒もいる。このような生徒は、新しい学校に入学したばかりなのに、兄や姉の持つスティグマやかれらへの否定的な偏見を自分でも引き受け、自分にはチャンスが与えられていないと感じている。侮辱と屈辱の最たるものは、庶民階層が住む地域の移民系の生徒が地元の中学や高校を避け、上流階級の生徒が多いエリート主義的な公立・私立の学校に進学したケースにおけるものだ。たとえば、調査ではサラという一人の母親の証言が得られた。アルジェリア生まれのサラには2人の息子がおり、かれらはパリ中心部にあるエリート公立高校に通っていたのだが、その学校では、窃盗があるとまずかれらが犯人として疑われた。息子の一人が上流階層の生徒から身体的暴力を受けた時ですら、学校からは何のサポートもなく、それどころか、暴力を振るった生徒の父親との対面はとりわけ耐え難く、屈辱に満ちたものだった。その父親は、こうした悪事を働くのはたいてい「マグレブ系」だと考えていたからだ。最終的にサラたちは、2人の息子を私立学校に転校させることにした。

対面関係ではさらに暴力的な類のものもあり、それがアミラの例である。アミラは優秀な生徒だったとのことだが、3年生のとき両親と一緒に学校に呼び出され「『いずれにせよ彼女の名前はアミラ［イスラーム系の名前］だ。アミラが清掃員になるのは明らかだ！』と言われたことを、両親は今でも覚えています」と語った。もう一つの証言はあるモロッコ人学生によるもので、彼は大学でだけでなく学外でも、その訛りのためにいつも嘲笑されているという。彼は大学で孤立し、友人を作ることもできず、拒絶されていると感じている。エリート私立中高一貫校に通う労働者階層出身の4人の生徒へのグループインタビューでも同様に、他の生徒や教師から、その学校には自分たちの居場所はないのだと思わされる経験があることがわかった。それは、かれらが住んでいる地域やかれらの学力不足、宗教をほぼ常時馬鹿にするという形で行われている。このようにかれらは、他の生徒たちから軽蔑的な態度やある種の傲慢さを被っている。馬鹿にされたり侮辱されたりは教師からもあることで、たとえば、教師がクラスの生徒全員に親の職業を尋ねるときなどがそうである。この生徒たちにとって、父親は工場労働者、母親は掃除婦だと述べることは難しく、屈辱的である。他にも、アルジェリア人の両親の間に生まれたアマールという少女の話がある。ある日、彼女は高校で侮辱され落ち込んで帰ってきた。その前日、彼女の両親が保護者会に来ていたのだが、ある女性教師が彼女を褒めたつもりで、「ああいう」親は普通この種の会合には来ないものだと両親を見たことに驚いたと言ったからだ。この発言は、彼女がここではよそものであることを投げつけるようなものだった。翌日、父親はその教師に会いに行き、彼女がどのような偏見に基づいてそのような発言をしているのか、それで何を仄めかしたいのか、と尋ねたという。

4. 学校における人種差別の表現

移民系の生徒の尊厳に対するさまざまな形の侮蔑、屈辱、攻撃は、学校における人種差別の問題を提起している。このテーマは、社会学の文献では比較的扱っているものが少ないのだが、それらにはある程度の一致が見られる。教師の側からの、大量で慢性的、攻撃的な人種差別は、方法論上難問であり、立証できたケースはないということである。一方、伝統的に左派に投票する教師たちの中から極右に投票する者が出てきているが、その実際の影響を測定することはできない（Perroton et Schiff 2018）。さらに、公然と人種差別を行う教師は仲間から拒絶され、疎外されている。このような形の人種差別が学校で容認されていないはずであるのに、憤慨に基づくものであれ、人種差別は学校で表現されているのである。これが文脈的と言える人種差別の一形態であり、教育機関がさまざまに機能不全であるがために教育実践が困難を極め過酷で、非常に人種的な偏りのある学校に集中している。教師たちは、自分たちの職業実践が妨げられていると感じ、腹立たしさや怒りから、あたかも移民系の生徒がその学校に集中していることがその学校が標準から逸脱していることを象徴しているかのように、これらの生徒に対して時に暴力的で劣等感を抱かせるような言説を盾に取る。これは必ずしも「ガス抜き」ではなく、制度的・職業的苦悩の表れである。

生徒たちは、一部の教師のこのような敵対的な態度をよく感じ取っている。しかし、J.-P. パイエと A. ヴァンザンタンが指摘するように（Payet et Henriot-Van Zanten 1996）、こうした認識は慎重に扱われなければならない。人種差別されているという感情は、防衛、学校との断絶、教育機関に対する拒絶、あるいはある種の混乱といった感情を表しているのかもしれない。学校における差別をより有効に概念化するために、「横方向の人種差別（racismes latéraux）」（Talpin et al. 2021）と「従属関係の人種差別（racismes de subordination）」を区別する必要があると考える。「横方向の人種差別」とは、上下関係のない仲間集団の間で表明されるものである。一方、「従属的人種差別」は、権力による支配関係の一部である。つまり、学校教職員によるものである。私たちの調査では、インタビュー対象者は、従属よりも「横方向の人種差別」を報告することが多かった。たとえば、モロッコ生まれの親を持つ親は、自分の息子が学校で猿と呼ばれたと話した。エリート私立中学に通うアニスは他の生徒たちから、自分の住む脆弱な地域について、鉈や銃が出回りエキゾチックで暴力的な場所だとみなす発言を何度もされている。このカトリックの学校で彼がムスリムの外見であること、そして彼が「アラブ系」であることが最も強い人種差別表現を引き起こした。

我々がインタビューを行ったこの学校の生徒はアニスだけではない。かれらは皆、自分たちに対する人種差別があるとはっきりと表明しており、教師たちからの支援があったと感じているケースはない。教師たちもまた人種差別的な態度を表しているからである。こうしてかれらは、横方向の人種差別と従属的人種差別の両方にさらされている。横方向の人種差別は、北アフリカ系移民の子孫が少数派である仲間集団では強く表れるが、かれらが多数派である場合にも、特に女子に対しては、宗教性を背景に表れる。たとえば、ナズマの場合である。彼女は中学校時代、授業外ではスカーフを被っていたのだが、彼女は非常に優秀な生徒でフランス語を訛りなく話したことなどから、男子生徒たちから「悪いイスラーム教徒」「フランスかぶれ」と非難された。かれらにとって、彼女は学校やその界隈で支配的な若者のストリート文化から外れているように見え、それゆえ特に深刻な嫌がらせの対象となったのである。この「フランスかぶれ」という表現は、J. オグブによる、学校における黒人マイノリティの若者についての描写を想起させる。オグブは、出来の良い生徒が「白人かぶれ」と非難されるとき、学校の規範と仲間集団の規範との間に同種の忠誠心の葛藤があることを指摘している（Ogbu 1992）。

我々の調査では、従属的人種差別はそれほどあからさまではなかったが、それでも生徒とその親の語りには存在していた。このような人種差別はあまり言及されないかもしれないが、フランスの学校や社会において自分が非正当であるという感情や、共和制の理想に対する強い失望を裏付けるものであるため、その受け止め方ははるかに暴力的である。まず背景として、民族的特性によって生徒を分類することが日常的に行われ、それが従属的人種差別の一形態となっていることがあり、なぜならこのような分類は、劣等感を抱かせるような方法でこれらの生徒を特別のものとして区別するからである。従属的人種差別は、一部の教師によって学校外でも誠実な思いやりの一形態として行われるが、それは学校における人種差別の問題を外在化させるものである（Dhume 2011）。調査対象となった教師の何人かによれば、とりわけ企業内インターンシップでは差別が激しく、それは暴力的で「破壊的」であるという。従属関係内にある人種差別については、教師から人種差別を受けたことはないと考える生徒もいた。一方で、多少なりともはっきりとした人種差別を経験したと言う生徒もいる。興味深いのは、人種差別を経験したことがあると答えたかどうかによって、生徒の表現が異なっていることである。経験したことがある場合、他の生徒を「フランス人」と呼び、それはまるで自分はフランス人ではないかのようである。かれらは、「フランス人」は教育上優遇される対象であり、教師からより大きな注意を向けられていると考えているが、自分たちは無視され、疎外されていると感じており、この状況を人種差別の観点から解釈している。

従属的な人種差別の中には、たとえばカリキュラムの側面に関するものもある。私立学校に通うソフィアンは、宗教教育が差別的な実践に染まっており、たとえ時間が余っていたとしても、イスラーム教はプログラムの最後の部分に追いやられていると指摘する。一般的に言って「歴史の先生は人種差別主義者で、アラブ人を嫌っている」。教師の発言がクラス全体に向けられることもある。ハキムがある教師について次のように証言したように。「先生は僕たちに、あなたたちはよく躾られていない、躾のなってない集団だ！　と言ったのです。ある時は、ある女の先生がアラブ人の男子生徒を侮辱しました。彼女は人種差別主義者です。彼女はアラブと言ったがそれはただの侮辱ではない」。フーリアは若い頃、職業高校の生徒監督として、従属的人種差別を何度も目撃したと語る。作業クラスの指導者は移民系の生徒に対して特に暴力的に振る舞っており、たとえば、アルジェリア系移民の生徒に「不満なら祖国に帰れ」と罵ったことがあったが、この事実は学校の上層部によって隠蔽された。学校の給食担当責任者の女性も人種差別的な発言を繰り返していたが、その件については、珍しく生徒が警察署に訴えた。しかし、この問題は共和国の調停委員に付託された[3)]。合意に達したのは、彼女は生徒たちに謝罪するが、処罰はしないということだった。

5. 差別的な学校組織

学校組織とは、ここでは二重の概念的観点から理解される。1960 年のユネスコ条約の意味では、学校組織は制度的に見て「分離した教育」すなわち隔離的であることから、差別的とみなされる可能性があると捉えている。しかし、学校制度組織は、E. ゴフマン（Goffman 1991［＝1974］）における意味で、生徒の学校体験の枠組みとして理解することもできる。この場合、差別が最も頻繁に報告されるのは、隔離された［人種に著しい偏りのある］学校に通う生徒たちである。調査に応じた大人も若者も、隔離された環境がもたらす悪影響につ

3)　共和国の調停委員は、裁判所への訴えを回避し、平和的な取り決めと紛争の解決を見出すために、利用者と国の行政との間の紛争を交換と調停によって解決するために、国によって任命される。

いては十分に認識している。たとえば、中流階層の家族が学校や地域を避けたり、［コミュニティ内の］つながりが衰退したり、麻薬密売や宗教的支配がやってきたりと、自分たちが子どもの頃と比べて、就学や生活の環境が明らかに悪化していることを親たちは証言している。庶民階層の地域で予防医療の分野で働くフーリアは、学校環境が想像以上に悪化し、教師も生徒も苦しんでおり不健全になりかけていることを憂慮している。彼女が最もショックを受けたのは、何度も警告や報告がされているにも関わらず、教育機関が冷笑的でこの状況を許容していることだという。

学校という環境での経験は、子どもたちが知らない両親の生まれた国やイスラーム教への言及など、個人的・集団的アイデンティティの強い表現に特に適している。同じような生徒を同じような地区や同じような学校に集めているのは公権力であることを考えれば、生徒とその親は隔離的な枠組みを十分に認識している。ウアリがこう言っているように。「学校はアラブ人たちをあえて同じクラスにしています。皆フランス人ではあるけれど、フランス出身の本当のフランス人たちのことは別にしています。というのも、フランス人が１人か２人であとはアラブ人というクラスもあれば、フランス人しかいなくてアラブ人が２人か３人というクラスもあるからです」。枠組みを認識することは、ここまでに見てきたように、不公平感や、傍に置かれていると感じるといった影響を生徒たちに与える。それは生徒間の関係にも影響を及ぼし、同族性（Chabot 2022）から逆に拒絶や不信、友情や敵対心（Lignier et Pagis 2017）までさまざまである。移民の子孫が多数派を占める場合、かれらは生活環境や学校教育の悪化に直面しても、特に宗教など共通の属性を見出すことで団結している。かれらは必ずしも隔離撤廃を望んでいるのではなく、好意的でない他者性に晒され人種差別に直面することを恐れている。あたかもそれは、かれらがH. ベッカー（Becker 1952b）のいう「生存戦略」を採用しているかのようである。かれらは、人種差別から自分たちを守る都市的・学校的隔離という「保護」の側面について語る。自分たちの住む地域を「居心地のいいベッド」、「繭」として語り、いずれにせよフランス社会は自分たちを必要としていないと感じている。しかし、この言説は一様ではない。地元地域の外にある高校に通っていた他の生徒たちはその逆で、社会的混成や同類で固まることからの脱却に賛成していた。

6. 進路選択：差別的な社会構造なのか？

1960年のユネスコ条約［訳注1］によれば、進路選択は、それが「分離教育」を助長するものである場合、差別的な学校組織であるとみなされる可能性がある。フランスでは、進路選択の問題は学力的にも社会的にも差異化された進路とともに高度に階層化された教育制度に関わるものであるため、特にデリケートである。進路選択の問題はいわば、フランスの教育制度における不平等とエリート主義のレベルを測るバロメーターなのである（Bourdieu et Passeron 1970［＝1991］）。進路選択の問題は歴史的に、労働者階層出身の生徒の学歴に関連して取り上げられてきたが、移民系の生徒の学歴にも影響を与えている。A. サヤドが示したように（Sayad 2014）、ポストコロニアル移民と家族再統合の文脈において移民系の生徒たちは、［普通教育の］下に位置付けられる水準の低い技術・職業教育や、帰還イデオロギーの一環として出身国の言語で教えるコース（ELCO：出身言語・文化の教育）に大量に誘導されてきた。サヤドはすでに、このような進路選択概念は公然と差別的であり、共和的普遍主義の原則に反すると分析していた（Sayad 2014）。彼はこれらの生徒が在籍するクラスを「ゴミ処理場」と表現した。F. アンリ＝ロルスリは、フランスの教育制度の中での「民族の集団管理」という強い表現を用い、共和的普遍主義の原則からの逸脱であるとした（Henry-Lorcerie 1989）。

教育制度が見かけ上統一されたものの、フランスの学校からはこのような進路選択における差別的概念は完全に消えただろうか？　見かけ上は統一されているにも関わらず、教育制度はいまもこれまで通りの型のまま守りの固いものであることを統計が明らかにしている。移民系の生徒たちは、技術教育や職業教育、あるいは精神障害や身体障害を持つ生徒のための特別教育で依然として［移民系以外の生徒たちがそうであるよりも］大幅に多い割合を占めている（Ichou 2018）。学校間や学校内での空間的な分離のため、一部の教頭や教師はいまだに「ゴミ処理場クラス」と言う概念を用いている（Ben Ayed 2023）。移民系の家族にとって、進路指導はいまだに「差別的な罠」として認識されている（ibid.）。また、進路指導はジェンダー化と民族化が同時にされていることにも留意すべきである。我々の調査では、移民系の女子の多くが職業教育、特に美容師課程への進学を勧められ、男子は機械系の職業教育への進学を勧められていた。これらの提案と生徒の経歴を照らし合わせると、これらの指導には、学校的業績主義（メリトクラシー）と明らかに矛盾する差別的バイアスがあることが分かる。このような進路を提案された生徒の中には、現在大学に在籍している者、あるいは大学を優秀な成績で卒業した者も少なくない。学校の進路指導実践における差別的バイアスについては、このほかにもさまざまな指摘があった。フーリアは、職業高校の生徒監督［遅刻・欠席の管理等、授業外で生徒指導を行う。大学生のパートタイム雇用であることが多い］としての経験から、北アフリカ系移民の生徒が、他の生徒と同じ成績でありながら他の生徒よりはるかに評判の劣る進路選択を勧められていたという学級委員会の例を思い出している。

進路選択が差別的な社会構造であることは、調査で収集されたある特に複雑な事例からも把握できる。この事例は、移民系の生徒にとって進路は「障害物競争」であるということを示している（Boulot et Boyzon-Fradet 1988b）。それがウアリッドのケースで、彼は中学校で深刻な学業不振を抱える生徒のための非常に評価の低い課程であるSEGPA（普通・職業適応教育科）に送られた。彼はこのことを、自分の素行と勉強不足によるものだと［インタビューで］説明したものの、それでもこのことを不当だと感じており、普通教育へ戻ることを望んでいた。SEGPAで中学を修了した時、彼は高校普通課1年次への入学を希望したものの、一度も希望を出したことのない調理師CAP（職業適格証）を取得するための職業高校1年次に送られた。このような進路選択は彼の成績からは正当化されるようなものではなかったため、彼はこのことをはっきりと差別だと解釈した。彼は肉体的にも精神的にも非常に苦しみながらこの課程に通った。調理師CAPを取得した後、高校は再び普通課1年次へ戻る希望を出したが、これもまた拒否された。彼は、調理師という職業にまったく興味がなかったにもかかわらず、職業高校にある調理系の課程へと引き続き送られたのである。この決定が再び差別的であると考えた彼は、それでも課程を修了し、再び普通課程1年次への進学を希望した。3度目も拒否された。彼は上級技手免状（BTS［Bac＋2］）を取得する短期高等職業教育課程への進学を勧められた。彼はいまだ高校普通教育課程に戻ることを希望していたため、これを拒否し、教育委員会に訴えた。彼の訴えは受け入れられた。次なる困難は、彼を受け入れてくれる高校を見つけることだった。彼は市で名門の高校に入学願いを出したが、却下された。最終的に彼は、自宅のある庶民的地区に近い公立高校に入学を許可された。ウアリッドはこのことから、進路選択手続きには学業差別があり、機会均等という概念は「神話」であると結論づけている。

7. 懲罰制度は差別的バイアスの影響を受けているのだろうか？

懲罰制度における差別的バイアスを特定するのは容易ではない。研究者は多くの方法論的障害に直面している。質問をすると、移民系の生徒の中には、学校での逸脱行為を認める者もいる。それとは反対に、特に特定の教師から授業中に集団的な侮辱を受けたときに、自分たちを被害者だと定義する生徒もいた。たとえばハキムは、ある日、教師がクラス全員に向かって「君たちは知的障害者だ！」と雑言を吐いたと話す。マリカも不当な扱いを証言している。公立中学の彼女のクラスには、彼女の表現で言うところの「クリスチャン」の生徒が一人だけいて、この生徒はカンニングをしても罰せられなかった。残りの生徒たちは先生に、自分たちの立場だったら厳罰に処されていたはずだ、先生の処分は一種の人種差別だ、と騒いだ。生徒たちは教頭に訴えたが、教頭は聞く耳を持たず、それどころか、教師を人種差別主義者と表現することは名誉棄損に等しく、法的手続きに発展する可能性があると警告した。生徒たちはこれを非常に不当なことだと受け止めた。

8. 別が学歴に与える影響

このように学校で差別にさらされることは、学歴に影響を与えるのだろうか？　ここまでに見たように、この問いは特に不平等と差別の間に複雑な相互作用があることから、統計的に明確にされるものではない。質的資料を用いて、これらの知見を洗練させることはできるのだろうか？　時に直感に反した方法でこの問いに部分的に答えることができるのは、必然的に事例によってである。特に、本研究は学校を中退した生徒にはインタビューしていないため、潜在的に妨げられている差別と学歴との関連性についての本研究での理解は部分的なものにすぎない。質的調査から浮き彫りになったのは、差別に対する諦観ではなく、それどころか本人たちの抵抗力である。私立中学に在籍し、度重なる激しい差別にさらされている４人の生徒たちは、その学業成績に影響を受けることもなく、転校も考えていない。そのうちの１人の女子生徒は学校の成績でトップに君臨しており、他の生徒たちの嫉妬を買っている。パリの公立中学でひどい差別を受け、その後私立中学に入学したというサラの子どもたちは、調査当時、大学の医学部に在籍していた。

ウアリッドもまた、繰り返し差別を受けてきたが、このことは彼の学校生活に本当に大きな影響を与えた。普通教育課程への復帰は彼の粘り強さに負うところが大きい。調査当時、彼は強い自覚と解放感を持ち、差別の現実を認めさせるために政治活動しているようであった。これらの観察を踏まえ、本人が差別に対処するために利用できるリソースに特化した研究テーマが生まれた。アミラの場合、中学最終学年時に教師から掃除婦になる運命だというような暴力的な言葉を投げられたにもかかわらず、バカロレアに合格し、大学で応用数学を専攻し、卒業した。経済的な理由で就職を余儀なくされた後、勉強を再開して修士号（Bac＋5）を取得し、現在はGRETA（継続教育のための学校群）[4] の指導員をしている。これらの事例から差別が学歴に与える影響を過小評価しようとしているのではない。この種の進路は量的調査では見えないという事実を浮き彫りにしたいのである。

9. 教育や公共資源へのアクセス制限

1960年のユネスコ条約は、教育の質の平等を強調している。教育社会学において「質」の概念を質的に規定することは、規範的あるいは管理的なトーンを取り入れない限り、必ずしも容易ではない。しかし質的調査から分かることは、学校インフラの不平等が生徒間の平等を壊し、条約で策定された教育における差別概念を裏付ける可能性があるということである。セグリゲーション地域では、前述したように、極端な場合、不健全に近い学校が観察された。このようなひどい状況に追い打ちをかけるのが、教職員不足の常態化であり、このことはたとえば教育を受ける権利に反して、障害を持つ生徒の受け入れ状況に大きな損害を与えている。私たちが調査したある地区では、障害のある生徒のためのリソースが不足していたため、その地区の生徒の親と学校当局との間で抗争となったが、リソースを手にいれることには至らなかった。

同じ地区ではまた、2014年に学区の再編成が協議なしに決定されたことに

---

4)　これは成人のための就職研修を提供する機関である。

よって、移民系の生徒が同じ中学校に集中することになり、その結果、隔離的プロセスが大幅に強まった。この決定は、生徒の親たちによる学校の占拠と運動を引き起こし、全国的な反響を呼んだが、決定が覆るには至らなかった（Ben Ayed et Bentiri 2020）。もうひとつの例は、パリ郊外の庶民的地区に関するものである。生徒の親たちは、アソシエーションを結成し、地域でイベントを行い、小学校の学校協議会や中学校の評議会に参加していた。これらの協議会内の関係は、スカーフを被った母親が校外学習へ同伴することを禁止するかどうかが学校協議会の議題となるまでは平穏だった。生徒の親たちにとってこの論点は、この習慣を認める国務院（Conseil d'État）[5]の最近の見解を過小評価し、矛盾しているものであり、つまりはまったく不当なものであるように思われた。これらの様々なケースは、移民系の生徒の親が、扱いの平等の名のもとに、いかに絶え間ない戦いを強いられているかを物語っている。このような争いが繰り返されることで、フランスにおける自分たちの存在は不当であるという思いが強まるのである（Akkari 2001）。J. タルパンの表現を借りれば、かれらの行動は、議員や学校関係者の側からの「控えめな抑圧」につながっている（Talpin 2016）。

おわりに

今回簡潔に紹介した研究の内容とアプローチは、まだ探索的なものである。その主な目的は、社会法学的アプローチとでも言うべき枠組みの中で、就学の不平等とは異なる、学校における差別を構成するものを定義するための概念的枠組みを構築することであった。この概念化の目的は今や、国際的な規模でこの概念を検証することである。これを他の国の文脈に転用することは可能なのだろうか？　特に検証すべき問題点の一つは、学校における差別の文脈的性質と、セグリゲーションと学校における差別の強い関連性である。もうひとつは、潜在的に教育差別を被っている可能性が高いと考えられる、黒人のアフリカ系子孫など、検討対象とする移民タイプという変数である。この調査は、学校における差別が、教育を受ける権利という本来的に普遍的原理に関連したもので

5)　国務院は政府の部局の運営に関する問題を扱うことができ、また憲法上の観点から法律の可否について政府に助言することもできる、非常に高位の裁判所である。

あることを示している。もうひとつは、学校における差別が生徒の学歴に及ぼす影響である。質的調査で明らかになった盲点からは、このテーマについて量的調査の手法では明らかにすることが難しく、その方法論を再考する必要があると考えられる。

（田川　千尋 訳）

［訳註 1］「教育における差別を禁止する条約」（1960 年 12 月 14 日締結）2024 年 4 月現在、世界で 110 の国と地域が批准しているが、日本は批准していない。

第11章

移民出自を表明している家庭と学校との関係

―郊外の庶民地区にある4つの高校を対象とした調査―

マチュー・イシュー、マルコ・オベルティ

はじめに

フランスにおける学校制度と移民家族の関係を調査した量的研究は、そのほとんどが、こうした家庭の子どもたちの教育経路を全国レベルで調べたものである（Vallet et Caille 1996a; Brinbaum et Cebolla-Boado 2007; Cebolla-Boado 2008; Brinbaum et Kieffer 2009; Ichou 2013［＝2018］）。これらの量的研究には総じて3つの共通点がある。それは、家族の移住背景の詳細がほとんどわからないデータを採用していること、教育経路に焦点を絞っているために、学校との関係について多次元的な分析がほとんど行なわれていないこと、そして、全国レベルの調査であるために、地元地域の状況がほとんど、あるいは全く考慮されていないことである。私たちが本章でより詳細に検討しようと考えているのが、まさしくこれらの点であって、そのために私たちは、質問形式の調査―パリ政治学院、変動社会学研究所にちなんで「OSC 調査（OSC survey）」と名付ける―を基本として、それを補完するために半構造化インタビューを実施した。

まず、フランスに関して言えば、個人の移住背景に関するデータが少なく、きわめて狭い地理上の地域の場合には、そうしたデータの取得が困難である[1]。生徒についてほぼ確実に入手できるデータは国籍だけであり、両親ともに移民

1）たとえば、2000年に定められた各統計情報のための再編区画（*îlots regroupés pour l'information statistique*, IRIS）における国籍に関する詳細な国勢調査データの入手は可能ではない。なぜなら、人口密度の高い都市部には、人口2000人程度の区画が数多く存在するからである。これらのデータは、これまで常に極秘データとみなされてきたし、今後もその状況は変わらない。

という子どもの95％が、フランス国籍を取得している（出生または帰化のいずれかによって；Borrel et Lhommeau 2010）ことを考えると、このデータだけでは、生徒の移住背景を正確に把握することはできない。学校制度に関しては、フランスにおける移民の子どもの移住背景を正確に特定するうえで十分なデータを提供する調査[2)]として、唯一、自由にアクセスできるのは、中学校に入学した子ども（すなわち、10歳～12歳）をパネルとして1995年に実施された調査のみである。しかし、このパネルによる調査（Brinbaum et Cebolla-Boado 2007; Cebolla-Boado 2008; Brinbaum et Kieffer 2009）も、その検出力（註8を参照）については、個人が2つの集約グループのいずれかに分類されているという点で懸念がある。つまり、南ヨーロッパからの移民の子どもか北アフリカからの移民の子どものどちらかのグループに分類されるのである。しかしながら他の調査では、移民の子どもの間で、その親の出身国によって教育経路に有意な変動が生じることが明らかになっている。教育経路の研究では、移民の出自（origine）によって大まかに3つのグループに分けることができる。つまり、社会的背景が同じフランス*生まれの両親を持つ子どもと比べた場合、トルコ、およびそれほど数は多くないがサヘル地域からの移民の子どもは学校での成績が良くないのに対し、東南アジアからの移民の子どもは成績がいいのである（Brinbaum et al. 2012; Ichou 2013［＝2018］; Caille 1993; Lagrange 2010a, 2010b; Tribalat 1995, 1997; Brinbaum et al. 2010）。これら各グループが一般母集団および各種調査に占める数は限られているものの、これらグループの教育経路が持つ具体的な特徴は、これらグループと学校との関係の研究を有益なものにする。

二番目の共通点に関して、社会的背景または移住背景による教育の不平等に関する研究には、時として、学校制度と家族の関係という問題を二の次にする傾向、および／または教育に対する姿勢について、近接性と遠隔性の対置、つまり関与と無関心の対置に基づく一般化された二項的考え方がとられる傾向が

2）　実は本調査では、これらの子どもたちのほとんどがフランス生まれであることから、かれらの家族の移住の歴史―すなわち、親の移住背景―に関する情報を提供する。便宜上、これ以降は、家族の移住の歴史については、移住背景という表現を用いる。

＊　特に明記しない限り、フランスの海外県出身の親を持つ子どもについては、他の子どもとは別のカテゴリーとして扱う（第2節を参照）。したがって、「フランス出身」という表現は、出身国をフランス本土（フランス本土およびコルシカ）と答えた親を持つ子どもについてのみ使用する。

ある。庶民階層（classes populaires）の家族、とりわけ最も恵まれない庶民階層の家族の場合、かれらの学校に対する姿勢には信頼の高さ（Dubet 1997）と関与の低さという特徴があり（Oberti 2007; Van Zanten 2001）、これら家庭の教育実践は、その家庭の解体、または学校の期待感との不適合との関連で説明されることが多い（Thin 1998）。しかしながら、ほとんどの研究者は、同じ社会グループの中であっても、学校制度に対する家族の姿勢は複雑で多様だという点で一致している（Lahire 1995; Terrail 1997; Lorcerie et Cavallo 2002）。ピュジョルとゴンティエで指摘されているように、「特定の社会グループの中で、親によるさまざまな形態の［教育への］関与が確認できる。このことは、『社会的地位』という基準を、学校に対する均一な姿勢を予測するために用いることができないことを示唆している」（Pujol et Gontier 1998: 258）。ライール（Lahire 1995）で明確に証明されたのは、子どもの生活史の実にさまざまな要素（たとえば、兄や姉が経験した教育上有意義な出来事、親の励まし、祖父母や近隣住民の手助け）が、庶民階層が置かれた環境、とりわけ書き言葉や学問上の知識、ひいては学校制度に対する姿勢におけるハビトゥス（habitus）の強い構造化原則に大きな影響を与えているということである。つまり、庶民階層の居住地域における家族と学校との関係構築においては、より複雑な配置も可能なのである。

第三の共通点について、移民家族と学校に関する量的解析は、そのほとんどが全国レベルのデータソースに基づいて行なわれているのだが、こうしたデータソースは、地元の社会的および教育的状況の効果を捉えていない。それにもかかわらず、フランスにおける移民家族の存在は、最大の都市部―特に、フランスの成人移民人口の 40% が居住するパリ地域圏―や、これら都市部にあるいくつかの市町村（コミューン）や近隣地域における移民家族の過剰代表によって特徴づけられる。たとえば、セーヌ＝サン＝ドニ（パリの北東に位置する恵まれない県）のいくつかの市町村では、移民が人口の 30% ～39% を占めており、これらの市町村にあるいくつかの地域ではこの割合がさらに高くなる。また、パリ地域圏における民族的隔離のレベルは、社会経済学上の隔離よりも高いことで知られている（Préteceille 2009）。同じく、前期中等教育を担うコレージュ［中学］における移民の子どもたちの隔離レベルは、居住地域におけるかれらの親世代の隔離レベルよりも高い（Oberti et al. 2012）。ボルドー地方のコレージュを対象とした調査では、民族的隔離のレベルが高いことが明らかになった（Felouzis 2003）。したがって、移民の子どもたちに影響を与える著しい隔離というこうした状況は、教育制度でのかれらの経験を特徴づける重要な要素であり、それ自体を独自に検討するべきである。多くの質的研究は、そのような状況が、そこで発展する組織と社会的相互作用の様式という観点から見て、特有の教育状況を表していることを明らかにしている。(Lepoutre 1997; Van Zanten 2001; Lorcerie 2003; Felouzis et al. 2005; Sanselme 2009)。各学校に特有の効果という問題に加えて、私たちは、社会的および民族的隔離が高いレベルに達している地域や*リセ*［*高校*］について検討することで、研究を補完できると考えた。

したがって私たちの研究では、この特定の都市的および社会的状況において、2つの側面を持つ問題を提起する。つまり、研究対象となる庶民階層の市町村で、移民の親と、社会的背景がかれらと同じフランス生まれの親とでは、学校との関係や学校への姿勢は違うのだろうか。そして、出身地の異なる移民家族の間に、学校との関係や学校への姿勢の違いは存在するのだろうか。

1. **経験的資料の構築**——研究対象地域と調査

特に恵まれない市町村と高校

2007年から2008年にかけて行なわれたOSC調査で調査対象となったのは、パリ政治学院とのパートナーシップ・プログラムに参加した、パリ郊外北東部に位置する庶民階層の市町村（エピネー＝シュル＝セーヌ、サン＝トゥアン、クリシー＝ス＝ボワおよびボンディ）にある*リセ*4校である[3)]。これらの市町村には、移民の第一世代と第二世代の人口密度の高さが、市町村の悪評と、一流の高等教育機関による「積極的是正策（discrimination positive)」プログラムの実施を選択したことの両方の主たる要因になっているという、都市としての教育上特有な状況がある。これらの市町村は、貧困率、失業率、そして移民家族の割合がすべて高いという点で、さまざまな社会階層や民族が混淆しているパリ地域圏の他のほとんどの地域や、フランスの他の地方の県や市とは大きく異なっている。したがって私たちは、この調査の結論だけに基づいて、フランス全体を一般化してしまうことを避けなければならない。

3）調査とパートナーシップ・プログラムの詳細については、オベルティら（Oberti et al. 2009: 108-109）を参照。［本章註14参照］

表 1　セーヌ＝サン＝ドニ県およびパリ地域圏全体と調査対象の 4 つの市町村との社会指標の比較（2009 年の資料に基づく）

	エピネー＝シュル＝セーヌ	サン＝トゥアン	クリシー＝ス＝ボワ	ボンディ	セーヌ＝サン＝ドニ県	パリ地域圏
人口（実数）	53,777	46,510	29,962	53,448	1,491,970	11,728,240
主たる住居の所有率（%）	37.7	19.9	40.7	44.7	41.0	47.5
公営住宅の賃貸率（%）	38.2	37.0	54.3	35.5	32.4	21.9
庶民階層（労働者および一般事務職）の割合（%）	64.0	56.7	71.3	59.8	56.6	40.9
無資格者（15 歳以上）の割合（%）	31.6	28.6	47.5	30.7	29.2	17.7
2 年以上の高等教育を受けた者の割合（%）	9.0	11.0	7.1	9.7	10.0	12.9
30 歳以下が人口に占める割合（%）	46.8	42.6	53.7	44.3	43.6	40.5
外国人の割合（%）	24.0	27.0	37.0	20.0	21.0	12.5
移民の割合（%）	30.0	33.0	39.0	28.0	26.0	16.9
大家族（子ども 4 人以上）の割合（%）	7.7	3.2	12.6	5.9	5.2	3.3
失業率（%）	15.9	17.7	22.3	17.7	16.5	10.9
消費単位当たりの年収の中央値（単位：ユーロ）	13,207	14,261	9,538	14,118	15,081	21,791

出典：INSEE（国立統計経済研究所）、2009 年国勢調査（Recensement général de la population, 2009）

これらの［4 つの］市町村や学校を「庶民階層の」ものとして表現するからといって、私たちは、調査対象になった学校や市町村の間だけではなく、これらの市町村それぞれのさまざまな地域の間に時として存在するかなり大きな違いを最小化するつもりはない。しかし、ここで私たちは、これらに共通の特性と、そうした特性が、パリ地域圏の人口間での平均分布とどの程度違うのかという点に焦点を絞ることにした。なぜなら、これらの市町村の住民は、資格をほとんど持たないか全く持たない若者であって、その大部分が労働者や一般事務職に携わり、外国人（パリ地域圏の平均の 2 倍から 3 倍）、移民、大家族で構成されているからである（表 1）。つまり、これら 4 つの市町村全体で、労働人口の約 60% が労働者や一般事務職に携わり、15 歳以上の住民の 3 分の 1 近くが何の資格も持たず、総人口のほぼ半数が 30 歳以下で、移民は平均して人口のほぼ 3 分の 1 を占め、失業率は 16% ～22% である。

しかし、他の 3 つの市町村とは明らかに異なる市町村が 1 つある。それはクリシー＝ス＝ボワで、4 つの市町村の中で明らかにこの町が最も恵まれていない（失業率は最も高く、消費単位当たりの年収の中央値は最も低い）。労働者人口の割合も移民の割合も、いずれもボンディよりも10パーセント・ポイント以上高く、資格を持たない住民の割合で見ると、この2つの町の格差はさらに広がる。その一方で、クリシー＝ス＝ボワにおける大家族の割合は、サン＝トゥアンの4倍である。

これら4つの市町村の*リセ*には、社会的にも教育的にも際立って周辺化している要因となる共通点がいくつもある。たとえば、高校入学が他の生徒よりも2年以上遅い生徒の割合は、クレテイユ大学区［教育行政単位］が網羅する地域圏の平均値の2倍である[4)]。同じく、これら4つの高校で、社会的に恵まれない背景を持つ生徒の割合は51%と、クレテイユ大学区の*リセ*の平均（33%）を大きく上回っている。またそれほど大きな差ではないものの、留年率も他に比べると高い。調査を行なった4校の中でも、クリシー＝ス＝ボワの*リセ*が特に際立っているのは、社会的に恵まれない背景を持つ生徒の割合がはるかに大きいからである。国籍という変数が持つ限界を念頭に置いても、これら4校すべてで、外国人生徒の割合は、クレテイユ大学区全体の平均値の2倍になっている（外国籍を有する生徒の割合は、クレテイユ大学区の平均が7.6%であるのに対し、これら4校の場合は13〜17%である）。

アンケートの実施方法

これらの市町村で調査対象となった特定の母集団の構造（公立の*リセ*に通う子どもを持つ親）は、これらの市町村の一般母集団の構造と大きく異なるものではない。労働者家族の人口割合が他よりも高いこれらの市町村を含め、*リセ*に進学する子どもの割合が増加傾向にあることを考えると、これは意外なことではない。この見解は主に、社会的カテゴリー、教育水準、住宅の所有形態、および外国人や移民の割合に関係する（表1と付録の表A.1）。しかしながら、定義上、*リセ*に通う子どもが1人以上の世帯だけに質問が行なわれる。その結果、必然的に選択の要素が取り入れられ、*リセ*よりも早い段階に教育制度を離れた子どもを持つ親は除外される。したがって、本章で行なう分析の対象は、教育の世界から最も遠いところにいない家族だけということになるだろう。

質問紙調査の手順は、学校内での選択バイアスが減るように設計された。ア

4)　クレテイユ大学区は、パリ地域圏東部を網羅し、セーヌ＝エ＝マルヌ、セーヌ＝サン＝ドニ、ヴァル＝ド＝マルヌの各県が含まれる。

ンケートの実施方法としては2つの方法が選ばれた。1つ目の方法は、教室で生徒にアンケート用紙を見せ、かれらの同意を得たうえで、自分の親にアンケートへの回答を頼んでもらい、必要な場合は回答を生徒に手伝ってもらって、翌週に回答用紙を返却してもらうやり方である。この場合、生徒は回答用紙を直接担任の教師に返却することも出来てしまう。この方法では、回答を嫌がる―アンケートの内容が理解できない、今回のプロジェクトに反対している、興味がない、生徒が親にアンケート用紙を渡すのを忘れた、親がアンケートへの記入を忘れたなどの理由で―親は、*事実上*、調査対象から除外されることになり、その結果、我が子の教育に最も「関与する」親の過剰代表が生じるというリスクがあった。そこで私たちは、すべての親が調査対象になるように、補完的な方法を実施することにした。つまり、回答を嫌がるような親には、子どもの学期末の成績表について担任教師と話し合うために出席が義務付けられている面談の後で、インタビューを依頼したのである。もちろん、全員がその依頼を受け入れたわけではない。しかし、この方法によって私たちは、アンケートへの回答を嫌がる、またはアンケートに無関心な親を説得してアンケートに答えてもらい、回答の手助けを希望する親には、この方法で、直接回答を手助けすることができた。この2番目の方法のおかげで、回収バイアスは、完全になくなったわけではないものの明らかに減少した。さまざまな努力を行なったにもかかわらず、私たちは、私たちが選んだ方法が、*リセ*で我が子が受けている教育にほとんど関与しない親の過小代表という結果を招いたと合理的に仮定することができる。結局、生徒の親に配布したか、または直接手渡した約3,000通のアンケート用紙のうち、私たちが回収し、処理できたのは1,200通（つまり40%）だった。回答率は低かったものの[5]、*アドホック*なアンケートには、公的統計機関が実施する全国規模のほとんどの調査よりも優れた点が3つある。それは、回答者の正確な移住背景を特定できること、学校教育と回答者との関係のさまざまな側面について具体的に質問できること、そして、より広範な研究分野を網羅する地元に関するさまざまな調査の1つに、今回の調査を組み入れることができることである。

4校の*リセ*で、生徒の親に対する半構造化インタビューが計42回行なわれ

5）アンケートの回収率は、学校によって20%ぎりぎりから50%までとさまざまであった。

た（サン＝トゥアンで11回、クリシー＝ス＝ボワで10回、ボンディで9回、エピネー＝シュル＝セーヌで12回）。これらのインタビューは、居住地域、学校、および子どもの教育と親の関係の質的評価のために設計されたもので、ほとんどの場合、学校内で1時間程度行なわれた。1週間前から約束していたにもかかわらず、一部の親はインタビュー当日に現れなかったために、日を改めてインタビューを行なわなければならないことがたびたびあった。親がフランス語を話せない場合は、その子どもが同席して、インタビューの手順を出身言語に翻訳した。

本章で、学校、教育または教育制度「との関係」という表現は、学校教育との関係におけるすべての表現、姿勢および実践として理解されなければならない。そしてそれらは、次の5つの次元に分類される。

- 地元コミュニティでの教育支援
- 子どもに対する親の教育アスピレーション
- 学校生活への親の関与
- 家庭での学習指導への親の関与
- 学校に関する知識と情報収集

表 2 にあるように、各次元は、1以上の変数によって測定される。これらの変数は、グループ分けや修正をせずに、質問に対する回答から直接引き出される。ただし、次の2つの変数はこの例外である。まず、地元コミュニティでの教育支援を測定する変数では、近隣住民や友人が子どもを学校に連れて行ってくれる、登校前や放課後に子どもの面倒を見てくれる、あるいは宿題を手伝ってくれるという場合の支援に関する3つの質問への回答を組み合わせる[6)]。これら3つの質問のうち少なくとも1つに親が「はい」と答えた場合、その親は、コミュニティによる教育支援からの恩恵を受けているとみなされる。注意しなければならないのは、これらの質問が、他の質問とは違って、リセに通う子どもだけでなく、その子どもの兄弟姉妹にも関係するという点である。次に、子どもに対する親の教育アスピレーションを測定する変数は、子どもにはせめて3年間の高等教育は修了してもらいたいと答えた親を他の親と区別するリコ

6)　同一の変数にこれら3つの質問事項をグループ化する前に、それらの内的整合性（cohérence interne）を検証する目的で、クロンバックのアルファ係数（alpha de Cronbach）を計算したところ、0.7を上回る数値（0.73）であった。よって、これら質問事項の組み合わせの正当性は証明された。

表2　OSC調査における学校との関係に関する変数の度数分布

次元	質問	回答	度数(%)
1	近隣住民や友人は…	…あなたの子どもを学校に連れて行ってくれますか：はい〔または〕 …登校前や放課後に、あなたの子どもの面倒を見てくれますか：はい〔または〕 …あなたの子どもの宿題を手伝ってくれますか：はい	36.7
2	お子さんには、どの程度の教育レベルまで進んでほしいと思いますか	分からない 中等職業資格（CAP（職業適格証）、BEP（職業教育免状）） 高校卒業資格（バカロレア）またはそれに相当する資格 2年間の高等教育（IUT（技術短期大学部）、BTS（上級技手免状））	37.4
		3〜5年間の高等教育（学士号、修士号） ビジネス・スクール、エンジニアリング・スクール、またはその他のエリート養成機関であるグランゼコール 博士号	62.6
3	教師とはどのくらいの頻度で面談しますか	たびたび面談する ときどき面談する 全く面談しない	13.8 67.7 18.5
	どのくらいの頻度で学校行事に参加しますか	たびたび参加する ときどき参加する 全く参加しない	7.8 27.6 64.6
	保護者団体に加入していますか？	はい いいえ	4.8 95.2
4	どのくらいの頻度でお子さんの宿題を見ますか	たびたび見る ときどき見る 全く見ない	28.9 44.1 27.0
	お子さんとはどのくらいの頻度で学校や勉強のことを話しますか	たびたび話す ときどき話す 全く話さない	46.2 39.3 14.5
5	パリ政治学院の実験プロジェクトについて聞いたことがありますか？	聞いたことがある 聞いたことがない	32.9 67.1
	お子さんを入学させる前から、今の学校のことをよく知っていましたか？	とてもよく知っていた よく知っていた あまりよく知らなかった 全く知らなかった	18.1 25.7 30.5 25.7
	お子さんの入学前に、今の学校について情報を集めましたか	集めた 集めなかった	35.4 64.6

註：回答数は1,191。非回答は欠測データとして扱う。
出典：OSC調査

ーディングに対応する。

このように5つの次元に分類するのは、必ずしもそれらが一緒に機能するわけではないと仮定することである。この仮定の信頼性は、学校教育への親の関与に関する多くの研究、とりわけ合衆国における研究（たとえば、Hoover-Dempsey and Sandler 1997）によって裏付けられている。たとえば、次のことがわかるだろう。すなわち、特定のグループ出身の家族は、学校教育に関する相互支援の強い関係を築く一方で、家庭での学習指導や学校での話し合いへの参加など、それ以外の分野ではあまり積極的ではないということである。これらさまざまな要素を区別することによって、異なるグループが関与することになる（あるいは関与しない）傾向や程度を理解できるようになり、結果として、資源、戦略および制約の効果について詳しく調べることができるのである。もちろん、これらの次元のいずれもが、その具体的な内容とは無関係に評価できるわけではない。今回のアンケート調査は、各次元の詳細な分析には適していない。そこで私たちは、インタビューの引用を利用し、特定の結果をさらに明らかにするのである。

2.「出身」という変数と使用するカテゴリー

調査で「出身（origine）」について尋ねること

フランスでは、個人の移住背景を特定するために、従来、国籍と出生国という2つの変数が用いられる（Simon 1998, 2008）。国籍は、他国民（すなわち、フランスの市民権を持たない者）を定義するだけにすぎないが、「移民」というカテゴリーは、外国で生まれ、出生時に外国国籍を取得し、現在フランスに居住している者を意味する。OSC 調査では、生徒の親に対して、次の2つの質問が行なわれた。

- 国籍はどちらですか（父親と母親）
- 出身国はどちらですか（父親と母親）

2番目の質問は、出生地を尋ねているのではない。この場合の「出身」とは、生徒の親が回答した「出身」を意味するものとして理解されなければならない。したがって生徒の親が自身の「出身」とするものの性質については、これ以上詳述することができない。この理由から、私たちは、「出身」という言葉を、民族性を示す（ethnique）ものとしてではなく、無条件に使うか、あるいは

「移住した」という形容詞と一緒に使う。これは、ヨーロッパ以外からの移住者の場合によく生じるリスクのように、特定のグループにだけ、他のグループよりも強く*事前に*「エスニシティ」を認めることがないようにするための予防措置である。

このように「出身」を定義することで、私たちは、「フランスの海外領土」も、私たちのカテゴリーの1つに加えることができる。このカテゴリーに属する人々が本当の意味での移民に該当しないのは明らかである。むしろかれらのほとんどは、この質問に、グアドループかマルティニークのどちらかで答えた親である。これらの国内移住者は、地理的移動性や、社会的、経済的および文化的に新しい環境への適応について豊富な経験を有している（Rallu 1997）。また、多くのポストコロニアル移民と同じく、海外領土からの移住者も、隔離（Préteceille 2009）や、肌の色に因る差別を経験する可能性が高い。

出身についての質問でこのような表現を用いることに2つの利点があることが、調査結果から明らかになった。つまり、この表現は、出生国に代わるものとして、きわめて信頼性が高いだけでなく、回答者が自身のアイデンティティを定義する方法としての出身の重要性を私たちに伝えてくれるのである。出生国ではなく出身国を述べ、それを使って自身のアイデンティティを定義することは、この出身への愛着を表現する1つの手段である。したがって、この質問によって、私たちは、親の出身の確認に主観的要素を取り入れることができた。このことは、国籍や出生国を記録するだけでは実現しなかっただろう。

回答者が明らかにした出身に基づいて、両親ともがフランス出身と答えた世帯の割合は約20％だった。この割合は、ヨーロッパ出身と答えた全世帯を含めると24％になり、少なくともどちらかの親がフランス出身と答えた世帯まで含めると、30％に上昇する。換言すれば、調査対象校に通う生徒のほぼ70％が、ヨーロッパ以外の国からフランスに移住した親を持つ子どもということになる[7)]。適切なデータが十分ではないため、体系的な比較はできないが、調査を行なった4校で移住背景を持つ生徒の割合は、パリ地域圏の*リセ*の平均を優に上回っているものと思われる（Oberti et al. 2012）。

出身のカテゴリーの構築

移住背景について質問する場合、カテゴリーの選択は特に慎重を要する作業である。フランスでは、データの入手可能性や法律上の厳しい制約といった問題があるため、カテゴリーの選択は複雑になる。フランスの国民教育省による生徒パネルに基づく既存の研究（Brinbaum et Cebolla-Boado 2007; Brinbaum et Kieffer 2005, 2009）は、そのほとんどが、南ヨーロッパと北アフリカからの移民の子どもという、フランスにおける移民第二世代で最も人口が多い２つのグループに関するものである。この分類は、十分な検出力を確保するためのものであって、フランスにおける移住史の多様性を完全に把握するものではない。特に、数値的にはそれほど有意なものではないものの、ごく最近のサハラ以南のアフリカ、アジアおよびトルコからの移住の流れは、これらいずれのカテゴリーにも該当しない。

異なるサンプルを使って行なわれた他の研究では、移民の子どもたちの間に存在する教育上の異質性の範囲や、小規模グループを特定することの重要性を明らかにしている。たとえばブランボーム、モゲルーとプリモン（Brinbaum, Moguérou et Primon 2012）は、経路と出自（TeO）の調査に関する研究で、トルコからの移民の子どもと東南アジアからの移民の子どもの特殊な教育事情を明らかにする。それによれば、多くの場合、前者は資格を取得せず、*バカロレア*［大学入学国家統一試験］の成績も悪いのに対し、後者が*バカロレア*に合格する割合は他のグループよりも高い。国民教育省による1997年の生徒パネルに基づいてイシュー（Ichou 2013［＝2018］）で明らかにされた結果が、これら２つのグループの相対的な順位を裏付けている（これと同じ結果を明らかにした研究としては、他にCaille 1993; Tribalat 1997; Brinbaum, Borrel et Régnard. 2010を参照）。さらに、サヘル地域からの移民の子どもが、相対的に低い教育上の成果しか挙げていない点（特に、サハラ以南のアフリカの他の地域からの移民の子どもに比べて）を強調したのが、イブリーヌ県とナントでの調査に基づくラグランジュ（Lagrange 2010a, 2010b）である（Brinbaum, Borrel et Régnard 2010; Ichou 2013も参照）。

7）　これらのデータの正当性は、調査対象*リセ*の生徒のファーストネームに基づく評価によって裏付けられるフェルージスを参照（Felouzis 2003）。またこの方法のより緻密な例についてはラグランジュを参照（Lagrange 2006）。この方法によれば、クリシー＝ス＝ボワの*リセ*に通う生徒の22%、そしてエピネー＝シュル＝セーヌの*リセ*に通う生徒の28.7%が、フランスまたはヨーロッパの背景を持つ者であった。この結果とOSC調査の結果は驚くほど一致しており、いずれの結果も、出身国がフランス本土以外という親を持つ子どもが特に集中していることを示している。

表3　OSC調査における生徒の移住背景の分布

	%	人数
フランス本土	19.5	232
ヨーロッパ	4.5	54
アジア	6.5	78
サヘル	5.1	61
マグレブ	27.2	324
その他のアフリカ諸国	7.6	91
フランスの海外領土	7.3	87
トルコ	4.8	57
混合（片方の親がフランス人）	6.5	78
混合（両親ともフランス人ではない）	3.9	46
その他	7.0	83
合計	100	1,191

出典：OSC調査

これらの研究を元に、私たちは、移住背景を持つ多くのグループを特定することにした。その理由は、私たちの研究の目的の1つに、移民と学校制度の関係の異質性を明らかにするために、移民グループをより細かく分類することの有用性を証明することがあったからである（表3、また、付録表A.2―移住背景ごとの母親の教育水準の分布も参照）。この選択によって、私たちの分析の検出力は低下し、非有意な結果が得られるリスクは増えた[8)]。したがって、結果が統計上有意なものである場合、それは、検出力は低いにもかかわらず、回答者の出身が、それら回答者と学校との関係に与える効果が検出可能なほど大きいということを意味している。さらに私たちは、私たちの統計的推定の有意性を判断するための方法として、ブートストラップ法を採用した。なぜなら、この方法によって、特にサンプルの規模が小さい場合には従来の方法よりも頑健な結果が得られるからである（Fox 2008）[9)]。

8）検出力とは、帰無仮説（hypothèse nulle）が正しくない場合にその仮説を正しく否定できる確率である（Cohen 1988）。移住背景について、少数の者しか該当しないカテゴリーを多く採用すると、検出力は低下する。つまり、統計学者が「第二種」の過誤（erreur de type II）と呼ぶ過誤の発生率が高くなるのである。したがって私たちは、移住背景が学校との関係に与える効果について、証明されたものはないという誤った結論に達するリスクを自発的に負っているのである。実際には存在するかもしれないが。

3. 学校制度との関係に移住背景が及ぼす影響

まず私たちは、移住背景と、学校制度との関係を説明するために用いられている10の変数のそれぞれの間の2変数関係を検討した。紙面の都合上、すべての分割表を本章に記載することはできない。しかしながら、こうした関係の強度と統計上の有意性については、表4の上部にクラメールのVおよびカイ二乗検定（V de Cramer et test de Khi2）要約している。研究対象とした教育に対する姿勢のそれぞれについて、出身との関係は統計上有意である。

学校制度との関係における5つの次元に対して、移住背景がもたらす影響を特定するために、学校教育への家族の姿勢を説明するために用いられる10の変数それぞれについて、ネスト化されたロジスティック回帰の2つのモデルによる推定を行った[10)]。各変数について、1つ目のモデルには、生徒の家族、リセおよび学年グループの社会人口学的特徴を明らかにする8つの説明変数が含まれている。含まれているのは次の特徴である。すなわち、それぞれの親について、職業と社会職業カテゴリー（CSP）の組み合わせ、それぞれの親の教育水準、家庭環境、労働市場における親の現在の状況、兄弟姉妹の数、生徒の学年とリセである（付録表A. 1）。このモデルで得られる結果を用いて、学校制度に対する親の10種類の姿勢にこれら変数が及ぼす影響－教育社会学では古典的なもの－の評価が可能になる。次に第二のモデルでは、再利用されるこれら8つの変数に、移住背景が加わる。それは、この要素による具体的な影響を強調し、他の社会的特色を一定に保つためである。表4は、これら2つのモデルの結果を要約したものであり、次の2種類の情報が含まれている。

- 移住背景という変数を加えたことによる統計上の有意性（表4の「尤度比検定（LR test）」の列で示した、モデルM2とモデルM1との尤度比検定）

9）ブートストラップ法は、しばしば暗黙のうちに、標準的な検出で採用されている制限的仮定に基づくものではない。ブートストラップ法を用いた場合の標準誤差の計算には、推定パラメーターの信頼区間を広げる傾向がある。したがって、特に規模の小さいサンプルの場合、1つの変数が他の変数に及ぼす効果の検出には頑健性がある（Fox 2008）。

10）従属変数が二値の場合には、ネスト化された二項ロジスティック回帰の2つのモデルが採用された。従属変数が多値の場合には、多重ロジスティック回帰の2つのモデルが代わりに採用された。

• 各モデルの説明力（Nagelkerkeの擬似R2乗値）。これは、モデルに帰属しうる一定の姿勢の分散度合いとして、近似により解釈することができる（Cohen et al. 2003））。

標準的な社会人口学的変数は、学校制度との関係を説明するために用いられている10の姿勢のそれぞれと関連している。しかし、これら変数の説明力は、検討される姿勢によって大きく異なる。これらの変数が、研究対象の姿勢の変動の10％以上を占めることは稀である（表4の擬似R2乗値）値を参照）。移民家族の社会人口学的特徴が最も大きく異なる姿勢は、保護者団体への参加である。

モデルM2の結果は、私たちにとってより有益なものであった。生徒の社会的背景を説明する8つの変数に含まれている情報が考慮された時点で、家族の移住背景という知識を加えることによって、ほぼすべてのケースで、さらに多くの有意な説明が得られる。尤度比検定で明らかなように、家族の移住背景が含まれる場合に、教師との面談や学校行事への参加の頻度についてだけは、有意にうまく説明できていない。家族の移住背景が特に有益だったのは、学校制度との関係のさまざまな次元を明らかにするために用いられた他の8つの変数を説明する場合であった。コミュニティによる支援や子どもに対する親の教育アスピレーション（学校との関係の特色として明らかにした最初の2つの次元）に関する変数の場合、移住背景という変数が加わったことで、説明される分散度合いが著しく上昇した。他の次元についても、このモデルの説明力は、移住背景を予測因子に加えたことで、有意に向上した（モデルM1とM2との間における擬似R2乗値の増加を参照）。

学校制度との関係に移住背景が及ぼす影響をより正しく評価するために、表5では、フランス出身の家族と移住背景の各カテゴリーとのオッズ比を示している。フランス出身家族とのオッズ比が有意に高いほとんどすべてのケースで、移民家族の姿勢は、親の地理的出身に関係なく、すべて同じ方向に向かっている。したがって、移民の親を持つということには、出身国それぞれの具体的な（たとえば、文化的な）特性をある程度超越するような効果があると思われる。そうは言っても、移民家族の間には、それぞれの移住背景に因る有意な変動が存在する。

以下のコメントで私たちは、移民家族やフランス人家族それぞれと学校制度との関係に有意な違いがあることを示す結果の解釈に焦点を絞ることにした。

表4　クロスン集計表とロジスティックモデル M1（移住背景なし）と M2（移住背景あり）の要約

予測変数	次元1		次元2		次元3						次元4				次元5					
	コミュニティの教育支援		子どもに対する親の教育アスピレーション		学校生活への親の関与						家庭での学習指導への親の関与				学校に関する知識と情報収集					
	近隣住民からの手助け		親の教育アスピレーション		教師との面談の頻度		学校行事への参加		保護者団体への参加		宿題の監督		教育に関する話し合い		パリ政治学院プロジェクトに関する知識		子どもが通うリセに関する知識		子どもが通うリセについて集めた情報	
カイ二乗検定	***		***		***		***		***		***		***		***		***		***	
クラメールのV	0.232		0.183		0.166		0.154		0.239		0.155		0.208		0.213		0.119		0.155	
尤度比検定	***		***		***		非有意（ns）		***		***		***		***		**		非有意（ns）	
モデル	M1	M2	M1	M2	M1	M2	M1	M2	M1	M2	M1	M2	M1	M2	M1	M2	M1	M2	M1	M2
擬 R^2	5.6	8.0	5.7	9.4	8.7	12.3	8.5	10.7	18.2	26.6	9.8	13.1	11.9	15.6	7.9	10.0	7.5	10.9	5.9	6.6
人数	1,126		1,191		1,173		1,157		1,191		1,169		1,171		1,162		1,176		1,174	

註：調査した各姿勢の左側の欄にはモデル M1（移住背景なし）の疑似 R2 乗値（pseudo-R^2）、そして右側の欄にはモデル M2（移住背景あり）の疑似 R2 乗値を記載している。わかりやすくするために、疑似 R2 乗値は 100 を乗じた。

優位性：*p＜0.10；**p＜0.05；***p＜0.01；ns：非有意（non-significant）

出典：OSC 調査

この方法を選択したのは、私たちが、既存の教育社会学研究に関して、そうした結果が最も独創的だと考えるからである。しかしながら忘れてはならないのは、移民の親のグループと、かれらと同じ社会的背景を持つフランス人の親のグループとの間のギャップが有意なものではない場合は常に、両グループは学校教育に対して同じような姿勢であると結論づけなければならないということである。

コミュニティにおける移民家族間でのより大きな教育支援

いずれの移民グループも、地元における非公式な教育支援ネットワークを利用する可能性が、フランス出身の家族よりも大きかった。これらの家族の中で、最もオッズ比が高かったのはトルコ出身世帯で（4.49）、これは、アジア人家族のオッズ比（1.96）、マグレブ出身家族のオッズ比（1.72）、およびフランスの海外領土出身家族のオッズ比（1.76）の2〜3倍である。つまり、トルコ出身家族が子どもの就学のために地元での非公式な支援を利用する可能性はフランス出身家族のほぼ5倍ということになる。統計上、地元の支援ネットワークを利用するこのレベルは、ヨーロッパ出身の移民グループを除けば、他のどの移民グループよりも有意に高い（表5には記載されていない検定）。マグレブ、アジアおよびフランス海外領土それぞれからの移民世帯がこの種の支援を利用する可能性は、フランス出身世帯の「わずか」2倍にすぎない。

このような結果は、移民家族の教育実践における大家族と近隣住民の重要性に関する他の研究ですでに明らかにされた結果に一致する（Lahire 1995; Van Zanten 2001; Santelli 2001）。ただし、こうした都市部の教育環境において、地元コミュニティのより大きな支援が子どもの学業成績に与える影響については依然として明らかではない。本調査の枠組みにおいて、私たちには、こうした影響について調べるための資源がないが、親とのインタビューから明らかになったいくつかの要素がこの問題に光をあてた。いくつかの状況では、コミュニティによる教育支援が教育上有効な資源となりうるものの、このことが普遍的な真実だとはおよそ言いがたい。実際に、たとえば、コミュニティによる特定の形態の支援が学業の指導に結びつかない保育形態に関連するものである場合、そうした支援には子どもの教育に逆効果をもたらす恐れがある。移民の母親が、我が子の子育てに他の母親よりも大きく関与することについては、こうした移民の母親の2つの特色と関連づけて考える必要がある。それは、かれらの家庭

表５　移住背景と学校制度との関係のつながりを示すロジスティック回帰のオッズ比

	次元1	次元2	次元3			次元4		次元5		
	近隣住民からの手助け	親の教育アスピレーション	教師との面談	学校行事への参加	保護者団体への参加	宿題の監督	教育に関する話し合い	パリ政治学院のプロジェクトに関する知識	子どもが通うリセに関する知識	子どもが通うリセについて集めた情報
フランス（基準）	1	1	1	1	1	1	1	1	1	1
ヨーロッパ	2.81***	1.41	1.12	0.84	(0)+	0.85	0.27	0.27***	0.37*	1.24
アジア	1.96**	3.01***	0.14***	0.24**	0.12***	0.35**	0.05***	0.31***	0.5	0.64
サヘル	1.93*	1.48	0.36	0.21**	(0)+	1.26	0.08***	0.52	0.44	0.63
マグレブ	1.72**	3.13***	0.65	0.69	0.15***	1.37	0.19***	0.63**	1.03	0.89
その他のアフリカ諸国	2.07**	2.56***	0.92	1.33	0.13***	1.87	0.16***	0.56*	0.36**	0.77
フランスの海外領土	1.76*	1.17	0.78	0.43	0.23**	2.24*	0.28*	0.68	0.51	0.61
トルコ	4.49***	2.07**	0.15**	0.7	(0)+	0.67	0.11***	0.71	1.42	0.88
混合（片親がフランス人）	0.81	1.17	0.41	0.6	0.54	0.64	0.36	0.64	0.43*	0.79
混合（両親ともフランス人ではない）	1.9	3.66**	0.45	0.74	0.42	2.09	0.08***	0.63	0.21**	0.57

註：この表の各セルに記載されているのは、「出身」という変数の各カテゴリーに関連するオッズ比である。以下の要素はコントロールされている。親のCSP（社会職業カテゴリー）、父親の教育レベル、母親の教育レベル、家庭環境、労働市場での親の状況、兄弟姉妹の数、および対象生徒の学年とリセ。従属変数が二値の場合、問題になっている教育実践の欠如ではなく存在を予測するために、二項ロジスティック回帰が採用され、従属変数が多値の場合には、多重ロジスティック回帰が採用された。この場合のオッズ比は、変数の正反対のカテゴリーの対比（たとえば、「たびたび」か「全く～ない」か）に関連している。例は本文に記載している。

有意水準：*p＜0.10；**p＜0.05；***p＜0.01；この移住背景グループの場合、サンプルの個人がいずれも保護者団体に加入していないため、プラスのオッズ比（＋the odds ratio）はゼロである。

出典：OSC 調査

での実質的滞在時間が長いこと[11]と、外で働く場合には、非標準的就業時間帯に働く場合が多いという特色である。この結果は、次の2つのシナリオのいずれかになるだろう。つまり、子どもが幼い時期に、放課後に親の監視の目がほとんど届かないか、全く届かない時間が長くなるか、あるいは複数の子ども（必ずしも、同じ家族の子どもとは限らない）が同じ家で過ごすことになるかのいずれかである。これに該当する例としては、たとえば、オフィスの清掃員として働く移民女性が、非標準的就業時間帯（早朝や夜間）に働いているため、子どもの宿題や放課後の活動に費やすことのできる時間帯には家を留守にするという場合である。コミュニティによるこうした形態の支援は、本来、「教育的成功」のための戦略に関わる、家族や仕事の制約、および／または厳しい財政状況への対応策――それを上回るものではないものの――である。私たちがインタビューを行なったトルコ出身家族の場合、グループの他のメンバーが子どもを監督し、面倒を見てくれるというコミュニティに関する次元を好んでおり、専業主婦の割合が高いことで実現するコミュニティのこうした支援の利便性や低コストは、かれらにとって不可欠なものである。しかし、コミュニティに基づくこの次元は、教育的成功の実現を直接目指すものではないように思われ（Brinbaum et al. 2012; Ichou 2013［＝2018］）、地元またはコミュニティの社会的資本と呼べるものの教育上の有効性については、依然としてほとんど答えが出ていない（Portes 1998; フランスについてはLagrange 2010b）。これに関連して、弱い紐帯の強さに関するマーク・S・グラノヴェターによる論文（Granovetter 1973［＝2006］）を、特に、恵まれない地域における子どもの社会化の輪の分析にまで範囲を広げて適応させることができるだろう。

移民家族が抱く高等教育へのアスピレーション

移民世帯がフランス出身家族と大きく異なるのは、移民世帯の方が、我が子には高等教育を受けて欲しいというアスピレーションを持つ可能性がはるかに大きい点である。たとえば、私たちの調査で、社会的背景が同じフランス出身家族と移民世帯を比較したところ、我が子に対し、せめて学士の資格は取得し

11）専業主婦の割合は、他の移民出身家族、または非移民出身家族と比較しても、トルコ出身家族の場合が特に高い（72%）。因みにこの割合は、アジア出身家族では49%、マグレブ出身家族では47%、サヘル出身家族では29%、フランス出身と答えた家族では8% ちょうどだった。

表６　移住背景、母親の教育水準および親の教育アスピレーション

出身	我が子にはせめて学士号は取得して欲しいと考える親の割合（単位：%）	
	資格を持たない母親	中等学校修了以上の資格を持つ母親
フランス本土	25	59
ヨーロッパ	40	62
マグレブ	68	75
サヘル	48	67
トルコ	54	75
その他	57	66

出典：OSC 調査

てほしいと願う可能性は、マグレブ出身の親とアジア出身の親の方が３倍大きい（表5）。オッズ比は、サハラ以南のアフリカでサヘル地域を除く地域出身の家族については 2.6、そしてトルコ出身家族の場合は２である。

高等教育に対する移民家族のアスピレーションは、研究対象とした他の姿勢とそうしたアスピレーションを区別する１つの要素によって特徴づけられる。それは、こうした移民家族の場合、親の教育資本などの家族資源との結びつきが弱いということである。相互作用効果の体系分析（紙面の都合上、本章では示していない）によれば、この所見はデータによって裏付けられる。

表６は、子どもに対する親のアスピレーションの説明で、母親の教育資本と移住背景との相互作用効果の概要である。フランス出身家族の場合、母親の教育水準家族全体の教育資本を示す指標―は、両親の教育アスピレーションに大きな影響を及ぼしている。つまり、母親が全く資格を持っていない世帯と、少なくとも中等教育は修了しているという世帯を比べた場合、我が子にはせめて学士の資格は取得してほしいと願う親の割合（25% と 59%）の間にはほぼ 2.5 倍の格差があった。母親の教育水準に関連する親のアスピレーションにおけるこの変動は、移民家族の方が有意に低い。さらに、この相互作用効果が最も小さいのは、マグレブ出身の家族である。母親の学歴が中等教育修了以上という世帯では、サンプルの親の 75% が、子どもにはせめて学士の資格は取得してほしいと考えており、この割合は、母親が全く資格を持たない世帯での割合（68%）よりもかろうじて高くなっている。

図１では、この相互作用を、家族の社会特性の効果をコントロールするロジスティックモデルに起因する予測確率という形で示している。サンプルの規模が比較的小さいため、相互作用効果は、フランス出身家族か移民家族かという、

図1　移住背景と母親の教育水準による高等教育へのアスピレーションの予測確率

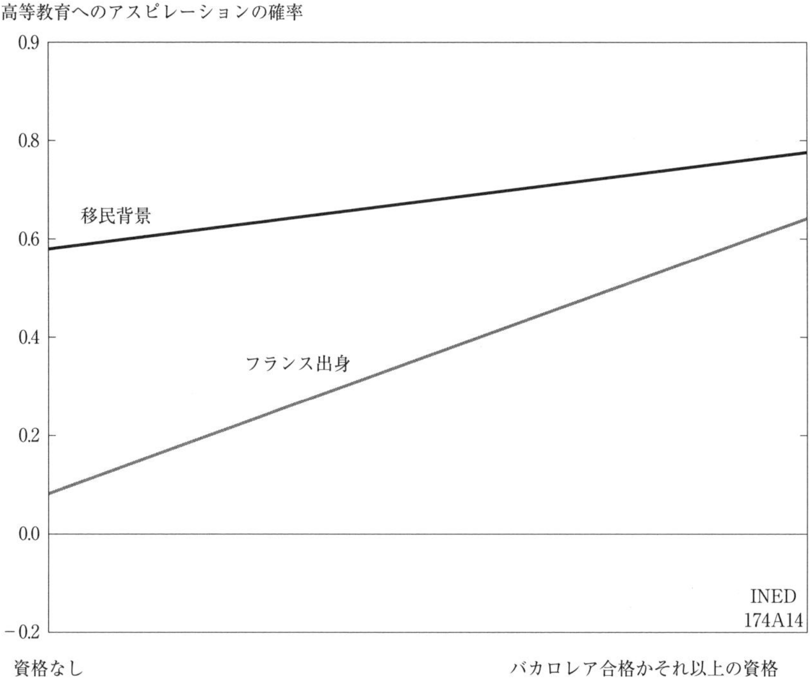

移住背景の二分法という区別を用いて明らかにされた。このグラフから明らかなのは、母親の教育水準が、教育アスピレーションに対して正の効果を持っているが、この効果は、フランス出身の親の方がはるかに大きいということである。平均して移民の親は、母親の教育水準に関係なく、非移民の親よりも高い教育アスピレーションを持っている。ただし、この違いは、最高学歴を有する親の場合、はるかに小さくなる傾向がある。

しかし、移民家族が抱く高等教育へのアスピレーション―すでに多くの研究で強調されている（Vallet et Caille 1996a; Caille et O'Prey 2002; Brinbaum et Kieffer 2005; Caille 2007）―が、若者の教育上および職業上の経路において体系的に正の要素なのかどうかについては立証されていない。こうしたアスピレーションは、社会的背景が同じフランス出身家族の子どもよりも、移民の子どもの方が良い学業成績をおさめていることに関連するものの（Vallet et Caille 1996a; Brinbaum et Kieffer 2009）、これら2つの関連性が、本章で検討しているような、極端に恵まれない社会的および都市的状況でも存在するのかどうかは明らかではない。数名の回答者とのインタビューから明らかなのは、法律家や医者になるためには難関大学に進学しなければならないこと、生徒に選択可能なトラック、そしてもっと一般的なことを言えば、この目的を達成するために必要な教育上の戦略を考えると、子どもに「法律か医学」を学んで欲しいという希望が、具体性からは完全にかけ離れているだろうということである。最も上昇志向の強い家族にとって、「大学」つまり「高等教育」は、具体的なトラックや課程を常に口にしていなくても、子どものために想定されているものである。通常、こうした希望は、きわめて一般的な、あるいは抽象的な言葉で表現される。

> 私たちはいつも、高い学歴の長期的な勉学、つまり高等教育のことを考えていました。
> （女性、40歳、ファミリー・ビジネスで秘書を務める。職業バカロレア、チュニジア出身、ボンディ在住）

> 息子は、今のところ、〔学校が〕気に入っています。だから、私としては、*バカロレア*に合格して、もっと上を目指して、大学に行って欲しいんです。
> （女性、40歳、清掃員、前期中等教育修了、フランス出身、エピネー＝シュル＝セーヌ在住）

> *教育に関して、お子さんに何を望んでおられますか？*
> 子どもには、高等教育に進んで欲しいと思っているんですが、実を言うと、息子にはその気がないんです。
> （女性、45歳、保育士、無資格、アルジェリア出身、ボンディ在住）

こうしたアスピレーションとして最も頻繁に登場するのが、「法律家」か「獣医」になることと並んで、「医者」になる、「医学の道に進む」ということである。

> *息子さんに特に勉強して欲しい分野はありますか？*
> 母親：〔息子にとって〕何か一流と思われるようなことをして欲しいですね。

具体的に言うと？

母親：医学を勉強して欲しいです。

〔息子に対して〕で、*君は、バカロレアに合格してからも、学校で勉強を続けるつもりなの？*

息子：はい

目標は？

さあ…

（女性、54 歳、専業主婦、小学校高学年、アルジェリア出身、サン＝トゥアン在住）

息子のことですから、私たちには決められません。でも、親としては医者になってほしいです。まあ、本人はそうは思っていませんけどね！

（女性、42 歳、共同住宅の管理人、CAP、チュニジア出身、サン＝トゥアン在住）

こうした上昇志向が、実は、教育上のものであるだけでなく、職業上および社会的なものでもあることは、親が希望する職業と子どもの実際の学歴が常に乖離していることからも明らかである。乖離の初期の形態は、その職業につくために修了しなければならない課程の種類を明らかにせずに、職業名をはっきり口にする態度に見ることができる。それはまるで、それらの要素が二次的なものであるかのようだ。というよりも、それらの要素についてよくわかっていないかのような態度である。さらに、親は、我が子の実際の成績を必ずしも考慮に入れているわけではない。こうした親とのインタビューの別の箇所で、多くの親は、我が子の学習到達度が平均以下だということを認めるのである。そして最後になってようやく一部の親は、自分自身の希望を、具体的に何も決めていない我が子に託していたことを受け入れるのである。

息子さんには将来、何になってほしいですか？

そうですね、私としては、獣医になってくれたらうれしいです。娘には、法律家になってほしいです。私が法律家になりたかったものですから。ですから、もし娘が法律家になってくれたら、私の希望を実現してくれたことになりますよね。息子がもし獣医になってくれたら、まあ、大変でしょうけど、それでもいいじゃないですか。私としては、そうなってくれるとうれしいです。

（男性、48歳、工房の責任者、CAP、アルジェリア出身、エピネー＝シュル＝セーヌ在住）

ミケルソン（Mickelson 1990）に倣って、本章でも、教育アスピレーションと期待の範囲内で、一般的で抽象的で、かつ広く共有されている姿勢―つまり、学校制度は、将来の展望を明るくするための手段だという考え方―と、学校に対する実際の姿勢―社会的により分化され、おそらく教育上はより生産的な姿勢―を区別することが有益だろう。最終的に、こうした状況で、非常に強いアスピレーションの主たる効果とは、実際にそうした上昇志向に基づく目標が達成できないとわかった時の失望の1つだろう（Merton 1938）。そしてその失望については、生徒やその家族によって、意図的な差別の産物として捉えられる可能性が大きい（Oberti 2008）。同様の現象は、学区に関する規則緩和の効果についても見られた（Oberti et Rivière 2014）［訳註1］。移民家族は、能力主義の原則や、学校の基本的役割を堅く信じている一方で、特別な免除（指定された学区外の学校に子どもが通うこと）が認められないと、それは、自分たちの出身および／もしくは居住地域による差別だと解釈する傾向が強い。移民家族の子どもも、自分たちに提供されている教育やキャリアに関する選択肢が不当だという強い意識を持っている（Santelli 2001; Brinbaum et Kieffer 2005; Caille 2007）。したがって、移民家族の子どもは学校の成績が悪いと、自分たちの学歴が、実際に自分たちが選択したものではなく、自分たちに押しつけられたものだと感じることが多いのである（Caille 2007）［本書第9章および第10章参照］。

このような極めて強い教育アスピレーションは、しばしば非現実的なものと思われるか、あるいは、少なくとも生徒の家族や生徒自身の客観的な社会環境および教育環境からはややかけ離れたもののように思われる。その教育アスピレーションが、目標達成に必要な種類の戦略や警戒心に支えられていることはほとんどない。しかも、高等教育への強いアスピレーション―職業リセや職業課程への進学を指導された移民の子どもがたびたび口にする―が、実際に大学への進学に結びついたとしても、かれらの成績は主流グループよりもはるかに悪い。大学生の場合、移民の子どもは、同じような社会的背景を持つ他の学生よりも、中退率および留年率が高いのである（Frickey et Primon 2006; Brinbaum et Guégnard 2011）［訳註2］。

移民出身の家族とは対照的に、調査対象地域に住むフランス出身の家族は、最も高い教育水準の者を含め、自分たちが、「現実的」だと判断しただけでなく、多くの場合、自分たちの子どもの能力、地元地域の状況、提供される教育上の選択肢、そして労働市場により適していると考えるものに見合った期待感を持つ可能性が高い。これらの家族では、親が、より一般的で、その取得が一流とみなされるようなレベルの学歴（博士号、エリート・エンジニアリング・スクールなど）ではなく、具体的な資格―多くの場合、修士号か職業ディプロマ―を特定する傾向にある。このような対応は、教育制度に対するより詳細な知識の表れでもある。さらに、こうした選択は、たとえば、上級技手免状（BTS）や、大学科学技術免状（DUT）といった、仕事に役立つ技術的資格取得のための２年間のコースを、親が最初に子どもに勧めるという結果をもたらすだろう。そうすることで、その家族の子どもたちは、移民の子どもたちの方が留年率が高い大学の学部の１年生に厳しい競争を勝ち抜いて入らなくても、修士課程により簡単に進むことができる（Beaud 2002）［訳註 3］。この点に関して、研究対象地域に居住するフランス出身家族の、移民家族よりも慎ましいアスピレーションは、フランス社会におけるかれらの地位と、教育的および社会的成功の客観的なチャンスの両方に対するより鋭い認識に基づく期待感に因るものと考えられる。

移民家族の高等教育へのアスピレーションについては、通常、多くの補足説明が行なわれる。第一の説明は、サヤドが立証した単純で基本的な原則に基づくものであって、その原則によれば、移民は結局、移住者（émigrants）であって（Sayad 1999）、かれらを受け入れる社会におけるかれら自身の社会的地位や経験は、かれらの出身社会における社会的地位や経験に照らして考慮されなければならない。多くの移民は、「積極的に選択された」のであって、それはつまり、かれらが、自らの出身国では、比較的恵まれた地位にあったということである。したがってかれらが抱くアスピレーションは、社会におけるかれらの現在の地位ではなく、むしろ以前の社会的地位に一致するものだろう（Heath et al. 2008）。いずれにせよ、移民が、現時点における自らの存在状況に完全に一致したアスピレーションではなく、かれらの個人的および集団的な経路の「勾配（pente）」に見合ったアスピレーションを抱いているのはほぼ確実である（Bourdieu 1974）[12]。次に、移民にとって、しばしば「社会的成功」が重要な目標になる。そこで移民の親は、成績が上がるように我が子に勉強させ、我が子の成功を通してこの目標の達成を目指すのである（Zehraoui 1998）。第三の説明として、移民の親は、我が子が労働市場で差別を経験することを見越して（Meurs et al. 2006; Tucci 2010）、我が子にとっては、フランス生まれのフランス人の子ども以上に、職業上の統合のためには資格が不可欠だと考えている。労働市場に民族差別が存在することを知りつつも、移民の親たちは、学校制度が比較的平等だと信じているように思われる。

保護者団体以外の学校生活への関与におけるさまざまな違い

学校生活への参加（教師との面談、集団活動への参加、保護者団体への加入の頻度）ということになると、移民家族とフランス出身家族との違いはそれほど体系的なものではなくなる。それにもかかわらず、フランス出身家族とは行動が大きく異なる移住グループは、学校生活への関与も、フランス出身の家族に比べて著しく低い。教師は全く面談したことがないと答えた親と比較した場合の教師とたびたび面談すると答えた親の確率は、フランス出身の家族と比べて、たとえば、トルコ人家族（1／0.15）もアジア出身の家族（1／0.14）も約７分の１だった。説明会、討論会や公演などの学校での集団活動についても、参加回数が最も少なかったのはやはりアジア出身世帯である（他のすべての要素は平等なので、この点に関してフランス出身と大きく異なるのは、このグループだけである）。これに対し、ほとんどすべての移民グループがフランス出身の親と大きく異なっているのは、かれらが保護者団体に加入する可能性がきわめて低い点である。他の学校関係の活動に比べて、保護者団体への加入には、フランスに関する高度な知識や教育環境における正統性の感覚が求められるものの、こうしたものを移民の親たちは持ち合わせていないことが多い。とりわけ、本章で研究対象とした地域の住民の場合はそうである（Aubert et al. 1997）。保護者団体が、教

12）将来性豊かなプチブルジョワに関するブルデューの分析は、移民の経路の解釈に関してはヒューリスティックである。すなわち、ブルデューは次のように述べている、「行為者の特定のカテゴリーが、［特に学校における成功の］チャンスを過大評価し、その過程で実際にそのチャンスを増やすことができる場合、それは、性向（dispositions）に、それらを生み出す特定の社会的地位ではなく、検討されている時点において、個人または集団の社会的経路の勾配を再生産する傾向があるからである。さらに具体的に言うならば、*将来への性向*、そしてその結果としての再生産戦略は、階級およびその階級に属する個人の同時発生的に定義された立場（position）だけでなく、*個人が属するグループの集団的経路の勾配によってのみならず*…二次的には*個人特有の経路*によって決まるのである…」（Bourdieu 1974: 19）。

育上の選択に関する有益な情報の拡散という役割だけでなく（Gombert 2008）、もっと一般的には、教育におけるさまざまなステークホルダー（校長から視学官に至るまで）との交渉の場としての役割も果たしている点を考えると、こうした団体組織に加入する移民家族が少ないことは、会員間に存在する社会格差によってさらに拍車がかかり（Dalsheimer-Van Der Tol and Murat 2011）、結果として、もはや不平等に関する二次的要素ではなくなっている。より恵まれた状況において、通常、保護者団体にはより多くの親が参加するため、提案される教育上の選択肢の修正にこの組織が重要な役割を果たすことが多く、通常、ごく当たり前のように学校生活に介入するのである。他の学校に比べると多様な社会階層の子どもたちが通う、あるいはほぼ庶民階層の子どもたちが占める学校の場合、保護者団体のような組織は、上昇志向が強く、積極的な中流階層の親たちによって「植民地化」され、かれらは、選択的かあるいはめったにないトラックや選択肢の存在を維持し、時にはそれを強化さえもする（Van Zanten 2009a）［訳註 4］。したがって、こうした組織において際立った存在であるフランス出身家族は、かれらの子どもの教育的成功を実現するための資源へのより頻繁なアクセスが可能なのだ。

学業の監督での違いはわずかだが、教育に関する会話は少ない

家庭での教育への関与は、2 つの変数で測定される。1 つめの変数、すなわち、親が宿題をする子どもを監督し、宿題を手伝う程度について、フランス出身の家族と最も大きく違ったのはアジア人家族で、フランス出身の家族に比べて、このグループの回答者は子どもの宿題を手伝う回数がはるかに少ない。この点に関して他の有意な違いは観察されなかったが、ただし、フランスの海外領土出身家族は、フランス本土出身家族よりも頻繁に子どもの宿題をチェックすると答えている。今回の調査でこの質問に用いた表現のおかげで、私たちは、親が我が子の宿題を監督する頻度を明らかにすることができた。しかし、こうした親の監督の性質の詳細（監視、チェック、手助け、構造化、口頭での質問や暗唱）については何も明らかにはなっていない。庶民階層の移民家族における教育実践に関する既存の研究（Thin 1998; Périer 2005）にも、今回の研究の一環として実施したインタビューにも、次のことが明らかになる傾向がある。それは、ほとんどの場合、宿題の手伝いとは、宿題をしている最中の子どもの活動の監視を意味しているということである。親の教育資本が低いために、かれらによ

る手伝いは、本当の意味での学習活動とは一致しない（Ichou 2010）［訳註 5］。これは、フランス出身家族または移民出身家族で、恵まれていないわけではない家族の場合と同じである（Kapko 2012）。

第二の変数、つまり学校や教育のことを親が子どもとどの程度話すのかという点から明らかになるのは、さまざまなグループの間に有意な違いがあるように、フランス出身家族と移民家族の間にも、大きな違いがあることだった。一般的に、その出身に関係なく、移民の親は、その回答によれば、フランス出身の親に比べて、子どもと学校のことを話す機会が極端に少ない。他の変数が変わらない場合、我が子と学校のことを話すと答えた回答者が最も少なかったのは、出身がアジア、サヘル、トルコの親であった。これらのグループそれぞれについて、子どもと学業について話す可能性は、フランス出身の親の、それぞれ 20 分の 1（1／0.05）、12 分の 1（1／0.08）、10 分の 1（1／0.11）だった。この変数は、かれらの最も個人的な次元、すなわち学校の問題について親子間で構築されるであろう関係を理解するうえで特に重要である。それと同時にこの変数は、親自身の学校での経験―多くの場合、その経験は短期間で、しかも子どもとは全く異なる状況におけるものである―と、フランスのリセにおけるかれらの子どもの経験との間に時折存在する距離感を反映している。フランスの学校制度の規範や期待感を親たちがよく理解していないことの結果として、教育に関する子どもとの話し合いはますます難しく、不均衡なものになる。したがって、これを親の関心の低さだと解釈することはできない（Lahire 1995; Ichou 2010）。むしろこれには、学校という組織と子どもへの二重の服従というプロセスが反映されているのである（Oberti et al. 2009）。インタビューで親が口にした意見から浮き彫りになるのは、意思決定とキャリア志向に関してかれらが学校に対して抱いている信頼感と自信、そして教師による判断に対する信頼感と自信である。

親は、我が子の学校を自由に選べるべきだと思いますか？

個人的には、子どもにふさわしい学校を決めるのは先生の方がいいと思います。私たちは、先生のおっしゃるとおりにします。「娘をこの学校にも行かせたくない、あの学校にも行かせたくない」と言うのは勝手ですが、我が子にとってどのリセ、どの学校が一番いいのかを私以上にわかってくれているのは、先生ですから。」

（男性、46歳、営業職、バカロレア、マリ出身、クリシー＝ス＝ボワ在住）

実験クラスについて、リセは親に十分な情報を提供していると思いますか？

いいえ、実験クラスのことは、息子が中国旅行に行く時まで何も知りませんでした。どんなことをするのか、正確に知りません。

それで、あなたは困っておられますか？

学校、つまりリセのことを信じていますから。

（女性、54歳、専業主婦、小学校高学年、アルジェリア出身、サン＝トゥアン在住）

この信頼感は、親たちの教育分野の知識と技術が低レベルであることに関連しているだけでなく、「フランスのリセ」に尊敬と敬意を抱くという考えにも関連している。我が子の教育に介入するための技術や正統性がないというこの感覚（Dubet 1997）は、ほぼフランスで成長し、フランスの学校制度で、そしてその制度によって一部社会化されている我が子に従う傾向が親にあることを意味している。この現象を理解するうえで、親がフランスに移り住んでからの期間と、かれらがフランスで何らかの就学経験があるかどうかが、きわめて重要な要素であることは明らかである[13)]。残念ながら、私たちが実施したアンケートには、この2つのデータが欠けている。経路と出自（TeO）の調査によれば、全国レベルでは、フランスにおけるさまざまな移民グループがフランスに入国した時期によって、かなりの違いが生じている（Beauchemin, Borrel et Régnard. 2010）。たとえば、1965年の時点で、スペインとイタリアからの移民の半数は、すでにフランスに入国していた（そしてその半数が、フランス入国時には8歳以下だった）。東南アジアからの移民の場合、この時期は1981年、トルコからの移民は1989年、アルジェリアからの移民は1990年、そしてサハラ以南のアフリカからの移民は1995年である（これらの移民の半数は、フランス入国時に23歳以下だった）。最近になってフランスにやってきた親たちは、フランス

13）この点は、特定の移民グループでも真実であって、そのことは、学校への姿勢、キャリア・アスピレーションおよびジェンダー関係に関して、“*blédards*”（マグレブ地方から最近フランスに移住した者）と“*banlieusards*”（パリ郊外で育った者）との違いについて論じたシフ（Schiff 2008）でも証明されている。

語がほとんどわからないか、あるいは全くわからないため、かれらにとって、子どもの教育上の選択に介入することは、ますます難しくすらなっていると思われる。今回の調査で多くの親が口にしたのは、「選ぶのは子どもたちですから」という言葉だった。

お子さんは、あなたが希望していた教育上の進路を進んでいますか？
ええ、もちろんですとも。実のところ当時の私たち親子に選択肢はなかったと私は思います。本当に。でも、息子は一生懸命がんばる子でしてね。だから、自分が希望する進路を選んだんです。結局、自分の進路を決めるのはあの子ですから。
（男性、51歳、労働者、CAP、アルジェリア出身、クリシー＝ス＝ボワ在住）

たしか、息子さんは工学志望だとおっしゃっていましたね？
ええ、エンジニアになりたいんです。
で、*工学というのは、あなたが息子さんに進んでもらいたかった教育上の進路なんですか？*
ええ、私としては…まあ、あの子が決めることですから。そうですね、親としては、なんというか…それをするのは子どもなんです…あの子たちの将来ですから。自分が何をしたいのかを決めるのは…子どもなんです。
（女性、52歳、無職、中学校卒（BEPC）、モロッコ出身、サン＝トゥアン在住）

ヤスミナの教育については誰が判断しているのですか？
ええっと、わかりません…選ぶのはあの子なんです、だって、あの子がその話をして、いろいろ質問していますから。あの子はその話を友達としているんです。
では、あなたは、子どもをどこの学校に行かせるかは親が決めるべきだと思いますか？
今は、ええ、そう思います。今はね。だって、友達が行っているからと言って、どこそこの*リセ*に行きたいと言う子どももいるわけですから…でも、私には言えません、本当に。
（女性、36歳、清掃員、CAP、マグレブ出身、ボンディ在住）

実験クラスについてどう思いますか？

その「実験」っていうのが何のことなのか、よくわからないんですよ。で、娘が説明してくれましたけど、未だによくわからないんです…必要なことを細かな点まで全部わかっているわけではありません…この実験について」

（女性、59歳、無職、高校1年、モロッコ出身、サン＝トゥアン在住）

この二重の服従は、移民家族に特有のものではなく、フランス出身の庶民階層家族にも見られる。ただし、学校への信頼度は、多くの移民の親ほど高くはなく、場合によっては、多くの移民の親ほど無条件に信頼しているわけでもないように思われる。学校というこの組織や子どもに対する服従は、自分は無知で、正統性のない存在だという親の意識に起因するのである。

パリ政治学院プログラムに対する認知度の低さと学校に関するわずかな知識

学校に対する、そして結局のところ子どもに対するこうした服従の姿勢は、*リセ*やパリ政治学院のプログラムについて情報を集めようとする親の態度からも明らかになる。態度が主流グループと大きく異なるすべてのグループで、パリ政治学院のプロジェクト[14] について知っているという回答は、主流グループよりも少なかった。しかし、このような違いは、*リセ*入学前のリセに関する情報の収集においては、それほど大きなものではない。実際には、学校に関する知識の格差が大きかったのは、2つのグループ（ヨーロッパと他のアフリカ諸国）だけであった。実は、今回の調査で特に際立っているのは、親が移民であれフランス人であれ、我が子が通う学校に関するかれらの知識不足である（表2)。半数以上の親が、子どもが入学する前に、子どもが通うことになる学校について全く知らなかったか、あまり良く知らなかったと答え、情報を収集した

14）このプロジェクトでは、パリ政治学院と優先教育地域（ZEP）にある*リセ*とのパートナーシップ協定に基づいて、生徒は、校内の特別ワークショップに参加することで、パリ政治学院の特別な入学手続きに必要な資格を取得できる、今回の調査実施時に、生徒はプレスキット（press kit）を準備し、この第一段階を通過した候補生には、かれらの技術やモチベーションを評価するためのインタビューが行なわれた。当時のプログラムの詳細については、オベルティらを参照のこと（Oberti et al. 2009)。［園山大祐（2004)「フランス高等教育におけるアファーマティブ・アクションの導入」『日仏教育学会年報』(10) 100-110参照のこと］

と答えた親は、全体のわずか3分の1にすぎなかった。やはりこの場合も、この結果は、関心の低さの表れというよりも（Ichou 2010)、むしろ正統ではないという意識および／または学校制度への信頼感のあらわれである。かれらは、教師、生徒指導専門員、高校校長)、そしてかなり稀には進路指導専門員を通じて、教育当局による判断に従っている。しばしばこうした人たちは、かれらの子どもにとってなにがベストなのかの判断に最もふさわしく、しかも最も判断しやすい立場にいると思われている。

> 最初、長女は、前期中等学校を出たら絶対に馬術の道に進むんだと言っていました。そこで私は、「いいわよ、じゃあ、必要な情報を集めて、申込みをして、思った通りにやりなさい。一切口出しはしないから」と言ったんです。たぶん、生徒指導専門員の方だと思うんですが、娘と時間をかけて話してくれて、彼女にこう言ってくれたんですよ、「もし馬術学校に行ったら、初歩の初歩から始めることになるから、苦労しますよ。毎朝すごく早く起きなきゃならないし、臭い場所で働かなきゃならないし…」って。それを聞いた娘は決心が揺らぎだしたんです。そこで、中学校校長先生と面談の約束をして、どうしていいかわからないって話しました。すると校長先生は、デュニー市に彼女の進路を探してくれました。それからの彼女は、とても楽しく毎日を過ごしています。BEP の資格もとったし、「バック［バカロレア］」にも合格したし、今の自分に心から満足しています。
> （女性、46歳、保育学校助手、CAP、マルティニーク出身、エピネー＝シュル＝セーヌ在住）

学校への服従というこの第一の形態は、しばしば、子どもへの服従という第二の形態と同時に行なわれる。ただし、どちらの要素がこれら家族と学校制度との大きな隔たりの原因で、どちらの要素がその結果なのかを特定するのは、必ずしも容易なことではない。自分の教育上の将来を決める際に生徒にかなりの裁量が許されることは、家族の異議申し立て制度に関連づけることができる。こうした自己決定の程度は複数の要素に関連しており、これらの要素は、時として一斉に作用する。親に、教育分野での経験や技術、あるいは正統だという意識がない場合、これらの要素は教育上のものである。しかし、フランス語を話せない親が、言葉の壁によって学校制度から排除される場合、これらの要素は文化的なものである。家庭で話す言語についてのデータがないため、言葉の問題についてはこれ以上の検討を行なわなかった。しかしながら、検討対象である他の次元と同じく、親の言葉の問題は重要な要素だと考えられる。長年フランスに住んでいる移民の親たち、とりわけ、旧フランス植民地出身の親やフランスの学校に通った親たちと、フランス語に関する知識やそれを話した経験を持たずに、比較的最近フランスにやってきたという移民は、明確に区別することができる[15)]。

また、具体的に「パリ政治学院プログラム」に関して言えば、調査を行なった全家庭、とりわけ移民出身家族は、このプロジェクトの内容、原則および期待について、曖昧にしか理解しておらず（Oberti et al. 2009）、やはりこの場合も、親が我が子に服従していた。かれらが、子どもが通う学校におけるパリ政治学院の存在を好意的に捉え、その存在を、「教育再生」と「文化的アウトリーチ」を目的としたプログラムと関連づけているのに対し、このプロジェクト全体の目標は依然として不透明なままである。多くの親が、より面倒な学習の監督や、海外旅行やセーヌ＝サン＝ドニ県以外の場所を訪れる機会、専門家との話し合いの機会を強調したものの、このプログラムとその主たる目的―生徒に、パリ政治学院に進学できる可能性を提供すること―を関連づけて考えることはほとんどなかった。

> 旅行とか、いろいろなことができるんですよ。若い頃の私には旅行するのが夢でした。いつも言ってたんです、「いつか、旅行するわ」って。実際には一度も旅行なんてしたことはありませんが。でも、彼女にそれができるのは素晴らしいことです。
>
> （女性、36 歳、清掃員、CAP、アルジェリア出身、ボンディ在住）

> あの訪問はいい刺激になります。あの後、子どもたちは、プロジェクトに

15）トルコからの移民女性の約 3% が、フランスにやってきた当時、フランス語が流ちょうに、あるいはとても流ちょうにしゃべれたと答えた。ポルトガルからの移民女性と東南アジアからの移民女性では、この割合がそれぞれ 4% と 8% に上がった。これに対し、アルジェリアからの移民女性ではこの割合は 44%、サヘルからの女性では 48%、西アフリカまたは中央アフリカ出身の女性の場合は 73% であった（Condon et Régnard 2010b）。

取り組んだんです。つまり、子どもたちにとってはいいモチベーションができたんですよ。いつも子どもたちにはやるべきことがあるんです。

（女性、45歳、保育士、BEP、アルジェリア出身、ボンディ在住）

アジアおよびトルコ出身家族に特有のプロファイル

いくつかのケースで、移民家族間での学校に対する姿勢は、フランス出身の家族の姿勢とは異なっている。これらの出身グループそれぞれに特有の態度を特定することはできるだろうか。この点についてまず気づくのは、少なくともどちらかの親がフランス生まれという混合世帯に関することである。つまりこれらの家族は、リセの生徒のアスピレーションに関するカイユの研究（Caille 2007）で明らかなように、主流グループとの違いが最も小さい。同じくフランスの海外領土出身の家族は、たとえその姿勢がフランス出身の家族の姿勢と違う場合でも、他の移住グループよりも主流グループに近い。

フランス出身家族との比較で特に際立っているのが、アジア出身とトルコ出身の移民世帯である。主流グループと最も多くの点で違っているのが、アジア出身の移民である（10の変数のうち8つ）。しかし、通常、この違いが最も大きいのは、トルコ出身の家族とフランス出身家族を比較した場合である。さらに、これら2つの移民グループは、全国的に見てきわめて独特であり（Brinbaum et al. 2012; Ichou 2013［=2018］）、しかも正反対の教育経路を示している。というのも、アジア出身の生徒は、学校の成績が良好か、場合によっては優秀であり、倍率の高い高等教育課程に進むのに対し、トルコ出身の生徒には、成績が平均を下回り（Caille et Lemaire 2009）、教育経路が比較的短いという傾向があるからである（Silberman et Fournier 2006; Brinbaum et al. 2012）。合衆国におけるアジア移民の学業の優秀さについては、さまざまな論文で論じられているものの、同じことがフランスにもすぐにあてはまるというわけではない。なぜなら、両国の状況は全く違うからである。しかしながら、多くの研究者が説明として指摘しているいくつかの要素は、ここで言及するにふさわしいものである。まず、このグループが、教育の価値を固く信じている点である（Costigan et al. 2010; Francis and Archer 2005）。このことは、学校生活や学習の監督への親の直接的関与ではなく（Mau 1998）、結果に対するきわめて強い期待感（Louie 2001）に反映されており、時にこうした期待感は、教師によっても表明されている（Xie and Hsin 2013）。アジア人家族が特に重視しているのは、善行、強い職業倫理そして忍耐であり、そのいずれもが、特に慎ましい背景を持つ移民の場合、学校への規律正しい姿勢を促すのである（Domina 2005）。

こうした所見は、本章で明らかになった結果と一致する。なぜなら、アジア人家族は、移民グループの中で最も教育アスピレーションが強く、学校生活や家庭学習の監督への参加は最も少ないからである。アジア出身家族の高等教育志向は、世代から世代へと受け継がれている（Caille 2007）。移民家族の子どもの間で、職業*バカロレア*や技術*バカロレア*ではなく、普通（つまり、より学術的な）*バカロレア*を受けて、エリート養成校である*グランゼコール*入学のための*準備級*に進む（そして*グランゼコール*への進学に比べると、それほど名誉にはならない技術コースに進むことを拒否する）割合が、非移民家族の子どもの割合に最も近いのが、アジア出身家族の子どもである。こうした結果から明らかなのは、かつて合衆国（Hao and Bonstead-Bruns 1998）やイギリスにおける研究（Modood 2004）で強調された通り、アジア出身の子どもたちの間で教育的成功の基本的な原動力になっているであろうものの正体である。つまり、高等教育に対する親のアスピレーションと、そのアスピレーションが子どもに伝えられていくという事実の同時発生が、学業での期待感が世代間で一致する程度が高いという結果をもたらしているのである。これとは対照的な状況を、トルコ移民の子どもに見ることができる。なぜならトルコ移民の子どもの場合、普通*バカロレア*の受験を想定する可能性が最も低く、しかも［*グランゼコール*］*準備級*に進む可能性も少ないからである（Caille 2007）。換言すれば、親子間での教育志向の不一致は、トルコ出身家族の方が大きいと思われる。

2つのグループの子どもたちの間で、教育経路や教育アスピレーションが対照的であることについては、これら両グループの家族ではフランス語との関係が全く違うことによって説明できるものではない。なぜなら、どちらの移民グループも、親が子どもとフランス語で話す機会―フランス語だけ話すか、あるいは出身言語と混ぜて話すかに関わらず―が最も少ないからである（Tribalat 1995; Simon 1997; Condon et Régnard 2010b）。トルコ移民にも、そしてかれらほどではないにしろアジア移民にも、パリ地域圏に住む他の移民グループよりも居住隔離のレベルが高いという特徴がある（Préteceille 2009）。教育経路、学校制度との関係や居住隔離の程度の間のこの関連については、居住隔離という次元がこれら2つのグループそれぞれに与える影響がどの程度違うのかに関する今後の研究が有益になるだろう。合衆国と違って、フランスでは、特に、移住背景の違いに焦点を絞って、生徒の居住地域が、かれらと学校との関係（およびかれらの親と学校との関係）やかれらの教育経路に及ぼす効果を正確に評価するための調査が行なわれていない。居住隔離が明確に行なわれている状況、いや逆に言えば、広範な社会的多様性という状況は、必ずしもすべての移民グループに同じ効果をもたらすものではない[16)]。たとえば、ボルドーで実施された研究では、選抜的トラックよりも、職業的トラックへのアクセスをもたらすコミュニティ資源に基づいた、トルコ人コミュニティの強固な集団構造が明らかになる。構成員の高度な地理的集中によって拡大する地元コミュニティのネットワークは、コミュニティ内で職を提供し、トルコ人の若者を、他の「郊外に住む若者」から分離する（Armagnague 2010）。この点で、私たちが行なったアンケートのいくつかの限界が明らかになる。たとえば、時間の使い方、家庭以外で過ごす時間、そして地域空間の使用について尋ねた方が有益だったように、親が子どもの勉強を監督し、それを他の家庭内での仕事と結びつける方法について、もっと具体的に尋ねた方が有益だっただろう。

おわりに

移住背景によって、家族と学校制度の関係は違ってくる。こうした違いが最も顕著なのは、特に2つの領域である。つまり、調査対象地域に住み、社会的背景が同じフランス出身家族と比較した場合、移民の親は、地元コミュニティによる教育支援をよく利用し、我が子に対しては、高等教育に対する強いアスピレーションを抱く。かれら特有のこうした学校制度との関係が持つ教育上の効果がどのようなものであれ、これらの結果は、ある見解に疑問を呈する。その見解とは、これら地域において、移民家族は、我が子の教育に対してほとんど関心を示さないか、あるいは多くを望まないという見解である。さらに他のいくつかの点で、こうした庶民階層地域に住む移民家族と非移民家族との間に

16）たとえば、ローゼンバウム（Rosenbaum 1991, 1995）は、合衆国におけるゴトロー（Gautreaux）プロジェクトのような居住地区の棲み分けを防ぐためのプロジェクトに参加した世帯に対する「正の」効果としての、ロール・モデルと中流階級の規範の重要性に焦点を絞った。このプロジェクトは、民族的および人種的に均一な貧しい地域から、さまざまな人が混在する、より恵まれた地域への移転を希望する世帯を支援するものであった。

それほど大きな違いはない。

また、私たちの研究で明らかになったのは、「移民」というカテゴリーの持つ異質性と、結果として移住背景による分類―研究対象である社会現象の不当な普遍化や省略を避けるために、できる限り正確に行なう―を採用することの利点である。実は、最も人口が少なく、そのため通常は最も研究対象になる機会が少ないのがこれらのグループ（トルコ出身家族とアジア出身家族）で、かれらの学校教育に対する姿勢は、主流グループの家族のそれとは大きく異なっている。研究対象となったトルコ人家族とアジア人家族には多くの共通点があった。たとえば、どちらの家族も、学校生活や家庭学習の監督に最も消極的な移民グループである。これら2つの移民グループの教育実践の特色を1つあげるとするならば、トルコ出身家族の場合、子どもの学校生活を円滑に進めるために、地元コミュニティによる支援を利用する頻度がきわめて高いことと、その一方でアジア出身の親の場合は教育アスピレーションが特に強いということであろう。アジア人生徒の場合、かれらの親は、学校でも家庭でも、我が子の教育にほとんど関与しないにもかかわらず、かれら生徒は高い教育的成功を達成する。このことは、親の関与―あるいは、少なくとも、今回のアンケート調査で明らかになった親の関与―が、子どもの教育達成の決定要素ではない可能性があることを示唆している。

今後、3つの分野でさらに研究が進めば、私たちの研究の拡大にとって有益になるだろう。まず、たとえインタビューで補ったとしても、単一のアンケートだけで姿勢や教育実践の複雑さを完全に明らかにすることはできない（Lahire 1995; Lareau 2003）。異なる実践や表現に同じ回答が行なわれる可能性があり、庶民階層の回答者に頻繁に見られる「社会的望ましさバイアス」が原因で、実際はどうなのかではなく、どうあるべきなのかを反映した回答が引き出される恐れがある。こうした理由から、きわめて複雑な移民家族と学校制度の関係を調べるためには、民族誌的観察がより広い範囲で採用されるべきである。

次に、私たちが得たデータでは、生徒の教育経路に、さまざまな教育実践が与える効果を調べることができなかった。なぜなら、それを調べようとすれば、社会的および都市的状況に由来するさまざまな変動を考慮した縦断研究が必要になるからである。

第三に、社会的背景が同じ場合に、異なる移住背景が、学校制度との特定の種類の関係に関連するのはなぜだろうか。この難しい疑問に明確な答えを出すためには、都市または地方という背景、移住の歴史（出発および定住の状況、出発理由、利用される資源、出身国とのつながりの種類）、フランスと出身国との関係（過去の植民地、従属関係、平和的関係または対立関係）、居住および教育における隔離、人種差別の経験、差別に対する反応、そして最後に文化的現象といったさまざまな要素と共に、出身国における社会的地位や教育水準の影響を評価することが必要になるだろう。質的研究（Zéroulou 1988; Laacher 1990; Sayad 1999; Santelli 2001）や、最近行なわれた量的研究（Feliciano 2005b; Ichou 2013［＝2018］, 2014）で示唆されるのは、移住前の―すなわち出身国での―移民の経験や社会的特徴が、フランスにおけるかれらやかれらの子どもの性向（disposition）と経路を理解するうえでの鍵になるということである。こうした視点に立って研究を行なう場合には学際的連携が必要なのだが、現時点でこのような連携は、大規模調査の手段として試験的に行なわれているだけにすぎない。フランスにおける移住者の研究は社会学者に委ねられ、出身国における移住者の研究はほとんど民族学者に委ねられるという、既存の壁を乗り越えることができるのは、唯一、社会学者と人類学者を巻き込んだ研究だけだろう[17)]。この分野において、民族学上の知識とアプローチは特に貴重である。なぜなら、そうした知識やアプローチによって、移住者の間でも、移住者と非移住者の間でも、社会的および文化的違いが見落とされることがなくなるからである。フランスにおいて、民族学上の知識とアプローチは、移住前の経験や特性が再解釈され変化した後に、どのようにしてその効果を発揮するのかについての理解を深めてくれる。こうした経験の文化的次元に関しては、言語、倫理規範、慣習、宗教、家族構成、価値観、考え、表現に基づいて移民グループを分類することと、特に移住のプロセスという文脈で、移民グループ内での世代間伝達やそれが態度に与える効果を評価することとは別問題である。したがって重要なのは、伝達された文化モデルの持続性に明らかに関連する側面と、新しい社会経済的および都市的環境への適応から生じる側面とを区別することである（Patterson 2001）。「民族文化的出身」の要点を明らかにし、こうした出身に関連する「文化的」特性という静的ビジョンに基づいて受け入れ国での態度を解釈するという危険を回

17）都市人類学や都市民族誌などのより細分化された分野では、フランスにおける移民や移民全般に関する研究は数がきわめて多く、しかもかなり以前から行なわれている（Raulin 2007）。

避するためには、これらのメカニズムの理解が不可欠なのである（Patterson 2010）。

【謝辞】

本章を読み直し、さまざまなアドバイスや意見を聞かせてくださった、Mireille Clémençon、Patrick Simon、Hugues Lagrange、Marie Duru-Bellat、Edmond Préteceille の各氏に心からの感謝を申し上げる。また、本章の前のバージョンを発表した、フランス国立人口研究所（INED）の「国際移住および少数者（Migrations internationales et minorités）」というセミナーの参加者の方々にもお礼を申し上げたい。最後に、本章のブラッシュアップに役立つ感想や示唆を与えてくださった、本誌編集者と 3 名の匿名の査読者の方々にもお礼を申し上げる。

（園山　大祐 訳）

［訳註 1］オベルティ（2012）「居住地域の社会的・教育的差異化」園山編『学校選択のパラドックス』勁草書房、155-190 頁

［訳註 2］ペルジス（2021）「高等教育における技術バカロレア・職業バカロレア取得者」園山編『フランス高等教育改革と進路選択』明石書店、59-79 頁

［訳註 3］ボー（2016）「「バック取得率 80％」から 30 年」園山編『教育の大衆化は何をもたらしたか』勁草書房、12-23 頁

［訳註 4］ヴァンザンタン（2012）「他者を選ぶ」園山編『学校選択のパラドックス』勁草書房、91-116 頁

［訳註 5］プーラウェック（2018）「家族支援のパラドックス」園山編『フランスの社会階層と進路選択』勁草書房、128-140 頁

【付記】

本章は Le rapport à l'école des familles déclarant une origine immigrée: enquête dans quatre lycées de la banlieue populaire（Mathieu Ichou, Marco Oberti), dans *Population* 2014/4（Vol. 69), pp. 617-657 の全訳である。著者および出版社の翻訳の快諾に感謝申し上げる。なお、統計用語について知念渉准教授（大阪大学人間科学研究科）に確認いただいたことに感謝いたします。

付録

表 A.1　OSC 調査で採用された独立変数の度数分布

変数	カテゴリー	度数（%）	人数
親の社会職業カテゴリー（CSP）*	とても恵まれている	8.0	95
	恵まれている	25.5	304
	恵まれていない	12.7	151
	極端に恵まれていない	53.8	641
父親の教育	無資格	31.4	374
	バカロレア未満	29.0	345
	バカロレア以上	25.0	298
	不明	14.6	174
母親の教育	無資格	33.9	404
	バカロレア未満	30.6	364
	バカロレア以上	28.6	340
	不明	7.0	83
家庭環境	子どもは両親と同居	72.2	860
	他の家庭環境	27.8	331
親の雇用状況	両親とも有職である	44.4	529
	片親が働いている	39.1	466
	両親とも無職である	16.5	196
対象生徒の兄弟姉妹の数	1	26.0	310
	2	31.6	376
	3	20.3	242
	4	11.1	132
	5	6.0	71
	6	5.0	60
対象生徒の学年	リセ1年	44.1	525
	リセ2年	31.6	376
	リセ3年	24.3	290
対象生徒のリセ	サン＝トゥアン	18.9	225
	エピネー＝シュル＝セーヌ	27.7	330
	クリシー＝ス＝ボワ	14.6	174
	ボンディ	38.8	462

*CSP（社会職業カテゴリー）という変数のカテゴリーは次のようにコード化されている。「とても恵まれている」というカテゴリーには、両親ともが、高度な知識を必要とする職業または中間職でマネジャーとしての役割を担っている家族が該当する。「恵まれている」というカテゴリーには、どちらかの親がこうした職業に就いている家族が該当する。「恵まれていない」というカテゴリーには、どちらかの親が、単純労働か一般事務職に就いている家族が該当する。そして「極端に恵まれていない」というカテゴリーには、どちらの親も単純労働か一般事務職に就いている家族が該当する。

出典：OSC 調査

表 A. 2　移住背景ごとの母親の教育水準の分布（%）

母親の移住背景	無資格	バカロレア *未満*	バカロレア *以上*	不明	合計	人数
フランス本土	8	42	48	3	100	232
フランスの海外領土	32	40	20	8	100	87
ヨーロッパ	44	37	17	2	100	54
アジア	42	18	31	9	100	78
サヘル	52	25	10	13	100	61
マグレブ	51	25	17	6	100	324
その他のアフリカ諸国	24	23	45	8	100	91
トルコ	67	23	5	5	100	57
混合（片親がフランス人）	21	42	37	0	100	78
混合（両親とも非フランス人）	23	33	40	3	100	46
その他のアフリカ諸国	13	25	36	25	100	83
合計	34	31	29	7	100	1,191

出典：OSC 調査

第12章

移民の子孫と長期就学

—社会的・歴史的に位置づけられた学校制度との関係—

ポーリーヌ・ヴァロ

はじめに

フランスにおける移民の子孫の学業成績や進路希望、学校によるセグリゲーションの程度は、1990年代により詳細にされた生徒の地理的出自に関する統計データ（Vallet et Caille 1996b; Vallet 1996; Felouzis 2003）のおかげで、社会学者から再び注目を集めた。このテーマは比較的新しいものであることから、移民に関する多様な状況や関係は、外国にルーツを持つ若者、というひとつのカテゴリーでまとめられる傾向がある。研究対象となった生徒たちの中には、両親とともに移住した者もいれば、移民や混成カップルの子どもとしてフランスで生まれた者もいる。移民の子孫を言語的基準（Vallet et Caille 1996b）や名前の文化的起源（Felouzis 2003）に基づいて特定する場合、移民ルーツという概念はより包括的なものとなる。したがって、このような分析に含まれる生徒たちは、家族が移動と多少なりとも密接な関係を持ち、その違いはフランス国籍を持つかどうかという基準で大きくなる。このように移民何世かであるかという違いに加え、社会的・地理的出自も多様である。先行研究をさらに深めるべく、家族の移動歴が多様であることを考慮に入れ、移民の背景を持つ生徒とそれ以外の生徒、すなわち家族に最近の移動歴はない生徒との違いを探りたい。

本章では、高校生のバカロレア取得後の進路希望に焦点を当て、特に生徒と学校制度、そして間接的には労働界との関係を明らかにする。学業意欲（l'ambition scolaire）は、階層（Bourdieu et Passeron 1970［＝1991］; Boudon 1973［＝1983］; Willis 1978; Poullaouec 2010; André 2012）やジェンダー（Duru-Bellat［1990＝1993］2004; Baudelot et Establet［1992］2006）の観点からこれまで研究さ

れてきたが、フランスの公的統計には最近まで親の移住歴に関するデータがほとんど含まれていなかったこともあり、先行研究では移動との関係は検討されていない。しかし、多くの量的研究（Vallet 1996; Caille 2007; Brinbaum et Kieffer 2009）は、移民家庭は教育意欲（ambitions scolaires）に富んでいること、それは移住による社会的上昇計画の結果であると解釈できることを示唆している。このような理解の限界は、移住が行われた社会的・歴史的条件を真に考慮することなく移民は本質的に楽観主義であるとか、学校での成功への渇望があるなどと捉えてしまう傾向があることである。「外国ルーツの」（Vallet et Caille, 1996b）子どもたちや「違う土地出身の」（Felouzis 2003）子どもたちを同じグループにまとめることは、移民現象の歴史的側面や、絶えず変化する社会形態にそれが定着することを過小評価するリスクがある。たとえば、本研究の対象である移民の子孫の学業意欲は、フランスにおいて義務教育期間が延長されたことや、1985 年のジャン＝ピエール・シュヴェーヌマンの「一世代の 80% をバカロレアレベルに引き上げる」という意向のような長期的な教育政策と無関係ではない。現在の「全ての人の学習権」の文脈ではこのような願望は、学校選択への制度的作用にこれまで以上に依存している（Cayouette-Remblière 2014［＝2018］）。さらに、G. ノワリエル（Noiriel, 1988［2006＝2015］）が指摘するように、移民もまた戦前戦後より続く歴史を持っており、それはまた、1974 年［移民の新規受け入れを停止］で終わるものでもない。新たな移民の出身地はますます多様化し遠方からやって来るようになり、学歴水準は上昇し、管理職に就く者も増えている（Tavan 2005）。

移民第二世代に関する研究では、フランス生まれの移民の子どもと、親・兄・姉との間の断絶を過大に見積もる傾向があると指摘する社会学者もいる（Sayad 1994; Santelli 2004）。移民の子どもたちが早期にフランス社会に溶け込むことは一定の作用をもたらすとはいえ、家族の個々の移住歴に関連する社会化要因を無視することを正当化するものではない。ここで紹介する分析は、そのような点に注意を払いながらフランスに移民した家族の系譜を詳細に調査し、その子孫の学業意欲に及ぼす影響を測定している。2008 年、INED（国立人口学研究所）と INSEE（国立統計経済研究所）は、祖父母までの系譜を詳細に説明するための革新的な調査法を導入した。「経路と出自（以下 TeO と略す）」調査の付録である「若者（Jeunes）」調査票を使用することで、回答者の両親と祖父母の移住状況と出生国を書き出し、リセ（高校）に入学した移民の孫を識別することが可能になった。

両親の移住歴への関心は目新しいことではないが、祖父母の移住歴はこれまであまり検討されてきておらず、自明のことではない。移民社会学において移民の孫が研究対象の一部を成すものとみなされることはほとんどない。さらに言えば、最新の統計調査ですら、移民の孫はいわゆる「マジョリティ」あるいは「ネイティブ」のグループに分類されている[1)]。移民の孫を扱うことが驚かせることであるのであれば、それは間違いなく、ノワリエル（Noiriel 1988［2006＝2015］）が述べたフランス型の共和主義的な統合モデルという考え方には合わないからである。他方、アメリカでは移民3世は移民の「3世およびそれ以降」（「third plus」）の子孫という広範なグループに集約されるのが慣例で、特定の研究の対象となることがある（Alba et al. 2002; Logan and Shin 2012）。

しかし、現在のフランスの状況において移民の孫を研究することには、いくつかの理論的論拠があると私たちは考えている。第一に、移民の孫と移民の子どもを比較することは、フランスの事例から「同化」という観点で分析することの限界を示す。同化パラダイムの古典的なバージョン（Park and Burgess 1921）では、移民の子孫とそれ以外の人々との間の差異が世代を経るにつれて減少する傾向にあると仮定している。この見方によれば移民の孫は、教育願望という点ではマジョリティ・グループと変わらないはずである。第二に、移民問題の分析で中心となっている民族・人種差別の問題から一歩引く必要がある。フランスにおけるこの主題に関する現在の研究の大部分が、差別は主に「ヴィジブル・マイノリティ」（Beauchemin, Hamel, Lesné, et Simon 2010）という言葉で一括りにしたマグレブやアフリカからの移民の子孫に関するものである。しかし、フランスに住む18歳以上の若者の祖父母が移民である時、その4分の3がヨーロッパ系、特にイタリア系とスペイン系であり、アフリカ諸国からの移民は6分の1にすぎない。

長期就学に対しての移民の孫という特異な位置付けを理解するためには、この半世紀の間に移民現象とフランスの教育制度とに起こった変化に注目する必要がある。調査の対象とした生徒の祖父母のほとんどは、急速な工業化を背景

1）このような用語は、主流（mainstream）とネイティブ（native）について書かれているアメリカの文献から借用したものである。フランスでは比較的一般的になっており、TeO の調査ではこれが正式な統計上のカテゴリーとなっている。

に1955年に始まり20年にわたった大規模な移民時代にフランスにやってきた。外国人労働者が特に単純労働者や熟練工として労働市場の中でも低技能で不安定な分野に追いやられたことがこの時期の大きな特徴であった。暗黙のうちに国籍がヒエラルキー化されるメカニズム以上に、外国人という地位は「パピエ［滞在資格］のキャリア」（Spire 2005）と職業的キャリア（Bruno 2010; Pitti 2005）の両面から、社会的運命に大きな影響を与え得るものだった。こうした移民労働者の子どもたちは、1980年代に敷かれた就学の長期化政策の影響を最も直接的に受けた者だが、その結果はさまざまであった（Beaud 2002［ボー（2016, 2018）］）。これらの背景的要因は移民自身とその子孫の社会的軌跡に十分に長期的な影響を及ぼした可能性があるため、かれら移民から生まれた孫を分析の中で他と切り離し個別のグループとして扱うことは妥当である。祖父母や両親がフランスに移民し、そして／あるいはフランスで育ったかどうかという履歴条件を考慮に入れると、移動歴のある家系から高校生の社会的出自は特徴づけられ、そしてかれらの進路希望が一層理解される。このことは、標準化された両親の職業のみに基づいて社会的出自を統計的に測定することが困難であることを考えれば、有用であることがわかる（Lahire 1995）。

別枠1．データについて

「経路と出自（Trajectoires et Origines）」調査（通称TeO）は、フランスにおける移民出身者についての知識を深めることを目的として2008年にINSEEとINEDによって実施された。主な質問項目は、家族の移住が行われた時期に関するもので、移民[2)]、移民の子ども、海外の県で生まれた者とその子どもを過剰代表させたサンプル設計が特徴である。これらのカテゴリーに属さない回答者は、いわゆる「マジョリティ」グループにまとめられている。対面調査の際に、回答者に15歳から24歳までの同居する子どもがいる場合には「若者調査」と呼ばれる、本調査をもとにそれよりも短く作られた補足質問紙が配布され、子どもたちは、調査者と親とのインタビューが行われている間に自力で質問に答えるよう求められた（若者が訪問時に不在の場合は、記入後の質問票を郵送で返送するよう依頼した）。「若

2）　TeOの調査では、「移民とは外国で生まれた人である」という統合高等評議会の定義を採用している。

者調査」の無回答率は47%であった（本調査の無回答率は39%）。質問紙への回答は本人に任されているため、対面式調査よりもモチベーションが下がることが多いことを考えると、この率はかなり満足のいくものである。参加に同意した回答者は、かなり長いアンケートに答える、という文化的な意欲と学校的な態度を示していることから、サンプルの構成に偏りをもたらしている。しかし、文化的嗜好や外出に関する質問から始まる多様なトピックは、学業に関する質問に対して問題なく答えられる生徒ばかりが過剰に選ばれることは抑えられたかもしれない。

本研究ではこの中から、コレージュ（中学校）またはリセ（高校）に就学中で、調査時点で15歳から18歳の回答者、計1,455人からの回答を取り出した。この年齢層を選ぶことで、18歳以降によく見られるようになる、親元を離れることに伴うバイアスを回避している[3)]。また、同じ兄弟姉妹関係にある回答者がサンプルに含まれることに伴うバイアスも制限している[4)]。15歳から18歳の回答者の96.3%が就学中で、この割合は移住との関係にかかわらずほぼ同じである。したがって、義務教育終了後もコレージュやリセに留まることが、たとえそれが必ずしも卒業資格の取得につながらないとしても、インタビューした若者たちの間では普通になっているようだ[5)]。15〜18歳のグループでは、就職状態にある者、求職者、または働いていない中途退学者が移民の子孫の中で［移民の子孫以外で見られるよりも］多い割合であることはなく、少数である。重み付け係数は使用しないことにした。

移民家庭の教育意欲に関する文献を概観することは、この問いがこれまでどのように取り組まれてきたかを確認する上で有益である。続いてTeO調査の

3)　親と同居していない未成年者は、その年齢層でごくわずかな割合を占めるにすぎない（国勢調査データでは約1,000分の1）。

4)　兄弟姉妹の固定効果モデルであれば、このようなバイアスは完全に排除できたであろう。しかし、それらのモデルの精巧さを考えると、その提示方法では、本章に適切なフォーマットを超えることになっていただろう。

5)　フランス国民教育省発行の*Note d'information*（DEPP 2012）によれば、2011年には18歳から24歳の若者の11.9%が「早期離学者」であった。これはいかなるディプロムも持っていないか、あるいは中学校修了国家免状（DNB）のみを取得していて、現在職業訓練も含め就学していない若者のことである。

データに基づく我々の分析を紹介する。結果の考察と解釈の手がかりは、本章の最後の2節で述べる。この議論は、通常の統計調査では測定が困難な、移住に関連する社会的特性の説明的役割に焦点を当てている。出身国における家族の社会的地位に関連した資源は、高等教育との関係性に違いが生まれる一番の差異要因である。第二の要因は、1980年代に学校教育を修了し、TeO調査で質問対象となった生徒の親となった移民第二世代に特異な軌跡に関係している。

1. 移民の教育楽観主義とその解釈

教育意欲が原動力となって移住する、という解釈は米国で定着しているものであり、フランスの研究でも裏付けているものがある。ここでは、この見解の理論的・実証的基盤とその限界について述べる。移民とその子孫を移民先社会の多数派集団と比較することは、アメリカ社会学を構成する一要素である。シカゴ学派の古典的なパラダイムは、移民集団をそれとして区別する特徴が時間や世代を経るにつれて徐々に消失していくという仮説に基づいている（Park and Burgess 1921）。その後、同化過程のさまざまな側面（文化、婚姻、市民性、アイデンティティなど）（Gordon 1964［＝2000］）に注目することを選んだ研究者グループによってこのパラダイムは再定義され、のちにセグメント化された同化という概念をもとに同化過程で起こりうる不一致（Portes and Zhou 1993）に注目して再度定式化が行われた。移民とその子どもたちが、同程度の社会経済的・民族的特性を持つネイティブよりも学業成績が良い、という事実は、米国における古典的な同化パラダイムと矛盾する経験的事実の一つである（Palacios et al. 2008; Harris et al. 2008; White and Glick 2009）。移住経験による高等教育進学の差異は、このような全般的な結果を良く説明している例である。移民の黒人はネイティブの黒人[6]よりも、全米で最も選抜性の高い大学に入学する可能性が高く、このような進学の差は、社会経済的資源の差からは部分的にしか説明できない（Bennett and Lutz 2009）。さらに、同じ民族・人種グループ内でも、同じ社会状況であれば、移民1世は大学進学の可能性が高く、移民の子ど

6）　人種的アイデンティティはアメリカの国勢調査では照会されているため、ブラック・アメリカン一世（移民）やブラック・アメリカン二世（移民の子ども）の状況は、三世以降、いわゆる「ネイティブ（アメリカ生まれのアメリカ人）」の状況と比較される。

もたちも、程度は弱まっているものの、この利点の恩恵を受けている（Hagy and Staniec 2002）。この格差はラテンアメリカやアジア系コミュニティでも見られることから、このような学業成功は移住経験と直接結びついており、民族的・人種的特性とは無関係に起きていると考えられる。

この「パラドックス」（Greenman 2013）は、移民家庭の教育意欲が高い結果であると解釈されることが多い。1988 年の全米教育縦断調査（National Education Longitudinal Study）のデータによると、同人種カテゴリー内で見たときに移民や移民の子どもは高等教育への願望が他の生徒よりも楽観主義的である（Kao and Tienda 1995）。しかし、学業への意欲が教育の成功に直接的な因果関係を持つことを示唆する実証的証拠は乏しい。つまり、移民や移民の子どもの願望がより顕著であるだけでは、アメリカの文脈におけるかれらの学業成功がより大きいことを説明することはできない（Greenman 2013）。この二つの間の隔たりを理解しようと、R. ミケルソン（Mickelson 1990）は、一般的な社会的成功の要因としての学業に対する信念を表す「抽象的」期待と、より詳細で、生徒が属する社会集団にとっての学業から将来的に得られるものに対する自信を反映する「具体的」期待を分析的に区別している。しかし、最も抽象的な期待は、学校の成績のばらつきを説明する上でほとんど役に立たない（Carter 2007）。

フランスでは、移住経験に関連した楽観主義という仮説を支持する研究もあるが、そこでの議論は、2 つの理由から異なる観点から組み立てられている。第一に、アメリカの研究で用いられている民族的・人種的指標は、制度的な承認を得ていない。この国特有の歴史ゆえに、この種のカテゴリーはアメリカほど構築されず、再定義もされていない（Blum 2002）。そのため、教育への意欲に関する統計調査や実証研究には、このような次元が欠けている。第二に、移民の子どもの方が成功率が高いという米国で明らかになったパラドックスは、フランスのデータには明確には見られない。中等教育において留年をしていないことや、進路選択を基準とした研究によれば、社会的背景や家族の特性を統制すると、移民の子どもはネイティブの子どもよりも成績がよいことが示唆されてはいる（Vallet 1996）。しかし、標準テストに基づく移民の子どもの学業成績に関する最近の分析[7]では、より微妙な結論が導き出されており、学校レベルによって状況は対照的で、同じ社会的背景を持つネイティブの子どもと比較して、移民の子どもの小学校一年次におけるテスト結果は平均的に劣っている（Levels et al. 2008; Ichou 2013）。一方、移民家庭の教育意欲が高いことは、フランスの研究でも確固とした結果が出ている。1989年の中等教育就学者パネルに基づく先駆的な研究（Vallet 1996）では、親が子どもに望む就学期間について検討し、外国籍であることが20歳までおよびそれ以降の就学希望にプラスの影響を与えることを測定している。1995年のパネルによれば、移民の子どもは、社会的・家族的特性を統制すると、フランス生まれの子どもよりも高等教育を希望する可能性が高い（Caille 2007）。最後に、パリ地域圏の［社会経済的に］脆弱な地域で実施された調査は、より文脈に即したデータを用いてこの観察を裏付けている（Ichou et Oberti 2014［本書第11章］）。

これまでの主な説明は、移住計画が学業動機の源になっているというものだ。移住とそれにともなう犠牲は大きな期待に応えて行われることになる。すなわち「より良い生活や社会的地位の向上への期待が、家族が移住を決断する大きな動機となることが多い（中略）。この時家族は学校制度への投資を、地位上昇に向け自分たちが利用できる主要なルートと認識している可能性がある。」（Vallet 1996: 9）。しかしながら、顕著な野心の源としてのこの「移住プロジェクト」という概念は、因果推論の文脈では発見的意義はほとんどない。というのも、われわれが説明したいこと（教育への期待）は、すでに説明変数（移住と結びついた教育への積極的な意志）の中に部分的に含まれているからである。その循環的な性質ゆえに、この推論は現実には実証的に検証することができない。このことは、われわれに思考の枠組みを移すよう促すものだ。本稿の目的は、統計調査でコード化された移住特性によって何が本当に測定されるのかを検証することである。このようなアプローチは、家族の地理的軌跡に関する詳細なデータが入手できる場合にのみ可能である。

2. 移住背景の多様性と教育意欲の変化：主な結果

移民と学校制度との関係について本質化された表現を解体することは、移住が行われた地理的空間とその時代を考慮に入れることを意味する。本研究の目的は、家族の移住履歴が年代的に異なる高校生を比較し、それがかれらの学業

7）標準化されたテストには、小学校と第6級（中学1年生）の入学時に実施される全国的な評価、中学校修了国家免状の最終テストで得られる点数、PISA調査で測定されるコンピテンシーが含まれる。

意欲に及ぼす影響を測定することである。移民の両親のもとにフランスで生まれた生徒は、まず、外国で生まれ幼少期にフランスに移住した生徒と区別することができる。したがって、外国で外国人として生まれた「第一世代」[8)] と、フランスで移民の両親のもとに生まれた「第二世代」に分ける。第二世代では、混成夫婦と非混成夫婦を区別している[9)]。最後に、これまでのフランスの調査では特定できなかった第4のグループは、フランスで生まれた両親の間にフランスで生まれたが、祖父母のうち少なくとも一人が移民である者である。われわれの考えでは、移民の両親や祖父母の労働市場への統合、ひいては子孫の長期就学に対する態度を理解する上で、子孫の外国籍は最も重要な変数である。海外県で生まれた先祖は、植民地支配終了後の移民であることは確かだが、フランス国籍を自動的に取得し、公務員に統合されやすいという点で、移民とは異なる。したがって、この少数グループに関連する結果は本研究の範囲外であり、ここでは参考としてのみ紹介する。最終的に、両親が同時期には移住を経験していない生徒たちを区別する、以下の5つのモード変数が得られる。すなわち、

―移民：本人が海外（または海外県）で生まれ、幼少期にフランス本土に来た若者。

―移民の子：フランス本土で移民の（または海外県出身）両親の間に生まれた若者。

―混成夫婦の子：移民（または海外県出身）の親とフランス本土生まれの親の間に生まれた若者。

―移民の孫：フランス本土で生まれた両親の間に生まれ、少なくとも1人の移民の祖父母（または海外県出身の祖父母）を持つ若者。

―これらの特性のいずれにも当てはまらない場合、その若者は多数派グループ、すなわち移住と最近の家族的つながりがないグループに属する。

---

8)　外国でフランス人として生まれた者は本調査では移民として扱っていない。

9)　ひとり親または混合家族の場合、両親のどちらかが若者と同居していない場合でも、若者の家族の移住歴は両親の移住の軌跡として記述される。これは、TeO の本調査でインタビューされた親の最初の配偶者に関する情報によって可能となっている。少数の若者（全部で 50 人）は、インタビューを受けた親の最初の配偶者からも、そして現在の配偶者からも生まれていないため、サンプルから除外されており、同居していない親の特性を知ることはできない。

表 1　出身地域および移住との家族の関係性

	移民	移民の子	混成夫婦の子	移民の孫	マジョリティグループ	合計
観察された人数						
フランス	—	—	—	—	259	259
マグレブ	39	108	67	46	—	260
南ヨーロッパ	11	41	78	155	—	285
ヨーロッパ（その他）	56	20	44	55	—	175
西アフリカ	29	64	10	4	—	107
東南アジア	1	51	18	2	—	72
その他の国	43	101	38	8	—	190
海外県	13	21	11	9		54
合計	192	406	266	279	259	1 402
加重％	7,2	7,7	7,4	11,9	65,9	100

出典：TeO 調査「若者」モジュール（Ined-INSEE）
対象：就学している 15～18 歳の若者。
註：加重パーセンテージは、総人口に占める各カテゴリーの割合のおおよその値を示している。移民の子孫はサンプルに過剰に含まれるため、観察された人数に基づいて計算される総割合とは区別されるべきである。

このデータには、インタビューした若者のルーツ、つまり両親や祖父母が生まれた国（または地理的エリア）に関する情報も含まれている[10]。サンプルのコード化と調整を行った結果、移民と直接のつながりがあるか、あるいは両親や祖父母を通じて間接的なつながりがある人は、15 歳から 18 歳の調査対象者の約 3 分の 1 を占めている（表 1 参照）。この結果は、ノワリエル（Noiriel 1988 [2006＝2015]: 10）が推定した割合に近く、彼はこの数字を使って、移民が現代フランス社会の内部現象であることを示唆している。出身地域の分布は、フランスにおける移民の最近の歴史を反映している。さまざまな移民の波の時間的広がりは、子孫のカテゴリーの構成に反映されている[11]。移民の孫の半数以上

10）若者の家系図から出発し、出身地域は 1 つしか採用しないため、情報を失うことなくコーディングすることはできない。移民や移民の子どもに特徴づけるものとして族内婚姻という現象があるため、両親や祖父母の出身地域が（フランス本土外で）異なるケースはまれである（Collet et Régnard 2011）。調査対象となった若者の 2.5% のみがこのような特徴を持つ家系であり、この場合、母親の家系を参照することにした。これは、母親が子どもの第一次社会化に与える影響が大きいからである。

が南ヨーロッパにルーツを持っており、祖父母の少なくとも1人を介して、ほとんどがイタリアかスペインルーツである。国勢調査によると、1954年から1968年の間、イタリア人が外国人人口の3分の1を占めている[12)]。多くの場合、国家移民局（ONI）経由で入国したかれらは、比較的古くから移民の歴史を持つため、滞在許可証や労働許可証を発行する当局から、より有利な待遇を受けていた（Spire 2005）。1961年のスペインとのONI協定後、スペインからの移民がフランスに大挙してやってきた。これは、スペイン国教会を通じてフランコ政権が支援した経済移民の集団であり、家事労働者の割合が高かったため、外国人における平均よりも女性の割合が高い集団だった。南欧系移民の子孫と並んで、5分の1がヨーロッパ系移民（特にポーランド系）の孫、6分の1がマグレブ系移民（特にアルジェリアから）であった。生徒たちのアルジェリア人の祖父母は、フランスに到着した当時、外国人雇用が一般的に低賃金の生産部門に集中していた状況の中で、非常に低技能の職業に就いていることが多かった。

TeOで調査した生徒の移民の親は、人生の後半に到着したが、出身地域はより多様で、マグレブ、サハラ以南のアフリカ、東南アジアからの移民が多かった。イタリアとスペインからの移民は1970年代に減少し始めたが、主に家族再統合政策の結果として、北アフリカとポルトガルからの移民は依然として多かった。アジアやサハラ以南のアフリカからの移民の流入が本格化したのは1990年代に入ってからである。したがって、第一世代、第二世代、第三世代の若者は、祖先が移住してきた年代と、祖先の出身地域によって区別することができる。この2つの次元は相関関係にあるが、解釈においては区別されている。

別枠2．学業意欲の測定（およびその限界）

学業意欲を測定するために使用される指標は、「若者」調査の質問紙への回答に基づいている。この種の統計的指標には、強調しておかなければ

11）しかし、移民の流れの規模と年代がフランスで成長した子孫の数を完全に予測するわけではない。再移民の頻度や出生の特徴（子どもの数、第一子の年齢）など、他のパラメーターはグループによりさまざまに異なっている。

12）以下の背景データはR. ショール（Schor 1996）およびM.-C. ブラン＝シャレアール（Blanc-Chaléard 2001）から引用した。

ならない限界がある。生徒たちの回答は、かれらの実践や実際の進路選択よりも、正当性のイメージ［そうすべきと感じていること］に依存している（Palheta 2010）。さらに、制約の関係と客観的な可能条件から、学業意欲を構築するプロセスは把握することができない（Cayouette-Remblière 2014［＝2018］）。したがって、質的研究では、この種の質問紙の回答を解釈する際には注意が必要である。

主な指標は、バカロレア取得後も勉強を続けたいかどうかである。この研究の独創性は、これまでの多くの量的研究（Vallet 1996; Poullaouec 2010; Brinbaum et Kieffer 2009）のように保護者の希望によるものではなく、生徒自身が表明した希望に焦点を当てていることである。質問は次のような表現になっている：「次のことを希望しますか？　1）バカロレア取得前にやめる、2）バカロレア取得後にやめる、3）バカロレア取得後も学業を続ける、4）まだ何とも言えない」。中等教育の最終学年という具体的なレベルに言及することで、「可能な限り長く」学業を続けるというより一般的な言い回しについて回る判断バイアスを避け、回答者の社会的出自によって解釈が異なる可能性を回避している（Orange 2012）。1、2、4はグループ化し、中等教育以降も進学を希望する生徒とそれ以外の生徒を対比する二項の変数とした。高等教育への進学を希望する回答者は、全体の71％であったが、バカロレアの種類によって大きな差があり、職業高校の生徒では約半数のみが希望している状況であった。バカロレア取得の目的は、現在、リセの生徒の大多数が共有しているが、その後も学業を続けたいという希望は、識別的な基準であるため、生徒による学業意欲の違いを把握するのに有効である。バカロレア取得後に進学するかどうか迷っている生徒（「まだ結論を出すには早い」）を考慮に入れることで、後の段階で分析を精緻化することが可能になる。

修業年限という点からの学業意欲の違いは、各課程のヒエラルキーと関連した違いによってさらに増幅する。この現象は、中等教育において1960年代より、第一次教育爆発（Œuvrard 1979; Bourdieu et Champagne 1992［＝2020］; Ichou et Vallet 2011; Palheta 2012）から始まり、高等教育における学業の長期化（Convert 2003; Albouy et Wanecq 2003; Orange 2013［＝2016］）に伴って見られるようになった。学生が高等教育のどの専攻に就学しているかが社会的・学業的に決まっていることは、高等教育における各専攻空間の構造化のされ方を反映している（Convert 2003）。したがって、バカロレア取得後の進路希望は、高校生と高等教育の関係性についての追加情報を提供する。「若者」調査の質問紙は、次の4タイプを区別する。すなわち、IUT（大学附設技術短期大学）およびSTS（上級技手養成短期高等教育課程）、大学、CPGE（グランゼコール準備級）、その他の課程（特にバカロレア後に進学する学校）である。4つの進路グループに対応する分類を構築する際には、大半を占める専願（1つの進路のみ選択）のみを考慮した。最後のカテゴリーは、他のカテゴリーとは異なり、高等教育への進学を希望しているが、まだ何をしたいかわからない生徒である。

次の統計分析では、家族の移住年代と出身地域を同時に統制している。これにより、移住者の出身地域に密接に関わる影響とは別に、移住時期の影響を測ることができるが、結果を解釈する際には注意が必要である[13]。家族の移住が祖父母の時代に行われたのか、両親の時代に行われたのかによって、学業意欲の変化を測定することが新たな手法だが、この区別は当然、多様な家族構成とその個々に異なる年譜を網羅するものではない。以下のモデルでは、学業意欲の指標を被説明変数に含めている（別枠2参照）。説明変数は、移住してからの年数[14]、出身地域、性別、年齢、父親の社会的職業カテゴリー、母親の学歴、そして学歴に関する2つの指標、すなわち、少なくとも一回留年したことがあるかどうか、通ったリセの種別（職業高校か、普通・技術高校か）である。調査対象となった生徒たちは、客観的に見て明らかに学業状況が異なっており、このことが将来のキャリアについての考え方に影響を及ぼしている（Cayouette-Remblière 2014）。そこで本研究では学業状況の統制変数を導入することで、同じような状況にありながらも、高等教育への取り組み方が同様ではない個人

13）いわゆるマジョリティ・グループの生徒は、構成上フランスの大都市圏出身であるため、取り上げられた二つの移民変数は、これらの分類の完全に共線である。このような分類は参照分類であるため、これに関連する係数はない。もう一つの分類（南ヨーロッパ）が、地理的出身変数の参照として選ばれている。結果の解釈は、「他のすべてのものが等しい」という推論の通常定式化を適用すれば、実質的には変わらない。結局のところ、提示された回帰により、出身地域と関連する構造的影響を考慮に入れることで移住世代の影響を測ることができる。

14）家族的な意味での年数：家族の移住は祖父母や両親の時代までさかのぼるのか、それとも若者自身が経験したのか。

を比較している。また、長期留学の必要性をめぐる家庭における社会化様式は、両親や祖父母の移住と社会的・職業的軌跡にも左右され、それらは切り離せない関係にあると考えられる。したがって、社会階層が学業願望の形成に及ぼす影響は、考察の中核を成すものである。「社会的出自」という概念に、移住の特徴を組み合わせることで、より広範な意味を持たせることが新規性であり、フランスにおける両親の職業カテゴリーや資格といった通常の統計的指標にその概念を限定するものではない。

分析の最初の有力な結果は、移民の孫の学業意欲が、移民の子どもやマジョリティ・グループの生徒よりも有意に低いということである[15)]。そしてわれわれのデータからは、移民の子どもとマジョリティ・グループの生徒との間に意欲の差は見られない[16)]。この結果は、バカロレア取得後の就学を「希望しない」あるいは「未定」、ではなく「希望する」確率をモデル化した二項ロジスティック回帰（図1）から引き出されたものである。さらに多項ロジスティック回帰（図2）を使って分析すると、明確な回答と未定な回答を対比し、希望する進路種別により状況を区別することができる。図表1によると、移民の孫は、マジョリティ・グループの学生よりも19%、移民の子どもよりも25%、高等教育機関への進学を希望する確率が、希望しない・未定よりも低い。図表2によれば、このようなオッズ比の水準は、バカロレア取得後に進学するかどうかという質問に対して、移民の孫はためらいがちな回答をする可能性が高いことで説明できる。言い換えれば、多項モデルによれば、第三世代はこの点でより控えめであるが、バカロレア取得をもって就学を終えたいと希望する確率は、移民の子どもやマジョリティ・グループのそれと有意な差はない。最後に、移民の孫と移民の子どもの学業意欲の差は、後者の方が大学進学を希望する傾向が強いことに表れている。しかし、大学での学業は、学業的正統性［リセまでに学んだことと専攻の一致した進路選択かどうか］と社会的選抜という点で、その特徴を明らかにするのが難しい（Convert 2003）。一般に大学での学業には

15）これらの結果は5% 水準で有意である。本章の残りの部分では、10% 水準以上で有意な差に限定してコメントする。

16）このことは、先行研究（Vallet 1996; Caille 2007）が明らかにした移民の子どもたちの学業意欲の高さを無効にするものではない。長々しいが厳密な言い方を選ぶなら、データからは、移民の子どもはマジョリティ・グループと同じ学業意欲を持っているという仮説を否定することはできない、ということになる。

自律性が求められると言われていること、地理的にも遠いことが多いことから、庶民階層出身の学生は、大学進学を敬遠しがちである。かれらは、より手の届くように映る「小さな高等教育」である上級技手養成短期高等教育（STS）［短期の職業系高等教育機関］を好むことが多い（Orange 2013［＝2016］）。ある者にとっては、大学への登録は現実的な学業プロジェクトというよりも一種の「社会的夢想」（Mauger 1998）の表現であり、選択の先送りとなり得る。最後に、移民の孫の学業意欲が低いという結果については説明の必要がある。これらの生徒はバカロレア取得後も進学を希望する可能性が低いが、この可能性を完全に否定するわけでもない。そのため、進学の決断を先延ばしにする傾向がある。さらに、評判がはっきりしない大学の専攻を選ぶことも少ない。つまり、かれらの態度は、学業的野心が低いというよりも、長期的な就学に対する慎重さによって特徴づけられるのである。

分析により引き出された二つ目の結果は、他の変数を統制した場合、マグレブ系や東南アジア系の生徒の学業意欲が、南ヨーロッパ系の学生に比べて高いことである。図表1は、高等教育への進学を希望する確率がこの2つのグループで高いことを示している。家族がマグレブ諸国から移住してきた回答者は、南ヨーロッパ系の回答者よりも1.24倍高い。この差は、多項モデルによると、マグレブ系の生徒がバカロレア取得後に進学しないことを希望する確率が南ヨーロッパ系の学生よりも低いことを伴っている（図表2参照）。社会的特性（フランスにおける）と学業的特性を統制した場合、東南アジア系の生徒は、南ヨーロッパ系の学生よりもバカロレア取得後の進学を希望しないあるいは決めていない、よりも希望する確率が1.38倍高い。このように、出身地域に関連した違いは、明確な回答に限定し、「未定」と答えた生徒を除外しても維持される。最後に、注目すべき点として、大学進学を希望する確率は南ヨーロッパ系よりもマグレブ系の方が高いことがあげられる。つまり移民の出身地による学業意欲の違いは、大学に進学することに魅力を感じているかどうかの違いという形で表れている。

ここで問題となるのは、順に取り上げたものの互いに独立しているわけではないこの二つの結果にどのように解釈するかである。どちらの結果においても生徒の進路希望を移民家庭の社会的特徴と関連づけることができるが、これらの特徴は、通常用いられている指標である両親の資格や社会的職業的カテゴリーに限定されるものではない。生徒の社会的背景をより詳細に描くには、生徒

図1　バカロレア取得後の進学希望確率をモデル化した2項ロジスティック回帰（対数確率の表示）

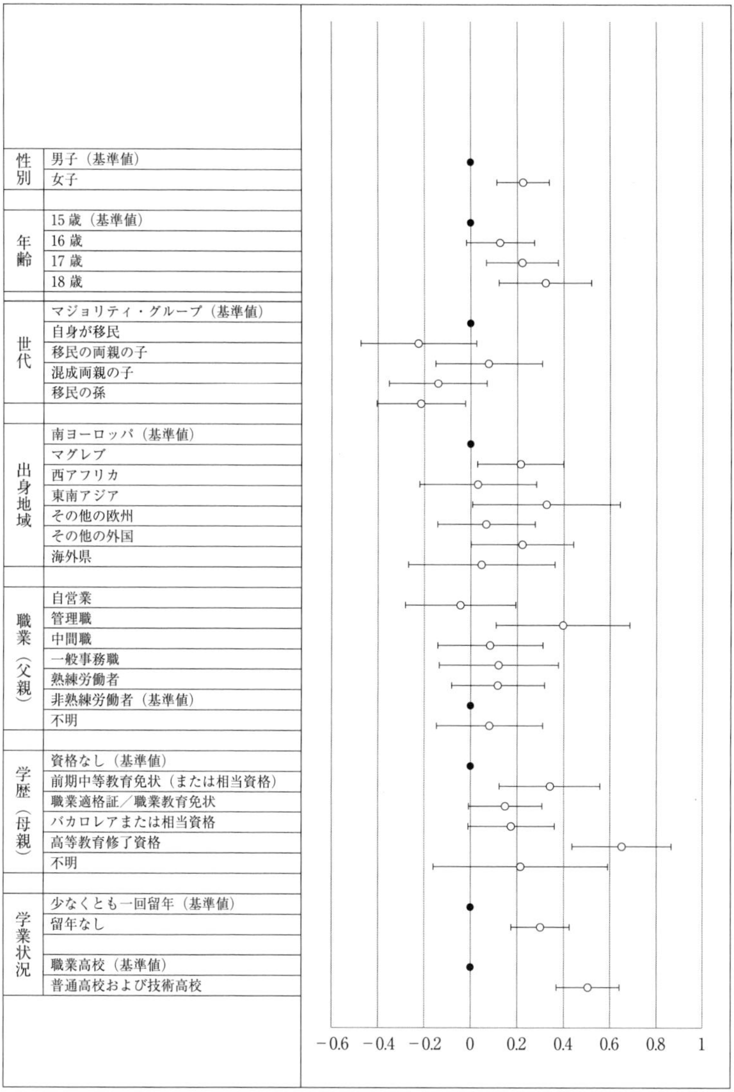

出典：TeO調査（本調査と併せて実施された「若者」調査）

対象：15歳から18歳の就学中の若者

読み方：他の変数を統制した場合、バカロレア取得後に進学希望について、希望すると答える確率は、希望しないまたは未定と答える確率よりも、女子では男子の1.25倍多い。

註：信頼区間は信頼水準95％で与えられている。説明変数と結びついた効果の大きさが変形グラフで表されないをよう、対数オッズ（Log-Odds）を表示することにした。オッズ比を得るには、グラフに示された対数オッズの指数を計算すればよい。

図２　高等教育機関への進学を希望する確率、希望しない確率、未定とする確率をモデル化した多項ロジスティック回帰（平均限界効果の表示）

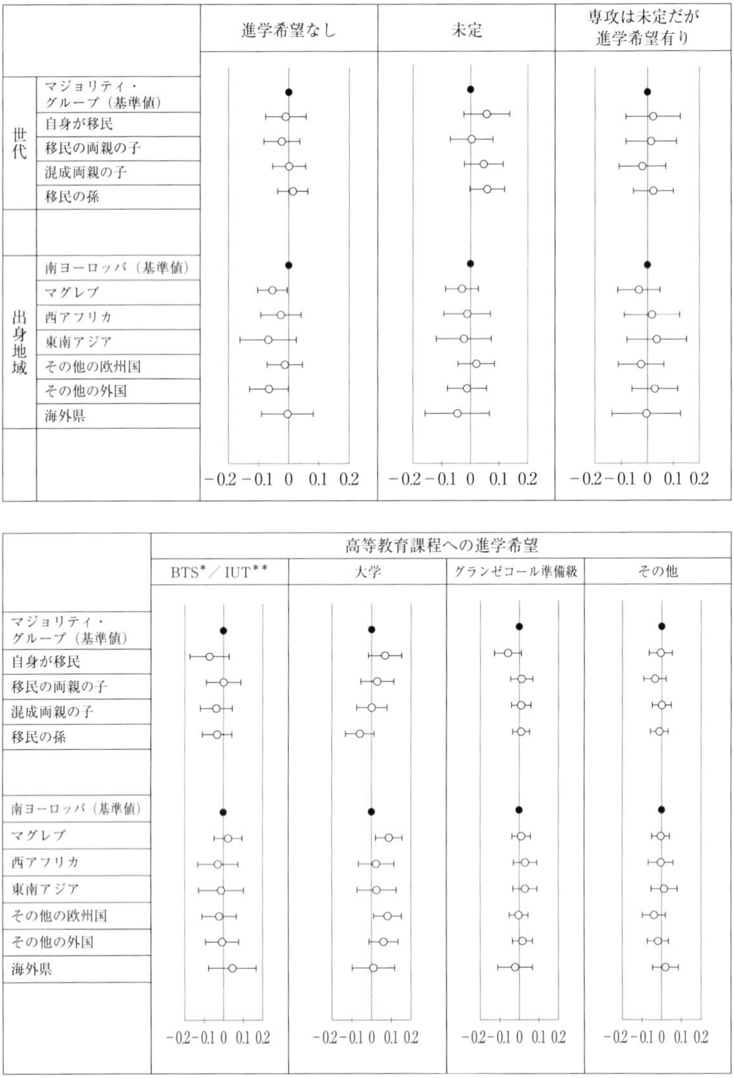

*上級技手養成短期高等教育課程　**大学附設技術短期大学

出典：TeO 調査（本調査と併せて実施された「若者」調査）

対象：15〜18 歳の就学中の若者

読み方：他の変数を統制した場合、マグレブ出身の生徒は南ヨーロッパ出身の生徒よりも、バカロレア取得後に進学することを希望しない確率が低い。

註：図表１に示したすべての変数は、このモデルでも統制されている（性別、年齢、父親の職業、母親の資格、学歴）。信頼区間は信頼水準 95% で与えられている。

が家族から受け継いだ移民以前の資源と、かれらの祖先がフランスに到着した歴史的条件に注意を払う必要がある。そこでまず、出身地域が学業意欲に及ぼす影響に関する結果を説明する。次に、バカロレア取得後に進学するかどうかについて移民の孫が躊躇していることについて詳しく見ていく。

3. 移民の子どもが受け継ぐ移住前の資源の不可視性

本研究の分析によると、出身国はリセでの学業意欲を説明する一要因である。ここで明らかにするこの点は、フランスでの先行研究（Vallet 1996; Caille 2007）を裏付けるものである。出自による対照はアメリカにも存在し、出身国へ戻ることを容易に思い描くことのできるメキシコ系の家庭と、戻るには多くの犠牲を払わねばならないアジア系家庭の間では学業への投資に根強い格差があることを説明するために、地理的な近さという要因が挙げられている。長期的な定住計画は、受け入れ国での将来的な職業的統合が進むことを視野に入れ、より積極的な学業への取り組みにつながるという研究もある（Hao and Bonstead-Bruns 1998）。しかし、出身国からの距離という変数が学業意欲に与える影響は実際には、移住計画の性質よりもむしろ、家族の社会的資源に関連している可能性がある。アメリカから地理的に最も遠い国（特にアジア）からの移民は、学歴の点でもっとも選ばれた者たちであることが、学業成功率の高さや（Feliciano 2005a）、向上心がおそらく最も強い理由だろう。加えて、距離という変数は、近隣の国、あるいは同じ国であっても、個人間の違いは無視されることを意味する。都市部の裕福な背景を持つアルジェリア人家庭は、アルジェリアの農村部出身者よりもフランスに長く定住することを見据えており、そのことが教育戦略に大きな影響を及ぼしている。前者は子どもたちがフランスで学業を成功することを重視し、後者は定期的に訪れる出身国とのつながりを維持しようとする（Zéroulou 1988）。

フランスでは、移民の社会経済的プロフィールは出身国によって異なるという考え方が、学業成績や願望の違いを解釈する一つの方法となっている（Levels et al. 2008; Ichou 2014）。これは、出身地域による経済・文化的資源の差を考慮したもので、移住先での社会的地位の反映が不十分にしか行われていないリソースである。そしてこの差がTeO調査で観察された、マグレブやアジア系の生徒と南ヨーロッパ系の生徒との間の学業意欲の格差の根底にある可能性がある。TeO調査のメイン質問紙に基づく先行的分析（Ichou 2013［＝2018］: 34）では、成人移民を出身国における父親の職業別に比較している。それによると、南ヨーロッパ（大多数はポルトガル）で生まれた移民は、東南アジアやマグレブで生まれた移民に比べ、父親が管理職や中間的な職業ではなく、労働者や農業従事者であることが多い。この差は、フランスで就いた職業が［移住前と］変わらぬままの場合でも維持される。言い換えれば、フランスにおけるこれらの移民の社会的職業カテゴリーは、かれらの生まれた国での社会的出自や、それに伴う資源、特に文化的資源をあまり反映していない。同じデータに基づくわれわれの分析は、さらなる情報を描写に加える。出身国の都市部出身者はかなり多く、というのもTeO調査で調査対象となった移民のうち、農業家や農業労働者の子はわずか15%であった。出身国で父が管理職、中間職、自営業の地位にあった割合は、それぞれの移民グループが社会的にどのような人々で構成されているかのコントラストをより明確に示している。ポルトガルとスペインでは15%以下、イタリアでは20%前後であるのに対し、マグレブ諸国（アルジェリア、モロッコ、チュニジア）ではそれぞれ25%から30%の間であり、ベトナム、ラオス、カンボジアでは35%を超えている。

移住前の社会的地位に関するこうした情報は、通常統計的に記録されることはない。しかし、両親の出身国で蓄積された文化資本が、子どもの学力や進路選択に影響を与えることで、長期就学に対する意向の違いを作っているのかもしれない。このような統計的な見えにくさは、移民の子孫と学校制度との関係について、たとえ観察された差を理解するには社会的再生産理論で十分だとしても、文化主義的な解釈への移行を促すものである。高い社会的出自を持つ家族に備わった見えない移住前の資本は、出身地域によって間接的に測定されるが、それは、南ヨーロッパからの移民よりもマグレブやアジアからの移民がそのようなケースであることが多いからである。出身国別の移民子孫の学業意欲構造は、移民の移住前の社会的特徴の構造と強い相同性を示している。

ここでの目的は、個人レベルでの移住前資本というより直接的な尺度を用いてこの仮説の強度を検証することではない。この点に関しては、より適切なデータによって裏付けられた研究（Ichou 2014）を参照されたい。TeO調査の「若者」モジュールでは、出身国での祖先の職業は、すでに限定されたサンプル内の移民の子どもについてのみ、出身国の特性を考慮するのには適していない標準化されたリストを用いて示されている。ここで使用したデータは、移民の孫と移民の子どもを区別しつつ、実証に別種の論拠を提供している。実際、移住前の資本と移住後の社会的地位との間のギャップは、フランスに長く定住している家族では、世代を重ねることによって受け継がれたものと社会的地位のギャップが埋められることで、それほど顕著ではない可能性がある。フランスでの早期に就学し、フランス国籍の取得が容易であることから、移民の子どもたちが労働市場に参入することは、差別的なメカニズムがそのような統合を妨げているにもかかわらず、移民自身よりも困難ではない（Meurs et Pailhé 2010; Aeberhardt et al. 2010）[17]。移住前の資源に固有の効果があるという仮説に立てば、移民の孫の学業意欲は、フランスにおける両親の職業や資格を統制すると、移民の子よりも低いはずである。出身地と家族が移住してからの期間の相互作用効果を含むモデル（図表3）は、この疑問に答えるものである。

移民の子孫全員についてこのモデルは計算されたが、サンプル中もっともよく表れている3つの出身地域、すなわちマグレブ、南ヨーロッパ、その他のヨーロッパ諸国についての結果のみを図3に示す[18]。マグレブ系の高校生のうち、高等教育への進学を、希望しないあるいは決めていないよりも、希望することは、移民の子の場合移民の孫よりも3.7倍の確率である。つまり、このグループでは、第三世代が進学に対してより控えめな態度をとっていることがわかる。一方、ヨーロッパ系の生徒ではあまりそのようなことはない。ヨーロッパ系の移民の孫と移民の子の間の意欲の差は、マグレブ系の生徒の間で観察される差よりも小さい。移民の孫と混成夫婦の子の間の差も同様である。

これらの観察結果は、前述したわれわれの結論と一致している。マグレブ移民の子は、フランスにおける両親の社会的地位からすると楽観主義的な学業意欲を持っており、これは出身国での社会的背景や文化資本によって説明することができるのだが、これらは大抵調査では上手く調べることができていない。一方、マグレブ系移民の孫は、このような移住前の目に見えない資源は持ち備えていないが、それはかれらの親がそれらを世代間の社会的上昇移動を通じてフランスで変換することができたためである。この格差はおそらく、フランス

17）社会経済的地位に関する研究は、移民（Safi 2007）か移民の子ども（Aeberhardt et al. 2010; Meurs et Pailhé 2010）のどちらか一方に焦点を当てているため、この仮説を厳密に立証することが難しい。

18）他の地域に関する機会の関係は、すべて有意ではなかったが、信頼区間も非常に広く、グラフを読み解くのが困難であった。

図３　バカロレア取得後に進学を希望する確率を、出身国と家族移住期間の相互作用を考慮してモデル化した２項ロジスティック回帰（相対的確率の表示）

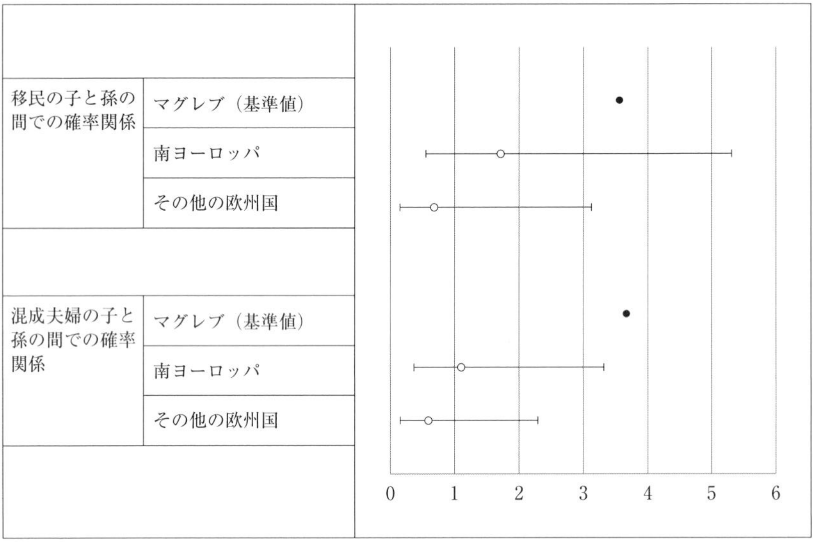

出典：TeO 調査（本調査と併せて実施された「若者」調査）
対象：15～18 歳の就学中の若者
読み方：他の変数を統制した場合、ヨーロッパ出身の移民の子と孫が高等教育進学を希望する確率は、マグレブ出身移民の子と孫が進学を希望する確率よりも低い。
註：図表１に示したすべての変数は、このモデルでも統制されている（性別、年齢、父親の職業、母親の資格、学歴）。信頼区間は信頼水準 95% で与えられている。

に最近到着したアルジェリア系移民が、1970 年代以前に到着した移民よりも社会的に選抜されているという事実によっても説明される（Ichou 2014）。したがって、マグレブ移民の子孫が高い学業意欲を持つというのは、主に第二世代においてである。南ヨーロッパからの移民の子孫は、このようなキャッチアップ現象の影響をあまり受けていない。かれらの祖先は、出身国において庶民家庭の出身である可能性が高く、フランスではかれらの出身階層に沿った社会的職業的地位を占める可能性が高いからである。これは特に、調査対象となった南ヨーロッパ系移民の子の大半を占めるポルトガル出身の生徒に当てはまる。また、フランスでは比較的恵まれた社会的地位を占めているため、第一世代の格下げ現象による影響をほとんど受けていない南ヨーロッパ以外からの欧州系移民の間でも、統計的な不自然さは見られない。ベルギーやイギリスなどの西欧諸国から、また、それよりは少数ではある東欧諸国からの移民など、ヨーロッパ出身の移民の親は、父親が管理職で、母親が高等教育卒業資格を持っている割合が高い。このことは、移民の子と孫の学業意欲の差が、このグループ内では小さいことを説明している。この結果の補足として、マグレブ出身の生徒とヨーロッパ出身の生徒の間に見られる差は、移民の子どもたちの間では顕著であり、移民の孫たちの間では小さくなる傾向がある。

移住前の資源という概念は、移民の子どもの学業意欲の高さを説明するために用いることはできるが（Caille 2007）、移民の孫が他の子に比べて控えめに長期の勉学に取り組む姿勢を解き明かすにはほとんど役に立たない。しかし、通常用いる社会経済指標に基づく社会的階層の統計的コーディングの盲点に注目することは、この 2 つ目の結果を解釈する上で有用である。

4. 移民家庭における長期就学の長期的効果

移民の孫たちが高等教育進学に対し躊躇していることは、移民の歴史と 20 世紀後半における学校制度の変容に照らして解釈することができる。この結果は、参照した期間の社会・経済的背景に関する既知の事実を用いて、二つの解釈が可能である。

近年の同化パラダイムの再定義（Portes and Zhou 1993）の成果である「下方からの統合（downward assimilation：下降同化）」理論が一つ目に考えられる説明である。アメリカの文脈で練られたこのパラダイムは、脆弱な居住地域や経済の最も不安定な分野に追いやられた結果、移民の子孫の間で社会的格下げが起こるという経験に焦点を当てている（Safi 2011）。この視点は、移民出身者集団に対する人種的偏見から生じる差別と排除のメカニズムが永続的であるという仮説に基づいており、移住先の社会と、特にその学校制度において、被支配的な立場が徐々に内面化される現象を描いている。こうして移民の孫は、移民の子よりも不利な地域や学校に隔離される可能性が高く、そして自分たちが受けている排除のメカニズムをより鋭敏に認識している。しかし、この解釈は、TeO 調査で対象となった高校生のケースでは納得しがたい。現在のフランスの状況において、差別の影響を受けている主な人々は（Beauchemin et al. 2010）、アフリカからの移民の子孫であり、2000 年代に学校教育を受けた移民の孫の中で 6 分の 1 に過ぎない。さらに、フランスにおける移民集団の居住隔離に関する分析は、フランスで過ごす時間が長くなるほど空間的孤立が増すという考えとは逆の結果を示している（Safi 2009）。したがって、下方からの統合という仮説は、観察された事実を説明するには不十分である。さらに、具体的な態度ではなく、学業意欲について考察するにはこの仮説は扱いにくい。フランスのケースでもアメリカのケースと同様に、学業意欲の格差を客観的な不平等として性急に解釈しないよう注意しなければならない。というのも、高等教育を受けたい願望それ自体が有利なことであることを示唆するものは何もないからである。第一にそれはなぜなら、進路希望の形成とその実現との間には、多くの障害（学級委員会の決定、バカロレアでの失敗の可能性、大学1年での失敗など）があるからだ。第二に、高等教育進学からの受益は進路によって大きく異なるからであり、進路の中には、労働市場への不確実な参入を遅らせることを目的とした、若者を保留する方法と見なすことができるものもある（Mauger 1998）。「第二次教育爆発」（Poullaouec et Lemêtre 2009）［バカロレア取得率を一世代当たり80% 目標とした政策により職業バカロレアの創設が行われたことでバカロレア取得者および高等教育進学者が増大した1985年～1990年代前半を指す］は、この新しい文脈における学業意欲の形成に関する研究を生み出した（Beaud 2002; Convert 2003; Orange 2013［＝2016］; Cayouette-Remblière 2014［＝2018］）。庶民階層出身の若年成人にとって、［高等教育の］修了証は依然として失業からの保護要因ではあるが（Poullaouec 2010）、バカロレア取得後の高い学業願望は、もはや必ずしも社会的資源を識別するためのしるしとはなっていない。したがって、移民の孫が長期就学について決められないでいることを、教育制度内でのかれら被支配的地位の表れと解釈するのは誤っているだろう。

第二の解釈は、より直接的に移民とフランスの教育制度の歴史に言及するものである。これは、TeO 調査で対象とした移民の孫のほとんどが、1950年代に始まった移民のピーク時にフランスに到着した家族に属していることに基づいている。その時代に到着した移民の祖父母は、国の監督下で外国人労働者が大規模に採用される状況の中で定住しており（Spire 2005）、外国籍であることを理由に労働市場でも不安定な分野で低技能職に就かされた者もいるだろう（Bruno 2010）。ここで、「［転換の］主軸となる重要な」（pivot）世代、すなわち、戦後移民の子であり、後の TeO 調査対象高校生の親にあたる人たちについて見てみよう。かれらの大部分（5分の4）は、表2の計算のもとになっている1960年から1970年の間に生まれたコホートに属している。3分の2は労働者の父親を持ち、同じコホートのネイティブの子と比べて父親が非熟練労働者

（当時の用語では「専門労働者」）である数は2倍である。かれらの両親が就いていた仕事は過酷で不利なものであったため、その子どもであるかれらは労働者階層を敬遠し、職業教育である短期課程を棄避する傾向が強かった。1960年代生まれのかれらはまた、1980年代に起こった学校教育の急速な長期化の一端を担っていることが多い。1982-1983年には18歳の42%しか教育を受けていなかったが、1990年代初頭にはこの率は80%以上にまで上昇した（DARES 2011）。主軸世代の中で、労働者階層出身の移民の子どもたちは、［同階層出身の］ネイティブの子どもたちに比べて高等教育修了資格を持つ割合がほぼ2倍になっている。このような背景から、S. ボー（Beaud 2002）が言うところの「長期就学にも関わらず」、職業系の進路は避けたものの、学校的規準には中途半端にしか馴染めず、高等教育で失敗にさらされることが多くなったのであろう。高等教育の第一課程［1・2年次］では、移民の子は、同じ社会的背景を持つ他の学生よりも退学する可能性が高く、卒業証書を得られないまま退学することが多い（Brinbaum et Guégnard 2012）。さらに、表2によれば、サンプル数が少ないためその結果は弱いものではあるのだが（p値＝0.13）、高等教育修了資格を取得した場合でも、この主軸世代の人々は、非移民労働者の子どもたちよりも失業から守られていない。失業の上昇の中で（1990年代初頭、若者の失業率は25%を超えた）、労働者階層の移民の子どもたちは苦い経験を通じて、高等教育にはたらく支配のメカニズムに気づき、自分の子どもたちにも受け継がれるかもしれない「学歴の肩書きが切り捨てられるという集団的経験」（Convert 2003: 68）を積み重ねている。このことは、1990年代生まれで2000年代末に調査された第三世代が、高等教育を受けることをためらう傾向が他の世代よりも強い理由を説明するだろう。これとは対照的に、TeO調査の高校生で両親が移民である者たちは、長期就学に対する幻滅を感じにくい家庭的背景を持っている。このグループでは、家族の移住の大半はもっと後に行われており、その4分の3は1975年以降である。第二次世界大戦後に到着した労働者と同様に、このような家庭の移民の多くは、不安定で資格の低い雇用を経験している。しかし、フランスではほとんど学校に通わなかったため、新しいバカロレア取得者［普通バカロレア以外の、新たに創設されたバカロレアである技術・職業バカロレア取得者のこと］が、進学した結果が見通せない学業に着手する際に遭遇する困難や、そのような進路が招くかもしれない失望を経験することはなかった。このことは、親の影響を受けたこれらの移民の子どもたちが、同

表２　高校生の親世代の特徴（1960 年代生まれコホート）

	少なくとも両親の一人が移民である（%）	親のどちらも移民ではない（%）	カイ２乗検定のＰ値
父親が労働者	61.1	38.4	<0.0001
父親が非熟練労働者	21.5	10.5	<0.0001
高等教育修了者	26.6	31.0	0.0093
父親が労働者で高等教育修了者	10.5	6.0	<0.0001
学校教育を終えた後に失業状態を経験した人の割合			
高等教育修了者で父親が労働者	11.2	5.8	0.1276
合計	8.7	8.3	0.6934

出典：TeO 調査（2008, Ined-INSEE）。
対象：フランス本土で 1960 年から 1970 年に生まれた人々。
読み方：1960 年代にフランスで生まれ、少なくとも親の一人が移民である人々のうち、61.1% が労働者の父親を持つ。

じ社会的・学業的特徴を持つ移民の孫よりも高等教育への進学を希望する傾向が強い理由を説明するものであろう。

近年の歴史に関する知識に基づけば、この説明はさまざまな時期に関する統計データによって補強された方が良いだろう。加えて、この解釈は、生徒の進路希望に対する両親の影響にかなりの比重を置き、仲間集団や学校制度といった他の社会化要因を除外している。とはいえこの解釈には、移民の孫に関して移民社会学で通常行われている議論に抗う結果を理解しやすくするという利点がある。

移民の子孫の学業意欲という問題を再検討することは、家族内での移民歴と社会的移動との関連性を問うことになる。移民歴の詳細な記述は、TeO 調査と、祖父母を含む前の世代の地理的軌跡に関する統計データの収集によって可能となった。これらの分析によると、社会的出自を分類するために通常使用される変数では、生徒が申告した進路希望を説明するには不十分であるようだ。地理的な出身地や家族が移住してからの時間といった移住の特徴も、こうした希望に影響を与える。しかし、移民の出身地が学業意欲に及ぼす影響は、単に移住時に払った犠牲によって動機づけられた教育への積極性の結果であると解釈することはできない。実際にはこのような属性は、生徒が成長していく社会的背景を明らかにするものであり、両親の職業カテゴリーや学歴という変数によって提供される情報を有効に補完するものである。移住経験を持ち、外国人である、という地位は、社会・職業的軌跡という点で重要な意味を持っている。ある国から別の国への移住は、社会的な格下げという現象につながる可能性があり、それはフランスで就いている職業が出身国で受け継いだ資質とはギャップがあることを説明する。マグレブや東南アジアからの移民は、社会階層が高い傾向にあるため、特にこのメカニズムが当てはまる。したがって、移住前の社会的資源が子孫に伝達されることは、これまでの分析（Vallet 1996; Caille 2007; Brinbaum et Kieffer 2009）で測定された移民の子どもたちの学業意欲の高さを説明しうる一部となろう。

さらに、家族が移住してからの時間が経っていればいるほど学業意欲の差はなくなるという仮説は、移民の孫に関する結果、すなわち、移民の孫は移民の子やマジョリティ・グループの生徒よりも高等教育を受けることに消極的であるという結果と矛盾している。アメリカ社会学は、移民の子孫の世代継承に関連する変数には注意を払っているが、人種差別の現象にほとんど影響されない集団に関するこのような結果を説明することへの関心は限られたものである。フランスにおける移民の最近の歴史と教育制度の変容を見ると、この結果への別の解釈が得られる。1960 年代生まれで、後に TeO で調査した高校生の親となる、主軸世代は、1980 年代に行われた、労働者階層への学校教育の拡大政策の影響を直接受けた。高等教育の相対的開放は、学校ヒエラルキーの維持や失業率の上昇と相まって、移民の子どもの失望感を招き、第三世代が長期就学に慎重になるようにさせたのかもしれない。したがって、これらの分析によれば、移民の出身地は通常の統計指標では捉えにくい独自の社会・経済的軌跡と結びついているため、進路希望を分析するための適切な基準であり続けている。

より一般的に言えば、移民の孫を考慮に入れることは、就学と移民の関係を再考することを迫るものである。このグループの 4 分の 3 は、ヨーロッパ系外国出自の生徒であるため、移民の孫を検討することは人種・民族差別という観点での分析に対して距離を置くことにつながる。これはまた、この問題の歴史的な側面にもっと注意を払うことを意味する。社会的、地理的な出自が多様であることに加え、移民の孫は、家族が移住した歴史的背景によって移民の子とは区別される。したがって、この 2 つのグループ間の相違を理解するためには、ここ数十年のフランス社会の変容を研究することが不可欠である。これらの変容は特に就学の長期化や高等教育課程の細分化などに関するものであり、それが移住時期によって家族の軌跡に異なる影響を及ぼしている。本研究では、このような変化に照らして結果を解釈することに努めたが、その最大の関心事は、移民という像を、その人が生きる社会との時間の外にある関係、いわば外部的な関係に、固定しないことである。

【謝辞】

本章のベースとなった修士論文を指導くださったミルナ・サフィ氏と、副査のオリヴィエ・ゴデショ氏に心から感謝する。また、校正、助言、励ましをもって助けてくれた方々、特にマチュー・イシュー、エニス・ビセー、アンヌ＝カトリーヌ・ワグネー、計量社会学研究室の自主博士ゼミの参加者にも感謝申し上げる。本章のベースとなる実証的資料へのアクセスは、TeO 調査を企画し回答を収集した INED と INSEE のメンバー、またケトレ（Quételet）・ネットワークのメンバーによるデータの提供なしには不可能であっただろう。最後に、ジャーナルの匿名査読者の方々やルイ＝アンドレ・ヴァレ氏のご指摘のおかげで本文の改善を行うことができたことから感謝の意を表したい。本文の誤りがあればその責任は私一人にある。

（田川　千尋 訳）

【付記】

本章は Petits-enfants d'immigrés face aux études longues: Un rapport au système scolaire socialement et historiquement situé（Pauline Vallot), dans *Revue française de sociologie*, 2016 vol. 57（2), pp. 241–268, Presses de Science Po の全訳である。著者および出版社の翻訳の快諾に感謝申し上げる。

第13章

移民の子どもたちの教育成功に必要な要素

―事例研究をとおして―

ポール・ニコラ

はじめに

子どもの時に母国を離れ、別の国で就学を継続することは、多くの移民の子どもたちが持つ困難な経験である。この断絶は明らかに彼らの学業経路に影響を与える。この断絶は彼らにどのような痕跡を残すのか。その多様性をどのように説明するのか。この2つの問いに答えるために、まず到着国での受入れ形態を検討する。数多くの研究が示しているように（Girard et Clerc 1964; Boulot et Boyzon-Fradet 1988c; Merle 2012a; Ichou 2018）、地理的・社会的背景は、こうした子どもたちの学校への適応を決定し、影響を与えるものである。このテーマに関するより最近の研究（Zéroulou 1988; Ichou 2018）は、移住前の状況の影響にも大いに注意を払う必要があることを示している。出発国におけるこれらの子どもたちの出身階層の問題は、どのように影響するのか。出生場所において、家族の中で教育はどのような位置を占めていたのか。教育に重要な位置を与える家族の（さらには子どもたちの）移住計画があったのか、なかったのか。最後に、これらの子どもたちがこの断絶を経験した方法（移住の年齢、移住計画への関与の有無）も決定要因となる。

フランスにおける移民に関するTeO1（第1回経路と出自調査）（Beauchemin et al. 2015）や現在進行中のTeO2（第2回経路と出自調査）のような大調査がこれらの問題に答えるための量的に有益な情報を多くもたらしうる一方で、極めて限定的なケーススタディもこれらの問題の細やかな分析に寄与しうる。もっともこのためには、少なくとも20年間の一定のグループの生い立ちに関する情報が必要となる。

筆者はこの機会を得た。1987年10月に一緒にフランスに到着した72人のジュマ［訳註1］の少年のグループの変遷を30年以上にわたって追ってきたのである。彼らは当時6歳から14歳だった。到着前、彼らは1986年6月までバングラデシュで通学していた。インドの難民キャンプで1年半過ごした後、フランスの家族に受け入れられた。我々もその家族の一つだった。その後、彼らはフランスで通学を続けた。

このグループに関する調査で筆者が収集したデータから、まず到達した学業レベルの全体像を描き出す。次に、グループ内の学業経路の多様性について説明する。これらを確認した後、移住前の状況、フランスに到着した方法、フランスでの受け入れ状況の影響を分析する。それに先立ち、その後の内容を理解するのに必要な糸口として、これらの少年たちが非典型的な移住に至った特異な経緯を簡単に紹介し、筆者がこの非常に特殊なグループについて、このグループとともに、どのように研究を行ったかを記すこととする。

1.　特異な経緯

1986年、350人の少年たち（そのほとんどが農民の子どもたちで孤児もいた）が、バングラデシュのチッタゴン・ヒル・トラクト地方にあるボアルカリの仏教寄宿学校に通っていた。1977年以来、この地域はジュマの反乱軍とバングラデシュ軍との抗争の渦中にあり、バングラデシュ軍は、ジュマの土地に大勢のベンガル人入植者を強制的に定住させた（Arens 2011; Nicolas 2018a; Van Schendel 1992）。1986年6月13日、この寄宿学校は軍隊とベンガル人入植者に包囲された。僧侶と子どもたちは森に逃げ込み、インドの難民キャンプにたどり着いた。彼らはそこに1年半滞在することになる。そこで僧侶たちは何とか子どもたちの就学の継続に努めた。

就学支援を通じて孤児を支援するフランスの協会は、1年にわたる果敢な行動の末、彼らのうち72人をすでに子どもがいるフランスの家族に一時的に受け入れてもらうことに成功した。これにはジュマの両親の同意が必要だったが、拒否する者もいた。また、このプロジェクトに強い意欲を示した9組の外部の家族の子どもたちもこのグループに加わった。

1987年10月、フランス、バングラデシュ、インド間の合意に基づき、このフランスへの入国は全面的に合法化された。子どもたちはその後、フランス国内の家族のもとに散らばっていった。紛争はさらに 12 年続いたため、フランスでの受け入れは決定的なものとなった。

2. 非典型的な移民

このグループの子どもたちはどのカテゴリーに分類されるのだろうか。ある基準は彼らを難民に、またある基準は同伴者のいない未成年移民（MNA）に関連付けるが、彼らは非常に統率された形でフランスに来ており、移住の積極的当事者ではなく、またフランスで難民として受け入れられていないため、法的にはそのどちらにも該当しない。また、「人道的」な名目で家族から引き離された未成年者（ラ・クルーズの孤児、オーストラリアのアボリジニーやカナダの原住民の子ども）とも似ている。これらの子どもたちが難民キャンプには属していないということを除いてである。彼らはほとんどの場合、彼らを自分の子どものように扱う家族に引き取られたため、その生い立ちは海外で養子縁組された子どもたちの生い立ちと関連付けることもできる。しかし、その半数近くは養子縁組されなかった。学業経路に関しては、6 歳から 14 歳の間に両親とともにフランスに到着した原住民と比較することも可能だが、これらのジュマの若者は、二つの理由で異なっている。一つは、元の家族との断絶というトラウマ的なものであり、もう一つは、中流階層、さらには上流階層に属するフランスの家族のもとに身を置き、このことが就学の継続という面であらゆるメリットを与えているという点である。これらのメリットは残るものの、移民出身の両親からフランスで生まれた子どもたちと比較すると部分的に弱まる。

3. このサンプルをどのように扱うか？

したがって、これらの子どもたちは、難民、家族から引き離された子どもたち、養子縁組された子どもたち、あるいは学齢期にフランスに到着した未成年移民という面もあるが、完全にそうではない。青年期にフランスに到着した子どもたちは、自分たちに何が起きているのか（そして自分たちに与えられたチャンス）を、おそらくより一層理解していただろう。最年少の子どもたちは、起こっていること、特に家族との断絶に耐えた。非常に協力的な受入家族のもとに入る者もいれば、拒絶され、時には DASS（社会福祉衛生局）に引き取られる者もいた。

グループの規模が小さいため、統計データの使用においては細心の注意が必要である。しかし、外縁が明確なグループについて量的・質的に豊富な情報を長期間にわたって有しているという利点がある。

1987年以来、「ジュマ・コミュニティ」内のさまざまな会合で、このグループの大多数と話すことができた。フランスにおけるジュマのトランスナショナルなコミュニティの形成に関する博士課程での研究（Nicolas 2017）において多くのデータを収集した。録音された対談（37件、うち18件は72人のうちの1人に関するもの）と、メールや電話によるアンケートにより、彼らに関するデータベースを構築することができた。彼らのほとんどについて、就学やのちの職業に関する正確なデータを収集した。対談では、バングラデシュの家族、寄宿学校やキャンプでの生活、フランスへの到着、そしてもちろん学業経路や職業経路に関する質問も行った。場合によっては、数世代（バングラデシュの両親、彼ら自身、そして彼らの子どもたち）を含む長期的な研究を実施することもできるだろう。

4. 学業経路終了時のグループの全体分析

グループ全体の学業経路の総括は慎重に行う必要がある。第一に、各人が最後に取得したディプロムに基づいており、これは教育や知識・技能の習得という終わりのない経路の成功を単純化したものの見方であるからである。第二に、これらの総合的な結果は、それを解明できるデータと比較されて初めて意味を持つからである。この点で経路と出自（TeO）調査は、たとえすべての移民とその子孫を対象としているとしても貴重な資料である。このような留保はあるものの全体像を描くことはできる。

5. 離学は少なく、例外的な経路も少ない

これらの72人の子どもたち（1987年時点で6歳から14歳）は、1988年から1990年代終わりまでの間に約10の学校群に属していた。ディプロムを取得せずに学校制度を去る子どもはほとんどいなかった（図1）。半数以上がバカロレアレベルに達した。長期就学者はほとんどいなかった。

図 1　ジュマグループのメンバーが到達した学校教育レベル

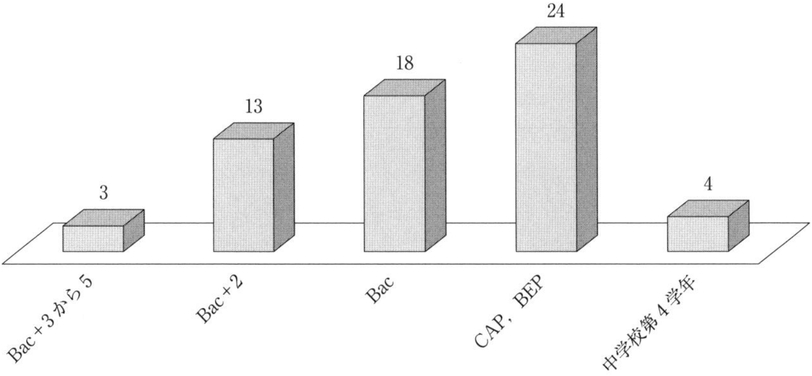

出典：対象は 62 名。2015 年に P. ニコラによって作成。
註：Bac+2［短大］、Bac+3［学士］、Bac+5［修士］の意味（以下同様）。

図 2　このグループメンバーが取得した免状の割合と TEO 調査の結果との比較

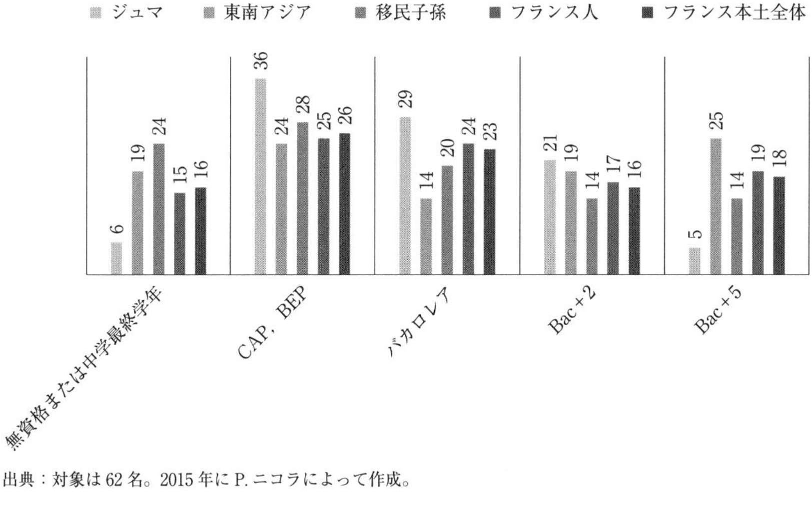

出典：対象は 62 名。2015 年に P. ニコラによって作成。

この結果を TeO 調査の結果と比較すると（図 2)、勞の両端にいることが多い移民の子孫の若者から得られる結果とは異なっている。もっとも、移民の子孫の若者とは異なり、入国当時フランス語を話していたジュマの若者はいなかったことを忘れてはならない。筆者が行うことができた対談によれば、彼らの多くは、技術的・専門的手段が提供する機会を利用し、言葉の習得が不十分で

図３　ジュマのグループのメンバーの活動分野

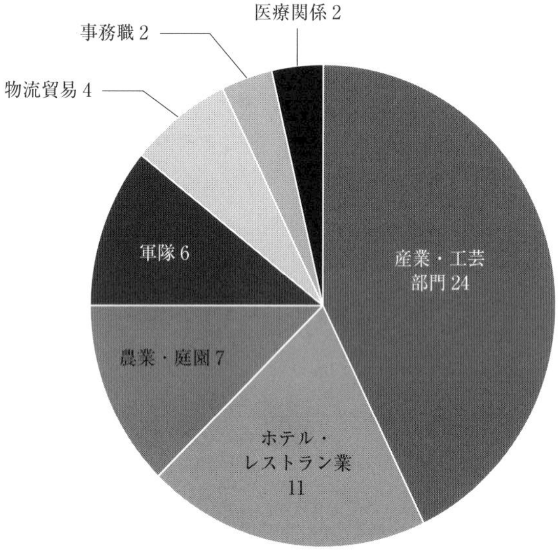

出典：対象は 56 名。2015 年に P. ニコラによって作成。

あるという障害を回避して、可能な限り上に行くことができた。この点、彼らは MNA の学業経路や学業進路と非常によく似ている。

M. イシュー（Ichou 2018: 94）は、フランスで就学した子どもを５つのタイプの経路に分類している。

T1：学業失敗・離学、T2：コレージュでの困難・職業課程へ進学、T3：中間的学業・短期高等教育、T4：民間施設における保護された経路、T5：公的部門における卓越・成功。彼の分析によれば、「T1 と T3 の経路は、同じ社会環境のネイティブと比較して、移民の子どもの最も可能性の高い経路」である。ジュマのグループでは、むしろ T2 と T3 の経路が主流である。そのため、彼らは仕事の世界にうまく溶け込むことができた。2015 年時点で４分の３が安定した職に就いていた。

職業課程に進んだ者の割合が高いことにより、産業・工芸部門（皮革、鋳造、自動車など）やホテル業・外食産業部門で大きな存在感を示していることが説明できる（図 3）。

J. ハリファックスの調査（Halifax 2001）によれば、外国で養子縁組された子どもたちは、移民出身の子どもたちに比べ、まったくディプロムを持たない状況になることが少ない。72人がこのケースであり、逆に、その多くが何のディプロムもなしに学校制度から去った「クルーズ県のレユニオン出身者」(Ascaride et al. 2004) の特徴とは異なる。

6. 移住計画における教育の位置づけ

1985年に発表された論文で、Z. ゼルル (Zéroulou 1985) は、特定の移民の子どもたちが就学でより成功した理由を理解する試みの中で、両親の移住計画において教育に与えられた位置づけを調査した。さらに最近では、イシュー (Ichou 2018: 90) が、「最初の移住計画の策定と変更において、両親が教育に与える位置づけは、移住国における家族の学業上の期待の形成に一役かっている」と強調している。

このグループについてどのようにこの問題を検討するのか。子どもたちを連れてきた僧侶とパルタージュ協会の目的は、確かに子どもたちの安全を守ることだったが、僧侶は教師でもあり、パルタージュ協会は就学支援も行っている。筆者が収集できた証言によれば、彼らはジュマの子どもたちがフランス滞在から教育的利益を得ることを期待していた。これは、ジュマの両親にとっても同様だった。たとえば、マリ＝クロードは、映画『72人のチャクマの大家族 (*La grande famille des 72 Chakmas*)』の中でこう答えている。

「初めてバングラデシュに戻ることができたとき、彼の母親に会いました。彼女は私たちにこう言いました。彼はどうしてる？　私は、彼は職業を学んでいると伝えました。彼女は一晩中泣き、翌日も泣き、泣き続けました。(僧侶たちが) 約束していたように医者になっていなかったからです (…) フランスに行ったので、72人の医者かエンジニアになって戻ってくることを期待しているのです。」

両親を説得して子どもたちを出発させるために、僧侶たちはキャンプでの間に合わせの教育よりも質の高い教育を受けられる見込みがあると主張した。アレクシャン (12歳で来仏) は、対談でこう打ち明けてくれた。

「最初は私の家族も乗り気ではありませんでした。私もです。私はフランスがどこにあるのも知りませんでした。フランスに行くことはとても漠然としたものでしたが、ほとんどの子どもたちと同じようにそれを受け入れました。両親もそうです。両親は私に教育を受けさせることができず、学費も出せなかったからです。」

最年長者たちの中には、勉強することを期待して、出発するためにあらゆる手を尽くす者もいた。これは、すでに強い責任感を有したより年少の子どもたちにも当てはまる。バブ（8歳で来仏）がそうである。

「私はいつも一人で決断してきました。両親はいつもそうさせてくれました。両親と再会したとき、両親は小さい頃からそうだったと言いました（…）確かに私は勉強がしたかったのです。私の家族の中で勉強をした者はいませんでした。こうすることで、後々家族が勉強する手助けをすることができるかもしれません。」

この点、スエイティ（8歳で来仏）の証言も重要である。ヒル・トラクトでの子ども時代について書かれた彼の著書の中で、彼は学ぶことへの渇望についてこう語っている。

「夜は友人のモキアの家で過ごすことにしました。彼は授業を受けていました。有名な詩人タゴールの詩を朗誦していました。私は彼の言うことを注意深く聞き、彼よりも早く暗唱するのです。私はこれらの詩をすべて暗記しています。数日後、彼と一緒にベンガル語のアルファベットを覚えることができました。私はそれを誇りに思います。学校に行かずに読むことができる。そんなことができる子どもはあまりいないと思います。でも、私には選択肢がありません。家畜番をしていても教養のある人にはなれません。村の人たちから尊敬されないでしょう（…）牛の番をするときは指や棒で砂の上に字を書くのです。」

それにもかかわらず、彼は国を出たいと全く思っていなかった。孤児院の子どものうち、両親がフランスに送ることを望んでいない者がいて、その代わりとして父親が彼を推薦した。

「父は私の書類を申請しました（…）私の知らないうちにです。父は自分がしていることを分かっていました。父は外国で勉強することを夢見ていましたが、叶いませんでした。父にはそのチャンスがなかったのです（…）父は私をフランスに送ることで、自分の夢を実現できると思ったのです。」

B. シャルロ（Charlot 1992）は、勉強するという夢が叶わなかった親が、その埋め合わせとして、子どもに学業で成功させるためにどのような行動を起こしうるのかを示した。S. ザジアン（Zadjian 2013: 236）のケースがそうであり、彼は父親の願望を引き受けたことを自覚している。それは彼の、そして彼が属するグループの責務なのである。

「私たちはこの任務に耐えることができるでしょうか。まだ飛行機に乗ってもいないのに皆から期待されていますが、それを自分が成し遂げられるかわかりません。できる限りのことはするつもりですが、いつか皆をがっかりさせてしまうのではないかと心配です。」

他の 8 人は、両親の勧めで、両親が出発するのを拒んだ寄宿学校の子どもたちの代わりとなった。ダナグロ（7 歳で来仏）のケースがそうで、彼はこう証言している。

「誰か一人見つけなければなりませんでした。父はすぐに同意しました。後で両親から聞いたのですが、キャンプの状況を考えるとこれはチャンスだったそうです（…）我が家は大家族で、8 人のうちのひとりだったということも私が来た一因かもしれません。一人減るのですから！」

このグループの中で、これらの 9 人の子どもたちは他の子どもたちよりも学業経路で成功している（大学修士課程（Bac＋5）が 2 人、大学学士課程（Bac＋2）が 4 人、バカロレア（Bac）が 1 人、職業教育免状（BEP）が 2 人）。彼らのジュマの両親は、そのほとんどが教育を受けていたが、子どもたちが勉強するという期待を持ち、リスクを負って子どもたちから離れた。そのため、彼らの多くは、与えられた勉強するチャンスをつかみ、ディプロムを持って帰国すべきだという考えを持って旅立った。

7. 恵まれた階層であることが多い受入家族の影響

多くの者が、移民の子どもたちの学業における成功レベルとフランスにおける両親の社会的地位との関連性を示している（Beauchemin et al. 2015; Ichou 2018; Van Zanten 2009a）。72 人はその大多数が中流階層に属する家族に受け入れられたため、この点において有利な状況にあった。フランス語を話せない子どもたちを学校に通わせるという問題に取り組むことに最初は困惑した彼らも、社会的・文化的資本と教育界についての知識を活用することができた。彼らの多くは、必要に応じて民間教育を利用することをためらわず、適した戦略を見出している。受入家族の社会的地位に応じた地域に身を置いているために、住居による学校のセグリゲーションの影響を受けた子どもはほとんどいない。移民出身の子どもたちはこの影響を受けることがしばしばある（Merle 2012a; Audren et Baby-Collin 2017）。

多くの場合ネットワークを通して、家族は直面した困難や実行した選択についてやり取りすることができた。加えて、両親の証言は「家」での学業支援への強い関与を示している。家族の他の子どもたちに割く時間が犠牲になることもあるが、家族の他の子どもたちは、海外で養子縁組された子どもたちによく見られるように、日常生活の中でのやり取りを通じてフランス語の習得を加速させ、大きな役割を果たした。

8. 経路の多様性をどのように説明するのか

しかしながら、このグループ内の経路は極めて多様である。これをどのように説明するのか。まず、生い立ちの要因（フランスに到着した年齢、元の家族とのつながりの有無）が果たす役割を見極め、次に、受入家族と同様に元の家族に関する社会学的要因を明らかにしたい。

9. 入国時の子どもの年齢は決定要因か

このグループでは、フランス入国時の年齢差が大きい（図 4）。しかし、入国時の年齢に関するこれらのデータは非常に脆弱である。当時、ヒル・トラクト

図4　72人のフランス入国時の年齢

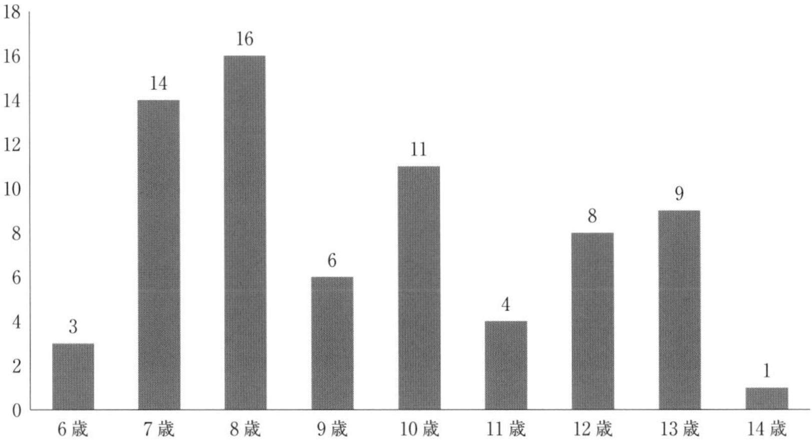

出典：「Partage」協会が1986年に家族に配布した資料より作成。

には身分を認証する組織が整っていなかった。誰も自分の誕生日を知らなかった。誕生日は、キャンプでビザ申請書類の記入を担当する僧侶によって、寄宿学校で到達したクラスを考慮して「見た目で」割り当てられた。さらに、直前に出発を断念した人の代わりになった9人は、不参加者の名前と年齢を引き継いだ。

これらの留保は、最年少者たちと最年長者たちの間の顕著な差異を妨げるものではない。未成年移民であれ（Beauchemin et al. 2015）、外国で養子縁組された子どもであれ（Ouellette et al. 1999）、多くの研究が、若いうちに来仏することが学校制度への統合に有利であることを示している。したがって、大まかに言えば、最年少者たちほどより高い学歴に達すると予想される。この仮定を検証するために、入国した年齢ごとに子どもたちが到達した学歴を比較した（図5）。

大学修士課程（Bac＋5）レベルに到達した3人のジュマは、8歳以前にフランスに入国しているが、その中に第3級（中学校最終学年）レベルを超えなかった者がいることは、さらに驚くべきことである。筆者は、最年少者たちほど両親との別れや離郷のショックをより大きく受けているのではないかと仮説を立てている。8歳で来仏し、技術バカロレアまで到達したザジアン（Zadjian 2013: 229）は、自身が感じたショックを次のように語っている。

図５　72 人のフランス入国時年齢と最終学歴

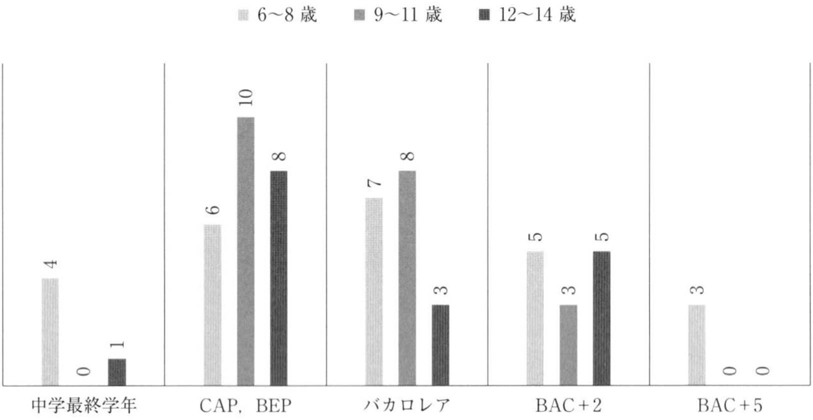

出典：対象は 63 名。2015 年に P. ニコラによって作成。

「家族なしにたった一人で知らない世界へ慌ただしく旅立つことは、すべてを変えてしまいます。戻ってくる望みもなく旅立つようなものです。このショックは、その状況になってみないと想像できないものです（…）僧侶がいなくなってからは、夜も眠れませんでした。私は人々を、私の家族を、私の仲間を、何とも言えない気持ちで見ています。自分の気持ちを説明する言葉が見つかりません。もう家族と会えないと思うと、胸が苦しくなります（…）私はフランスの人たちがどのように話すのかも知りません。フランスの人たちがどんな顔をしているのかも知らないし、何を食べているのかも知りません。」

最年長者たちであってもショックは大きかった。ニエンジョイ（12 歳で来仏）がそれを証明している。

「最初は皆一緒にいられると思っていました。飛行機に乗っているときは一緒でした。でも〔パリ〕ロワシー空港に着いてから離れ離れになりました。だから皆少し泣いていました。皆理解していなかったのです…いったいどこに着陸したのでしょうか？　来仏しても誰も知らないし、家族のことも知らない…それがショックでした！」

ムリナル（7歳で来仏）は、フランスの家族との始まりについてこう付け加えた。

「最初はフランス語も話せず、身振り手振りを交えなければならず本当に大変でした。今は海外に行くときはこうしています。最初の頃は私もよく泣きましたし、少し途方に暮れていました。いつも地平線を見て、『またみんなに会いたい、戻りたい』とつぶやいていました。少しずつ家族が私を安心させてくれました。」

ウドヤンは、学業で成功した一人である（大学修士課程（Bac＋5）：土木工学のディプロム）。彼は7歳で来仏した。フランスの母クリスティーヌは、アガルタラからロワシーへの空路の旅を統率するために来た数少ない大人の一人だった。彼女は最初の接触について次のように語っている。

「「クリスティーヌ、ウドヤンだよ。」と誰かが私に言いました。彼は私に目を向けましたが、彼の表情が閉ざされてゆくのが分かりました。彼は体の向きを変えました。その瞬間から、私は彼に触れることも、膝の上に乗せることも、手を差し伸べることも、頭をなでることもできなくなりました。それが長く続きました。最初の瞬間から簡単ではないことが分かりました。私は距離を保ちました。最初から自分に言い聞かせました。待たないといけません。彼は望んでいなかったんです、望んでいなかったんです。なるようにしかなりません。彼が私の目を見るまでに長い月日がかかりました。何年もかかりました。」

早期の心理フォローアップの助けにより、このショックを乗り越え、彼は輝かしい学業経路と職業経路を収めることができた。しかし、誰もが同じ幸運に恵まれたわけではない。度重なる精神科への入院によって学業経路や成人後の生活が妨げられた者もいた。

より高年齢で、フランス語が全くわからないまま入国した子どもたちにとっての困難は、最初の数年間何を教えられているのかほとんど理解できなかったことだった。なかにはもう十分だと教室を出て、学ぶことの多い街へ繰り出す者さえいた。専門的又は技術的な手段によって、多くの者は離学を免れた。最も年齢が高かった者（上級技術者免状（BTS）が5名、農業BTSが1名、ホテル業が２名、電子１名、１名？）は後述するように、当初寄宿学校内での学業成績が良好、又は出入国時の社会環境が良好、又はその両方であった。

もう一つの変動要素もまた、各人の学業経路に影響を与える可能性がある。それは、再び結ばれた元の家族との多少なりとも強いつながりである。

10. 生物学的家族との再び結ばれたつながりがもたらす効果

72人のほとんどは、フランスに入国してから10年後、ヒル・トラクトでの紛争が終わった時に生物学的家族との交流を再開した。程度の差こそあれつながりは元の状態に戻り、学業経路に極めて多様な影響を与えた。問題は、養子縁組された一定の子どもたちと同様に、元の家族との関係が再開したことにより、彼らの経路が混乱したかどうかである。

学業や社会的な成功に対する家族の期待に応えようと決意する者もいれば、逆に（再び）目にした貧困に心を動かされ、早くから働き、バングラデシュの家族に経済的援助を送るために学校教育を早めに打ち切る者もいた。修理工場で働くために第３級［中学校最終学年］で学業をやめたチチボ（来仏した時８歳）は、次のように説明する。

> 「バングラデシュの家族とここの間に壁を作らなければいけませんでした。カーテンや壁を作ることができた人もいます。それは学業レベルで成功を収めた人たちだと思います（…）私はいつも２つのことを考えていました。向こうで両親はどうしているだろう？（…）私の頭の中にあるのは常に「両親は、今ある生活で何とか生き延びているだろうか」ということでした（…）コレージュに入ったとき、私は勉強をやめ、自分ができるわずかな援助をするために仕事を探すべきかという決断を迫られました。」

また、このグループにおいてヒル・トラクトの家族に提供された援助のかなりの部分が、国の兄弟姉妹の教育に重きを置いていたという点も重要である。

多くの子どもたちはこうした混乱を経験しなかった。まず、フランスの家族が生物学的家族との接触を再開することを拒否した子どもたちがそうである。ヒル・トラクトの家族に再開できた時点（1997年）で学業経路を終えていた最年長者たちもそうである。このような生い立ちの要素に加えて、出発時と入国時の社会的背景の影響も関係している。

11. ジュマの家族の社会的多様性

外国で養子縁組された子どもたちと同様、これらの子どもたちの経路において、出発国と入国の2つの社会的出自が結びついている。これらが最終的に決定要因となるのであろうか。

ジュマの家族に関する限り、先験的に、このグループはその社会的構成は均質に見えるかもしれない。ほとんどが農家の出身だからである。しかしE. サンテリ（Santelli 2001）が指摘するように、これらの子どもたちの社会的地位は「出生国特有の規範」に照らして読み解く必要がある。よく調べてみると、このグループにおいて両親の地位は実に多様である。その特徴は大別すると、農業労働者と数頭の家畜を持つ稲田所有者、主に *jum*（焼畑農業）を行うより伝統的な農業従事者、農業労働者（季節労働者であることが多い）に分けることができる。

イシュー（Ichou 2018）は、サンテリ（Santelli 2001）と同様に、未成年移民の場合、移民とその子どもたちが自分たちの社会的地位について持つ認識が経済状況よりも重要であると指摘している。ジュマに関しては、2つの要素が社会的考慮事項の一形態となる。一つは伝統的なもので、消滅の危機に瀕しているものである。つまり、*dewan*（伝統的な社会で代々受け継がれている貴族の一形態）という高い家系に属することであり、もう一つは台頭しつつあるもので、教育を受けた者の一員であることである。これらのすべてが、教育的成功という点において家族が期待するレベルの不平等につながっている。

ダナグロ（7歳で来仏）とリポン（10歳で来仏）の対照的な例により、この側面を例証することができる。ダナグロの家族は9人の家族を養うのに十分な稲田を持っている。彼らは *dewan* である。父親は読み書きができる。父親は、寄宿学校の子どもの代わりに息子が出発することを望んだ。ダナグロは、2003年に人文・歴史・地理の技術高校教師適性証書（CAPET）を取得した。彼は、職業高校の教師である。

リポンは、土地を持たない農民の父を持つ孤児である。母親は仏教寺院で使用人として働いていた。リポンから見て母親は、読むことも、書くことも、計算することもできない「ホームレス（SDF）」だった。彼は1995年に職業適格証（CAP）を取得し、臨時労働者として働いている。もちろん、子どもたちの元の社会での地位と学業経路での成功との結びつきは自動的なものではない。受入家族がどのようにこれらの子どもたちの就学を支援したかも関係してくるからである。

12. フランスの家族の状況に関する不平等

フランスの家族に受け入れられたことによって、すべての子どもが全員就学で成功するわけではなかった。十数組の家族は、あまりの困難さに子どもを別の家族、時には社会福祉衛生局に託した。その一方で、多くの家族が、自分の子どもよりも若いジュマの子どもの就学支援に多くの時間を費やすと明言した。特に最初の数年に力が注がれた。その戦略はさまざまであった。小学校第一学年（CP）で（すでに 14 歳の少年であっても）1 年間フランス語を優先的に学ばせた家族もあれば、同年齢の子どもたちと一緒に過ごさせることでその子どもの社会的適応を優先させた家族もある。1987 年当時はかなり珍しかった新規移民に適応した構造を見つけた者はほとんどいなかった。他のジュマとのつながりを維持するための戦略もさまざまであった。かなり稀なケースとしては、子どもたちが早く文化に統合できるように、元の文化と関係しうるものすべてと断絶することを選んだ家族もいた。逆に、ほとんどの家族は近隣のジュマとのつながりを維持し、これにより受け入れた子どもが直面する困難に対処するための解決策について意見交換することもできた。断絶するという戦略をとった者の数が少ないため、学業経路に関するこの戦略の効果について結論を出すのはほぼ不可能だが、これらの子どもたちの学業経路はグループの平均に位置する。

家族が利用できるリソースや社会的資本も対照的である。両極端な例では、会社役員や上級公務員の家族がいくつかあり、たとえばシュカマルの家族は父親が警察官で、専業主婦である母親が 16 人の「養子縁組された」子どもの世話をしている。シュカマルは、「皆靴を買うのに（…）苦労していました（…）サンチーム単位で支出を調整していたのです。」と打ち明けてくれた。

このように、元の家族と受入家族の社会的特徴が複雑に組み合わさっている。前述のシュカマル（7 歳で来仏）は、見習訓練のためにディプロムなしで学校制度から去った。彼はリソースの乏しい受入家族に引き取られた。彼はヒル・トラクトで最も不安定な状況を経験した者の一人である。生まれたときに母を亡くし、5 歳のときに父（農業労働者）を亡くしている。対照的に、ダナグロ（大学修士課程（Bac＋5））は前述の通り *dewan* の家族の出身で、父親が農業技師、母親が薬剤師というフランスの家族に受け入れられた。この両極端の間に、多くのバリエーションが存在する。ケースバイケースにより、各人の生い立ちに偶然結びついた要素という視点を見失うことなく、これらの子どもたちの経路においてどの社会的出自が決定要因となるのかの評価を試みることが可能となる。

おわりに

72 人のグループは、彼らをキャンプから連れ出した大人たちの教育的移住プロジェクトによりやってきた。彼らの中には、自律的にこのプロジェクトに取り組むだけの成熟度を持っている者もいた。彼らの多くは、このプロジェクトにおいて恵まれた階級の受入家族に支えられた。これらの受入家族は、学業経路における支援に大きく関与した。これらの要因が、彼らの中でディプロムなしに学校制度を去った者がほとんどおらず、全体としてかなりうまく仕事の世界に溶け込むことができたことの説明となる。

多様な状況の分析は示唆に富む。これらの子どもたちが来仏した年齢は重要な要素である。幼いうちに来仏することは、外国の学校制度に溶け込むという点では有利であるが、離郷のショックは幼い子どもにとってはより激しく、耐え難い心理的ダメージを与えなかったはずはない。ジュマの家族の社会的地位の多様性は、最初に、そして年月を経て、多かれ少なかれ子どもたちのやる気を刺激する。最後に、受入家族の社会的状況の多様性は、学業に付随する能力の差につながる。

移住前に起こったことは学業経路に深い痕跡を残す。受け入れの質により、離郷のショックが残した傷跡を消すことは難しい。バングラデシュの子ども時代から引き継いだハンディも同様である。逆に、受け入れ態勢が悪くても、ジュマの教育から引き継いだ、元の家族の意欲的な期待により吹き込まれた強力な武器が必然的に失われるわけではない。

この最初の調査は、継続に値する研究の道筋を開くものである。学業に関するより詳細な対談によって、ジュマの、そしてフランスの家族の社会学的プロフィールをより明確にし、移住前と移住後の経路のありうるさまざまな組み合わせを分析することが可能になるであろう。より文化主義的なアプローチにより、これらの子どもたちが教育において、アジア系の生徒に伴う積極的なステレオタイプや、彼らのドラマチックな歴史と結びついた特別な配慮の恩恵を受けたかどうかを問うこともできる。また、家族内、そして仏教寄宿学校で受けた教育が、フランスでの就学に関する行動に残した痕跡についても調査することができる。もう一つの実りの多い道筋を追跡することもできる。2022年、72人の子どもたちのうち何人かがフランスで学業経路を終える。これは、72人の家族がどの程度、そしてどの程度効果的に実子の教育への強いコミットメントを維持したのか確認する機会となる。

（園山　大祐 訳）

［訳註1］バングラデシュが1971年に独立すると、1972年に先住民族（ジュマ）はチッタゴン丘陵人民連帯連合協会（PCJSS）という政党を作り独立運動を開始し、翌年からバングラデシュ陸軍との戦闘状態に入った。チッタゴン丘陵は、イギリス植民地時代、インド時代、東パキスタン時代、バングラデシュ時代と異なった統治がなされ、バングラデシュ政府の同化政策によって迫害を受けている。ジュマ（Jumma）とは、複数の民族からなる先住民族の総称である。宗教も、仏教やヒンドゥー教、土着宗教などを信仰する約100から150万人のモンゴロイド系民族で、おもに焼畑農業を営みながら暮らしている。詳細については、ニコラ氏の著書に詳しい。Paul Nicolas, *La fabrique d'une communauté transnationale: les Jummas entre France et Bangladesh*, L'Harmattan, 2018.

【付記】
本章はLes ingrédients de la réussite scolaire d'enfants en migration: une étude de cas（Paul Nicolas), dans *Enfances et jeunesses en migration*, Le Cavalier Bleu, 2018, pp. 291-309の全訳である。著者および出版社の翻訳の快諾に感謝申し上げる。

第14章

郊外におけるコレージュと移民系家族

―教職員による「問題」の文化・エスニック的理解―[1)]

村上　一基

はじめに

フランスでは移民の子どもの教育をめぐって、「家族」「親」[2)] はしばしば批判の対象とされてきた。とりわけ1980年代以降、郊外における子どもの犯罪や不登校、学業不振の問題に関して、移民を背景に持つ家族やひとり親家族、大家族は、教育関係者や政治家などからその責任の欠如を問われ、「教育放棄」と批難されるなど問題視されてきた。2023年6月に郊外で「暴動」が起きた際にも、マクロン大統領は子どもを家にとどめておくのは親の「責任」だとし、保護者に行動を起こすよう促したり、親への罰則を強化しようとした。一方で、地域レベルでは、学校や自治体、またアソシアシオンなどが家族に重要な役割を与え、学校教育に積極的に関わるよう働きかけている。

こうした背景のなか、本章では、郊外の公立学校、特にコレージュ（中学校）の教職員がどのように家族の問題を解釈しているのかを考察する。社会のなかで広まっている「親の教育放棄」という批判・言説に対して、かれらは自分たちの生徒の家庭環境や親の学校教育への関与の問題をどのように捉えているの

1)　本章は村上（2015）を大幅に加筆修正したものである。

2)　大衆地区の学校、特に優先教育地域（ZEP）に関連する施策などでは「学校と家族の距離を縮めること」は常に主要なテーマのひとつをなしてきた。そこでは「親」ではなく「家族」という言葉が使われる傾向にある。グラスマンによると子どもに対する明確な役割を含意する「親」が恵まれた地域の学校で使われるのに対し、恵まれない地区で使用される「家族」という表現は具体的な役割よりも学校において「よそ者」である「集団」を示し、その使用には文化的含意がみられるという（Glasman 1992）。

か。パリ郊外で行った調査結果から、親の学校教育への関与をはじめ家族が問題とされるとき、それは特に移民を背景に持つ家族がその対象とされること、さらに共和主義的イデオロギー[3)]のため生徒のエスニックな出自を公的に承認することはないが、学校の教職員は日常的な経験や実践において、自分たちの生徒の出自を把握するとともに、家族の問題をエスニシティや文化背景から理解しようとしていることを明らかにする。

1. 先行研究の検討

郊外の庶民層の家族と学校の関係性をめぐる社会学の研究では、その対立関係にもっぱら焦点が当てられてきた。すなわち親が教育責任を放棄しているという学校関係者からの批判と、親や若者の抱く進路選択や成績評価、さらに地域の学校の隔離された状況などに関する不公平な感情が論じられてきた（Van Zanten 2001; Kokoreff 2003; Périer 2005; Avenel 2007; Lapeyronnie 2008; Kepel 2012 ほか）。学校教職員からの批判をみてみると、たとえばヴァンザンタンは学校教職員が家族における社会化の様式を過小評価していることを明らかにしている。かれらは中産階級的な視点から、労働者階級の教育方法に対して批判をし、さらにそれに「問題のある地区」に住む家族という否定的な評価が加えられるという。そして、ヴァンザンタンは教育に関する親への批判は部分的に地域社会や郊外の状況に関する教職員の知識不足から説明できるとしている（Van Zanten 2001: 152–153）。

だが教職員の言説は、政治家やメディアなどによって広められる一般的な言説やイメージと、自分たちが直面するローカルな現実に対する解釈のせめぎ合いによって構築されている。また学業挫折や成績不振、中途退学、校内暴力をはじめとする郊外の学校が抱える問題や自分たちの生徒の家族に関する知識も普及している。かれらは生徒の生活環境に対して注意を払っており、仕事上の困難に関する説明を社会学の研究や地域のアソシアシオン、さらに日常的経験に求めることもある。また調査を行った学校では教職員同士での情報共有も活

3)　フランスは人種や宗教、民族といった属性にかかわらず、市民を普遍的・抽象的な個人として扱うという共和主義の原則をとっている。そのため、エスニックな出自は公的に承認されることはなく、センサスなどではそのデータを集めることも禁止されてきた。

発に行われたりし、なかには数十年にわたって同じ学校に勤務し、「クラス・プロジェクト」[4] をこうした問題意識を出発点に、分野横断的に他の教職員と連携して行っている教員もいる。そして、学校の教職員は一般的言説をそのまま受け入れ、親を単に批判するのではなく、自分たちの直面する状況を反省的に考察している。このようななか、どのようにかれらが家族の問題を捉え直し、どこに解決の糸口を求めようとしているのかを明らかにする必要があるだろう。

また、学教教育におけるエスニシティに関する先行研究では、教職員と生徒、また生徒同士の関係性のなかでエスニックなカテゴリーがどのように用いられているのかということに主に焦点を当て、共和主義的イデオロギーと日常的な経験の「エスニック化」の間の緊張や矛盾を明らかにしてきた（Perroton 2000; Payet 2003b; Lorcerie 2011)。フェルージスらの公立学校のエスニックな「アパルトヘイト化」に関する研究でも、その主観的結果として生徒によるエスニック・アイデンティティの主張など、学校生活におけるエスニシティの位置づけに着目している（Felouzis et al. 2005)。それに対して、本章では学校と家族の関係性における家族の移民背景やエスニックな出自の位置付けに着目し検討していきたい。

2. 研究方法

2.1　調査概要

本章では、2009 年から現在までパリ郊外の 2 つの団地―エヴリー＝クルクロンヌ市（旧エヴリー市）ピラミッド地区とボンディ市北地区（以下、ボンディ・ノール地区）で実施している調査から、とりわけ 2010 年 10 月から 2013 年 3 月まで行ったコレージュでのインタビュー調査ならびに参与観察の結果を用いる[5]。ピラミッド地区のコレージュでは 12 名の教職員に、ボンディ・ノー

4)　クラス・プロジェクトとは、生徒に学習の意義を見出させるために、担任がクラス全体の目標を定め、それに関連する特定のテーマにそった課題について生徒が主体的に学ぶものである。ピラミッド地区のコレージュでは、持続可能な開発や子どもの権利などについてのプロジェクトがあり、後者は自分たちで資金を集め、インドへの学習旅行を実現した。

5)　拙稿のいくつかでは調査地を匿名にしているが、在仏研究者との議論から本章では実名を使用することにした。

ル地区では11名にインタビューを実施した。具体的には、校長や副校長、生徒指導専門員（CPE)、教員、養護教諭に話をうかがった（役職はインタビュー時点のものを記載する)。インタビューは、1）勤務校の特徴、2）生徒の生活環境、3）家族との関係、4）地域社会の特徴とその影響といったテーマをもとに半構造化の形式で行った。また親を対象にした会議や討論会、イベント、保護者会の会合などにも参加した。インタビューをした教職員は管理職を除いて比較的長い年数、調査地の学校で働いていた。これは校長に調査協力を依頼した際に経験のある教員を紹介されたためである[6)]。フランスでは管理職を除き、定期異動がない。教育困難校などの学校では教員のローテーションが高いことが問題になっているが、なかにはこうした環境に「やりがい」を見出す教員もいる。新任教員にも話をうかがったが、家族や地域社会など生徒の生活環境を理解しようとする姿勢は、長年勤めている教職員に頻繁にみられた。

2.2　調査地

ピラミッド地区は、パリ南郊のエソンヌ県に位置するニュータウンのひとつで、その建設は1974年から1980年に遡る。中学校は地区の中心部に位置し、適正家賃住宅（HLM）と呼ばれる低所得者向けの社会住宅団地と隣接している。校舎は2007年に全面的に改築された。500人の生徒を数え、教育優先地域（ZEP)[7)] に指定される。約60％の生徒の家族が労働者や失業者などの「恵まれない社会職業カテゴリー」に属している。コレージュには調査期間中、保護者会が存在しなかった。しかしこの地区では地域のアソシアシオンが積極的にコレージュに働きかけており、週半日、通訳をはじめとする親への支援のために学校に待機している。

ボンディ・ノール地区はセーヌ＝サン＝ドニ県の「典型的な」郊外の団地である。1960年代に建設された無機的な高層の社会住宅団地がこの地域を特徴付け、2010年代以降は都市再開発により多くの建物が壊され、新しく低層の住宅が建てられている。地区南部の戸建て住宅地帯と隣接するコレージュには

6）ピラミッドでは当時22％の教員が10年以上在籍しており、20年以上、同校で働く教職員もいた。同時期にボンディ・ノールでは10年以上在籍する教員は4人のみであった

7）教育優先地域とは、社会経済的に恵まれず、学業挫折率が高い区域（Zone）の学校に、多くの予算や人員を重点配分する1982年に制定された施策である。

630人の生徒が通っている。この学校は建物の外観や教員の入れ替わりの激しさ、また地域社会との接点の少なさなど「郊外のコレージュ」を象徴する特徴をもつ。ZEPに指定され、2012年より「野心・革新・成功プログラム(ÉCLAIR)」[8] の対象とされていた。生徒の85%の家族が「恵まれない社会職業カテゴリー」であった[9]。

両地区とも、フランス国籍の有無にかかわらず、移民を背景に持つ住民が集住しており、最も支配的な出身地はマグレブや西アフリカ諸国である。エスニックな出自に関する統計を禁じる共和主義の原則により住民のエスニシティを正確に把握することはできない。しかし、それぞれの地区の国籍は60を数え、アルジェリア、モロッコ、チュニジア、トルコ、セネガル、マリ、コモロ、カメルーン、ガンビア、ガボン、レバノン、インド、パキスタン、ベトナム、ラオスなどがあげられる。コレージュもこうした地域社会の特徴を反映しており、生徒の約8割は移民を背景に持っていた（特に西アフリカ、マグレブ、トルコ、南アジア）。

3. 学校教職員からみた生徒の生活環境と学校生活

3.1　学校問題の外部化

コレージュでは教職員同士の日常的な会話や会議、学校計画の作成などで問題意識を共有し合っており、何を問題として強調するのかはそれぞれの学校によって異なってくる。しかしながら共通しているのは、生徒の学業成績や素行などの問題をかれらの生活環境、すなわち家庭環境や地域社会など学校外部の要因から説明しようとすることである（Thin 1998）。

学校外の問題に関して、2つのコレージュでは異なった点が強調されていた。

---

8)　2011年に施行された施策（Circulaire, n° 2010-096 Programme CLAIR - expérimentation année scolaire 2010-2011 - BO n° 29 du 22 juillet 2011; Liste des écoles et des établissements scolaires publics inscrits - rentrée scolaire 2011, BO du 7 juillet 2011）で、教員の定着率や自律性を高めること、教授法の革新や学校の秩序改善、さらに小学校とコレージュの連携などが目的とされている。

9)　学校での施策については集中的に調査を実施した当時のもののみを示した。今日ではエヴリー＝クルクロンヌ市、ボンディ市とも「教育都市（Cités Éducatives）」施策を受けており、地域レベルで大規模な予算が割り当てられ、さまざまな取り組みがなされている。

まずピラミッド地区のコレージュではそれを家族の文化背景から説明しようとするのに対し、ボンディ・ノール地区のコレージュでは家族の社会・経済的状況や地区における若者文化の影響をより頻繁に取り上げていた。またボンディ・ノールの教員はこうした外部環境の問題を、教室での問題や授業内容を生徒の理解度や関心に適応させる必要性から話すことが多いのに対して、ピラミッドは生徒の振る舞いや素行の問題などとの関連で言及されることが多かった。ピラミッドで授業内容の話になる場合は、どのように生徒を動機付けするかということに力点が置かれ、クラス・プロジェクトなどについて積極的に言及されていた。

こうした異なった強調点にもかかわらず、いずれのコレージュの教職員も問題の中心は、学校文化と生徒の生活環境における文化的な参照点の間の齟齬や文化資本の欠如など、学校と他の社会化の空間の連続性がないことだと捉えていた。

「この学校にはとても多くの社会的困難が集中しています。文化資本の概念が中心にあります。つまり貧困だけではないのです。ご飯が食べられないといった本当の貧困のケースはほとんどありません。実際の懸念事項は地区であったり、その文化であったり、余暇であったり、家庭であったりだと思います。文化資本の欠如がこの学校では中心的な問題だと思います」（ボンディ・ノール、歴史地理科教員）

またこうした他の空間との連続性と関連して、生徒がそのエスニックな出自に強い影響を受けていることも重要な問題のひとつとされていた。今日、公立学校における問題は多かれ少なかれ「エスニック化」されている（Perroton 2000）。移民出身の生徒の割合を考慮に入れると、調査を行った学校でもその問題意識の中心に生徒の民族的・文化的な背景があることは驚くべきことではないだろう。大半の生徒はフランス国籍であり、親自身も第二世代や第三世代であったりする。だが移民を背景に持つ生徒の集中は教職員に自分たちの直面する問題が生徒の文化的出自によるものであると認識させる。そのため、かれらは日常的な生徒の問題を語る際には生徒のエスニックな出自について多かれ少なかれ言及する。そこではエスニシティや人種に基づいた友人関係、生徒同士の人種主義（特に「白人」に対する裏返しの人種主義）などの対立関係についても語られた。しかしエスニックな出自や宗教が、女子生徒のスカーフ着用などの制度的な問題を引き起こすことは調査を行った学校では見られなかった。

一方で、こうした生徒の多様な出自を肯定的に捉え、生徒や親の文化を大切にしようとする取り組みがなされることもある。たとえば、ピラミッド地区のコレージュでは最近、主に生徒の母語で挨拶を書いた大きなポスターを作成するという試みをしていた。他にも親の出身国の料理を振る舞うパーティを開催する学校もあるなど、正課外では「多文化」をめぐるさまざまな取り組みがなされている。

3.2　生徒の家庭環境

中学校の教職員は生徒の学習上の困難や問題のある振る舞いに対して、家庭教育、さらに家庭環境全般をその重要な要因のひとつとして捉えている。そこでは特に社会経済的状況と移民背景の 2 つが解釈のカテゴリーとして提示されていた。

家庭環境に関して最初に言及されるのは何よりも社会経済的状況である。具体的には手狭な住宅や親の職業状況があげられていた。住宅に関しては、3 人以上の子どもがいる家族が居間を含めて 3 部屋か 4 部屋の家に住んでいるなど、家族の規模に比べて家が狭いために自宅で勉強ができないことや、家に居場所がなく子どもが遅くまで外にいることなどが問題とされていた。親の仕事に関しては、清掃業など早朝や夜間の仕事のため、子どもが起きる時間や寝る時間に、特に母親が家にいないことが問題としてあげられた。さらにボンディ・ノールでは失業中の親が家から出ず、子どもだけが「勉強している（働いている）」状況であるということも頻繁に問題とされていた。

家族の文化的な出自は、ピラミッドでより強調されていた。住宅の状況も、移民家族特有の問題として、大家族や一夫多妻家族などとより明示的に関連付けて議論されていた。これは社会経済的な困難が比較的軽いということや、ボンディ・ノールでは移民家族が少ないということを示しているのではない。ピラミッドでは地域のアソシアシオンとの対話などから、移民家族の状況を考慮に入れようとする傾向がより生まれているからである[10]。

10）ピラミッドでは中学校と外部のパートナーとのつながりが強く、地域のアソシアシオンが移民を背景に持つ家族についての情報を積極的に与えていた。

「ここではマグレブ系よりも、〔西〕アフリカ系の子どもが多くいます。そのため一夫多妻などの文化的な問題があります。必ずしもそうではないですが、子どもはその文化のなかに生きています。かれらと話していると気づくのです。お父さんが複数の妻を持っているとか、〔第２夫人が〕一緒の家に住んでいて家族手当を受けているとか、そういった場合は非常に複雑です」（ピラミッド、物理教員）

こうした文化的な出自に結びついた問題認識は、学習のことよりも日常生活や子どもの素行などに対して特に言及される。たとえば、挨拶をしないことやゴミのポイ捨てなどの日常的な生徒の振る舞いが家庭での教育と結びつけられていた。

「われわれは親に強く頼むことはできません。支援することしかできません。しかし、たとえば朝、門の前にいると『おはよう』という生徒はとても少ないです。あたかもわれわれが透明であるかのように。それはとてもショックなことです。だから私からそれをいうようにしています」（ピラミッド、CPE）

「〔この学校に来て〕いろいろなことに驚きました、生徒だけでなく親についても。たとえば、単純に、中庭にいつもゴミが落ちていたり、飴が捨ててあったりします。つまりかれらはポイ捨てをしてはいけないとは教育されていないんです。〔…〕これは可視的な例ですけれども、他にもいろいろな決まりの面でそうなのです」（ピラミッド、副校長）

このように学校教職員は家庭でのしつけの欠如や、学校が求めていることと家庭での教育の間のギャップを常に感じていた。かれらは自分たちが自然に子どもに教えるべきと考えている決まり事が、多くの生徒にとっては自然ではなく、家庭で教えられていないと考えていた。教職員は必ずしも家庭環境や親の教育を批判し、すべての責任を親に負わせようとしているのではない。むしろかれらはこうした状況を理解し、子どもによりよい学校環境を与えることを課題のひとつとしている。こうしたなか、学校と家族、そして親と子という２方向の対話の欠如が問題とされ、学校と家族の間の一貫性を与えるために親が学校教育に積極的に関与することを求めていた。

4. 家族と学校の間の「文化的な壁」
――親の学校教育への関与という争点――

4.1　求められる親の学校教育への関与

今日、フランスの公立学校では、学校を家庭に向けて開かれたものにし、学校内外の教育関係者のつながりを強化することが求められている（Périer 2005: 9)。学校は長い間、外部とは隔てられた独立した空間として、親が学校の事柄に介入することを求めてこなかった。しかしながら1980年代以降、特に社会的に困難を抱えた地域の学校において親と学校のパートナーシップが強調されるようになる。調査では親による子どもの学校教育への関与や家族と関係を築くことの重要性をすべての教職員が認識していた。それは子どもの学校での成功のために親と交流や対話を行い、それぞれの立場を尊重しながら、信頼関係を築こうとするものである。そして親には家庭内で学校のことを話したり、学校へ積極的に出向くことなどを求めていた。ここでは、アメリカでのラローの研究（Lareau 2000）に見られるような、宿題を直接手助けすることや子どもと読書をすることなど具体的な学習上の支援が求められることはなかった。むしろ教職員との面談を自ら申し込んだり、会議に参加することが「良い意志」をもっていると評価されていた。

親を学校に出向かせるためにたとえば、両学校では各学期末に成績表を郵送ではなく、親に取りに来てもらい、その際に直接、各科目の教員と話せる機会を設けるなどしていた。またピラミッドでは親のための討論会をさまざまなテーマで行っていた。しかし筆者が出席した会はいずれも数名の親しかおらず、初回は3名、2回目は土曜の朝に開いたため10名程度に増えたが、それ以降も同様の傾向が続いていた。こうした試みは今日でも続いており、何曜日の何時に行うと親が参加しやすいのかなど、さまざまな試行錯誤が繰り返しなされているという。

そもそもこうしたパートナーシップが求められるということは、親が積極的に学校教育に関わっていないという学校側の問題認識がある。事実、問題があった場合以外に自主的に学校に親が出向くことは少ない。親の学校教育への関与の問題は、親が完全に不在であることよりも、かれらが自分たちの意志で関わることがないという受動的な姿勢を問うものである。

「家族との関係､､､それは簡単でもあり、難しくもあります。つまり、家族は呼び出しには応じてくれます。家族を呼び出したら、たとえば生徒との困難などがあったとき、家族はすぐに来てくれます。反対に難しいのはかれらを招待したときです」(ピラミッド、校長)

親が積極的に関与しないことは、教員にとっては平穏をもたらすものでもある。調査を行った学校では、親が授業内容や子どもの進路などに過剰に介入するという問題はなかった。そのため教職員の多くは一方でこうした環境を肯定的に捉えてもいる。家族との関係について質問すると多くの場合、まずは「良好である」「対立はない」「親は問題があった場合にすぐに駆けつけ、協力的である」と語られた。

だが、このことは生徒の学校での成功のために最良の環境を与えることにはつながらない。そのため親の受け身の態度は学校教職員にとって主要な課題のひとつともなっていた。そして、親の学校教育への関与をめぐって、移民という家族の背景がしばしば問題にされていた。

4.2　コレージュと家族の関係構築――移民家族の問題化――

筆者の調査では、先行研究の知見とは異なり、「親の教育放棄」をはじめとする家庭教育に対する学校側からの直接的な非難や否定がなされることは少なかった。かれらはまずこうした言説を否定し、むしろ家族の状況に理解を示そうとしていた。そして「放棄」ではなく「力が及ばない」という表現を積極的に用いていた。しかし、前述したように子どもの振る舞いや、さまざまな取り組みにもかかわらず親が学校へ自ら出向かないことなどの具体的な経験から家族の教育は問題視される傾向にあった。

ピラミッドでもボンディ・ノールでも親が積極的に出向かないことの理由として、まず親が不安感を持っていることがあげられた。親は学校から呼び出されるのは問題があった場合だと考え、強く非難されるのではないかという恐怖を抱いているという。さらに学校と家族の間には「文化的な壁」が障碍としてあるとも考えられており、家族の学校教育への関与を語る際は特にそれが前面に出されていた。

> 「問題はむしろどのように学校を捉えているかであり、恐怖であったり、どうして学校へ出向かなくてはいけないのか、〔親が〕わかっていなかったり、それがより重要な問題です。社会的に恵まれた場所でも人びとは働いているし、より多くの時間を仕事に費やしているかもしれない。けれど子どものことに関しては仕事を脇に置いてでも学校に来ています。それは親をしかるためではなくて、子どもの問題を解決するためにです。ここではそういうことは少なく、それが問題としてあります。問題は背景にあるもので、壁、文化的壁ともいうべきものです」（ピラミッド、前副校長）

仕事の休みづらさは職種や雇用形態などによって異なるが、ピラミッドの前副校長はこうした状況には触れず、「文化」の問題にすべてを還元していた。そして「文化」という言葉は社会階級にもとづくものではなく（Hoggart 1957［＝1974］ほか）、エスニックな出自を示すために用いられていた。文化の問題としては、親のフランス語能力やフランスの学校システムに対する理解不足があげられた。こうした言説はもっぱら移民を背景に持つ家族に関するものであり、特に言語に関しては直接移住を経験した家族を対象としている。そのためコレージュは、外国人の親に対して地域と協力してフランス語教室を開いたりもしていた。

さらに、マグレブ・西アフリカ諸国をはじめとする親の出身国とフランスにおける学校システムの違いも親との関係が構築できない原因であると考えられていた。

> 「家族では十分に学校のことが話されていません。それが生徒の成績に影響していると思います。ですから、家族について学ばなければならないし、家族と一緒に働かなくてはならない。家族が学校に来るようにしなければなりません。それではどのように来させればいいのでしょうか。制度的な会議なのか、より親しみやすい会議なのか、学校に来させ、関与させるために、何かしらの方法を見つけなければなりません。ここにはアフリカ系の子どもがたくさんいるので、アフリカの村でのかれらを知らなければなりません。人びとは学校の入り口で子どもをあずけて、後は学校の領分です。もはや家族の領分ではないのです。しかし、フランスでは同じ方法ではありません。私たち、フランスでは、家族が必要です。家族が必要なの

です。ですから、親が来て、関心を持つように必ずしなければなりません」（ピラミッド、校長）

このように親の学校教育への関与という話題になると、文化的な違いから来るフランスの教育システムに対する無理解が説明されることが多くある。親はそこでフランスの学校における「他者」として捉えられる。ここでは主にピラミッドの事例を取り上げたが、ボンディ・ノールでも、このような文化背景の違いが頻繁に言及されていた。特にマグレブ諸国や西アフリカ諸国、トルコ、近年ではインドなどを出自に持つ家族についてこうした問題が言及されており、学校関係者はいかにフランスの教育システムを理解させるかということを重要な課題としていた。

しかし、学校関係者が家族の状況に理解を示し、家族を主体的に関わらせるために自分たちの実践を適応させようとすることは、学校の制度それ自体が変わることを意味しない。つまり、日常の実践においては家族の状況、特にその文化背景を考慮に入れようとするが、学校において親に求められる役割が再考され、変わることはない。

さらに家族の状況に理解を示そうとする試みが、自分たちが避けてきた親への批判に行き着くこともある。家族の抱える困難への理解と批判はコインの裏表である。まず家族の状況に対して関心を示すことはすでに何かしらの問題を抱えているからである。また自分たちが親に歩み寄り、関与を促そうとすればするほど、それが実を結ばなかったときには親の姿勢に対する不信感が高まることにもなる。そして親に対する理解と同様に、家族の文化背景が「関心の欠如」を批判する際にも用いられる。

たとえば、移民出身の家族のなかには航空券を安く購入するために、夏休みの前に出身国に帰ろうとしたり、暑い夏を避けるために冬休みを長めにとり帰国しようとしたりする家族もいる。このような家族の問題は、経済的な選択としてではなく、文化背景の違いからくる学校システムの無理解の問題として解釈されていた。

筆者が2012年6月末にピラミッドで当時の副校長と住民を交えて話している際に、こうした家族の話題になった。この年はすでに6月7日にインド出身の家族が子どもを連れて故郷へ帰っており、それ以外にも少なくとも6家族が早めに夏休みを取ったという（夏休みは通常7月頭から）。

「かれらが子どもの成功を願っているのかどうかわかりません。そうでなければシステムを知らないか。子どもの成功のためにはシステムを理解しなければならないんです。親の姿勢を理解するために、異文化間性に関する研修を受けましたが、それでも理解できずにいます」（ピラミッド、前副校長）

ピラミッドの前副校長はこのような家族の問題を文化的な問題と捉えていた。彼は状況を理解しようとする一方で、親が学校教育をどのように捉えているのかが最後までわからず、親の関心を疑問視しはじめていた。また校長もさまざまな取り組みを行ったのにも関わらず、親が積極的に学校に出向くことが依然として少なく、着任して3年後には「親はどこにいるのでしょうか」と不信感を示すようになっていた。

おわりに

フランスの公立学校はその共和主義的イデオロギーのため、生徒のエスニックな出自を公式に承認することはない。また、池田（2001）が「移民的要素の希薄化」と表現したように、公的施策などにおいても生徒のエスニックな出自が考慮に入れられることはない。だが、日常的な経験や実践において生徒やその家族の移民出自、またエスニシティは重要な位置を占める。本章で取り上げた2つのコレージュでは、生徒の問題については家庭環境や地区の若者文化など強調点が異なるのに対し、どちらの学校においても家族との関係性や親の関与に関しては共通して、より明示的に、留保をつけることなくエスニックな出自や文化背景について言及されていた。つまり、生徒に対してはエスニックな差異を積極的に認めようとしないのに対して、親が抱える困難や家族との関係性についてはエスニックな出自がそれを読み解くための鍵概念として用いられていた。ただし、山本の研究で見られた中国系の親を対象とした会合のような、ある特定の国からやって来た親に向けた活動は見られなかった（山本 2014）。本章で取り上げた学校ではあくまですべての親を対象とした取り組みのなかで移民である親の特殊性を考慮に入れていた。

教職員はローカルな文脈で新たな職業倫理を獲得している。それはこれまで着目されてきた教授方法など教室内のことだけではなく、生徒の家庭環境への理解や家族との関係構築についても同様である（Périer 2010）。こうしたなかかれらは日常的に直面する現実と共和主義的イデオロギーの間を行き来し、交渉しながら、問題に対処しようとしている。しかし、学校が家族に対して行う取り組みは必ずしも実を結ぶわけではなく、学校と家族の距離は依然として重要な問題のひとつであり続ける。事実、調査を開始した2009年から今日に至るまで、それぞれの学校において大きな状況の変化はない。むしろ、新型コロナウィルス感染症やインフレーションは、調査対象地域に強く影響を及ぼし、健康問題のみならず、経済的状況や子どもの教育条件などを悪化させ、現在、郊外では「貧困」が喫緊の課題ともなっている。さらに、ニューカマーの家族は絶えず増え続けるとともに、当たり前のことだが学校に子どもを通わせる親はつねに新しくなり、課題が「なくなる」ことはない。フランスにおいてさまざまな政策・施策がなされてきたが、長年の経験をもとにした現場での対応を踏まえ、いかに共和主義と折り合いをつけながら制度・体制を整えていけるのか。学校における共和主義をめぐっては「ライシテ」に注目が集まることが多いが、教育をめぐる平等や公正の観点から考えれば、共和主義の挑戦はむしろ生徒や家族が多様化するなかで、さまざまな制度・体制を不断に問いなおしていくことにあるのではないだろうか。

第 15 章

学校における移民の子ども

―初等教育から高等教育までの教育格差―

マチュー・イシュー

はじめに

移民は、多くのヨーロッパ諸国で重要な社会現象をなしている。しかし、これらの人口移動の長期にわたる社会的影響は、移民自身に関する研究を通してよりも、その子孫が辿る社会的経路の分析によって明らかになる。フランスでは、学齢期の子どもの４分の１近くが、少なくとも親のひとりが移民である。

移民の子どもの人数の増加と並行する形で、学校教育はヨーロッパ社会においてますます中心的な位置を占めるようになっている。中等教育、さらには高等教育の大衆化によって、長期間に渡るようになった学校教育をうける若者層は絶えず増加している。この傾向は、学校を卒業することで得られる資格が、社会空間のなかで個人がどのように位置付けられるのかを決めるのに主要な役割を果たす社会で生じるだけいっそう、重要であろう。

同時に、移民は政治やメディアの言説に、つねについて回るものである。そして、これらの言説は、移民を社会問題として把握するよう大きく決定づけている。このような理由で、移民の子どもの学業失敗のテーマは、しばしば移民家族が怠慢であると想定してなされる批難、子どもたちの「統合の意思」の欠如、よりまれにではあるが学校システムの機能不全と結び付けられる*ライトモチーフ*であり続ける。

これらの言説が単純化した形で移民を捉えようとするなか、拙著の目的のひとつは移民の子どもの就学について、もうひとつの視点を提供しようとするものであった（Ichou 2018）。この見解のオリジナリティは、*社会問題*として移民の子どもの学業失敗を捉える見方から、*社会学の問題領域*（プロブレマティーク）としてのかれらの学校経路の研究へと移行しようとすることにある。この研究は、規範的ではなく、記述的なアプローチをとり、さらに社会科学の方法論的、概念的な道具からつくり上げられる経験的な論証に基づくものである。

フランスにおける移民の子どもの学校経路に関する先行研究

筆者が提案する分析は、学校での移民の子どもに関する社会科学の先行研究の検討に立脚している[1)]。ここでは紙幅の関係上、それらを網羅的かつ正当に評価することはできそうもない。だが、これらすべての研究は、似たような結論を主張している。すなわち、移民の子どもは一般的にネイティブの子どもよりも学校で成功していないというものである。この成功の低さは、小学校やコレージュ（中学校）における学校の成績を通して、またコレージュ卒業後に職業課程やバカロレアでもっとも名声がないセクションへと進路を進むことに関してみられる。そのため、学校教育の経路を終えるとき、移民の子どもは一般的にネイティブの子どもよりも高等教育を修了していない。

一般的な就学、とくに移民の子どもの就学のテーマを扱うほぼすべての研究は、親の社会的属性の影響に重要な位置づけを与えることで一致している。1960年代以来、研究者は生徒の学校経路における社会的出自の影響に関する経験的な論証を積み重ねてきた。社会構造における親の地位、またそれとつながるものだが、学校からの期待に多かれ少なかれ添うような生徒の素質を生み出す経済的・文化的資本が、ネイティブと移民の子どもの間の学校での格差についての主要な説明をなしてきた。

ほとんどの先行研究、特に2010年代以前のものは、いくつもの方法論的な、また理論的な妨げがあり、限界があった。まず、多くの先行研究は量的にもっとも多い集団からなるいくつかの大きな集合体しか区分していない。そこには調査において使用できる変数や、分析における数的なバランスなどの理由があ

1）特に、ルイ＝アンドレ・ヴァレ、ヘクトール・セボラ・ボアド、ヤエル・ブランボーム、ジャン＝リュック・プリモンらの研究グループの研究を参考のこと。研究動向のまとめは、下記でなされている。M. Ichou and A. Van Zanten, « France. The Increasing Recognition of Migration and Ethnicity as a Source of Educational Inequalities », *The Palgrave Handbook of Race and Ethnic Inequalities in Education*, P. Stevens, A. Dworkin Gary dir., London, Palgrave Macmillan, 2014, pp. 328–364.

る。このことから、これらの研究は移民の子どもの学校での状況に関して、過度に均質化した表象をうみだしてきた。一方で、近年の研究やこれから本章で紹介する結果が示しているように、移民の出自についての細かいカテゴリー化を活用しようとする分析は、フランスにおける「第二世代」の学校での多様性を十分に明らかにしてきた。

そのうえでも、生徒間や生徒集団間の学校での差異は、完全にはなくならない。「同等の社会層」での比較を行ってもである。フランスでの移民の家族の社会的属性や生活上の経済的条件にのみ焦点を当てるような分析枠組みは、なぜ移住先の社会において同等の構造的条件に置かれた個人が異なった経路を辿るのかを理解させるものではない。

学校での格差の説明が、フランスにおける家族の社会的属性だけに限られないならば、それ以外の場所、すなわち出身社会に求めたくなるのは当然であろう。もっとも単純な説明の軸はそのため、移民の「出身文化」を、子どもがより成功しているのか、もしくは成功していないのかの原因とすることである。これは一見すると明白なものにも思われるが、だがある集団のメンバーの学校での状況を理解するために、その価値や規範の役割を強調する文化主義型の説明は２つの根本的な短所がある。一方で、研究される現象の歴史性を忘却する傾向にあり、そのため時間的な変化、とりわけ世代間の変化を説明するためにはそれほど優れていない。他方で、集団の均質化された表象を生み出し、同じ文化を共有しているとみなされている各集団内部の差異や序列を理解できない。

概括的な分析枠組み

筆者の方針は、*社会学一般の概念道具*、特に社会化、資本、社会的地位といった概念を使うこと、そしてこれらの一般的な概念が「移民の子ども」という対象の特殊性によってどのように変わるのかを理論的に、また経験的に考察することである。拙著においては、子どもの学校での経路に影響を及ぼす主要な社会化の担い手である親、学校、きょうだい、地域に関して、順繰りに分析を展開したが、ここでは親を中心に取りあげたい。

理論的には、サヤド、ブルデュー、ライールの研究から、経験的にはゼルル、ラアシェール、サンテリの研究から着想を得た。そうすることで、学校との関係、教育実践、アスピレーション、より一般的に子どもが学校に通っている時点での移民である親の学校に関する素質を理解するためには、現在の生活条件だけでなく、移住前の社会化にも同じように関心を持つ必要があることが見出された。

移住前後の生活条件の違いは、出身社会と移住先社会で占める社会的地位のある種の不一致によって明らかになることがよくある。この地位の状態、ウェーバーのいう身分的状況・地位（ständische Lage）の不一致は、移住と関係すると考えられる地位の下降が、しばしば、とくにポストコロニアル移民にとって、移住先社会で支配的な民族・人種的ヒエラルキーのなかでのマイノリティ化を経験するような状況を伴うだけよりいっそう強固なものとなる。そのような不協和を特定するために、社会階層の専門家が用いる、地位の非一貫性（status inconsistency）の概念を用いることができる。この地位の非一貫性は、原則として、教育レベルと個人の収入の間、客観的な社会的地位と主観的な社会的地位の間、もしくは移民のケースにおいては移住前後の社会的地位の違いを見るものである。人びとはこれらの異なった社会的地位を順々と占めていくが、しかしまた異なる地位に同時につくこともよくある。実際、移住者の社会的地位の二重性は、移民が「ここと あそこの間」で保つ関係によって維持され、再活性化される。

移住先国における学校での資源や素質を理解するのは、移民の複雑な社会的経路を再構成し、出身社会と移住先社会でかれらが占める社会的地位の間に存在する差異の重要性を判断してからなのである。いずれにせよ、筆者がここで経験的に立証したい中心的な仮説のひとつがこの点である。

移民の子どもの学校経路——「第二世代」の同質的な見方を超えて

以下では、移民の子どもの小学校からリセ（高校）までの学校成績に関する統計分析によって得られた結果をまとめる。ここでは国民教育省による3つのパネル調査を用いる。1997年に小学校1年生に入学した生徒、1995年にコレージュに入学した生徒、2007年にコレージュに入学した生徒である。第1に、移民の子どもとネイティブの子どもを比較すると、成績の低さはまずなにより親の占める社会的地位によって説明される。これは、まったくオリジナルとはいえないものだが、おそらく社会学的にはもっとも重要な教えである。移民の子どもはネイティブの子どもよりも経済的・学校的な資本を本当にわずかしか兼ね備えていない親を持つ。この理由から、かれらはより頻繁に学校で失敗する。

第 2 に、「第二世代」の学校での多様性がとても重要であることが明らかになる。いくつかのグループは同じ社会層のマジョリティのグループと比べて学校での不利に苦しむ。それは特にサブサハラ地域とトルコ出身の移民の子どものケースである。他のグループは反対に、学校で優秀な成績を上げる。それは特に東南アジア出身の移民の子どものケースである。

3 つ目に、移民の子どもがネイティブの子どもと比べて小学校で急速な成長を見せるにもかかわらず、さまざまなグループの相対的な学校での位置づけは、強固な慣性を持つことに特徴付けられる。すなわち、はやい段階で形成された学校での格差は、永続的な結果を持ちうる。

これらの分析に加えて、生徒の成績を初等教育から高等教育までの経路というより大きなまとまりのなかに位置付け直すことが重要である。教育に関する計量社会学の支配的な用法とは反対に、全体論的アプローチを採用する。そして、学校での経路のさまざまな側面や段階に対して別々にアプローチするのではなく、それらをまとめて研究した。国民教育省の 1995 年のパネル調査のデータから、学校経路のさまざまな次元の多様性（成績、家庭、言語、選択科目、学校のタイプ、社会・都市的な背景）や、期間（小学校、コレージュ、リセ、高等教育に関する情報）を測定する指標を取りあげた。22 の指標をまとめ、順序づけ、帰納的分類法（潜在的な分類からの分析）を使って、同質的かつ序列化された学校経路の型を構成することが可能となる。そして 5 つの経路の型に学校での価値が低い順にわけることができる。

- 経路 1：早期の挫折、中退（21% の生徒）
- 経路 2：中学校での困難、職業課程への進路（25% の生徒）
- 経路 3：中間的な就学、短期の高等教育（21% の生徒）
- 経路 4：私立学校における「保護された」経路（12% の生徒）
- 経路 5：公立学校における卓越・成功（20% の生徒）

こうした配置を一度構築すれば、どのような生徒がどの経路をもっともよく辿るのかを検証することができる。そして、いくつかの結論がこれらの分析から導き出せる。第 1 に、学校での成績と同じように、経路の段階的な分化における生徒の社会的出自、特に親の教育レベルの影響が根本的なものとして見られる。第2に、社会的特性のもつ影響の大きさを考慮に入れても、移民の子どもはもっとも威信のある学校経路を経験することがより希である。他の言い方をすれば、マジョリティ集団の社会的に恵まれた層は、社会的に恵まれるだけでなくもっとも大きな物質的・象徴的な利益を手に入れさせうる排他的な学校経路の型を辿っており、他の社会・エスニック集団の生徒と区別されることができる。フランスでは、高等教育に到達した移民の子どもの大半がもっとも威信的ではなく、もっとも短いセクションに集中している。私立学校に移民の子どもがほとんどいないことや、特定の分野に特化した専門教育のクラスに通う生徒のなかにかれらが集まっていることが同様に、分離と不平等という補完的な2つの状態をなしている。

最後に、重要な結果として、学校での成績のように、「第二世代」の学校での経験の多様性に関するものがある。移民の子どもの一部は、教育システムの周辺に実質的に追放されるような学校経路のなかに過度な割合でいる。すなわち、社会的に恵まれない都市部の学校、専門教育、短期の職業教育といった経路に通うことが多い。かれらの間では、トルコ出身の移民の子どもは特に恵まれない学校に通うという一般的な状況によって特徴付けられる。他の生徒は一部の「奇跡を受けた」生徒を除いて、もっとも選抜的かつ威信的な学校やコースに通うわけではなく、学校での相対的な成功の経験をしている。学校での成績のように、東南アジアや中国系移民の子どもは部分的に例外をなす。なぜなら、かれらはしばしば同じ社会層のマジョリティ集団の生徒よりも秀でているからである。

学校での成功の起源——親の出身社会へのまなざしを脱中心化する

移民の子どもの学校経路の分化を説明するために、先行研究の大多数の結果から得られる最初の分析から、フランスにおける移民の家族の社会経済的特徴の重要性を強調することができる。しかし、移民（immigrés）は、移出民（émigrés）でもある。結果として、冒頭で強調したように、移民とその子孫のその後の経路を理解するために、出身国における社会的属性や、出身国と関連付けられる社会的属性に関心を寄せるべきという、強い社会学的な理由がある。本章の残りでは、統計分析ならびに、フランスとイギリスにおいて移民とその子どもに対して実施した100近くの生活史インタビューの結果を用いて、移住前の社会的属性がもつ世代間の影響を明らかにしたい。

出身国に関するデータと「経路と出自（TeO）」調査を対にすることによって、フランスにおいて子どもが到達した免状のレベルに対する、出身社会での移民の相対的な教育レベルの影響を測定することができる。そこでは、2つの主要な結果が導き出せる。第1に、フランスにおける移民集団の大半は、同じ出身国における移民ではない同等の人びとよりも平均的に教育を受けている。しかしこの「教育的選抜制」は出身国、また同じ国出身の移民間で大きく異なる。第2に、フランスにおける子どもの学校での成功における移民である親の相対的な教育レベルの世代間での影響は、出身国の人びとの教育レベルと比べると、間違いなくある。教育に関する相対的な地位は実際、所有する文化資本と移住前の社会的地位の指標となる。これら自体が子どもへの伝達に結びつくもので、学校での成功に有益な家族における社会化、認知的資源（考え方、知識）や素質（特に知識との肯定的な関係や学校に対する期待）の枠組みで伝えられているものである。

移住前の親の教育的地位と子どもの就学の間に結ばれた統計上の関係の根底にある社会過程に焦点を当てることで本章を終えたい。そのため、フランスとイギリスの移民とその子どもの生活史の語りを足がかりにする。まず、最初の移住計画を立て、変更するなかで移民である親によって与えられた教育の位置づけは、移住先国における家族の学校への期待を生み出すときに本質的な役割を果たす。次に、出身国における親の学校での経験、より一般的に家族のもつ学校史は、同じように期待や知識との関係構築や世代間の伝達にかかわるものである。最後に主観的な社会的地位、ほとんど移住後の客観的な地位と関連しないものではあるが、それは子どもへの学校や社会における期待の重要なもうひとつの資源である。これら3つの次元（移住計画、家族の学校での経験、主観的な社会的地位）は移民とその家族の出身社会での社会的属性に深く結びついている。

おわりに

移民を社会問題とする見方をやめること。このように一歩引いてみることが、移民の子どもの多様な学校経路を分析するために必要であることが明らかとなった。移民を、移住前の来歴を完全に無視して、かれらが入国してからのみしか研究しないこと。移民の子どもを必ず学業失敗をするという一枚岩の集団に還元しないこと。子どもの学校でのあらゆる困難を家族の機能不全、学校と相容れない出身文化、もしくは非常に人数の多いきょうだいにアプリオリに付与しないこと。これらどれもが分析的に求められるもので、成果をもたらしてきたと思う。

紙幅が限られているため、影に隠れてしまった部分もあるだろう。親の遺産のほかに、学校や地区、きょうだいといった社会化の他の機関は分析の脇に置かれてきた。残りの要素については拙著［Ichou 2018］において論じられている。しかしながら、用いられたデータでは、十分に直接的かつ詳細な方法で学校やクラスのなかで生じる不平等の生産過程、それだけではないにしろ特にエスニックマイノリティのメンバーが受ける差別の可能性についてアプローチすることができない。将来的な研究は学校での差別やその学校経路への影響に関するより詳細な分析を提供する必要がある。そのために、2つの区別を分析することができるだろう。まず被害者になりうる個人が差別だと感じたことと、実際になされた差別の区分がある。次に、特定の個人によってなされた直接的な差別と、社会のシステムから生じる制度的差別の区分である。

（村上　一基 訳）

【付記】

本章はLes enfants d'immigrés à l'école: inégalités scolaires du primaire à l'enseignement supérieur（Mathieu Ichou), dans *Ēcole et migration: un accord dissonant?*, ENS édition, 2020, pp. 23-31の全訳である。一部、著者による改稿をもとに訳出した。著者および出版社の翻訳の快諾に感謝申し上げる。

終　章

移民の子どもをめぐる日本の教育政策の特徴と課題
―フランスの移民教育からの示唆―

額賀　美紗子

はじめに

1980年代以降、海外から日本に移住する人々が急増し、現代の日本は多民族化社会への移行期にある（渡戸・井沢編 2010）。伝統的に移民を多く受け入れてきた欧米やアジアの多民族社会に比べると、日本社会の言語的・文化的・宗教的な多様性の水準は相対的に低いといえるが、近年の移民政策の転換によって、国内の多民族化、多文化化は確実に進行している。多民族化を経験する国々では、それぞれの社会的・文化的文脈に沿う形で増大する社会構成員の多様性に対応し、学校教育を通じて、移民の子どもの統合や包摂を図ってきた。本章では、移民の子どもをめぐる日本の教育政策の特徴と課題を概観し、最後にフランスの移民教育から日本が得られる示唆を述べる。

1. 移民の子どもを対象とした教育政策のフレーム

移民や外国人を分類する枠組みは各国の歴史的・制度的文脈に依存するが、日本の場合はオールドカマーとニューカマーという呼称が使われてきた。前者は第二次世界大戦以前に日本の植民地であった朝鮮半島、中国、台湾から移住してきた人々とその子孫を指し、後者は1970年代後半以降に南米やアジアを中心とした国々から日本に移住した人々を指す。1990年に改正出入国管理及び難民認定法（以下、改正入管法）が施行されると、就労を目的としたブラジルやペルー出身の日系人が流入し、日本語が分からない南米出身の子どもが学校現場に急増した。ニューカマー移民の子どもを対象とした国の教育政策は、この時期に本格的に始動する。

なお、日本政府は「移民政策をとらない」という立場を取り続けているため[1)]、文部科学省（以下、文科省）は政策用語として「移民」を用いず、「外国人児童生徒」を使用してきた。「外国人児童生徒等」と呼ばれる場合もあり、これは外国籍だけではなく日本語指導が必要な日本国籍の児童生徒―海外帰国生や国際結婚夫婦の間に出生した子ども―も含んでいるためである。

ニューカマー移民の子どもを対象とした教育政策の特徴のひとつは、1960年代から対策が講じられてきた海外帰国生と、ニューカマー移民を同じフレームに入れて、日本の学校への適応を図ってきた点である（佐藤 2010）。言語的・文化的な不適応という点から見た時、海外帰国生とニューカマー移民の子どもは課題を共有する存在として捉えられ、文科省は「帰国・外国人児童生徒」と一括りにしたフレームで施策を打ち出していった。しかし、海外帰国生とニューカマー移民の子どもは日本社会の構造上、同じ立ち位置にいるわけではない。後者はエスニシティ、国籍、階層の面で圧倒的に不利な立場にある。そうした不平等については不問に付され、文化的同化を果たして「日本人化」していくことがニューカマー移民の子どもについても求められてきた。

公教育における移民の母語・母文化の保障については、オールドカマーである在日韓国・朝鮮人がその必要性を訴えてきた[2)]。戦後、国は公立学校に在籍する在日韓国・朝鮮人に対して一切の配慮をしないという方針であったが、1991年の日韓法的地位協定に基づく協議の結果の覚書では、民族教育が課外活動として認められた（中島 2016）。しかし、その遺産がニューカマー移民の教育政策に引き継がれることはなく、オールドカマーとニューカマーの教育は「常に別の軸で議論」されてきた（佐藤 2010: 135）。また、海外帰国生に対してはグローバル人材の卵としてその国際的な「特性」を伸ばす必要性が強調される一方、同じ政策フレームの中にいるニューカマー移民に対する肯定的まなざしは

1）入管法改正案（2019年施行）に関し、安倍晋三首相は「移民政策はとらない」という文言を衆院本会議などで繰り返し発言した。
https://www.shugiin.go.jp/internet/itdb_shitsumon.nsf/html/shitsumon/a196104.htm（2024年8月20日アクセス）

2）「母語」は子どもが幼少期に通常家庭内で自然に身につける言語を指す。近年は、子どもが親の母語を継承する行為に着目して、「継承語」という言葉が使われる場合も多い。日本の行政用語としては、「母語・母文化」が使用されてきた。

希薄であり続けた。ニューカマー移民に対する特別な支援制度は拡充する方向にあるものの、正統な「日本人」としての言語的・文化的能力の不足に注目する欠陥アプローチが自明視され、子ども達へのスティグマを生み出している。

2. 移民の子どもを対象とした具体的な施策の展開

文科省は2021年度の中央教育審議会答申の項目の一つに、「増加する外国人児童生徒等への教育の在り方」を位置づけ、外国人児童生徒のための施策として次の5つの方針を打ち出した。1. 指導体制の確保・充実、2. 日本語指導担当教師等の指導力の向上、支援環境の改善、3. 就学状況の把握、就学の促進、4. 中学生・高校生の進学・キャリア支援の充実、5. 異文化理解、母語・母文化支援、幼児に対する支援である。以下では、近年全国的な調査が実施されて政策的関心の高い「日本語指導体制の整備」、「就学促進」、「進路保障」のとりくみを概説する。最後に、国の政策の中で看過されてきた母語・母文化保障の課題をとりあげる。

2.1　日本語指導体制の整備

文科省は1990年の改正入管法施行を背景に、1991年から全国の公立学校を対象として「日本語指導が必要な児童生徒の受入状況等に関する調査」を実施してきた。翌年からは各学校の必要性に応じた日本語教員の加配制度が始まったが、この時期のとりくみは各自治体や学校の裁量に任せられていた。日本語指導体制が大きく進展したのは、それまで障害児に適用されてきた「特別の教育課程」を、日本語指導が必要な生徒についても設置することが可能になった2014年度以降のことである[3)]。これによって、生徒の日本語能力に応じて各学校が指導計画を作成し、通常の授業時間中に生徒を別室に取り出して日本語指導を行うことが、正規の教育課程として認められた。2017年には法改正によって日本語指導の必要な生徒18人につき教員を一人割り当てることが10年後までの達成目標として設定された。同年に改訂された新学習指導要領では、日本語習得に困難のある児童生徒への指導が総則に明記され、外国人児童生徒等教育は今日の教育政策における恒常的な課題として位置づけられるようになっ

3)　高校段階で特別の教育課程の編成が可能になったのは2023年度からである。

た。このように、日本語指導に関する受け入れ制度はこの30年間で大きく進展し、組織的・継続的な支援体制の広がりがみられる。だが、解決すべき課題はまだ多い。

第一に、小中学校で特別の教育課程を受けている者は、日本語指導が必要な児童生徒全体の7割未満である。最も多い理由は「日本語と教科の統合的指導を行う担当教員がいないため」である（文科省2024）。文科省は、日本語学習と教科学習を統合したJSLカリキュラムを2000年代初頭に開発し、教員研修や授業研究を行ってきた。しかし、教員採用試験の科目に日本語教育が位置付けられているわけではないため、効果的な日本語の授業を実施する知識やスキルをもった教員は圧倒的に不足している。

第二に、自治体・学校間には受け入れ体制の格差がみられる。日本語指導が必要な児童生徒は一部の大都市に集中する一方、在籍生徒は1〜4人という学校が全体の4分の3以上を占めている（文科省2024）。こうした少数在籍校では、日本語教師の加配や特別の教育課程の編成がなく、リソース不足によって適切な日本語指導を行うことが難しい。特別の教育課程を実施している場合でも、その時間数は年間週10〜280単位時間と幅広く、十分な時間が確保されていない自治体や学校もある。担当する教師の知識やスキルにはばらつきがあり、小学校高学年でもひらがなや九九を延々と学習させられるケースがみられるなど、日本語指導の質にも格差が生じている。

第三に、日本語力の測定法が確立していない。文科省は、日本語指導が必要な児童生徒を「1. 日本語で日常会話が十分にできない者及び2. 日常会話はできても、学年相当の学習言語が不足し、学習活動への参加に支障が生じている者」と定義している。2006年に学習言語の不足にも留意することが明記されたのは画期的であった。問題は日本語力を適切に測定する方法が標準化されておらず、支援の必要な生徒をとりこぼしている可能性が高いことである。文科省（2024）によると、日本語指導が必要な児童生徒の判断方法として最も多いのが、「児童生徒の学校生活や学習の様子から」で、日本語能力アセスメントの使用の約4.6倍になる。つまり、生徒の認定は管理職や教師の主観的な判断によるところが大きく、数値の信頼性が十分に担保されていない。さらに、近年は日本語指導が必要な児童生徒の特別支援学級在籍率の高さが注目されているが、生徒の言語的文化的背景に即して適切な知能検査や手続きが実施されているかという点から検証されるべき課題である。

2.2　就学促進

不就学とは、学齢期でありながら一条校にも外国人学校等にも通っていない、就学実態が不明な状態を指す。2000年代初頭に外国人集住地域の自治体が独自の不就学調査の結果を公表したことで、問題が可視化されるようになった（佐久間2006）。文科省は2005年に不就学外国人児童生徒支援事業を開始し、その後リーマンショックの影響で日系南米人の不就学状況が顕著になったことを受け、2009年からは3年間の時限付きで大規模な予算をつけた「定住外国人の子供の就学支援事業」に着手した。この事業は高い成果を出したが、国による継続的な不就学対策には繋がらなかった。

転機は、2019年の改正入管法の施行である。外国人の子どもの一層の増加が見込まれることから、文科省は就学状況調査を初めて実施し、義務教育段階にある外国人児童生徒の6人に1人が不就学状態にある可能性が示された。この結果を受けて、翌年には、「外国人の子供の就学促進及び就学状況の把握等に関する指針」が出され、柔軟な対応による就学促進の必要性が提起された。義務教育を修了せずに15歳を超える外国人の子どもについても、夜間中学校のほか、学校の収容能力に応じて地域の公立中学校での受け入れが可能であることが明記された。

外国人の子どもが不就学に陥る背景には、かれらが就学義務の対象外とされていて、教育を受ける権利が十分に保障されていないという根本的な問題がある（佐久間2006）。政府は、日本国憲法第26条第1項の「すべて国民はひとしく教育を受ける権利を有する」にある「国民」を、日本国籍者に限定して狭く解釈し、就学義務から外国籍者を排除してきた。同時に、日本は国際人権規約や子どもの権利条約を批准している立場から、保護者が希望する場合は日本の学校への就学を「恩恵」として認め、自治体が外国人家庭に就学案内を送付することを要請している。

しかし、現在でも就学案内を送付していない自治体がある。日本語力が不十分なことを理由に就学を拒否されるケースも報告されてきた。2006年には文科省が外国人登録証明書による確認ができなくても就学が可能であることを初めて明文化したが[4)]、非正規滞在の子どもが役所で手続きを断られたり、役所から入管に通報されたりする事態もみられる（本間2024）。頻繁な移動や貧困などの理由から保護者が子どもを学校に通わせなくても、学齢簿に名前がないために不就学が気づかれず放置されてしまう。就学義務が課されていないことは、外国人児童生徒に対する手薄な支援を正当化し、特に非正規滞在や貧困家庭など脆弱な立場にある子どもの教育機会を奪う現状を生み出している。

2.3　進路保障

近年は高校段階にも移民の子どもが増え始めたことから、文科省は公立高校に在学する日本語指導が必要な生徒の全国調査を、2019年に初めて実施した。この調査からは、全高校生と比べて日本語指導が必要な高校生の中退率が高いこと、大学進学率は低く、非正規就職率および進学も就職もしていない割合が高いことが明らかになった。2021年には中学生の進路状況に関する項目が追加され、日本では高校教育が準義務化しているのに対して、日本語指導が必要な中学生の高校進学率は約9割であることがわかった（文科省2024）。進学できたとしても全日制高校の入試を突破することは難しく、定時制高校がセーフティネットの役割を果たしている現状がある。

外国人集住地域の自治体では、すでに1990年代後半から外国人生徒の高校進学率の低さが注目されており、その対策として高校受験時の配慮（ルビふり、時間延長、辞書の持ち込みなど）や、外国人生徒特別枠のような定員措置を設けていた。いわゆるアファーマティブ・アクションである。2024年時点で特別枠を設置している公立高校は全体の2割程度で、募集人数、受験者資格、試験内容についても自治体間格差が大きい。文科省は各自治体に対し、2024年度の公立高校入試から外国人生徒のための特別枠設置や、受験時の配慮を求める通知を出した[5)]。一方、高校現場には「適格者主義」を支持する文化も根強く、日本語力の不足する生徒を受け入れることへの抵抗もみられる（三浦・額賀2024）。

文科省の方針には外国人高校生の進路支援の拡充も含まれるが、具体的な方策は高校現場に任されてきた。東京都の公立高校を対象とした筆者らの調査（額賀ほか2022）では、言語的・文化的障壁による外国人保護者とのコミュニケ

4)　2012年に外国人登録制度は廃止され、就学手続時の居住地等の確認については在留カードの提示を求めるようになったが、柔軟な対応への要請は引き続き行われている。

5)　NHK「公立高校入試“外国籍の生徒に特別枠など配慮を”文科省が通知」https://www3.nhk.or.jp/news/html/20240630/k10014496891000.html（2024年8月20日アクセス）

ーションの難しさを指摘する声が多くあがり、保護者と連携しながら進路指導を行うことの困難がうかがえた。また、「家族滞在」の在留資格は就労が認められていないため、就職の場合は在留資格の変更が必要になるが、手続きに関する十分な知識が教師にないため、進路に支障をきたすケースもみられる。移民生徒の中には海外の大学進学を希望する者もいるが、適切な支援の仕方が分からないという高校教員の声も聞かれた。移民の子どもの増加に伴い、トランスナショナルな生き方を支える進路保障の施策が求められている。

2.4　母語・母文化の保障

在日韓国・朝鮮人に対する同化教育が示すように、ニューカマー移民の子どもに対しても、人権尊重の立場から母語・母文化を保障する視点は国の政策の中では極めて弱い。これは、日本の学校教育の目標が「日本人」の育成を前提とした国民教育にあることが関係している。日本の学校は日本語のモノリンガリズムとエスノセントリズムを自明とし、移民生徒の言語的・文化的差異は不可視化されることが数々の研究の中で指摘されてきた（宮島・太田編 2005 など）。差異が顕在化する場合は、肯定的な意味づけはされず、スティグマ化されやすい。このため、移民第二世代の子どもの間には出身国の言語や文化的表出を避けて日本人化を強く志向する者や、逆に抵抗の手立てとしてエスニシティを前面に出し、日本人や日本の学校への敵対意識を強化する者がみられる（清水ほか 2021）。

一方、外国人集住地域の一部自治体や学校で、母語・母文化教育を放課後の課外活動として実施しているケースがみられる。入試で外国人生徒特別枠を設置している大阪の公立高校の中には、ネイティブの教員を配置し、母語教育を充実させている学校もある（山本・榎井 2023）。在日韓国・朝鮮人や被差別部落による人権運動の歴史がある地域では、その蓄積を背景に、国に先行してニューカマー移民の母語・母文化保障に向けた実践を展開してきた。

近年は、母語・母文化保障に消極的だった国の教育政策に変化が生じている。2019 年に施行された「日本語教育の推進に関わる法律」とそれにもとづく基本方針では、日本語教育機会の拡充とともに、母語・母文化の一層の重要性が明示された。これを受けて、文科省は 2021 年の中央教育審議会答申の中で異文化理解、母語・母文化の尊重を謳っている。この方針を具体的に施策に落とし込み、実行していくことが必要である。そのためには「日本人」の育成をめざしたこれまでの同化教育、国民教育を見直し、子ども一人一人の文化的背景を承認しながら学習権を保障していく姿勢が欠かせないといえるだろう。

おわりに――フランスの移民教育からの示唆

本書で描かれたフランスの移民教育は、日本の公教育が今後どのように移民の子どもたちを包摂していけるかを考える上で示唆に富む。フランスと日本の共通点は、公共空間で人種やエスニシティによる差異を顕在化させることに消極的な点である。「単一にして不可分」の共和国原理を基盤に国民国家を形成してきたフランスでは、人種、エスニシティ、国籍、宗教などによる集団間の差異を認めていない。この点において、アメリカのように文化的差異の承認とそれに基づく資源の再分配を公教育の中で求める運動が市民レベルで展開し、多文化主義への一定の支持がみられる国とは移民の統合政策が異なる（Castles & Miller 1993［＝1996］）。

フランスの統合政策は、単一不可分の共和国モデルにもとづいて、人種、エスニシティ、国籍、宗教などにかかわらず、全ての人が平等な権利を享受することを原理原則としたものである。このため、全ての子どもに教育義務が課されており、移民の子どもに対しても国籍や在留資格を問わずに平等な教育機会を保障することが重要な政策課題になっている。集団間の差異を取り上げない原則はあるものの、一部の自治体や学校では古くから出身言語・文化の教育（ELCO）が行われるなど、文化的差異に対する一定の配慮がみられる。また、以前は移民の子どもに対する分離教育が主流であったが、近年は障害児教育において進展してきたインクルージョンの理念のもとで、移民の子どものメインストリームへの包摂が強く志向されるようになった。2012年に導入された他言語話者生徒のための教育単位（UPE2A）は、移民の子どもの特別な教育ニーズに対応しながらも、かれらを劣った者として疎外・排除せず、フランス市民として社会に包摂していく方針に裏付けられている。

共和国原理やインクルージョンの理念によって移民教育が推進されてきたフランスと比べると、移民の子どもに対する日本の教育政策は明確な統合や包摂の理念を欠き、問題の顕在化によって対症療法的に進められてきた部分が大きい。この背景には、日本が移民の存在を承認していないことや、外国人の子どもが就学義務から排除され、日本社会を構成する市民の一員として認知されていないことも関係しているだろう。フランスの移民教育からは、すべての子どもに教育を受ける権利を保障し、かれらを市民として育成し、包摂するための理念や手立てを国レベルで議論していくことの重要性が示唆される。その一方、本書で明らかにされているように、フランスでも地域間の支援格差、移民生徒への特別な教育的配慮への抵抗や運用上の問題、専門的知識やスキルをもつ教員の不足、移民生徒への差別やステレオタイプ、学力や進路保障の困難など、日本と共通する課題が噴出している。移民の子どもの統合と差異化のジレンマに対する今後のフランスのとりくみは、差異の承認に消極的な日本にとって大いに参考になるだろう。

参考文献（URL の最終閲覧は 2024 年 8 月 20 日）

Acherar Leila (2003), *Filles et garçons à l'école maternelle*, Montpellier, DRDF/Académie de Montipellier, 68p..

Aeberhardt Romain, Fougère Denis, Pouget Julien et Rathelot Roland (2010), « L'emploi et les salaires des enfants d'immigrés », *Économie et statistique*, n° 433/434, pp. 31-46.

Agier Michel (2016=2019), *Les migrants et nous. Comprendre Babel*, CNRS éditions.〔吉田裕訳『移動する民――「国境」に満ちた世界で』藤原書店，2019 年.〕

Agier M. (2018), *L'étranger qui vient. Repenser l'hospitalité*, Seuil.

Agier M. et Madeira Anne-Virgine (2017), *Définir les réfugiés*, PUF.

Ainscow Mel, Dyson Alan and Weiner Saira (2013), *From Exclusion to Inclusion: Ways of Responding in Schools to Students with Special Educational Needs*, Centre for Equity in Education, University of Manchester.

Akers-Porrini Ruth et Zirotti Jean-Pierre (1992), « Élèves "français" et "maghrébins". Un rapport différent à l'orientation scolaire », *Migrants-Formation*, vol. 89 (6), pp. 45-57.

Akkari Abdeljalil (2001), « Les jeunes d'origine maghrébine en France: Les limites de l'intégration par l'école », *Revue électronique de sociologie Esprit critique*, vol. 3 (8). (https://www.espritcritique.org/0308/article1.html).

Akoka Karen, Bacon Lucie, Clochard Olivier and Michalon Bénédicte (2019), *The Atlas of Migration in Europe. A Critical Geography of Migration Policies*, Routledge.

Alamartine Françoise (2003), « Des faits? Quels faits? À propos de "manifestations ethniques" dans un Lycée professionnel parisien », dans Lorcerie Françoise, *L'école et le défi ethnique. Éducation et intégration*, INSF/ESF, pp. 101-114.

Alba Richard, Logan John, Lutz Amy and Stults Brian (2002), "Only English by the third generation? Loss and preservation of the mother tongue among the grandchildren of contemporary immigrants", *Demography*, Vol. 39 (3), pp. 467-484.

Albouy Valérie et Wanecq Thomas (2003), « Les inégalités sociales d'accès aux grandes écoles », *Économie et statistique*, n° 361, pp. 27-52.

Amigues René, Bonniol Jean-Jacques et Caverni Jean-Paul (1975), « Les comportements d'évaluation dans les systèmes éducatifs. Influence d'une catégorisation ethnique sur la notation de productions scolaires », *International journal of psychology*. vol. 10 (2), pp. 135-145.

Amin Azzam (2005), « L'intégration des jeunes français issus de l'immigration. Le cas des jeunes issus de l'immigration arabo-musulmane et turque: Maghreb, Moyen-Orient et Turquie », *Connexions*, n° 83, pp. 131-147.

Amin A., Poussin Marjorie et Martinez Frédéric (2008), « Le rôle du sentiment d'exclusion et des perceptions de la société dans le processus d'identification chez les jeunes Français issus de l'immigration », *Les Cahiers Internationaux de Psy-*

chologie Sociale, n° 80, pp. 21-32.

André Géraldine (2012), *L'orientation scolaire. Héritages sociaux et jugements professoraux*, PUF.

Arens Janneke (2011), "Genocide in the Chittagong Hill Tracts", in Totten Samuel and Hitchcock Robert (dir.), *Genocide of Indigenous Peoples*, New York, Taylor and Francis, pp. 117-142..

Armagnague Maïtena, Boulin Audrey (2021), « Mobiliser en classe la "langue d'origine" des élèves primo-migrants: des effets ambivalents », *Agora Débats/Jeunesses*, n° 89, Presses Sc.-Po, pp. 7-21.〔本書第 5 章〕

Armagnague-Roucher M. (2010), « Les dynamiques d'adaptation sociale des communautés turques en France et en Allemagne. Le cas des jeunes générations », *Sociologie,* vol. 1 (2), pp. 235-252.

Armagnague-Roucher M. (2018), « Enfants et jeunes migrants à l'école de la République: une scolarité sous tension », *Revue européenne des migrations internationales*, vol. 34 (4), pp. 45-71.

Armagnague-Roucher M. (2019), « La "boîte noire" de l'allophonie: la construction d'une segmentation scolaire ethnico-raciale des migrants », *Migrations Société*, n° 176, pp. 33-47.

Armagnague-Roucher M. (2020), « "Besions éducatifs particuliers"et inclusion scolaire des enfants et jeunes migrants: le grand tâtonnement », dans Mendonça Dias C., Azaoui B. et Chnane-Davin F. (dir.), *Allophonie. Inclusion et langues des enfants migrants à l'école*, Lambert-Lucas, pp. 25-38.〔本書第 2 章〕

Armagnague-Roucher M. (2021), « La méritocratie face à l' "indisponibilité scolaire" », dans Armagnague M., Cossée Claire, Mendonça Dias Catherine, Rigoni Isabelle et Tersigni Simona (dir.), *Les enfants migrants à l'école*, Le Bord de l'Eau, pp. 171-189.

Armagnague-Roucher M. (2023), « Un État pas si fort? La scolarisation des élèves primo-arrivants en France à hauteur d'académies », *Revue française de pédagogie*, n° 218, pp. 61-77.〔本書第 3 章〕

Armagnague-Roucher M. et Bruneaud Jean-François (2016), « Introduction. Populations minorisées et justice scolaire: quelques enjeux pour les populations migrantes?», *Les cahiers de la LCD*, n° 2, pp. 13-24.

Armagnague-Roucher M., Cossée C., Mendonça Dias C., Rigoni I. et Tersigni S. (2018a), « Rapport de recherche EVASCOL. Étude sur la scolarisation des élèves allophones nouvellement arrivés (EANA) et des enfants issus de familles itinérantes et de voyageurs (EFIV) », *Défenseur des droits et INSHEA,* 426 p. (https://shs.hal.science/halshs-01992643).

Armagnague-Roucher M., Cossée C., Mendonça Dias C., Rigoni I. et Tersigni S. (2021), *Les enfants migrants à l'école*, Le Bord de l'Eau.

Armagnague-Roucher M. et Rigoni I. (2016), « Conduire une recherche sur la scolarisation d'élèves primo-migrants: quelques enjeux et défis socio-institutionnels », *La Nouvelle Revue de l'adaptation et de la scolarisation*, n° 75, pp. 337-349.

Armagnague-Roucher M., Rigoni I., Cossée C., Mendonça Dias C., et Tersigni S. (2018b), « Synthèse d'Evascol. Étude sur la scolarisation des élèves allophones nouvellement arrivés (EANA) et des enfants issus de familles itinérantes et de voyageurs (EFIV) », *Défenseur des droits et INSHEA*, 18 p. (https://www.defenseurdesdroits.fr/sites/default/files/2023-10/ddd_etude_evascol_20181221.pdf).

Armagnague-Roucher M., Rigoni I. et Valette Marie-Françoise (dir.), (2018c) « École et migration », *Revue européenne des migrations internationales*, vol. 34 (4), (https://doi.org/10.4000/remi.11498).

Armagnague-Roucher M. et Tersigni S. (2019), « L'émergence de l'allophonie comme construction d'une politique éducative: le traitement scolaire des enfants migrants en France », *Émulations - Revue de sciences sociales*, n° 29, pp. 73–89. (https://ojs.uclouvain.be/index.php/emulations/article/view/armagnague/17933)

Ascaride Gilles, Spagnoli Corinne et Vitale Philippe (2004), *Tristes tropiques de la Creuse*, Mareille, K'A.

Aubert France, Tripier Maryse et Vourc'h François (dir.), (1997), *Jeunes issus de l'immigration: de l'école à l'emploi*, Ciemi/L'Harmattan.

Audren Gwenaëlle et Baby-Collin Virginie (2017), « Ségrégation socio-spatiale et ethnicisation des territoires scolaires à Marseille », *Belgeo, Revue Belge de Géographie*. (doi. org/10.40000/belgeo. 18726).

Auger Nathalie (2008), « Favoriser le plurilinguisme pour aider à l'insertion scolaire et sociale des élèves nouvellement arrivés (ENA) », *Insertion scolaire et insertion sociale des nouveaux arrivants*, n° 11, pp. 126–137.

Auger N. (2010), *Élèves nouvellement arrivés en France. Réalités et perspectives pratiques en classe*, Éditions des archives contemporaines.

Auger N., Azaoui Brahim, Houée Christelle et Miquel Frédéric (2018), « Le projet européen Romtels (Roma translanguaging enquiry learning spaces). Un questionnement sur la médiation aux niveaux (inter) culturelle et identitaire », *Recherches en didactique des langues et cultures, Les Cahiers de l'Acedle*, tome 15 (3), (https://doi.org/10.4000/rdlc.3321).

Auvolat M. (1996), *Les jeunes d'origine étrangère et l'apprentissage*, CNRS GATE/ Chambre des métiers du Rhône.

Avenel Cyprien (2004, 2007), *Sociologie des « quartiers sensibles »*, Armand Colin.

Azaoui Brahim, Auger N. et Zoïa Geneviève (2019), « L'interculturalité, l'arlésienne des ESPE? », *Mélanges CRAPEL*, n° 41, pp. 16–30.

Azaoui B. et Lièvre Marion (2019), « Tisser des liens pour gérer l'altérité: l'exemple de l'institution scolaire face à la scolarisation de migrants en habitat précaire », *Migrations Société*, n° 176, pp. 95–110.

Azaoui B. (2020), « Enseigner auprès d'élèves en situation de grande précarité: du désir didactique à la souffrance ressentie », Mendonça Dias C., Azaoui B., et Chnane-Davin F. (dir.), *Allophonie. Inclusion et langues des enfants migrants à l'école*, Lambert Lucas, pp. 107–122.

Bachelard Gaston (1989 [1947] =2012), *La formation de l'esprit scientifique*, Vrin.〔及川馥訳『科学的精神の形成：対象認識の精神分析のために』平凡社ライブラリー，2012年.〕

Bachiri Driss (2006), « Alternatives à la fabrication des apartheids ethniques: déscolarisation et discriminations dans les "niches ethniques" », *Relief*, CEREQ, n° 17, pp. 63–73.

Bailleul Corentin et Senovilla Hernández Daniel (2016), *Dans l'intérêt supérieur de qui? Enquête sur l'interprétation et l'application de l'article 3 de la convention internationale des droits de l'enfant dans les mesures prises à l'égard des mineurs isolés étrangers en France*, PPUAM, Migrinter, 157p. (hal. Archives-ouvertes.fr/hal-01337126).

Balibar Renée (1999), « L'école de 1880 le français national: républicain, scolaire, grammatical, primaire », dans Gérald A., Robert M. (dir.), *Histoire de la langue française, 1880–1914*, CNRS éditions, pp. 255–293.

Barou Jacques (2000), « Modèles éducatifs nationaux et enfants d'immigrés », dans *VEI- Enjeux*, n° 120, pp. 35–42.

Barrère Anne (2002), *Les enseignants au travail. Routines incertaines*, L'Harmattan.

Barrère A. (2020), « L'enseignant relationnel. Un enjeu de métier et de formation », *Administration & Éducation*, n° 168, pp. 145–149.

Barthélémy Fabrice (2011), « Professionnalisation de la formation des enseignants de FLE: retour sur des années de recherche », *ÉLA. Études de linguistique appliquée*, n° 161, pp. 51–62.

Barthon Catherine (1997), « Enfants d'immigrés au collège: intégration ou ségrégation scolaire? », dans Aubert France, Tripier Maryse et Vourc'h François, *Jeunes issus de l'immigration. De l'école à l'emploi*, Ciemi/L'Harmattan, pp. 93–106.

Bastide Henri (1982), « Les enfants d'immigrés et l'enseignement français. Enquête dans les établissements du premier et second degré », *Travaux et documents*, Cahier n° 97, INED, 280p..

Bateson Gregory (1991 [1977, 2023]), "The double-bind theory. Misunderstood?", in G. Bateson, *Sacred Unity: Further Steps to an Ecology of Mind, edited by Rodney E. Donaldson*, New York: Harper-Collins, pp. 147–150.

Bateson Mary Catherine (2005), "The double bind: Pathology and creativity", *Cybernetics & Human Knowing*, Vol. 12 (1–2), pp. 11–21.

Bateson M. C. (2008), « Préface ». Jean-Jacques Wittezaele (dir.), *La double contrainte. L'influence des paradoxes de Bateson en sciences humaines*, De Boeck Supérieur, pp. 9–11.

Baudelot Christian et Establet Roger (2006 [1992]), *Allez les filles!*, Seuil.〔以下に短縮版：クリスティアン・ボードロ，秋葉みなみ訳「女性に役立つ学校」園山大祐・サブレ，ジャン＝フランソワ編『日仏比較　変容する社会と教育』明石書店，2009年，pp. 245–258.〕

Baudelot Ch. et Establet R. (1971), *L'école capitaliste en France*, François Maspero.

Bautier Élisabeth et Rayou Patrick (2009), *Les inégalités d'apprentissage. Programmes, pratiques et malentendus scolaires*, PUF.

Beauchemin Cris, Borrel Catherine et Régnard Corinne (2010), « Migrations: les immigrés et les autres », *Trajectoires et Origines. Enquête sur la diversité des populations en France*, INED/INSEE, Document de travail, n° 168, pp. 19-24.

Beauchemin C., Hamel Christelle, Lesné Maud, Simon Patrick et l'équipe de l'enquête TeO (2010), « Les discriminations: une question de minorités visibles », *Population et sociétés*, n° 466. pp. 1-4.

Beauchemin C., Hamel C. et Simon P. (2015), *Trajectoires et origines. Enquête sur la diversité des population en France*, INED Éditions.

Beaud Stéphane (2002, 2003), *80% au bac... et après? Les enfants de la démocratisation scolaire*, La Découverte.〔短縮版（著者による寄稿）：渡辺一敏訳「『バック取得率 80%』から 30 年」園山大祐編『教育の大衆化は何をもたらしたか：フランス社会の階層と格差』勁草書房, 2016 年, pp. 12-23.〕

ボー・ステファン（荒井文雄訳）(2018)「3 人姉妹と社会学者」園山大祐編『フランスの社会階層と進路選択』勁草書房, pp. 200-225.

Beaud S., Noiriel Gérard (2021) *Race et sciences sociales. Essai sur les usages publics d'une catégorie*, Marseille, Agone.

Becker Gary Stanley ([1964 =] 1993), *Human Capital, A Theoretical and Empirical Analysis*, Columbia University Press for the National Bureau of Economic Research, New York.〔佐野陽子訳『人的資本？　教育を中心とした理論的・経験的分析』東洋経済新報社, 1976 年.〕

Becker Howard Saul (1952a), "Social-Class Variations in the Teacher-Pupil Relationship", *The Journal of educational sociology*, Vol. 25 (8), pp. 451-465.

Becker H. S. (1952b), "The career of the Chicago public school teacher", *University of Chicago Press American Journal of Sociology*, Vol. 57 (5), pp. 470-477.

Becker H. S. ([1963] 1985 [1973 = 2019]), *Outsiders, études de sociologie de la déviance*, Métailié.〔*Outsiders: Studies in the Sociology of Deviance*, New York: The Free Press, 1963, 村上直之訳『完訳アウトサイダーズ』現代人文社, 2019 年.〕

Belhandouz Halima (1998), « Problématique de la référence et du sens et échec scolaire: le cas de l'Algérie et de sa population immigrée en France », dans Marouf Nadir, Carpentier Claude, *Langue, école, identités. Atelier Fondements anthropologiques de la norme*, L'Harmattan, pp. 169-183.

Belhandouz Halima et Carpentier Claude (2000), « Une construction socio-historique du "décrochage" scolaire. Le cas des Français musulmans du quartier nord d'Amiens », *VEI-Enjeux*, n° 122, pp. 128-160.

Belhandouz-Gadiri H. (1981), *L'enseignement colonial: analyse de la compétence proposée par deux manuels de la période coloniale en Algérie (1945-1962) et vue à travers l'étude de la morphosyntaxe,* Thèse de doctorat, Université Lille III.

Belkacem Lila (2015), « Quand la clinique fait l'ethnique. Logiques performatives dans la médiation interculturelle pour familles migrantes », *Genèses,* n° 98, pp. 47-68.

Ben Ayed Choukri (2023), *L'école discrimine-t-elle? Le cas des descendants de l'immigration nord-africaine*, Éditions du Croquant.

Ben Ayed C. et Bentiri Najat (2020) « Tous des enfants de la République! Des parents d'élèves se mobilisent contre les discriminations », *La Vie des idées*, 11 décembre 2020. ISSN: 2105-3030. (https://laviedesidees.fr/Tous-des-enfants-de-la-Republique)

Benisahnoune H. (1987), « L'enfant en "échec scolaire" dans deux équipes éducatives », dans Martin Didier et Royer Pierre, *L'intervention institutionnelle en travail social*, L'Harmattan, pp. 72-93.

Bennett Pamela R. and Lutz Amy (2009), "How African American is the Net Black Advantage? Differences in College Attendance among Immigrant Blacks, Native Blacks, and Whites", *Sociology of Education*, American Sociological Association, Vol. 82 (1), pp. 70-99.

Bérard Samuel (2002), *Les Hussards « noirs » de la Vème République*, mémoire de DEA « Migrations et relations interethniques », Université Paris VII- Denis Diderot.

Bereni Laure et Chappe Vincent-Arnaud (2011), « La discrimination, de la qualification juridique à l'outil sociologique », *Politix*, n° 94, pp. 7-34.

Bernard Philippe (1991), « Profs issus de l'immigration », *Hommes et Migrations*, n° 1146, pp. 35-37.

Berque Jacques (1985), *L'immigration à l'École de la République. Rapport au ministre de l'Éducation nationale*, CNDP/La Documentation française.

Berthelot Michèle (1991), *Enseigner: qu'en disent les profs? Rapport d'une recherche menée auprès du personnel enseignant du primaire, du secondaire et du collégial*, Québec, Conseil supérieur de l'éducation, 162 p..

Bertossi Christophe (2016), *La citoyenneté à la française. Valeurs et réalités*, CNRS éditions.

Bertrand Denis, Viala Alain et Vigner Gérard (dir.) (2000), *Le Français Langue Seconde*, Centre national de documentation pédagogique (CNDF), Collège-repères, Ministère de l'Éducation nationale.

Blanc Marie-Eve (2006), « La difficulté d'échapper à sa "bonne réputation": l'immigrant vietnamien dans la presse en France et au Canada », *Varia*, n° 1, pp. 123-137.

Blanc-Chaléard Marie-Claude (2001), *Histoire de l'immigration*, La Découverte.

Blanc Eugène (2002), « La formations des divisions (classes) en collège au risque de la discrimination. Une année dans un collège difficile: analyse d'un échec », *VEI-Enjeux*, Hors-série n° 6, pp. 76-86.

Blot Bernard, Boulot Serge, Clévy Jean (1978), « Problèmes posés par l'orientation des adolescents étrangers dans le second degré », *Migrants-Formation*, n° 29-30, pp. 84-87.

Blanchard Émile (1913), *La Main-d'œuvre étrangère dans l'agriculture française; questions d'économie rural et sociale*, Rivière.

Blum Alain (2002), "Resistance to Identity Categorization in France", *Census and Identity*, Cambridge, Cambridge University Press, pp. 121-147.

Boltanski Luc et Thévenot Laurent (1991=2007), *De la justification. Les économies de la grandeur*, Gallimard.〔三浦直希訳『正当化の理論——偉大さのエコノミー』新曜社，2007 年.〕

Bonnal Liliane, avec Alet Élodie, Bouhmadi Rachid, Favard Pascal et al. (2009), *Accès à la propriété, orientation scolaire et inégalités de revenus: une analyse des discriminations*, Rapport de recherche, Toulouse, GREMAQ.

Borgogno Victor (1990), « Le discours populaire sur l'immigration: un racisme pratique? », *Peuples méditerranéens*, n° 51, pp. 7-30.

Borrel Catherine et Lhommeau Bertrand (2010), « Être né en France d'un parent immigré », *Insee première*, n° 1287.

Bouagga Yasmine (dir.) (2020), « Jeunes en migration: entre défiance et protection », De facto, *Convergences Migrations*, n° 17, 43p..

Boubaker Nourredine (2003), *Construire une politique d'égal accès à l'apprentissage des jeunes issus de familles immigrées. Synthèse des travaux coordonnés par le Fasild, 1999-2002*, Paris, FASILD.

Boudesseul Gérard (2010), « La segmentation par l'orientation? Comment l'orientation préfigure les inégalités d'emploi », *Formation-emploi*, n° 109, pp. 53-70.

Boudon Raymond (1973=1983), *L'inégalité des chances: la mobilité sociale dans les sociétés industrielles*, Armand Colin.〔杉本一郎ほか訳『機会の不平等——産業社会における教育と社会移動』新曜社，1983 年.〕

Boulot Serge et Boyzon-Fradet Danielle (1988a), « L'accueil des enfants étrangers non francophones », *Migrants-Formation*, n° 73, pp. 13-22.

Boulot S. et Boyzon-Fradet D. (1988b), *Les immigrés et l'école, une course d'obstacles. Lectures de chiffres (1973-1987)*, L'Harmattan et et C.I.E.M.I.

Boulot S. et Boyzon-Fradet D. (1988c), « L'école française: égalité des chances et logiques d'une institution », dans *Revue Européenne des Migrations Internationales*, vol. 4 (1-2), pp. 49-83.

Bourdieu Pierre, (1974), « Avenir de classe et causalité du probable », *Revue française de sociologie*, vol. 15 (1), pp. 3-42.

Bourdieu P. (2012), *Sur l'État. Cours au Collège de France (1989-1992)*, Seuil et Raisons d'agir.

Bourdieu P. et Champagne Patrick (1992=2020), « Les exclus de l'intérieur », *Actes de la recherche en sciences sociales*, vol. 91-92, pp. 71-75.（「第Ⅴ部内部からの排除」荒井文雄・櫻本陽一監訳『世界の悲惨Ⅱ』藤原書店，2020 年，907-917 頁）

Bourdieu P. et Passeron Jean-Claude (1970=1991), *La reproduction. Éléments pour une théorie du système d'enseignement*, Éditions de Minuit.〔宮島喬訳『再生産——教育・社会・文化』藤原書店，1991 年.〕

Boutry-Avezou Virginie, Sabatier Colette et Briset Camille (2007), « Bien-être, adaptation sociale et discrimination à l'école: Perception des adolescents issus de l'immigration », *Revue francophone du stress et du trauma*, vol. 7 (3), pp. 205-216.

Boyzon-Fradet D. et Boulot S. (1992), « La section d'éducation spécialisée: miroir grossissant des inégalités », *Migrants-Formation*, n° 89, pp. 18–31.

Bressoux Pascal (1993), *Les effets des écoles et des classes sur l'apprentissage de la lecture*, Thèse de doctorat en Sciences de l'Éducation, Université de Bourgogne, Dijon.

Bressoux P. (2006), *Évaluation et orientation. Rapport pour le Haut Conseil de l'Éducation*, Grenoble, Université Pierre Mendès-France, Laboratoire des Sciences de l'Éducation (EA n° 602), 26p..

Brillaud André (1987), *La mise en marge scolaire: enfants d'ouvriers en sections d'éducation spécialisée. Contribution à une sociologie de la mobilisation scolaire*, Thèse de doctorat, Université de Nantes.

Brinbaum Yaël and Cebolla-Boado Héctor, (2007), "The school careers of ethnic minority youth in France. Success or disillusion? ", *Ethnicies*, Vol. 7 (3), pp. 445–474.

Brinbaum Y. et Guégnard Christine, (2011), « Parcours de formation et d'insertion des jeunes issus de l'immigration. De l'orientation au sentiment de discrimination », *Net. Doc*, 78, Céreq, pp. 1–57.

Brinbaum Y. et Guégnard Ch. (2012), « Parcours de formation et d'insertion des jeunes issus de l'immigration au prisme de l'orientation », *Formation emploi*, n° 118, pp. 61–82.

Brinbaum Y. et Kieffer Annick, (2005), « D'une génération à l'autre, les aspirations éducatives des familles immigrées. Ambition et persévérance », *Éducation et formations*, n° 72, pp. 53–75.

Brinbaum Y. et Kieffer A. (2009), « Les scolarités des enfants d'immigrés de la sixième au baccalauréat: différenciation et polarisation des parcours », *Population*, vol. 64 (3), pp. 561–610.

Brinbaum Y. et Primon Jean-Luc (2013), « Parcours scolaires des descendants d'immigrés et et sentiment d'injustice et de discrimination », *Économie et statistique*, n° 464–466, pp. 215–243.

Brinbaum Y. et Primon J.-L. (2016), « Expériences des discriminations à l'école des jeunes descendants d'immigrés d'après l'enquête Trajectoires et Origines (TeO) », dans Galland O. (dir.), *La France des inégalités. Réalités et perceptions*, Presses universitaires de la Sorbonne, pp. 39–52.

Brinbaum Y., Moguérou Laure et Primon J.-L. (2010), « Parcours et expériences scolaires des jeunes descendants d'immigrés en France », dans Beauchemin C., Hamel Ch., Simon P. (dir.), *Trajectoires et Origines. Enquête sur la diversité des populations en France. Premiers résultats*, Ined, Documents de Travail, n° 168, pp. 47–53.

Brinbaum Y., Moguérou L. et Primon J.-L. (2012), « Les enfants d'immigrés ont des parcours scolaires différenciés selon leur origine migratoire », *INSEE, Immigrés et descendants d'immigrés en France: Édition 2012*. (https://www.insee.fr/fr/statistiques/1374016?sommaire=1374025)

Brinbaum Y., Safi M. et Simon P. (2016), « Les discriminations en Fance: entre perception et expériences », *Document de travail*, n° 183, INED, 33p..

Broccholichi Sylvain (1994), *Organisation de l'école, pratiques usuelles et production d'inégalités,* thèse de doctorat, EHESS.

Bruno Anne-Sophie (2010), *Les chemins de la mobilité. Migrants de Tunisie et marché du travail parisien depuis 1956*, EHESS.

Butler Judith (2004 [1997] = 2015), *Le pouvoir des mots. Politique du performatif*, Paris, éd. Amsterdam.〔英語からの翻訳：Excitable Speech, Routledge, 1997. 竹村和子訳『触発する言葉——言語・権力・行為体』(岩波人文書セレクション) 2015年.〕

Cacouault-Bitaud Marlaine et Œuvrard Françoise (2009), *Sociologie de l'éducation*, La découverte.

Caille Jean-Paul (1993), « Les élèves en difficulté au début de la scolarité au collège », *Éducation et formations*, n° 36, pp. 7-12.

Caille J.-P. (2007), « Perception du système éducatif et projets d'avenir des enfants d'immigrés », *Éducation et formations*, n° 74, pp. 117-142.

Caille J.-P. et Lemaire Sylvie (2009), « Les bacheliers "de première génération" : des trajectoires scolaires et des parcours dans l'enseignement supérieur "bridés" par de moindres ambitions? », Insee, *Portrait social*, pp. 171-193.

Caille J-P. et O'Prey Sophie (2002), *Les familles immigrées et l'école française : un rapport singulier qui persiste même après un long séjour en France*, Insee, Données sociales.

Caillet Valérie (2001), *Le sentiment d'injustice à l'école*, Thèse de doctorat, Bordeaux, Université de Bordeaux 2.

Caillet V. (2007), « Sentiment d'injustice et violence scolaire », *Spirale*, 37, pp. 63-71.

Capel-Dunn Julia (2001), « L'insertion professionnelle des étrangers: 1999-2000 », *Notes et documents*, n° 48, DPM.

Carle Jean-Claude et Férat Françoise (2016), « L'enseignement scolaire (Tome III) », *Avis présenté au nom de la commission de la culture, de l'éducation et de la communication sur le projet de loi de finances pour 2017*, Sénat, Avis n° 144, session ordinaire de 2016-17, 24 novembre, 118p..

Carter Prudence L. (2007) *Keepin' it Real: School Success beyond Black and White*, New York (NY), Oxford University Press.

Castles, S & M. J. Miller (1993 [= 1996]), *The Age of Migration: International Population Movements in the Modern World*, New York: Guilford Press.〔関根政美・関根薫訳『国際移民の時代』名古屋大学出版会，1996年.〕

Cayouette-Remblière Joanie (2014), « Les classes populaires face à l'impératif scolaire. Orienter les choix dans un contexte de scolarisation totale », *Actes de la recherche en sciences sociales*, n° 205, pp. 58-71.〔短縮版：カユエット＝ランブリエール・ジョアニ（渡辺一敏訳）「学校的要請と庶民階層」園山大祐編著『フランスの社会階層と進路選択』勁草書房，2018年，pp. 91-108.〕

Cebolla Boado Héctor (2008), « Les enfants d'immigrés progressent-ils plus vite à l'école? Le cas français », *Population*, vol. 63 (4), pp. 747-765.

Cerrato-Debenedetti Marie-Christine, Yigit E. (2005), *Diagnostic de la discrimination ethnique à l'accès au stage de filières professionnelles*, Villeurbanne, EQUAL-PAVIE.

Chabi Hanifa (2007), *La situation sociale des enfants de harkis*, Avis et Rapports du Conseil Économique et Social, 109p..

Chabot Timothée (2022), « L'homophilie sociale au collège. Amitiés et inimitiés entre élèves socialement distants dans quatre établissements mixtes », *Revue française de sociologie*, vol. 63 (1), pp. 65-111.

Chapireau François (2001), « La classification internationale du fonctionnement, du handicap et de la santé », *Gérontologie et Société*, vol. 24 (99), pp. 37-56.

Charbit Tom (2006), *Les harkis*, La Découverte.

Charlot Bernard (1992), « Rapport au savoir et rapport à l'école dans deux collèges de banlieue », *Sociétés contemporaines*, n° 11-12, pp. 119-147.

Charlot B. (1993), « L'intégration scolaire des jeunes d'origine immigrée, Éléments de synthèse », dans Lorreyette Bernard, *Les politiques d'intégration des jeunes issus de l'immigration*, CIEMI L'Harmattan, pp. 149-160.

Charlot B. (2000), « Violence à l'école: la dimension "ethnique" du problème », *VEI-Enjeux*, n° 121, pp. 178-189.

Chavanes Jacques (2009), *La cité au travail. L'insertion des jeunes de « banlieue » d'origine maghrébine*, L'Harmattan.

Chazalette André et al. (1977), *Étude relative à la deuxième génération d'immigrants dans la région Rhône-Alpes*, Lyon, Groupe de sociologie urbaine.

Chebirra Abderrazak (2005), *L'indispensable manuel orthographique des prénoms français d'origine arabe et musulmane*, Lille, APIC.

Chiss Jean-Louis (dir.) (2008), *Immigration, école et didactique du français, Langages et didactique*, Didier.

Chnane-Davin Fatima (2005), *Didactique du français langue seconde en France: le cas de la discipline « français » enseignée au collège*, thèse de doctorat, Lille, Diffusion ANRT.

Chnane-Davin F. et Cuq Jean-Pierre (2007), « Formation des enseignants au français langue étrangère et seconde. Université et IUFM, deux mondes provisoirement cloisonnés », *Qu'est-ce qu'une formation professionnelle universitaire des enseignants?*, tome I, IUFM du Nord-Pas de Calais.

Chnane-Davin F. et Spaëth Valérie (2015), « Le concours de lettres se met au FLE », *Le Français dans le monde*, n° 400, pp. 36-37.

Chomentowski Martine (2009), *L'échec scolaire des enfants de migrants. L'illusion de l'égalité*, L'Harmattan.

Chryssochoou Xénia, Picard Maud et Pronine Maroussia (1998), « Explications de l'échec scolaire. Les théories implicites des enseignants selon l'origine sociale et culturelle de l'élève », *Psychologie et Éducation*, n° 32, pp. 43-59.

中央教育審議会（2021）『「令和の日本型学校教育」の構築を目指して――全ての子供たちの可能性を引き出す，個別最適な学びと，協働的な学びの実現（答申）』.

Citron Suzanne (1987), *Le mythe national. L'Histoire de France en question*, Les Éditions Ouvrières/Études et documentation.

Clavé-Mercier Alexandra et Schiff Claire (2018), « L'école française face aux nouvelles figures de l'immigration: le cas d'enfants de migrants roms bulgares et de réfugiés syriens dans des territoires scolaires contrastés », *Raisons éducatives*, n° 22, pp. 193–222.

Clément Francine et Girardin Andrée (1997), *Enseigner aux élèves issus de l'immigration*, Nathan.

Clévy J. (1977), « Orientation des enfants étrangers à l'issue d'un passage en classe spéciale », dans De Grève Marcel, Rosseel Eddy, *Problèmes linguistiques des enfants de travailleurs migrants*, Bruxelles, éd. Didier/AIMAV, pp. 48–77.

Cohen Jacob (1988), *Statistical Power Analysis for the Behavioral Sciences* (2nd ed.), Hillsdale, NJ, Routledge.

Cohen J., Cohen Patricia, West Stephen G. and Aiken Leona S. (2003), *Applied Multiple Regression/Correlation Analysis for the Behavioral Sciences*, Mahwah (NJ), Lawrence Erlbaum Associates.

Cohen Robin and Rai Shirin (Eds.) (2000), *Global Social Movements*, London, New Brunswick, The Athlone Press.

Collectif (1976), *Questions réponses sur la scolarisation des enfants de travailleurs migrants*, ESF.

Collet Beat et Régnard Corinne (2011), « La réalité socio-culturelle de la mixité franco-étrangère. Analyse de données statistiques d'une enquête auprès des primo-arrivants », *Revue européenne des migrations internationales*, vol. 27, pp. 7–34.

Commission des Communautés Européennes (2008), *Livre vert. Migration et mobilité: enjeux et opportunités pour les systèmes éducatifs européens.*

Condon Stéphanie et Régnard Corinne (2010a), « Héritage et pratiques linguistiques des descendants d'immigrés en France », *Hommes & Migrations*, 6 (n° 1288), pp. 44–56.

Condon S. et Régnard C. (2010b), « Diversité des pratiques linguistiques », *Trajectoires et Origines. Enquête sur la diversité des populations en France*, Ined/ Insee, Document de travail, n° 168, pp. 31–37.

Conseil d'État, 23 octobre (1987), Consorts Métrat. (CE, sect., 23 oct. 1987, n° 66977, Lebon)

Convert Bernard (2003), « Des hiérarchies maintenues. Espace des disciplines, morphologie de l'offre scolaire et choix d'orientation en France, 1987–2001 », *Actes de la recherche en sciences sociales*, n° 149, pp. 61–73.

Corbion Sylviance (2018), *Éducation tout au long de la vie et logiques sociales de formation professionnelle. Le cas des enseignants spécialisés du premier degré en charge de l'aide pédagogique aux élèves en grande difficulté scolaire*, Thèse de doctorat en sociologie Université Paris 8.

Cortier Claude (2007), « Accueil et scolarisation des élèves allophones à l'école française », *Diversité*, n° 151, pp. 145–155.

Costigan Catherine L., Hua Josephine M. and Su Tina F. (2010), "Living up to expectations: The strengths and challenges experienced by Chinese Canadian students", *Canadian Journal of School Psychology*, Vol. 25 (3), pp. 223-245.

Cotin Jean (1984), « Les structures d'accueil », *Études Tsiganes*, n° spécial, n° 4, pp. 28-30.

Cotonnec Alain (1984a), « Lectures en vrac », *Études Tsiganes*, n° 4, pp. 50-55.

Cotonnec Alain (1984b), « La formation des enseignants: essai de synthèse », *Études Tsiganes*, n° 4, pp. 58-62.

Cousin Olivier (1998), *L'efficacité des collèges. Sociologie de l'effet établissement*, PUF.

CRDP Lille (1977), *La scolarisation des enfants de migrants*, Roubaix, CRDP Lille.

Crenn Chantal et Rigoni I. (2020), « Les mineurs isolés étrangers originaires d'Afrique sub-saharienne en Gironde. Protection de l'enfance, accès à l'éducation et à l'alimentation. », *Les études de chaire diaspora africaine*, 1, (diaspafrique. hypotheses. org/files/2021/06/1-2020. pdf).

CRESAS (1974), « Pourquoi les échecs scolaires dans les premières années de la scolairité?: recherches sur les rôles respectifs des caractéristiques individuelles des enfants, de leur origine sociale et de l'institution scolaire. », *Recherche pédagogique*, n° 68, INRDP.

Crozier Michel et Friedberge Erhard (2014), *L'acteur et le système. Les contraintes de l'action collective*, Seuil.

Dalsheimer-Van Der Tol Nadine et Murat Fabrice (2011), « Les parents et l'école en France et en Europe », *Éducation et formations*, n° 80, pp. 79-94.

Dannequin Claudine (1999), « Interactions verbales et construction de l'humiliation chez les jeunes des quartiers défavorisés », *Mots*, vol. 60 (1), pp. 76-92.

DARES (2011), « Emploi des jeunes. Synthèse des principales données relatives à l'emploi des jeunes et à leur insertion », *Document d'études*, n° 166, 60p..

Debarbieux Éric (1992), « Violence et (dés) orientation », *Migrants-Formation*, vol. 89 (6), pp. 58-65.

Debarbieux E. (1998a), « Le professeur et le sauvageon. Violence à l'école, incivilités et postmodernité », *Revue Française de Pédagogie*, n° 123, pp. 7-19.

Debarbieux E. (1998b), « Violence et ethnicité dans l'école française », *Revue européenne des migrations internationales*, vol. 14 (1), pp. 77-91.

Debarbieux E. (2004), « Les enquêtes de victimation en milieu scolaire: leçons critiques et innovations méthodologiques », *Déviance et Société*, vol. 28 (3), pp. 317-333.

Debarbieux É. et Tichit Laurence (1997), « Ethnicité, punitions et effet classe: une étude de cas », *Migrants-formation*, n° 109, pp. 138-154.

Debarbieux É. et Tichit L. (2001), « Le construit "ethnique" de la violence », dans Charlot B., Émin Jean-Claude, *Violences à l'école. État des savoirs*, Bordas, pp. 155-180.

Decharne Marie-Noëlle et Liedts Éric (2007), *Porter un prénom arabe ou musulman est-il discriminant dans l'enseignement supérieur?*, Lille, ORES.

DEPP (2012), « Sortants sans diplôme et sortants précoces: Deux estimations du faible niveau d'études des jeunes », *Note d'information*, n° 12.15.

DEPP (2015), « Année scolaire 2014-2015: 52 500 élèves allophones scolarisés dont 15 300 l'étaient déjà l'année précédente », *Note d'information*, n° 15.35.

DEPP (2017), *Repères et références statistiques. Enseignements, formation, recherche 2017*, Ministère de l'Éducation nationale/Ministère de l'Enseignement supérieur, de la recherche et de l'innovation, 400 p..

DEPP (2018a), « 60 700 élèves allophones en 2016-2017: 90% bénéficient d'un soutien linguistique », *Note d'information*, n° 18.15.

DEPP (2018b), *Repères et références statistiques. Enseignements, formation, recherche 2018*, Ministère de l'Éducation nationale/Ministère de l'Enseignement supérieur, de la recherche et de l'innovation, 387p..

DEPP (2022), « 64 564 élèves allophones nouvellement arrivés en 2020-2021: neuf sur dix bénéficient d'un soutien linguistique ou d'une scolarité dans un dispositif spécifique », *Note d'information*, n° 22.27.

DEPP (2023), « 77 435 élèves allophones nouvellement arrivés scolarisés en 2021-2022: neuf sur dix bénéficient d'un soutien linguistique ou d'une scolarité dans un dispositif spécifique », n° 23.23.

DEPP (2023), *Repères et références statistiques. Enseignements, formation, recherche 2023*, Ministère de l'Éducation nationale et de la Jeunesse/Ministère de l'Enseignement supérieur et de la recherche, 427 p..

Derouet Jean-Louis (1992), *École et justice. De l'égalité des chances aux compromis locaux?*, Métailié.

Derrida Jacques (1997), « Quand j'ai entendu l'expression "délit d'hospitalité"… », *Plein droit*, n° 34. (https://www.gisti.org/spip.php?article3736)

Deschamps Jean-Claude, Lorenzi-Cioldi Fabio et Meyer Gil (1982), *L'échec scolaire. Élève modèle ou modèles d'élèves? Approche psycho-sociologique de la division sociales à l'école*, PUF (Ed. Pierre-Marcel Faver).

Desvernois Serge et De Miras Michel-Patrick (2004), « Les oubliés du FLE/FLS à l'école élémentaire: enseignants qualifiés et compétents, mais non reconnus », dans Chantal Forestal (dir.), *Études de linguistique appliqué*, n° 133, Français langue étrangère (FLE) / Français langue seconde (FLS): un enjeu politique, social, culturel et éthique, pp. 97-107.

Dhume-Sonzogni Fabrice (2006), *Racisme, antisémitisme et « communautarisme ». Significations sociales et manifestations publiques*, rapport pour le FASILD, Neuviller, ISCRA-Est, 166p..

Dhume-Sonzogni F. (2010), « L'école face à la discrimination ethnoraciale: les logiques d'une inaction publique », *Migrations société*, vol. 22, n° 131, pp. 171-184.

Dhume-Sonzogni F. et Sagnard-Haddaoui Nadine (2006a), *La discrimination de l'école à l'entreprise. La question de l'accès aux stages des élèves de lycée professionnel en région Lorraine*, Neuviller, ISCRA-Est.

Dhume-Sonzogni F. et Sagnard-Haddaoui N. (2006b), *Les discriminations raciales à l'emploi. Une synthèse problématique des travaux,* Neuviller, ISCRA.

Dhume-Sonzogni F., Dukic Suzana, Chauvel Séverine et Perrot Philippe (2011), « Une entrée par l'action scolaire: stéréptypes, ethnicisation des normes scolaires et inégalités de traitement », dans *Orientation scolaire et discrimination. De l'(in) égalité de traitement selon l' « origine »*, La Documentation française, pp. 153–201. 〔本書第 8 章〕

Dhume-Sonzogni F., Volponi Anne-Françoise, Mouliade Régine, Noël Olivier (2000), *Les discriminations dans le Pays de Montbéliard,* Strasbourg, AZERTY/ISCRA.

Dhume-Sonzogni F. (2007), *Liberté, égalité, communauté? L'État français contre le « communautarisme »*, Homnisphères.

Dhume-Sonzogni F. (2009), « Rendre justice face à la discrimination à l'école: droit de cité et droit dans la cité scolaire », dans *Écarts d'identité*, n° 114, pp. 39–47.

Dhume-Sonzogni F. (2011), *Entre l'école et l'entreprise, la discrimination ethnico-raciale dans les stages. Une sociologie publique de l'ethnicisation des frontières et de l'ordre scolaires,* Thèse de doctorat, Université de Provence, Aix-Marseille I.

Domina Thurston (2005), "Leveling the home advantage: Assessing the effectiveness of parental involvement in elementary school", *Sociology of Education*, Vol. 78 (3), pp. 233–249.

Dorlin Elsa (2006), *La matrice de la race. Généalogie sexuelle et coloniale de la nation française*, La Découverte.

Dorlin E. (dir.) (2008), *Black feminism. Anthologie du féminisme africain-américain. 1975–2000,* L'Harmattan.

Doron Claude-Olivier (2012), "Race and Genealogy: Buffon and the Formation of the Concept of 'race' ", *Humana Mente*, Vol. 22, pp. 75–109.

Doron C.-O. (2013), « Race et médecine, une vieille histoire », *Médecine/Sciences*, vol. 29 (10), pp. 918–922.

Dubet François (dir.) (1997), *École, familles: le malentendu,* Textuel.

Dubet F. (2004), *L'école des chances. Qu'est-ce qu'une école juste?*, Seuil.

Dubet F., Cousin Olivier, Macé Éric et Rui Sandrine (2013), *Pourquoi moi? L'expérience des discriminations*, Seuil.

Dubet F. et Lapeyronnie Didier (1992), *Les Quartiers d'exil*, Seuil.

Dubet François, Martucelli Danilo (1996), *À l'école. Sociologie de l'expérience scolaire*, Seuil.

Dubois Vincent (2021), *Contrôler les assistés. Genèses et usages d'un mot d'ordre*, Raisons d'agir.

Durand Jean-Claude (1991), « Les élèves d'origine asiatique, maghrébine et tsigane vus par le maître », *Intercultures, SIETAR-France*, n° 14, pp. 37–47.

Duru-Bellat Marie (2004 [1990＝1993]), *L'école des filles: quelle formation pour quels rôles sociaux?*, L'Harmattan.〔中野知律訳『娘の学校：性差の社会的再生産』藤原書店，1993 年.〕

Duru-Bellat M. (2003), *Inégalités sociales à l'école et politiques éducatives*, Paris, Unesco, Institut international de planification de l'éducation.

Duru-Bellat M. et Mingat Alain (1993), *Pour une approche analytique du fonctionnement du système éducatif*, PUF.

Ebersold Serge (2009), « Inclusion », *Recherche et Formation*, n° 61, pp. 71-83.

Ebersold S. (2017), « L'école inclusive, face à l'impératif d'accessibilité », *Éducation et Sociétés*, n° 40, pp. 89-103.

Ebersold S. (2021), *L'accessibilité ou la réinvention de l'école*, Londres: ISTE Editions.

Ebersold S. et Armagnague-Roucher M. (2017), « Importunité scolaire, orchestration de l'accessibilité et inégalités », *Éducation et Sociétés*, n° 39, pp. 137-152.

Ecalle Jean (1998), « L'école: un monde intersubjectif de représentations entrecroisées », *Revue française de pédagogie*, n° 122, pp. 5-17.

Elias Norbert (1993 [1983] = 1991), *Engagement et distanciation*, Fayard.〔波田節夫・道籏泰三訳『参加と距離化――知識社会学論考』法政大学出版局，1991 年.〕

Enel Françoise, Delesalle Cécile (2003), « Rôle et impact des représentations dans l'orientation et l'insertion professionnelle des jeunes issus de l'immigration », *Migrations études*, ADRI, n° 113.

Enquête Jeunes (2002), *Éducation et formations*, n° 72, MEN-DEPP.

Eremenko Tatiana (2015), *Les parcours des enfants de migrants vers la France*, Thèse de démographie, Université de Bordeaux, 458 p..

Étiemble Angélina et Zanna Omar (2013), « Actualiser et complexifier la typologie des motifs de départ du pays d'origine des mineurs isolés étrangers présents en France », Infomie.net. (infomie. net/IMG/pdf/mie_synthese_volet_accompagnement_educatif_2013-2.pdf)（現在閲覧不可）

Eurydice (Commission européenne/ EACEA) (2019a), *L'intégration des élèves issus de l'immigration dans les écoles en Europe: politiques et mesures nationales*. Rapport Eurydice. Luxembourg: Office des publications de l'Union européenne, 2019

Eurydice (Commission européenne/ EACEA) (2019b), *L'essentiel de L'intégration des élèves issus de l'immigration dans les écoles en Europe: politiques et mesures nationales*.

Eysenck Hans Jürgen (1977 [=1973]), *L'inégalité de l'homme*, Paris, Copernic.〔仏語は，ハンス・アイゼンク著の，英語からの翻訳 *The Inequality of Man*, London, Temple Smith, 1973.〕

Farvaque Nicolas (2008), *Difficultés d'accès et discriminations dans l'accès aux stages. Le ressenti des lycéens de l'enseignement professionnel, le point de vue des enseignants et des employeurs*, Lille, ORSEU/ Programme EQUAL-Transfert.

Farvaque N. (2009), « Discriminations dans l'accès au stage: du ressenti des élèves à l'intervention des enseignants », *Formation Emploi*, no. 105, pp. 21-36.

Fassin Didier (2002), « L'invention française de la discrimination », *Revue française de science politique*, vol. 52 (4), pp. 403-423.

Feliciano Cynthia (2005a), "Educational Selectivity in U.S. Immigration: How do Immigrants Compare to those Left Behind?", *Demography*, Vol. 42 (1), pp. 131-152.

Feliciano C. (2005b), "Does selective migration matter? Explaining ethnic disparities in educational attainment among immigrants' children", *The International Migra-*

tion Review, Vol. 39 (4), pp. 841-871.

Felouzis Georges (1991), « Comportements de chahut et performances scolaires des filles et des garçons », dans *Cahier du CERCOM*, n° 6, pp. 31-49.

Felouzis G. (2003), « La ségrégation ethnique au collège et ses conséquences », *Revue française de sociologie*, vol. 44 (3), pp. 413-447.

Felouzis G., Liot Françoise et Perroton Joëlle (2005), *L'apartheid scolaire. Enquête sur la ségrégation ethnique dans les collèges*, Seuil.

Ferhat Ismail (2021), « De la décentralisation de l'éducation aux politiques éducatives locales en France: comment traiter en sciences sociales un objet en mutation? », *Carrefours de l'éducation*, n° 51, pp. 93-116.

Foucault Michel (1975=2020), *Surveiller et punir. Naissance de la prison*, Gallimard. 〔田村俶訳『監獄の誕生〈新装版〉——監視と処罰』新潮社，2020 年.〕

Fouquet-Chauprade Barbara (2004), « Le suivi de cohorte des nouveaux arrivants: pourquoi et comment? Une question de méthode, L'intégration des nouveaux arrivants: quelle mission pour l'École? », *Actes de l'université d'automne*, Académie de Créteil. (http://eduscol.education.fr/cid45871/le-suivide-cohorte-des-nouveaux-arrivants%C2%A0-pourquoi-et-comment%C2%A0une-question-de-methode.html)

Fouquet-Chauprade B. (2008), « Scolarisation des primo-migrants et disparités territoriales », *Diversité*, n° 155, pp. 171-178.

Fouquet-Chauprade B. (2023), *École et immigration. Comment expliquer les inégalités ethnoraciales?*, Université de Genève, FPSE.

Fox John (2008), "Bootstrapping Regression Models", *Applied Regression Analysis and Generalized Linear Models*, Thousand Oaks, Sage, pp. 587-606.

Franchi Vijé (2004), « Pratiques de discrimination et vécu de la violence des professionnels en contexte ethnicisé », *Diversité*, n° 137, pp. 22-31.

Francis Becky and Archer Louise (2005), "British-Chinese pupils' and parents' constructions of the value of education", *British Educational Research Journal*, Vol. 31 (1), pp. 89-108.

Frickey Alain et Primon J.-L. (2006), « Une double pénalisation pour les non-diplômées du supérieur d'origine nord-africaine? », *Formation emploi*, n° 94, pp. 27-43.

Galap Jean (1991), « Phénotypes et discrimination des Noirs en France: question de méthode », *Intercultures*, n° 14, pp. 21-35.

Galligani Stéphanie (2007), « La formation des enseignants pour les enfants nouvellement arrivés », *Le Français dans le monde*, n° 41, pp. 48-57.

Galligani S. (2012), « Regards croisés sur les enfants venus d'ailleurs et scolarisés en France », *Les Langues des enfants 'issus de l'immigration' dans le champ éducatif français*, Les Cahiers du GEPE, n° 4, (https://doi.org/10.57086/cpe.439).

Garcia Sandrine et Poupeau François (2003), « La mesure de la "démocratisation scolaire". Notes sur les usages sociologiques des indicateurs statistiques », *Actes de la recherche en sciences sociales*, vol. 149, pp. 74-87.

Garnier Bruno, Derouet J.-L. et Malet Régis (2020), « Diversités, citoyenneté, sociétés inclusives, les nouveaux enjeux des politiques d'éducation », dans Garnier B., Derouet J.-L. et Malet R. (dir.), *Sociétés inclusives et reconnaissance des diversités. Le nouveau défi des politiques d'éducation*, Presses universitaires de Rennes, pp. 7–25.

Gilles Rof (2018), « *Mineurs isolés: le conseil départemental des Bouches-du-Rhône sourd à la justice* », *Le Monde*, 4 juin 2018.

Gilly Michel (1972), « Resprésentation de l'élève par le maître, cohérence entre structuraux et différentiels », *Cahiers de psychologie*, n° 5, pp. 201–216.

Gilly M. (1980), *Maître-élève: rôles institutionnels et resprésentations*, PUF.

Girard Alain et Clerc Paul (1964), « Nouvelles données sur l'orientation scolaire au moment de l'entrée en sixième: âge, orientation scolaire et sélection. Les élèves de nationalité étrangère », *Population*, vol. 19 (5), pp. 829–872.

Glasman Dominique (1992), «"Parents" ou "familles": critique d'un vocabulaire générique », *Revue française de pédagogie*, n° 100, pp. 19–33.

Goapper Jacqueline (1985), « Les élèves étrangers dans l'enseignement spécial », *Migrants Formation*, CNDP, n° 60, pp. 43–47.

Goffman E. (1975 [1963=1970]), *Stigmate. Les usages sociaux des handicaps*, Éditions de Minuit.〔石黒毅訳『スティグマの社会学――烙印を押されたアイデンティティ』せりか書房，1970年.〕

Goffman E. (1991 [=1974]), *Les Cadres de l'expérience*, Éditions de Minuit.〔Frame Analysis: Essays on the Organization of Experience, Harper & Row, 1974〕

Gogolewski Edmond (1994), *La Langue polonaise dans l'enseignement élémentaire et secondaire en France (1833–1990)*, Lille, Centre d'étude de la culture polonaise de l'Université Charles-De-Gaulle.

Goï Cécile (2018), « Altérité des élèves allophones à l'école française: vers une inclusion scolaire équitable », dans Tochon F. V. et Auger N. (dir.), *Espaces éducatifs plurilingues et multiculturels en milieu scolaire pour les enfants de la migration*, Erewhon, Deep Education Press, pp. 15–44.

Goï C. et Huver Emmanuelle (2013), « Accueil des élèves migrants à l'école française: postures, représentations, pratiques ségrégatives et/ou inclussives? », dans Bertucci Marie-Madeleine (dir.), *Lieux de ségrégation sociale et urbaine: tensions linguistiques et didactiques?*, Glottopol, n° 21, pp. 117–137.

Gokalp Altan (1989), « L'école face à la diversité de ses publics », *Revue européenne des migrations internationale*, vol. 5, n° 1, pp. 63–74.

Goldberg-Salinas Anette et Zaidman Claude (1998), « Les rapports sociaux de sexe et la scolarité des enfants de parents migrants, une étude exploratoire », *Revue Recherches féministes*, vol. 11 (1), pp. 47–59.

Gombert Philippe (2008), *L'école et ses stratèges. Les pratiques éducatives des nouvelles classes supérieures*, Presses universitaires de Rennes.

Gordon Milton Myron (1964=2000), *Assimilation in American Life: the role of race, religion, and national origins*, New York, Oxford University Press.〔倉田和四生・山本剛郎訳『アメリカンライフにおける同化理論の諸相――人種・宗教および出身

国の役割』晃洋書房，2000 年.〕

Gosling Patrick (1992), *Qui est responsable de l'échec scolaire?*, PUF.

Gouirir Malika (1999), « Une institutrice et ses “petits étrangers” », *Actes de la Recherche en Sciences Sociales*, vol. 129, pp. 57-62.

Grangeard Catherine (1995), « La tête de l'emploi », *Hommes et Migrations*, n° 1187, pp. 23-24.

Granovetter Mark (1973=2006), “The strength of weak ties”, *American Journal of Sociology*, Vol. 78 (6), pp. 1360-1380.〔大岡栄美訳「弱い紐帯の強さ」野沢慎司編『リーディングス　ネットワーク論――家族・コミュニティ・社会関係資本』勁草書房，2006 年，pp. 123-158.〕

Greenman Emily (2013), “Educational Attitudes, School Peer Context, and the ‘Immigrant Paradox’ in Education”, *Social Science Research*, Vol. 42 (3), pp. 698-714.

Grémy Jean-Paul et Le Moan Marie-Joelle (1977 [1976]), « Analyse de la démarche de construction de typologies dans les sciences sociales », *Informatique et sciences humaines*, vol. 35, No. Spécial, 75p..

Grimaldi Claire (1998), *Accueillir les élèves étrangers*, L'Harmattan.

Grimault-Leprince Agnès, Merle P. (2008), « Les sanctions au collège », *Revue française de sociologie*, vol. 49, pp. 231-267.

Groux Dominique et Porcher Louis (1997=2011), *L'Éducation comparée*, Nathan.〔園山大祐監訳『比較教育』文教大学出版事業部，2011 年.〕

Guibert Nathalie (2000), « L'Inspection générale de l'Éducation nationale révèle une discrimination dans l'accès aux stages », *Le Monde*, 1 juin 2000.

Gumperz John (1989), *Engager la conversation. Introduction à la sociolinguistique interactionnelle*, Éditions de Minuit, pp. 8-9. (cité par Payet 1992a).

Hagy Alison P. and Staniec J. Farley Ordovensky (2002), “Immigrant Status, Race, and Institutional Choice in Higher Education”, *Economics of Education Review*, Vol. 21, No. 4, pp. 381-392.

Halifax Juliette (2001), « L'insertion sociale des enfants adoptés. Résultats de l'enquête “Adoption internationale et insertion sociale”. », INED, *Dossiers et recherches*, n° 98, 58p..

Halman Loek, Reeskens Tim, Sieben Inge et Van Zundert Marga (2022), *Atlas of European Values: Change and continuity in turbulent times*, Tilbourg: Open Press TiU, Tilburg University.

Hamel Caroline (1998), « Les interactions entre le sexe, la race et l'origine sociale et les représentations des rapports avec le personnel enseignant », *Revue Recherches féministes*, vol. 11 (1), pp. 61-81.

Hao Lingxin and Bonstead-Bruns Melissa (1998), “Parent-child differences in educational expectations and the academic achievement of immigrant and native students”, *Sociology of Education*, Vol. 71 (3), pp. 175-198.

Harris Angel Luis, Jamison Kenneth M. and Trujillo Monica H. (2008), “Disparities in the Educational Success of Immigrants: An Assessment of the Immigrant Effect for Asians and Latinos”, *The Annals of the American Academy of Political and*

Social Sciences, Vol. 620, Sage Publications, Inc., pp. 90–114.

Hassini Mohamed (1997), *L'école: une chance pour les filles de parents maghrébins*, L'Harmattan.

HCI (1991), Haut Conseil à l'intégration, *Pour un modèle français d'intégration*, La Documentation française, 185p..

林寛平 (2016)「スウェーデンにおける外国人生徒の学習権保障」園山大祐編『岐路に立つ移民教育』ナカニシヤ出版, pp. 102–118.

Heath Anthony Francis, Rothon Catherine and Kilpi Elina (2008), "The second generation in Western Europe: Education, unemployment, and occupational attainment", *Annual Review of Sociology*, Vol. 34, pp. 211–235.

Henry-Dalmasso M. (1997), *L'accès du jeune étranger au contrat d'apprentissage*, Mémoire de DESS: Paris: Université Paris I Panthéon Sorbonne, 90p..

Henry-Lorcerie Françoise (1986), « Éducation interculturelle et changement institutionnel: l'expérience française », dans Ouellet F. (dir.), *Pluralisme et école: jalons pour une approche critique de la formation interculturelle des éducateurs*, Québec, Institus Québécois de recherche sur la culture, pp. 339–362.

Henry-Lorcerie F. (1989), « L'universalisme en cause? Les équivoques d'une circulaire sur la scolarisation des enfants immigrés », *Mots. Les langages du politique*, n° 18, pp. 38–56.

Henry-Lorcerie F. (1993 [1989]), « L'intégration scolaire des jeunes d'origine immigrée en France, dans Lorreyte Bernard (dir.), *Les politiques d'intégration des jeunes issus de l'immigration*, Ciemi/L'Harmattan, pp. 95–124.

Héran François (2017=2019), *Avec l'immigration. Mesurer, débattre, agir*, La Découverte.〔林昌宏訳『移民とともに　計測・討論・行動するための人口統計学』白水社, 2019 年.〕

Hoggart Richard (1957=1974), *The Uses of Literacy: Aspects of Working Class Life with special reference to publications and entertainments*, London, Chatto and Windus〔香内三郎訳『読み書きの能力の効用』晶文社, 1974 年.〕

本間桃里 (2024)「非正規滞在の子どもの公教育からの排除のメカニズム――ノンフォーマル教育の場における教職員への聞き取りから」『異文化間教育』第 59 号, pp. 142–159.

Hoover-Dempsey Kathleen V. and Sandler Howard M., (1997), "Why do parents become involved in their children's education?", *Review of Educational Research*, Vol. 67 (1), *American Educational Research Association*, pp. 3–42.

Houssaye Jean (2001), *Professeurs et élèves: les bons et les mauvais*, ESF.

Hussenet André (1990), *Une politique scolaire de l'intégration*, MEN.

Huteau Michel (2007), « Orientation scolaire », dans Jean Guichard et Michel Huteau (dir.), *Insertion et orientation professionnelles: 75 concepts clés*, Dunod, pp. 316–331.

Ichou Mathieu (2010), « Rapprocher les familles populaires de l'école. Analyse sociologique d'un lieu commun », *Dossiers d'études Cnaf*, n° 125, 104 p..

Ichou M. (2013), « Différences d'origine et origine des différences: les résultats scolaires des enfants d'émigrés/immigrés en France du début de l'école primaire à la fin du collège », *Revue française de sociologie*, vol. 54 (1), pp. 5-50.〔短縮版：村上一基訳「移民の子どもの小学校入学から中学校までの学業成績の差異」園山大祐編著『フランスの社会階層と進路選択』勁草書房，2018 年，pp. 253-272.〕

Ichou M. (2014), "Who they Were There: Immigrants' Educational Selectivity and their Children's Educational Attainment", *European Sociological Review*, Vol. 30 (6), pp. 750-765.

Ichou M. (2018), *Les enfants d'immigrés à l'école. Inégalités scolaires, du primaire à l'enseignement supérieur*, PUF.

Ichou M. (2020), « Les enfants d'immigrés à l'école: inégalités scolaires du primaire à l'enseignement supérieur », dans Hélène Buisson-Fenet et Olivier Rey, *École et migration: un accord dissonant?*, ENS éditions, pp. 23-31.〔本書第 15 章〕

Ichou M. et Oberti Marco (2014), « Le rapport à l'école des familles déclarant une origine immigrée: enquête dans quatre lycées de la banlieue populaire », *Population*, vol. 69 (4), pp. 617-657.〔本書第 11 章〕

Ichou M., Goujon Anne et l'équipe de l'enquête DiPAS (2017), « Le niveau d'instruction des immigrés: varié et souvent plus élevé que dans les pays d'origine », *Population et Sociétés*, n° 541, pp. 1-3.

Ichou M. and Vallet Louis-André (2011), "Do all Roads Lead to Inequality? Trends in French Upper Secondary School Analysed with Four Longitudinal Surveys", *Oxford Review of Education*, Vol. 37 (2), pp. 167-194.

Ichou M. et Van Zanten Agnès (2014), "France. The increasing Recognition of Migration and Ethnicity as a Source of Educational Inequalities", in Peter A. J. Stevens, Dworkin Anthony Gary (dir.), *The Palgrave Handbook of Race and Ethnic Inequalities in Education*, Londres, Palgrave Macmillan, pp. 328-364.

IGEN-IGAENR (2000), « Les SEGPA, état des lieux », Paris, Ministère de l'Éducation nationale. Cité par Hussenet A., Santana P. (2004), « *Le traitement de la grande difficulté scolaire au collège et à la fin de la scolarité obligatoire* », Rapport n° 13, établi à la demande du Haut Conseil à l'évaluation.

IGEN et IGAENR (2003), *Les académies sous le regard des inspections générales. Bilan des dix premières évaluations de l'enseignement en académie*, IGEN-IGAENR.

IGEN et IGAENR (2009), *La scolarisation des élèves nouvellement arrivés en France*, Rapport à Monsieur le ministre de l'Éducation nationale, Porte-parole du Gouvernement, 082, 186 p., (http://media.education.gouv.fr/ file/2009/06/7/2009-082_-_IGEN-IGAENR_216067.pdf).

池田賢市（2001）『フランスの移民と学校教育』明石書店.

Ined (1954), « Français et immigrés, nouveaux documents sur l'adaptation ». *Travaux et documents*, n° 20, PUF.

Ined (1955), « Les Algériens en France ». *Travaux et documents*, n° 24, PUF.

INSEE (2022), *L'essentiel sur… les immigrés et les étrangers*, (https://www.insee.fr/fr/statistiques/3633212).

INSEE-DGFIP-CNAF-CNAV-CCMSA (2021), *Fichier localisé social et fiscal (Filosofi)*, (https://www.insee.fr/fr/metadonnees/source/serie/s1172).

Isambert-Jamati Viviane, Grospiron Marie-France (2007), « Types de pédagogie du français et différenciation sociale des résultats. L'exemple du "travail autonome" au deuxième cycle long », dans Deauvieau Jérôme et Terrail Jean-Pierre (dir.), *Les sociologues, L'école et la transmission des savoirs*, La Dispute, pp. 189-225.

Jacobson Rosen E. W (2018), "Preparing Children of Colonialism for a Postcolonial Future: A Comparison of Orphanages for Eurasians in the Dutch East Indies, British India and French Indochina during the Decolonisation Period, 1945-1965", *Journal of Migration History*, Vol. 4 (1), pp. 1-26.

Jellab Aziz (2004), « Les jeunes issus de l'immigration et l'orientation. Entre intégration scolaire et ségrégation à l'emploi », *La Lettre de D'un Monde à l'Autre*, n° 8, pp. 19-22.

梶田孝道編著（2001）『国際化とアイデンティティ』ミネルヴァ書房.

Kapko Nathalie (2005), « Relégation scolaire et recherche de requalification par l'islam. Monographie des religiosités juvéniles dans une ville française moyenne », *Sociétés Contemporaines*, n° 59-60, pp. 139-159.

Kapko N. (2007), *L'islam, un recours pour les jeunes?*, Presses de Sciences-Po.

カクポ・ナタリー（村上一基訳）（2018）「マグレブ系移民子孫の学校経歴とイスラームへのアイデンティフィケーション」園山大祐編著『フランスの社会階層と進路選択』勁草書房, pp. 239-252.

Kakpo Séverine (2012), *Les devoirs à la maison. Mobilisation et désorientation des familles populaires*, PUF.

Kao Grace and Tienda Marta (1995), "Optimism and Achievement: The Educational Performance of Immigrant Youth", *Social Science Quarterly*, Vol. 76 (1), University of Texas Press, pp. 1-19.

Kauffman Jean (1976), « La perception des élèves par des enseignants: comparaison de résultats fournis par deux méthodes d'analyse », *Bulletin de psychologie*, tome 30 n° 326, pp. 30-45.

Kepel Gilles (2012), *Banlieue de la République: Société, politique et religion à Clichy-sous-Bois et Montfermeil*, Gallimard.

Kerchouche Dalila (2003), *Mon père ce harki*, Seuil.

Keyhani Narguesse (2017), « La "question des races" dans un cadre administratif républicain: la création de la Commission nationale pour les études des relations interethniques », *Cultures et Conflits*, n° 107, CCLS - Centre d'études sur les conflits liberté et sécurité, L'Harmattan, pp. 61-76.

木村元編（2020）『境界線の学校史』東京大学出版会.

Klein Catherine et Sallé Joël (2009), « La scolarisation des élèves nouvellement arrivés en France », *Rapport de l'inspection générale*, n° 2009-082, Ministère de l'Éducation nationale, Ministère de l'Enseignement supérieur et de la Recherche.

Klein C. (dir.) (2012), *Le Français comme langue de scolarisation. Accompagner, enseigner, évaluer, se former*, Scérén CNDP-CRDP.

Kleinholt Sylvie (2008), « La scolarisation des élèves nouveaux arrivants non francophones au cours de l'année scolaire 2004-2005 », DEPP—*Note d'information*, MEN, n° 06, 08. (http://media.education.gouv.fr/file/82/8/1828.pdf)

Kokoreff Michel (2003), *La force des quartiers: De la délinquance à l'engagement politique*, Payot et Rivages.

国際連合広報センタープレスリリース（2019 年 9 月 18 日）「国際移民は世界全地域で増大を続け，2 億 7,200 万人に達する，と国連が予測」(https://www.unic.or.jp/news_press/info/34768/)

Laacher Smaïn (1990), « L'école et ses miracles. Note sur les déterminants sociaux des trajectoires scolaires des enfants de familles immigrées », *Politix*, n° 12, pp. 25-37.

Laacher S. (2005), *L'institution scolaire et ses miracles*, La Dispute.

Lacheret Arnaud (2023), *Les intégrés. Réussite de la deuxième génération de l'immigration nord-africaine*, Le bord de l'eau.

Lagrange Hugues (2006), « "Ethnicité" et déséquilibres sociaux en Île-de-France », dans Lagrange Hugues (dir.), *L'épreuve des inégalités*, PUF, pp. 247-282.

Lagrange H. (2010a), *Le déni des cultures*, Seuil.

Lagrange H. (2010b), « Réussite scolaire et inconduites adolescentes: origine culturelle, mixité et capital social », *Sociétés contemporaines*, n° 80 (4), pp. 73-111.

Lahire Bernard (1995), *Tableaux de familles. Heurs et malheurs scolaires en milieux populaires*, Gallimard/ Seuil.

Lahire B. (2005), « Fabriquer un type d'homme "autonome": analyse des dispositifs scolaires », dans Lahire B., *L'esprit sociologique*, La Découverte, pp. 322-347.

Lamont Michèle (2002), *La dignité des travailleurs. Exclusion, race, classe et immigration en France et aux États-Unis*, Presses de Sciences Po.

Landrier Séverine et Nakhili Nadia (2010), « Comment l'orientation contribue aux inégalités de parcours scolaires en France », *Formation emploi*, n° 109, pp. 23-36.

Landrieux-Kartochian Sophie et Guillot-Soulez Chloé (2005), « Les stages, une des formes de la discrimination sexuelle dans le monde du travail? », *Les cahiers du CERGORS*, Université Paris I Sorbonne, n° 3, pp. 2-19.

Lang Anne-Christine et Sorre M. Bertrand (2017), *Tome II. Enseignement scolaire. Rapport pour avis. Commission des affaires culturelles et de l'éducation sur le projet de loi de finances pour 2018*, Assemblée nationale le 12 octobre 2017, 51p.. (http://www.assemblee-nationale.fr/15/budget/plf2018/a0274-tII.asp)

Lanier Valérie (2016), « L'inclusion des élèves allophones, vers une école non discriminante? », *Les cahiers de la LCD*, n° 2, pp. 63-78.

Lannegrand-Willems Lyda (2004), « Sentiment de justice et orientation: croyance en la justice de l'école chez les lycéens professionnels », *L'orientation scolaire et professionnelle*, n° 33/2, pp. 249-269.

Lapeyronnie Didier (1997), « Les deux figures de l'immigré », dans Wieviorka Michel (dir.), *Une société fragmentée? Le multiculturalisme en débat*, La Découverte, pp. 251-266.

Lapeyronnie D. (2008), *Ghetto urbain: Ségrégation, violence, pauvreté en France au-*

jourd'hui, Robert Laffont.

Lareau Annette (2000 [1989]), *Home advantage: Social class and parental intervention in elementary education*, Lanham, MD: Rowan and Littlefield (Second Edition).

Lareau A. (2003), *Unequal Childhoods: Class, Race, and Family Life*, Berkeley, University of California Press.

Laronche Martine (2003) *Sous la pression des enseignants et du maire Eric Raoult, une classe de jeunes étrangers est délocalisée*, Le Monde, 7 février 2003.

Lautrey Jacques (1980), *Classe sociale, milieu familial, intelligence*, PUF.

Lave Jean (1991), "Situating Learning in Communities of Practice", in Resnick Lauren B., Levine John M. and Teasley Stephanie D. (Eds.), *Perspectives on Socially Shared Cognition*, Washington, American Psychological Association, pp. 63-82.

Lazaridis Marie (2001), « La scolarisation des enfants de migrants: entre intégration républicaine et structures spécifiques », *VEI-Enjeux*, n° 125, pp. 198-208.

Lazaridis M. et Seksig Alain (2005), « L'immigration à l'école. Évolution des politiques scolaires d'intégration », *Santé, société et solidarité*, n° 1, pp. 153-163.

Le Petitcorps Colette (2019), « L'inclusion des enfants primo-arrivants à l'école: l'institution scolaire à l'épreuve », *Migrations Société*, n° 176, pp. 65-78.

Leblon Jean-Marie (1970), *Enquête sommaire concernant l'orientation scolaire des adolescents maghrébins nés en 1955-1954 et le trimestre 1953 dans l'arrondissement de Valenciennes*, APE Valenciennes.

Leclerc-Olive Michèle (1997), « Jeunes d'origine maghrébine: entre frustration et reconnaissance », *Revue européenne des migrations internationales*, vol. 13 (2), pp. 95-116.

Legris Patricia (2009), « L'identité nationale au travers des programmes d'histoire en France », dans Dessajan Séverine, Ramos Elsa, Hossard Nicolas, *Immigration et identité nationale. Une altérité revisitée*, L'Harmattan, pp. 59-73.

Le Huu Khoa (1995), *Asiatiques en France. Les expériences d'intégration locale*, L'Harmattan.

Lemaire Éva (2009), « Les enjeux sous-jacents de la scolarisation des mineurs étrangers isolés », *Le Français aujourd'hui*, n° 164, pp. 21-32.

Lemaire É. (2012), « Portraits de mineurs isolés étrangers en territoire français: apprendre en situation de vulnérabilité », *La Revue internationale de l'éducation familiale*, n° 31, L'Harmattan, pp. 31-53.

Léonardi Daniel et Pelnard-Considère Jacqueline (1980), « Un test adapté aux enfants de migrants: (MSP) », *Orientation scolaire et professionnelle*, n° 3, pp. 267-280.

Lepoutre David (1997), *Cœur de banlieue*, Odile Jacob.

Lessard Claude et Carpentier Anylène (2015), *Politiques éducatives. La mise en œuvre*, PUF.

Levels Mark, Dronkers Jaap and Kraaykamp Gerbert (2008), "Immigrant Children's Educational Achievement in Western Countries: Origin, Destination, and Community Effects on Mathematical Performance", *American Sociological Review*,

Vol. 73 (5), pp. 835-853.

Liboy Malanga-Georges and Mylatris Paulin (2016), « Enseignants canadiens et enseignants immigrants: convergences et divergences autour de la relation école francophone-famille », *Alterstice*, vol. 6 (1), pp. 91-104.

Ligniner Wilfried et Pagis Julie (2017), *L'enfance de l'ordre. Comment les enfants perçoivent le monde social*, Seuil.

Lochak Danièle (2011), « Le Haut Conseil à la (dés)intégration », *Plein droit*, n° 91, pp. 12-15.

Lochak D. (2016), « Qualité de la justice administrative et contentieux des étrangers », *Revue française d'administration publique*, n° 159, pp. 701-714.

Lochak D. (2021), « Violations des droits des migrants aux frontières: pourquoi l'impunité? », dans Fabrice Riem (dir.), *Le droit, à quoi bon? Mélanges en l'honneur d'Alain Bernard*, Institut francophone pour la Justice et la Démocratie, pp. 285-301.

Logan John Richard and Shin Hyoung-Jin (2012), "Assimilation by the Third Generation? Marital Choices of White Ethnics at the Dawn of the Twentieth Century", *Social Science Research*, Vol. 41 (5), pp. 1116-1125.

Lorcerie Françoise (1995), « La scolarisation des enfants d'immigrés. État des lieux et état des questions en France », *Confluences Méditerranée*, n° 14, pp. 25-60.

Lorcerie F. (1996), « Laïcité 1996. La république à l'école de l'immigartion? », *Revue française de pédagogie*, n° 117, pp. 53-85.

Lorcerie F. (1998), « Sur la scolarisation des enfants d'immigrés en France », Insaniyat. *Revue algérienne d'anthropologie et de sciences sociales*, n° 6, pp. 19-38.

Lorcerie F. (2003), *L'école et le défi ethnique: éducation et intégration*, INRP/ESF.

Lorcerie F. (dir.) (2005), *La politisation du voile en France, en Europe et dans le monde arabe*, L'Harmattan.

Lorcerie F. (2011), « École et ethnicité en France: Pour une approche systémique contextualisée », *SociologieS*. (https://doi.org/10.4000/sociologies.3706)

Lorcerie F., Cavallo Delphine (2002), « Les relations entre familles populaires et école », *Les cahiers Millénaire*, 3, 24, pp. 5-24.

Louie Vivian (2001), "Parents' aspirations and investment: The role of social class in the educational experience of 1.5- and second-generation Chinese Americans", *Harvard Educational Review*, Vol. 71 (3), pp. 438-474.

Mabilon-Bonfils Béatrice et Saadoun Laurent (2002), « L'invention de la déscolarisation: l'école face au pluriel. Contribution à une sociologie politique de l'école », *Sociétés*, n° 78, pp. 39-54.

Malewska-Peyre Hanna (1982), « L'expérience du racisme et de la xénophobie chez les jeunes immigrés », dans Malewska-Peyre H. (dir.), *Crise d'identité et déviance chez les jeunes immigrés*, La Documentation française, pp. 53-72.

Marcel-Remond Georges (1928), *L'Immigration italienne dans le sud-ouest de la France*, Dalloz.

Martin Léa (2015), *La Vulnérabilité psychologique des enfants de migrants: étude de la population d'un centre médico-psychologique infantile*, Thèse en médecine spécialisation psychiatrie, Université de Bordeaux.

Massari Michèle (1987), « La scolarisation des enfants tunisiens en France », *Les cahiers du CERES*, Tunis, CERES, n° 6, pp. 125-147.

Mau Wei-Cheng (1998), "Parental influences on the high school students' academic achievement: A comparison of Asian immigrants, Asian Americans, and White Americans", *Psychology in the Schools*, Vol. 34 (3), pp. 267-277.

Mauco Georges (1932), *Les étrangers en France, leur rôle dans l'activité économique*, Armond Colin.

Mauger Gérard (1998), « La reproduction des milieux populaires "en crise" », *Ville-École-Intégration*, n° 113, pp. 6-16.

MEN, Circulaire n° 2000-095 du 26 juin 2000, « Encadrement des périodes de formation en entreprise ».

MEN-DESCO, Circulaire n° 2002-063 du 20-3-2002, « Modalités d'inscription et de scolarisation des élèves de nationalité étrangère des premiers et second degrés ».

Mendonça Dias Catherine (2012), *Les progressions linguistiques des collégiens nouvellement arrivés en France*, Villeneuve d'Ascq, ANRT.

Mendonça Dias C. (2016), « Les difficultés institutionnelles pour scolariser les élèves allophones arrivants », *Les cahiers de la LCD*, n° 2, pp. 47-62.

Mendonça Dias C. (2018), « Le poids des mots pour trouver sa place dans l'espace scolaire », *Essais Revue Interdisciplinaires d'Humanités*, n° 14, pp. 67-95.

Mendonça Dias C. (2020), « Les élèves allophones peu scolarisés antérieurement dans l'ombre du monstre scolaire », *Études de linguistique appliquée*, n° 197, pp. 43-60.

Mendonça Dias C., Azaoui B., Chnane-Davin F. (2020), « Formation des enseignants en charge d'élèves allophones d'hier à aujourd'hui: quelles perspectives? », *Allophonie. Inclusion et langues des enfants migrants à l'école*, Lambert-Lucas, pp. 123-136.〔本書第6章〕

Mendonça Dias C. et Rigoni I. (2019), « La demande d'asile: impacts sur la scolarisation de l'enfant et rôles de l'enseignant », dans Armagnague M., Rigoni I. et Tersigni S., La Scolarisation des enfants migrants en France, *Migrations Société*, n° 176, pp. 49-63.

Mendonça Dias C. et Schiff Claire (2021), « Le dilemme de la prise en charge des élèves allophones arrivants en France », dans Lorcerie F. (dir.), *Éducation et Diversité. Les fondamentaux de l'action*, Presse Universitaire de Rennes, pp. 267-280.

MEN-IGEN (2002), *L'orientation vers le lycée professionnel. La scolarisation au lycée professionnel*, Rapport n° 2002-03, 38p..

Merle Pierre (1996), *L'évalution des élèves. Enquête sur le jugement professoral*, PUF.

Merle Pierre (2001, 2002, 2017), *La démocratisation de l'enseignement*, La Découverte.

Merle P. (2004), « Mobilisation et découragement scolaires: l'expérence subjective des élèves », *Éducation et sociétés*, n° 13, pp. 193-208.

Merle P. (2005, 2012b), *L'élève humilié. L'école, un espace de non-droit?*, PUF.

Merle P. (2012a), « Carte scolaire et ségrégation sociale des établissements. Une analyse monographique des collèges rennais », *Espaces et sociétés*, n° 151, pp. 103-121.

Merton Robert King (1938), "Social structure and anomie", *American Sociological Review*, Vol. 3, No. 5, pp. 672-682.

Mesmin Claude (1993), *Les enfants migrants à l'école. Réussite, échec, Grenoble*, La Pensée sauvage.

Meurs Dominique et Pailhé Ariane (2010), « Position sur le marché du travail des descendants directs d'immigrés en France: les femmes doublement désavantagées? », *Économie et statistique*, n° 431/432, pp. 129-151.

Meurs Dominique, Pailhé A. et Simon P. (2006), « Persistance des inégalités entre générations liées à l'immigration: l'accès à l'emploi des immigrés et de leurs descendants en France », *Population*, vol. 61 (5-6), pp. 763-801.

Mickelson Roslyn Arlin (1990), "The Attitude-Achievement Paradox Among Black Adolescents", *Sociology of Education*, Vol. 63 (1), pp. 44-61.

Milza Pierre (1993), *Voyage en Ritalie*, Plon.

Mingat Alain et Perrot Jean (1983), « Analyse des procédures d'orientation au palier de 3e », *L'orientation scolaire et professionnelle*, 12e année, n° 1, pp. 3-26.

Mingat A. (1991), « Les activités de rééducation GAPP à l'école primaire. Analyse du fonctionnement et évaluation des effets », *Revue française de sociologie*, vol. 32 (4), pp. 515-549.

三浦綾希子・額賀美紗子（2024）「高等学校における移民生徒への中退予防のとりくみとその障壁――都立高校教師のまなざしに注目して」『異文化間教育』第60号, pp. 130-147.

宮島喬・太田晴雄編　2005『外国人の子どもと日本の教育――不就学問題と多文化共生の課題』東京大学出版会.

Modood Tariq, (2004), "Capitals, ethnic identity and educational qualifications", *Cultural Trends*, Vol. 13 (2), pp. 87-105.

Moguérou Laure, Brinbaum Y. et Primon J.-L. (2015), « Les ressources scolaires des immigrés à la croisée des histoires migratoires et familiales », dans Beauchemin C., Hamel Ch. et Simon P. (dir.), *Trajectoires et origines. Enquête sur la diversité de la population en France*, INED, pp. 147-174.

Moguérou L. and Primon J.-L. (2016), "Educational treatment of migrant children in French schools: institutional discrimination?", *Autonomie locali e servizi sociali*, pp. 415-430.

モゲルー, ロール・サンテリ, エマニュエル（村上一基訳）（2018）「移民系大家族出身の子どもと学校経路」園山大祐編著『フランス社会階層と進路選択』勁草書房, pp. 226-238.

Moignard Benjamin (2018), « Les "nouvelles" problématiques éducatives: construcation de l'object », *Revue française de pédagogie*, n° 202, pp. 65-75.

文部科学省（2024）「日本語指導が必要な児童生徒の受入状況等に関する調査」（令和6年8月8日）

Monceau Gilles (2001a), « De la classification des individus à celle de leurs devenirs dans l'institution scolaire », *VEI-Enjeux*, n° 126, pp. 187-198.

Monceau G. (2001b), « De la classification des individus à celle de leurs devenirs dans l'institution scolaire », *La Lettre de l'enfance et de l'adolescence*, n° 43, pp. 27-36.

Moreau Gilles (2008), « Apprentissage: une singulière métamorphose », *Formation emploi*, n° 101, pp. 119-133.

森千香子 (2016)「郊外における『書く行為』とステレオタイプ」園山大祐編著『教育の大衆化は何をもたらしたか』勁草書房, pp. 257-275.

Muller Laurent (2000), « Enfants d'immigrés, enfants de harkis », *Confluences méditerranées*, n° 34, pp. 141-152.

Munoz Marie-Claude (1978), « Comment ils voient l'école », *Migrants-Formation*, n° 29-30, pp. 92-96.

村上一基 (2015)「フランス・パリ郊外のコレージュ教職員による移民系家族の問題化――日常経験における文化・エスニシティ」『フランス教育学会紀要』27, pp. 53-66.

Nadot Suzanne (2000), « Des savoirs à la pratique », dans Blanchard-Laville C. et Nadot S. (dir.), *Malaise dans la formation des enseignants*, L'Harmattan, pp. 185-231.

Nafti-Malherbe Catherine (2006), *Les discriminations positives à l'école. Entre relégation et socialisation*, éd. Cheminements.

中島知子 (2016)「在日朝鮮人の教育」小島勝・白土悟・齋藤ひろみ編『異文化間に学ぶ「ひと」の教育』明石書店, pp. 109-127.

Newell Allen and Simon Herbert Alexander (1972), *Human Problem Solving*, New Jersey, Prentice-Hall.

Nicolas Paul (2017), *La Fabrique d'une communauté transnationale: les Jummas entre France et Bangladesh*, Thèse de doctorat, Aix-Marseille Université.

Nicolas P. (2018a), « Les ingrédients de la réussite scolaire d'enfants en migration: une étude de cas », dans Baby-Collin Virginie et Souiah Farida (dir.), *Enfances et jeunesses en migration*, pp. 291-309.〔本書第 13 章〕

Nicolas P. (2018b), *La fabrique d'une minorité: les Jummas entre France et Bangladesh*, L'Harmattan.

Noël Olivier (1999), « Intermédiaires sociaux et entreprises: des coproducteurs de discrimination? », *Hommes et Migrations*, n° 1219, pp. 5-17.

Noël O. (2000), *Recherche-action sur l'accès à l'apprentissage des jeunes issus de l'immigration dans le département des Pyrénées-Orientales*, Montpellier, ISCRA.

Noël O. (2004), « Injonction institutionnelle paradoxale et souffrance professionnelle », *VEI-Diversité*, n° 137, pp. 116-122.

Noël O. (2006), « Idéologie raciste et production de systèmes discriminatoires dans le champ de l'apprentissage », *Travailler*, n° 16, pp. 15-36.

Noël O. (2008), *Une sociologie politique "de" et "dans" l'action publique de lutte contre les discriminations ethniques et raciale à l'emploi*, Thèse de doctorat de sociologie, Université Montpellier III.

Noiriel Gérard (1988, [2006=2015], 2016), *Le creuset français: histoire de l'immigration, XIXe-XXe siècles*, Seuil.〔大中一彌・川崎亜紀子・太田悠介訳『フランスという坩堝——一九世紀から二〇世紀の移民史』法政大学出版局，2015年.〕

Noiriel G.（2001），*État, nation et immigration. Vers une histoire du pouvoir*, Belin.

額賀美紗子・三浦綾希子・高橋史子・徳永智子・金侖貞・布川あゆみ・角田仁（2022）『外国につながる生徒の学習と進路状況に関する調査報告書——都立高校アンケート調査の分析結果』.

Nyer-Malbet Angèle（1985），*Migration et condition sanitaire*, L'Harmattan

Oberti Marco（2007），*L'école dans la ville. Ségrégation-mixité-carte scolaire*, Les Presses de Sciences Po.

Oberti M.（2008），"The French republican model of integration: The theory of cohesion and the practice of exclusion", *New Directions for Youth Development*, No. 119, pp. 55-74.

Oberti M., Sanselme Franck et Voisin Agathe（2009），« Ce que Sciences Po fait aux lycéens et à leurs parents: entre méritocratie et perception d'inégalités. Enquête dans quatre lycées de la Seine-Saint-Denis », *Actes de la recherche en sciences sociales*, n° 180, pp. 102-124.

Oberti M., Préteceille Edmond et Rivière Clément（2012），« Les effets de l'assouplissement de la carte scolaire dans la banlieue parisienne », *Rapport pour la Halde/ Depp*, Sciences Po-OSC, 216p..

Oberti M., Rivière C.（2014），« Les effets de l'assouplissement de la carte scolaire sur la perception des inégalités scolaires et urbaines », *Politix*, 27（107），pp. 219-241.

Œuvrard Françoise（1979），« Démocratisation ou élimination différée? », *Actes de la recherche en sciences sociales*, vol. 30, pp. 87-97.

ウヴラール・フランソワーズ，園山大祐（2017）「フランスにおける外国籍児童生徒と移民の子ども」杉村美紀編著『移動する人々と国民国家』明石書店，pp. 83-98.

Ogbu John Uuzo（1992），« Les frontières culturelles et les enfants de minorités », *Revue française de pédagogie*, n° 101, pp. 9-26.〔以下の短縮版 « Cultural Boundaries and Minority Youth Orientation Toward Work Preparation » in David Stern and Dorothy Eichhorn, Adolescence and Work: Influences of Social Structure, *Labor Markets, and Culture*, Routledge 1989, pp. 101-140.〕

Orange Sophie（2012），« Interroger le choix des études supérieures. Les leçons d'un "raté" d'enquête », *Genèses*, n° 89, pp. 112-127.

Orange S.（2013），*L'autre enseignement supérieur. Les BTS et la gestion des aspirations scolaires*, PUF.〔短縮版：田川千尋訳（2016）「上級技術者証書（BTS）という選択」園山大祐編著『教育の大衆化は何をもたらしたか』勁草書房，pp. 24-55.〕

大島隆（2019）『芝園団地に住んでいます』明石書店.

Ouellette Françoise-Romaine, Belleau Hélène et Patenaude Caroline（1999），*L'Intégration familiale et sociale des enfants adoptés à l'étranger: recension des écrits*, Sainte-Foy, Université du Québec.

Palacios Natalia, Guttmannova Katarina and Chase-Lansdale P. Lindsay（2008），"Early Reading Achievement of Children in Immigrant Families: Is there an Immigrant

Paradox?", *Developmental Psychology*, Vol. 44 (5), pp. 1381-1395.

Palheta Ugo (2010), « L'école, ascenseur culturel? », recension de Poullaouec Tristan (2010), *Le diplôme, arme des faibles*, La Dispute. (https://laviedesidees.fr/IMG/pdf/20110318_poullaouec.pdf)

Palheta U. (2012), *La domination scolaire. Sociologie de l'enseignement professionnel et de ses publics*, PUF.

パレタ・ユーゴ（渡辺一敏訳）(2018)「学校と庶民――庶民階層における教育的軌道と学業に対する関係」園山大祐編著『フランスの社会階層と進路選択』勁草書房, pp. 109-127.

Pallas Aaron M., Entwisle Doris Roberts, Alexander Karl L. and Stluka M. Francis (1994), "Instructional, social or institutional?", *Sociology of education*, Vol. 67 (1), pp. 27-46.

Paquay Léopold, Altet Marguerite, Charlier Évelyne et Perrenoud Philippe (dir.), (1996), *Former des enseignants professionnels. Quelles stratégies? Quelles compétences?* Bruxelles, De Boeck Supérieur.

Park Robert Ezra and Burgess Ernest Watson (1921), *Introduction to the science of sociology*, Chicago, University of Chicago Press.

Patterson Orlando (2001), "Taking culture seriously: A framework and an Afro-American illustration", in Harrison Lawrence E. and Huntington Samuel Philips (Eds.), *Culture Matters: How Values Shape Human Progress*, New York, Basic Books, pp. 202-218.

Patterson O. (2010), "The mechanism of cultural reproduction: Explaining the puzzle of the persistence", in Hall John R., Grindstaff Laura and Lo Ming-Cheng (Eds.), *Handbook of Cultural Sociology*, New York, Routledge, pp. 139-151.

Payet Jean-Paul (1992a), « La connivence et le soupçon. Le dialogue école-familles à l'épreuve de l'ethnicité », *Migrants-Formation*, CNDP, n° 89, pp. 82-97.

Payet J.-P. (1992b), « Civilités et ethnicité dans les collèges de banlieue: enjeux, résistances et dérives d'une action scolaire territorialisée », *Revue française de pédagogie*, n° 101, pp. 59-69.

Payet J.-P. (1992c), « Ce que disent les mauvais élèves. Civilités, incivilités dans les collèges de banlieue », *Les Annales de la recherche urbaine*, n° 54, pp. 85-94.

Payet J.-P. (1995), *Collèges de banlieue. Ethnographie d'un monde scolaire*, Méridiens-Klincksieck.

Payet J.-P. (1996), « La scolarisation des enfants et des jeunes issus de l'immigration en France », *Revue française de pédagogie*, n° 117, pp. 87-149.

Payet J.-P. et Sicot François (1996), « Expérience collégienne et origine « ethnique ». La civilité et la justice scolaire du point de vue des élèves étrangers ou issus de l'immigration », *Migrants-Formation*, n° 109, pp. 155-168.

Payet J.-P. (2002), « "L'ethnicité c'est les autres". Formes et enjeux de la relation de l'école aux millieux disqualifiés », *VEI-Enjeux*, Hors-série n° 6, pp. 55-64.

Payet J.-P. (2003a), « Les enfants issus de l'immigration au collège: quels savoirs? quelles questions? », dans Derouet J.-L. (dir.), *Le collège unique en question*, PUF, pp. 283-294.

Payet J.-P. (2003b). "The paradox of ethnicity in French secondary schools", in Roulleau-Berger Laurence (edit.), *Youth and Work in the Post-Industrial City of Norh America and Europe*, Leiden-Boston: Brill, pp. 59-71.

Payet J.-P. et Henriot-Van Zanten Agnès (1996), « Note de synthèse. L'école, les enfants de l'immigration et des minorités ethniques - Une revue de la littérature française, américaine et britannique », *Revue française de pédagogie*, n° 117, pp. 87-149.

Payet J.-P., Giuliani Frédérique et Laforgue Denis (2008), *La voix des acteurs faibles. De l'indignité à la reconnaissance*, Presses universitaires de Rennes.

Périer P. (2004), « Une crise des vocations? Accès au métier et socialisation professionnelle des enseignants du secondaire », *Revue française de pédagogie*, n° 147, pp. 79-90.

Périer P. (2005), *École et familles populaires. Sociologie d'un différend*, Presses universitaires de Rennes.

Périer P. (2010), *L'ordre scolaire négocié: Parents, élèves, professeurs dans les contextes difficiles*, Presses universitaires de Rennes.

Perrenoud Philippe ([1994] 2010), *Métier d'élève et sens du travail*, ESF, 6e éd.

Perrin Evelyne (2008), *Jeunes maghrébins de France. La place refusée*, L'Harmattan.

Perrot Philippe (2006), « La discrimination systémique dans le système éducatif français », *Cahiers de l'URMIS*, Nice, URMIS, n° 10-11. (URL: http://urmis.revues.org/index259.html)

Perroton Joëlle (2000), « Les dimensions ethniques de l'expérience scolaire », *L'année sociologique*, vol. 50 (2), pp. 437-468.

Perroton J. (2003), « D'un lycée professionnel à l'autre », dans Lorcerie F. (dir.), *L'école et le défi ethnique. Éducation et intégration*, INRP/ESF, pp. 125-138.

Perroton J. et Schiff C. (2018), « Les enseignants face à l'ethnicité hier et aujourd'hui. Discours critiques et impasses d'une lecture en termes de discriminations », *Recherche et formation*, n° 89, pp. 17-30.

Persini Céline (2018), « Tous en CAP? La fabrique de l'orientation scolaire des mineurs non accompagnés », *Enfances et Jeunesses en migration*, Le Cavalier Bleu, pp. 233-250.〔本書第 7 章〕

Persuy (2001)〔本書第 8 章で引用されているが，原文に出典が示されていない.〕

Petilléon Pascale (2013), « Quand les mineurs étrangers isolés viennent questionner l'identité professionnelle des éducateurs spécialisés », *VST-Vie sociale et traitements*, n° 120, pp. 34-39.

Pierret Régis (2008), *Les filles et fils de harkis. Entre double rejet et triple appartenance*, L'Harmattan.

Pinard Renée, Potvin Pierre et Rousseau Romain (2004), « Le choix d'une approche méthodologique mixte de recherche en éducation », *Recherches qualitatives*, vol. 24, pp. 58-82.

Pinell Patrice et Zafiropoulos Markos (1978), « La médicalisation de l'échec scolaire.

De la pédopsychiatrie à la psychanalyse infantile », *Actes de la recherche en sciences sociales*, vol. 24 (1), pp. 23–49.

Pitti Laure (2005), « Catégorisations ethniques au travail. Un instrument de gestion différenciée de la main-d'œuvre », *Histoire et mesure*, vol. 20 (3–4), pp. 69–101.

Poiret Christian (1996), *Familles africaines en France. Ethnicisation, ségrégation et communalisation*, Ciemi/L'Harmattan.

Poiret Ch. (2000), « La construction de l'altérité à l'école de la République », *VEI-Enjeux*, n° 121, pp. 148–177.

Poiret Ch. (2003), « Discriminations au travail: L'Éducation nationale, une entreprise comme les autres? », *VEI-Enjeux*, n° 135, pp. 149–163.

Poiret Ch. (2005), « Articuler les rapports de sexe, de classe et interethniques. Quelques enseignements du débat nord-américain », *Revue européenne des migrations internationales*, vol. 21 (1), pp. 195–226.

Pons Xavier (2023), « Déconcentration et territorialisation de l'État en éducation: les nouveaux visages des académies », *Revue française de pédagogie*, n° 218, pp. 5–16.

Porcher Louis (dir.), (1984), *L'enseignement aux enfants migrants?*, École Normale Supérieure de Saint-Cloud et Paris, Didier.

Porcher L., Blot Bernard, Clevy Jean, Coste Daniel et Garabedian Michèle (1978), *La scolarisation*, Ciemi/L'Harmattan.

Portes Alejandro (1998), "Social capital: Its origin and applications in modern sociology", *Annual Review of Sociology*, Vol. 24, pp. 1–24.

Portes A. and Zhou Min (1993), "The New Second Generation: Segmented Assimilation and its Variants", *The Annals of the American Academy of Political and Social Sciences*, 530 (1), pp. 74–96.

Potvin Maryse, Magnan Marie-Odile et Larochelle-Audet Julie (dir.) (2016), *La Diversité ethnoculturelle, religieuse et linguistique en éducation.* Théorie et pratique, Montréal, Fides Éducation.

Poullaouec Tristan (2010), *Le diplôme, arme des faibles. Les familles ouvrières et l'école*, La Dispute.

プーラウェック・トリスタン（園山大祐訳）（2018）「家族支援のパラドックス」園山大祐編著『フランスの社会階層と進路選択』勁草書房，pp. 128–140.

Poullaouec T. et Lemêtre Claire (2009), « Retours sur la seconde explosion scolaire », *Revue française de pédagogie*, n° 167, pp. 5–11.

Poutignat Philippe et Streiff-Fénart Jocelyne (1995), *Théories de l'ethnicité*, PUF.

Préteceille Edmond (2009), « La ségrégation ethno-raciale a-t-elle augmenté dans la métropole parisienne? », *Revue française de sociologie*, vol. 50 (3), pp. 489–519.

Primon J.-L., Moguérou L. et Brinbaum Y. (2018), « Les enfants migrants à l'école française. Accueil, parcours, relégation et expériences scolaires d'après l'enquête Trajectoires et Origines », *Revue européenne des migrations internationales*, vol. 34 (4), pp. 13–43.〔本書第 9 章〕

Prost Antoine (2007), « Les trois âges de l'enseignement français (XIXe-XXe siècles) », *Éducation et longue durée,* Presses universitaires de Caen, pp. 29–40.

Prost A. (2013), *Du changement dans l'école. Les réformes de l'éducation de 1936 à nos jours*, Seuil.

Przybyl Sarah (2016), *Territoires de la migration, territoires de la protection. Parcours et expériences des mineurs isolés étrangers accueillis en France*, Thèse de géographie, Université de Poitiers.

Pujol Jean-Claude et Gontier Cécile (1998), « L'école et les parents: pratiques et représentations », *Orientation scolaire et professionnelle*, vol. 27 (2), pp. 255–269.

Quételet Adolphe (1870), *Anthropométrie ou mesure des différentes facultés de l'homme*, Bruxelles, Bruxelles C. Muquardt.

Quiminal Catherine, Timera Mahamet, Fall Babacar et Diarra Hamédy (1997), « Les jeunes filles d'origine africaine en France: parcours scolaires, accès au travail et destin social », *Migrations études*, n° 78, ADRI, pp. 1–5.

Rallu Jean-Louis, (1997), « La population des départements d'outre-mer. Évolution récente, migrations et activité », *Population*, vol. 52 (3), pp. 699–727.

Raulin Anne, (2007), *Anthropologie urbaine*, Armand Colin.

Rémy Julien (2006), « La dette en trop », *Revue du MAUSS*, n° 28, pp. 257–272.

Rigoni I., Inshea et Ghrapes (2020), « Enseigner aux élèves migrants allophones. Représentations du métier et pratiques de terrain », dans Mendonça Dias C., Azaoui B. et Chnane-Davin F. (dir.), *Allophonie. Inclusion et langues des enfants migrants à l'école*, Lambert-Lucas, pp. 91–106.〔本書第 4 章〕

Rinaudo Christian (1998a), « L'imputation de caractéristiques ethniques dans l'encadrement de la vie scolaire », *Revue européennes des migrations internationales*, vol. 14 (3), pp. 27–43.

Rinaudo Ch. (1998b), *La construction sociale de l'ethnicité en milieu urbain. Production et usages des catégories ethniques dans le cadre d'un quartier « sensible »*, Thèse de doctorat, Université de Nice.

Rinaudo Jean-Luc (2004), « Construction identitaire des néo-enseignants. Analyse lexicale des discours des professeurs des écoles et des professeurs des lycées et collèges débutants », *Recherche et Formation*, n° 47, pp. 141–153.

Ringelheim Julie (2016), « La discrimination dans l'accès à l'éducation: les leçons de la jurisprudence de la Cour européenne des droits de l'homme », *Revue trimestrielle des droits de l'homme*, vol. 27 (105), pp. 77–96.

Robin J. (2018) ⇒DEPP (2018a)

Robin J. et Touahir Moustapha (2015) ⇒DEPP (2015)

Rochex Jean-Yves (2022), « Promouvoir la diversité et la reconnaissance ou l'égalité et le développement de la normativité? Plaidoyer pour le modèle des droits pédagogiques de Basil Bernstein », dans Garnier B., Derouet J.-L. et Malet R. (dir.), *Sociétés inclusives et reconnaissance des diversités*. Le nouveau défi des politiques d'éducation, Presses universitaires de Rennes, pp. 29–50.

Rof Gilles (2018), « Mineurs isolés: le conseil départemental des Bouches-du-Rhône sourd à la justice », *Le Monde*, le 4 juin 2018.

Rollet Claire (2018), « Accueil et protection des mineurs isolés étrangers: injonctions institutionnelles et paradoxes », *Nouvelles revue de psychosociologie*, n° 25, pp. 163-176.

Ropé Françoise (2002), « LP ou CFA: une discrimination ethnique? », *Les Cahiers Pédagogiques*, n° 403, p. 18.

Rosenbaum James (1991), "Black pioneers: Do their moves to the suburbs increase economic opportunity for mothers and children?", *Housing Policy Debate*, Vol. 2 (4), pp. 1179-1213.

Rosenbaum J. (1995), "Changing the geography of opportunity by expanding residential choice: Lessons from the Gautreaux program", *Housing Policy Debate*, Vol. 6 (1), pp. 231-269.

Rosenthal Robert A. et Jacobson Lenore (1971 [=1968]), *Pygmalion à l'école*, Casterman (*Pygmalion in the classroom*, Holt, Rinehart & Winston 1968).

Ross Lee (1977), "The Intuitive Psychologist and His Shortcomings: Distorsions in the Attribution Process", in Berkowitz Leonard (dir.), *Advances in experimental social psychology*, Vol. 10, New York, Academic Press, pp. 173-220.

Rotman Charlotte (2000), « Bac pro: les patrons préfèrent les stagiaires "bleu blanc rouge". Le racisme reconnu par le Ministère de l'Éducation », *Libération*, Lundi 5 juin 2000.

Rousseau Nadia et Bélanger Stéphanie (dir.) (2004), *La pédagogie de l'inclusion scolaire*, Québec, Presses de l'Université du Québec.

Roussier-Fusco Héléna (2003), « Le modèle français d'intégration et les dynamiques interethniques dans deux écoles de la banlieue parisienne », *Revue française de pédagogie*, n° 144, pp. 29-37.

Rousson H. (2004), « Une frontière invisible au collège », *Les cahiers d'Evry*, Centre Pierre Naville, pp. 35-64.

Roux Jean-Paul (1981), « Les interventions des maîtresses en grande section de maternelle. Données générales et différentielles en fonction de l'activité et du statut scolaire des élèves », *Bulletin de psychologie*, tome 35, n° 353, pp. 52-66.

Roux Sébastien et Davaillon Alice (2001), « Les processus d'orientation en fin de troisième. Observation des comportements des acteurs et analyse des causalités », *Éducation et formations*, MEN, n° 60, pp. 41-53.

Rumbaut Rubén G. (2006), "Ages, Life Stages, and Generational Cohorts: Decomposing the Immigrant First and Second Generations in the United States", *The International Migration Review*, Vol. 38 (3), pp. 1160-1205.

Safi Mirna (2007), *Le devenir des immigrés en France. Barrières et inégalités*, Thèse de doctorat, Paris, EHESS.

Safi M. (2009), « La dimension spatiale de l'intégration: évolution de la ségrégation des populations immigrées en France entre 1968 et 1999 », *Revue française de sociologie*, vol. 50 (3), pp. 521-552.

Safi M. (2011), « Penser l'intégration des immigrés: les enseignements de la sociologie américaine », *Sociologie*, vol. 2, pp. 149-164.

Sainsaulieu Renaud (2014), *L'identiité au travail. Les effets culturels de l'organisation*,

Presses de Sciences Po.
佐久間孝正（2006）『外国人の子どもの不就学――異文化に開かれた教育とは』勁草書房.
Sanchez-Mazas Margarita, Changkakoti Nilima et Mottet Geneviève (2018) « Scolarisation des enfants de demandeurs d'asile: nouvelles pratiques, nouveaux dispositifs, nouveaux 'métiers' sous le signe de l'incertitude », *Raisons éducatives*, n° 22, pp. 223-248.
Sanselme Franck (2009), « L'ethnicisation des rapports sociaux à l'école. Ethnographie d'un lycée de banlieue », *Sociétés contemporaines*, n° 76, pp. 121-147.
Santelli Emmanuelle (2001), *La mobilité sociale dans l'immigration: itinéraires de réussite des enfants d'origine algérienne*, Toulouse, Presses universitaires du Midi.
Santelli E. (2004), « De la "deuxième génération" aux descendants d'immigrés maghrébins. Apports, heurs et malheurs d'une approche en termes de génération », *Temporalités*, n° 2, pp. 29-43.
Santelli E., avec Boukacem Dalila, Invernizzi Amandine, Gardon Élodie (2006), *Les cadres d'origine étrangère face aux discriminations. Du constat statistique au vécu biographique*, Lyon, Institut des Sciences de l'homme.
サンテリ・エマニュエル（村上一基訳）（2019＝2016）『現代フランスにおける移民の子孫たち』明石書店.〔Santelli E. (2016), *Les descendants des immigrés*, La découverte.〕
Sarremejane Philippe (2001), *Histoire des didactiques disciplinaires 1960-1995*, L'Harmattan.
佐藤郡衛（2010）『異文化間教育――文化間移動と子どもの教育』明石書店.
Sayad Abdelmalek (1979), « Les usages sociaux de la "culture des immigrés" », *Langage et Société*, suppl. 9, pp. 31-36.
Sayad A. (1993＝2020), « L'émancipation », dans Bourdieu Pierre (dir.), *La misère du monde*, Seuil, pp. 860-861.〔アブデレクマレク・サヤド「解放」P. ブルデュー編, 荒井文雄・櫻本陽一監訳『世界の悲惨Ⅲ』藤原書店, 2020 年, pp. 1324-1328.〕
Sayad A. (1994), « Le mode de génération des générations "immigrées" », *L'Homme et la société*, n° 111-112, pp. 155-174.
Sayad A. (1999), *La double absence. Des illusions de l'émigré aux souffrances de l'immigré*, Seuil.
Sayad A. (2014), *L'école et les enfants de l'immigration. Essais critiques*, Seuil.
Schiff Claire (2003), « Non-scolarisation, déscolarisation et scolarisation partielle des migrants », *Rapport de recherche financé par le Programme interministériel de recherche sur les processus de déscolarisation*, 149p..
Schiff C. (2004), « L'institution scolaire et les élèves migrants: peut mieux faire », *Hommes et Migrations*, n° 1251, pp. 75-85.
Schiff C. (2007), « La course des jeunes migrants contre les effets de seuil scolaires et législatifs », *Écarts d'identité*, n° 110, pp. 4-11.
Schiff C. (2008), *Blédards et banlieusards: figures de la condition immigrée*, Paris, Aux Lieux d'être.

Schiff C. (2012), « En marge du métier. Dispositifs d'intégration et pratiques enseignantes face aux élèves primo-migrants en collège », dans Crenn Ch. et Kotobi Laurence (dir.), *Du point de vue l'ethnicité. Pratiques françaises*, Armand Colin, pp. 111-124.

Schiff C. (2015), *Beurs et Blédards. Les nouveaus arrivants face aux Français issus de l'immigration*, Le Bord de l'Eau.

Schiff C. et Fouquet-Chauprade B. (2007), « Des parcours scolaires des primo-arrivants en France: des réalités locales contrastées », *Actes du colloques Éducation et Territoires*, Digne-Les-Bains, 17p..

Schiff C. et Fouquet-Chauprade B. (2011), « Parcours scolaires et conditions d'accueil des primo-arrivants », dans Glasman D. et Œuvrard F. (dir.), *La Déscolarisation*, La Dispute, pp. 181-202.

Schiff C., Ichou M., Mottet G., Guyon R., Vidalenc J.-L., Keste S. (2020), *École et migration: un accord dissonant?*, ENS Éditions.

Schiff C. et Lazaridis Marie (2003), « Une difficulté spécifique d'accès au système scolaire. Les jeunes primo-migrants en attente de scolarisation », *VEI-Enjeux*, n° 132, pp. 151-159.

Schiff C., Lazaridis M., Octave Carole, Barthou Évelyne, Chauprade B. et Delorme Annick (2004), « Les obstacles institutionnels à l'accès des enfants et des adolescents nouvellement arrivés en France à une scolarité ordinaire, dans FASILD », *L'accueil à l'école des élèves primo-arrivants en France*, La Documentation française, pp. 135-277.

Schnapper Dominique (1991), *La France de l'intégration: sociologie de la nation en 1990*, Seuil

Schor Ralph (1996), *Histoire de l'immigration en France de la fin du XIXe siècle à nos jours*, Armand Colin.

Scrinzi Francesca (2008), « Quelques notions pour penser l'articulation des rapports sociaux de "race ", de classe et de sexe », *Cahiers de CEDREF*, n° 16, pp. 81-99.

Seksig Alain (1990), « À l'école, l'intégration: rassembler ou différencier? », *Hommes et Migrations*, n° 1129-1130, pp. 23-28.

志水宏吉（1996）「学校＝同化と排除の文化装置」井上俊也ほか編集委員『こどもと教育の社会学』岩波書店，pp. 57-78.

清水睦美・児島明・角替弘規・額賀美紗子・三浦綾希子・坪田光平（2021）『日本社会の移民第二世代――エスニシティ間比較でとらえる「ニューカマー」の子どもたちの今』明石書店.

出入国在留管理庁 2023 年版「出入国在留管理」「出入国在留管理をめぐる近年の状況」https://www.moj.go.jp/isa/policies/policies/03_00082.html

Sicot François (2003), « La mal-scolarisation des enfants de migrants », *VEI-Enjeux*, n° 132, pp. 160-173.

Silberman Roxane (2002), « Les enfants d'immigrés sur le marché du travail: les mécanismes d'une discrimination sélective », dans Héran F. (dir.), *Immigration, marché du travail, intégration*, Commissariat au Plan, pp. 297-310.

Silberman R. et Fournier Irène (2006), « Jeunes issus de l'immigration. Une pénalité à l'embauche qui perdure… », *Bref-Céreq*, n° 226, 4p..

Simon Jacky, Lesage Gérard et Chazeau Catherine (2010). *Organisation et gestion dans l'Éducation nationale*, Berger-Levrault.

Simon Patrick (1997), « L'acculturation linguistique. Utilisation du français et transmission de la langue des immigrés à leurs enfants », *Migrants-formation*, n° 108, pp. 53-66.

Simon P. (1998), « Nationalité et origine dans la statistique française: les catégories ambiguës », *Population*, vol. 53 (3), pp. 541-567.

Simon P. (2007), « La question de la seconde génération en France: mobilité sociale et discrimination », Potvin Maryse, Eid Paul, Venel Nancy, *La seconde génération issue de l'immigration. Une comparaison France-Québec*, Outremont, Athéna, pp. 39-70.

Simon P. (2008), « Les statistiques, les sciences sociales françaises et les rapports sociaux ethniques et de "race" », *Revue française de sociologie,* vol. 49 (1), pp. 153-162.

Simon P. (2012), « Les revirements de la politique d'immigration en France », *Les Cahiers français*, n° 369, pp. 86-91.

Simon-Barouh Ida (1995), « Le stéréotype du bon élève "asiatique". Enfants de Cambodgiens, Chinois, "Hmongs", Japonais, "Laos", Vietnamiens et enfants eurasiens au collège et au lycée à Rennes », *Migrants-formation*, n° 101, pp. 18-45.

Sochaki Jean-Luc (2015), « L'accueil des immigrés polonais et la question scolaire (1919-1939) », *la revue Migrance*, n° 45-46, pp. 79-88.

Sonoyama Daïsuké (2006), Les élèves étrangers au Japon et en France, CNDP, *VEI-Diversité*, n° 144, pp. 187-193.

Sonoyama Daïsuké (2013), Les élèves étrangers au Japon: Un accès inégal à l'éducation, *Hommes et Migrations*, n° 1302, pp. 57-64.

園山大祐（1996）「フランスの移民の子どもの教育と学業成績――S. ブロと D. ボイゾン・フラデにみる第 2 世代の学業成績への批判的考察」『フランス教育学会紀要』第 8 号，pp. 29-40.

園山大祐（2002）「フランスにおける移民の子どもの学業達成からみた学習権の保障」『大分大学教育福祉科学部研究紀要』第 24 巻第 2 号，pp. 433-446.

園山大祐（2003）「ニューカマーの社会環境と教育保障」『大分大学教育福祉科学部付属校育実践総合センター紀要』21 号，pp. 193-207.

園山大祐（2004）「フランス高等教育におけるアファーマティブ・アクションの導入」『日仏教育学会年報』第 10 号，pp. 100-110.

園山大祐（2009a）「移民の子どもの教育と優先教育」フランス教育学会編（2009）『フランスの伝統と革新』大学教育出版，pp. 237-245.

園山大祐（2009b）「フランスの移民の学業達成から何を学ぶか」園山大祐，サブレ・ジャン＝フランソワ編『日仏比較　変容する社会と教育』明石書店，pp. 231-244

園山大祐（2010）「フランスにおける定住移民と学力保障」『九州教育学会研究紀要』第 38 巻，pp. 31-38.

園山大祐（2013）「フランスにおける移民教育の転換」近藤孝弘編『統合ヨーロッパの市民性教育』名古屋大学出版会，pp. 178-194.

園山大祐（2015a）「優先教育（EP）政策の展開（1980年代から2014年まで）」『フランス教育学会紀要』第27号，pp. 19-30.

園山大祐（2015b）「中等教育の大衆化と移民の学業達成」『日仏教育学会年報』43（21）号，pp. 29-36.

園山大祐（2016a）「移民・外国人にみる中等教育の大衆化と職業参入」園山大祐編著『教育の大衆化は何をもたらしたか』勁草書房，pp. 180-200.

園山大祐（2016b）「フランスにおける移民の学力および学業達成の課題」園山大祐編『岐路に立つ移民教育』ナカニシヤ出版，pp. 144-159.

園山大祐（2017a）「『移民系フランス人』の学業達成と庶民階層にみる進路結果の不平等」『現代思想』青土社，pp. 184-198.

園山大祐（2017b）「フランスにおける社会統合と女性移民の地区外逃避」杉村美紀編著『移動する人々と国民国家』明石書店，pp. 99-117.

園山大祐（2017c）「フランスにおける中等教育の大衆化と女子の進路選択」『アフリカ教育研究』8，pp. 36-47.

園山大祐（2019）「世界を通してみるがんばる教師たち」ハヤシザキカズヒコほか編著『世界のしんどい学校』明石書店，pp. 299-321.

園山大祐（2021）「ヨーロッパから俯瞰してみた日本の学校社会」園山大祐編『学校を離れる若者たち』ナカニシヤ出版，pp. 229-246.

園山大祐（2022）「フランスにおける早期離学の現状からみた教育制度の構造的課題」横井敏郎編著『教育機会保障の国際比較』勁草書房，pp. 23-43.

園山大祐（2023）「早期離学と進路保障」宮本みち子編著・監修『若者の権利と若者政策』明石書店，pp. 40-63.

園山大祐編（2012）『学校選択のパラドックス——フランスの学区制と教育の公正』勁草書房.

園山大祐編（2018）『フランスの社会階層と進路選択——学校制度からの排除と自己選抜のメカニズム』勁草書房.

園山大祐・辻野けんま編著（2022）『コロナ禍に世界の学校はどう向き合ったのか』東洋館出版社.

Spillane James (1998), "State policy and the non-monolithic nature of the local school district: Organizations and professional considerations", *American Educational Research Journal*, Vol. 35 (1), pp. 33-63.

Spire Alexis (2005), *Étrangers à la carte: l'administration de l'immigration en France (1945-1975)*, Grasset.

Spire A. (2016), « La politique des guichets au service de la police des étrangers », *Savoir/Agir*, n° 36, pp. 27-31.

Sylla Fodé (2008), *L'emploi des jeunes des quartiers populaires*, Avis et rapports du Conseil économique et social, 104p..

Talbot Laurent (2006), « Les représentations des difficultés d'apprentissage chez les professeurs des écoles », *Empan*, n° 63, pp. 49-56.

Talpin Julien (2016), « Une répression à bas bruit. Comment les élus étouffent la mobilisation dans les quartiers populaires », *Métropolitiques*, pp. 1–10.（https://metropolitiques.eu/Une-repression-a-bas-bruit-Comment-les-elus-etouffent-les-mobilisations-dans.html）

Talpin J., Balazard Hélène, Carrel Marion, Belgacem Samir Hadj, Kaya Sümbül, Purenne Anaïk et Roux Guillaume（2021）, *L'épreuve de la discrimination. Enquête dans les quartiers populaires*, PUF.

Tanh（1985）, « Le mythe du bon élève asiatique », *Migrants formation*, n° 62, pp. 14–17.

Tardif Maurice et Le Vasseur Louis（2010）, *La division du travail éducatif. Une perspective nord-américaine*, PUF.

Tavan Chloé（2005）, « Les immigrés en France: une situation qui évolue », *Insee Première*, n° 1042.

TeO（2008） ⇒Beauchemin C., Hamel Ch. et Simon P.（2015）

Terrail Jean-Pierre,（1997）, « La sociologie des interactions famille/école », *Sociétés contemporaines*, n° 25, pp. 67–83.

Tharaud Delphine（2021）, *Droit de la non-discrimination*, Bréal.

Thierry Xavier et Eremenko Tatiana（2009）, « L'immigration en France des enfants nés à l'étranger », *Recherches familiales*, n° 6, pp. 43–54.

Thin Daniel（1998）, *Quartiers populaires: l'école et les familles*, Presses universitaires de Lyon.

Tisserant Pascal et Wagner Anne-Lorraine（dir.）（2008）, « La place des stéréotypes et des discriminations dans les manuels scolaires », *Rapport final réalisé pour le compte de la Haute Autorité de Lutte contre les discriminations et pour l'égalité*, Université Paul-Verlaine.

Todd Emmanuel（1994＝1999）, *Le destin des immigrés. Assimilation et ségrégation dans les démocraties occidentales*, Seuil.〔石崎晴巳・東末秀雄訳『移民の運命　同化か隔離か』藤原書店，1999 年〕

Tribalat Michèle（1995）, *Faire France: une grande enquête sur les immigrés et leurs enfants*, La Découverte.

Tribalat M.（1997）, « Chronique de l'immigration. Les populations d'origine étrangère en France métropolitaine », *Population*, vol. 52（1）, pp. 163–219.

恒吉僚子（1996）「多文化共存時代の日本の学校文化」久冨善之・堀尾輝久編『学校文化という磁場』柏書房，pp. 215–240.

Tucci Ingrid（2010）, « Les descendants de migrants maghrébins en France et turcs en Allemagne: deux types de mise à distance sociale? », *Revue française de sociologie*, vol. 51（1）, pp. 3–38.

Tunidis-Durand Béatrice（1989）, *Représentation maîtres-élèves d'origine asiatique, maghrebine et tsigane: stéréotypes, préjugés et assimilation*, Thèse de doctorat, Université de Toulouse-Le Mirail.

打越文弥（2024）「大学「一般入試」は公平か？」『世界』9 月号，n° 985，pp. 40–49.

UNAF（2015）, « Être parent immigré en France. Quelle relation avec l'École pour les parents venus de l'étranger? », *Étude qualitative*, n° 11, 12p..

Valette Marie-Françoise (2018), « Le droit à l'éducation à l'épreuve des migrations en France », *Revue européenne des migrations internationales*, vol. 34 (4), pp. 73-92.

Vallet Louis-André (1996), « L'assimilation scolaire des enfants issus de l'immigration et son interprétation: un examen sur données françaises », *Revue française de pédagogie*, n° 117, pp. 7-27.

Vallet L.-A. et Caille Jean-Paul (1995), « Les carrières scolaires au collège des élèves étrangers ou issus de l'immigration », *Éducation et formations*, n° 40, pp. 5-14.

Vallet L.-A. et Caille J.-P. (1996a), « Les élèves étrangers ou issus de l'immigration dans l'école et le collège français. Une étude d'ensemble », *Les dossiers d'Éducation et formation*, n° 67, pp. 66-85.

Vallet L.-A. et Caille J.-P. (1996b), « Niveau en français et en mathématiques des élèves étrangers ou issus de l'immigration », *Économie et statistique*, n° 293, pp. 137-153.

Vallot Françoise, Courgeau Daniel et Benedetto Pierre (1973), « Enquête nationale sur le niveau intellectuel des enfants d'âge scolaire », II, *INED*, PUF.

Vallot Pauline (2016), « Petits-enfants d'immigrés face aux études longues: Un rapport au système scolaire socialement et historiquement situé », *Revue française de sociologie*, vol. 57 (2), pp. 241-268.〔本書第 12 章〕

Van Zanten A. (2001, 2012), *L'école de la périphérie. Scolarité et ségrégation en banlieue*, PUF.

Van Zanten A. (2009a), *Choisir son école. Stratégies familiales et médiations locales*, PUF.

Van Zanten A. (2009b = 2012), « Le choix des autres: jugements, stratégies et ségrégations scolaires », *Actes de la recherche en sciences sociales*, n° 180, pp. 24-34.〔小林純子訳「他者を選ぶ――判断，戦略と学校のセグレガシオン」園山大祐編著『学校選択のパラドックス』勁草書房，2012 年，pp. 91-116.〕

Van Zanten A. (2014), *Les politiques d'éducation*, PUF.

Van Schendel Willem (1992), "The Invention of the "Jummas": State Formation and Ethnicity in Southeastern Bangladesh", *Modern Asian Studies*, Vol. 26 (1), pp. 95-128.

Vasquez Ana et Xavier De Brito Angela (1996), « L'intégration... mais qu'est-ce donc? », *Revue française de pédagogie*, vol. 117 (1), pp. 29-37.

Vayssière Fanny (2004), « Les classes d'initiation: une scolarisation par la stigmatisation? », *Les cahiers d'Evry*, Centre Pierre Naville, pp. 85-112.

Verdelhan-Bourgade Michèle (dir.) (2002), *Le français de scolarisation. Pour une didactique réaliste*, PUF.

Verhoeven Marie (2018), « Rhétorique interculturelle inclusive et production scolaire des différences », *La Revue nouvelle*, n° 8, pp. 58-64.

Véronique Georges Daniel (2010), « De l'ESPPPFE à l'UER EFPE: l'émergence d'un acteur universitaire de la didactique de FLE (1945-1980) », dans Michel Berré et Dan Savatovsky (dir.), *De l'école de préparation des professeurs de français à l'étranger à l'UFRDFLE. Histoire d'une institution (1920-2008)*. Documents pour l'histoire du français langue étrangère ou seconde, n° 44, pp. 89–102.

Vigner Gérard (2001), *Enseigner le français comme langue seconde*, Paris, CLE International.

Vincent Guy, Lahire B. et Thin D. (1994), « Sur l'histoire et la théorie de la forme scolaire », dans Vincent G., *L'éducation prisonnière de la forme scolaire? Scolarisation et socialisation dans les sociétés industrielles,* Presses universitaires de Lyon, pp. 11–48.

Viprey Mouna et Deroche Luc (2000), « Conditions d'accès à l'entreprise des jeunes étrangers ou d'origine étrangère: nature des résistances », *Migrations Études*, n° 94, 8p..

Viprey M., Deroche L. et Freyssinet Jacques (1998), *Conditions d'accès à l'entreprise des jeunes étrangers ou d'origine étrangère: nature des résistances*, Institut de recherches économiques et sociales (IRES), 214p..

渡戸一郎・井沢康樹編（2010）『多民族化社会・日本――＜多文化共生＞の社会的リアリティを問い直す』明石書店，pp. 13–30.

Weil Patrick ([1988] 2005＝2019), *La France et ses étrangers. L'aventure d'une politique d'immigration de 1938 à nos jours*, Gallimard.〔宮島喬・大嶋厚・中力えり・村上一基訳『フランス人とは何か』明石書店，2019年.〕

Weil P. (1995, 2008), « Racisme et discrimination dans la politique française de l'immigration: 1938–1945 / 1974–1985 », *Vingtième siècle. Revue d'histoire*, n° 47, pp. 77–102 (dans Weil P., *Liberté, égalité, discriminations: l'identité nationale au regard de l'histoire*, Collection Folio/histoire, Gallimard, pp. 23–88).

Weiss J. (1986), « La subjectivité blanchie », dans De Ketele Jean-Marie (dir.), *L'évaluation: approche descriptive ou prescriptive?*, Bruxelles, De Boeck, pp. 91–105.

Wenger Etienne (1998), *Communities of Practice: Learning, Meaning and Identity, Cambridge*, Cambridge University Press.

White Michael J. and Glick Jennifer E. (2009), *Achieving Anew: How New Immigrants do in American Schools, Jobs, and Neighborhoods*, New York, Russell Sage Foundation Publications.

Willis Paul (1978), « L'école des ouvriers », *Actes de la recherche en sciences sociales*, vol. 24, pp. 50–61.

Wilson Glenn Daniel et Nias David (1977), *Le charme a ses raisons,* Paris, Tchou.〔英語からの翻訳 Love's Mysteries - The Secrets Of Sexual Attraction, Fontana, 1977〕

Wittorski Richard (2008), « La professionnalisation », *Savoirs*, n° 17, pp. 9–36.

Xie Yu et Hsin Amy (2013), "Growing gains, growing pains: What explains Asian American youth's academic advantage over Whites?", *Paper prepared for presentation at the RC28 Spring Meeting in Trento*, Italy, May 16–18.

山本晃輔・榎井縁編著（2023）『外国人生徒と共に歩む大阪の高校――学校文化の変容と卒業生のライフコース』明石書店.

山本須美子（2014）『EU における中国系移民の教育エスノグラフィ』東信堂.

安田浩一（2019）『団地と移民』角川書店.

Zadjian Sueiti（2013）, *Chakma, orphelin des Hill Tracts. Histoire tragique d'un peuple indigène du Bangladesh: récit autobiographique*, Aubagne, Group CCEE.

Zaffran Joël（2010）, « Entrer en Segpa et en sortir ou la question des inégalités transposées », *Emploi-Formation*, n° 109, CEREQ, pp. 85-97.〔改稿：ザフラン・ジョエル（2018）「成績がすべてではない」園山大祐編著『フランスの社会階層と進路選択』勁草書房, pp. 141-149.〕

Zakhartchouk Jean-Michel（2014）, *Enseigner en classes hétérogènes*, ESF/Cahiers pédagogiques.

Zazzo René（1969）, *Des garçons de 6 à 12 ans*, PUF.

Zehraoui Ahsène,（1998）, « Les relations entre familles d'origine étrangère et institution scolaire: attentes et malentendus », *Ville-école-intégration*, n° 114, pp. 53-73.

Zephir Stéphane（2007）, *Différentes modalités de l'expérience minoritaire dans l'espace urbain d'une zone d'éducation prioritaire*, Thèse de doctorat, Nice, Université de Nice-Sophia Antipolis.

Zéroulou Zaïhia（1985）, « Mobilisation familiale et réussite scolaire », *Revue européenne des migrations internationales*, vol. 1（2）, pp. 107-117.

Zéroulou Z.（1988）, « La réussite scolaire des enfants d'immigrés. L'apport d'une approche en termes de mobilisation », *Revue française de sociologie*, vol. 29（3）, pp. 447-470.

Zéroulou Z.（1993）, « L'école et les enfants d'immigrés: quel traitement? », dans Lorreyte Bernard, *Les politiques d'intégration des jeunes issus de l'immigration*, Ciemi/L'Harmattan, pp. 141-144.

Zimmermann Daniel（1978）, « Un langage non-verbal: les processus d'attraction-répulsion des enseignants à l'égard des élèves en fonction de l'origine familiale de ces derniers », *Revue française de pédagogie*, vol. 4（1）, pp. 46-70.

Zirotti Jean-Pierre（1978）, « Une enquête sur l'orientation scolaire des adolescents immigrés », *Migrants-Formation*, n° 29-30, pp. 77-82.

Zirotti J.-P.（1979）, « La scolarisation des enfants de travailleurs immigrés. Tome 1: Evaluation, séléction et orientations scolaires », *Rapport de recherche*, Institut d'Études et de Recherches Interethniques et Interculturelles（IDERIC）, Université de Nice.

Zirotti J.-P.（1980）, « La scolarisation des enfants de travailleurs immigrés. Tome 2: Taxinomies et situations scolaires », *Rapport de recherche*, Université de Nice.

Zirotti J.-P.（1989）, « Constitution d'un domaine de recherche: la scolarisation des enfants de travailleurs immigrés », *Babylone*, n° 6-7, pp. 210-254.

Zirotti J.-P.（2004）, « La scolarisation des enfants issus de l'immigration: les avatars d'une question disputée », *Historiens et géographes*, n° 385, pp. 179-193.

Zirotti J.-P.（2006）, « Enjeux sociaux du bilinguisme à l'école », *Langage et société*, n° 116, pp. 73-91.

Zirotti J.-P. et Novi M.（1979）, « La scolarisation des enfants de travailleurs immigrés. Tome 1: Évaluation, sélection, orientation（Analyse d'unprocessus）», *Rapport de recherche*, Université de Nice. IDERIC, 192p..

Zirotti J.-P. et al. (1984), *La scolarisation des enfants de travailleurs immigrés. Les mécanismes institutionnalisés de la domination : processus objectifs et effets subjectifs*, Nice, IDERIC.

Zoïa Geneviève (2007), « La "culture" de l'immigré et l'école », *VEI-Diversité*, n° 148, pp. 107-113.

Zoïa G. et Schiff C. (2004), « L'accueil à l'école des élèves primo-arrivants en France », *Rapport FASILD*, La Documentation française.

Zoïa Geneviève et Visier Laurent (2003), *Émigrer en France à l'âge du collège, Programme interministériel de recherche « Culture, villes et dynamiques sociales »*, IUFM de l'académie de Montpellier.

Zoïa G. et Visier L. (2004), *Émigrer en France à l'âge du collège. Fonds d'action et de soutien pour l'intégration et la lutte contre les discriminations. L'accueil à l'école des élèves primo-arrivants en France*, La Documentation française, pp. 11-132.

用語解説

出身言語・文化の教育（ELCO）

フランスでは1970年代以降、移民の子どもが慣れ親しむ言語や文化に着目した教育が、「出身言語・文化の教育（Enseignements de Langue et de Culture d'Origine：ELCO)」として行われてきた。導入当初、「母語・母文化」の教育と位置づけられたELCOは、フランスが移民の出身国（ポルトガル、イタリア、チュニジア、モロッコ、スペイン、旧ユーゴスラビア、トルコ、アルジェリア（導入順に提示)）と結ぶ二国間協定を基盤とし、これらの国が採用、派遣、給与負担する教員が、フランスの公立学校で、週に1.5時間から3時間程度の授業を担うものであった。受講は希望制であり、当初は正課での実施が奨励されたが、放課後に行われることが多くなっていった。

受講対象の「すべての子ども」への拡大や廃止勧告等、さまざまな改革方針が示されてきたELCOは、2016年に「外国語の国際教育（Enseignements internationaux de langues étrangères：EILE)」へと改称された。この名称からもわかるように、ELCOは外国語教育の一部へと姿を変え、ELCOとしての授業は廃止となった。移民の子どもへの教育的配慮を先駆的に行ってきたフランスにおいて、移民背景をもつ子どもが自らのルーツにかかわる言語や文化を学ぶ機会を特に公立学校で保障しようとする志向性は、弱まっているといえる。（島埜内）

郊外（Banlieue）

「郊外」は、フランスにおいて重要な社会問題のひとつをなしてきた。フランスでも郊外に日本のような中産階級の住宅地、また裕福な人びとが住む高級住宅地（ヴェルサイユ宮殿の周辺など）もあるが、問題とされる「郊外」はシテ（cité）と呼ばれる公営団地が林立する地区である。こうした地区には高失業率、低所得層の集中、若者の非行やドラッグなどのインフォーマル経済といった治安問題、建物の老朽化、移民・外国人の集住などの社会的困難が集積していると考えられ、都市再開発や社会政策としての都市政策が行われてきた。さらに「郊外＝移民」というイメージもしばしば与えられており、実際に郊外には移民を背景に持つ住民が多い。1980年代から警察が直接的ないし間接的にかかわる事件で、若者が死亡したり負傷したりしたことをきっかけとして「暴動」が断続的に生じており、2005年11月や2023年6月には全国規模で「暴動」が起きた。一方で、郊外からはスポーツやヒップホップカルチャーの「スター」も誕生している。

郊外をテーマにした映画は多く公開されており、1995年に公開されたマチュー・カソヴィッツ監督の『憎しみ』を皮切りに、近年ではラジ・リ監督の『レ・ミゼラブル』(2019年)『バティモン5』(2023年) などが日本でも公開されている。2011年公開の『最強のふたり』の主人公のひとりは郊外の団地で育った移民出身の男性で、彼の育った団地や家庭環境などは郊外で育つ若者の典型的な描写である。(村上)

ゲットー (Ghetto)

もとは中世ヨーロッパ都市におけるユダヤ人が居住を強制された地区を示すために使われた。今日では特定のマイノリティグループの居住地区がゲットーにたとえられるようになっている。もっとも有名なのはアメリカにおける「黒人」のゲットーである。フランスでは、郊外の置かれた状況をアメリカの黒人ゲットーと比較することが、メディア、学術界、市民の間でなされてきた。郊外の住民自身からもしばしば自分たちの住む街を「ゲットー」となぞらえることがある。

「フランスの郊外はゲットーか否か」という問題は、1990年代以降、何度も議論されてきた。ロイック・ヴァカンはアメリカのゲットーとフランス郊外の混合に警鐘を鳴らした。彼は、人種・民族の同質性の違いや国家の介入の度合いの差など、社会的、歴史的、制度的な違いがあることを強調した。それに対して、ディディエ・ラペイロニーは、ゲットーの社会学的な特性に着目し、フランスの郊外においてゲットーの社会的形態が発達していると指摘した。彼は人びとが自分たちの住む地区において特殊な生活様式をつくり、固有の価値観をもつ社会的世界が構築されていることをゲットーという言葉を使って説明している。

フランスではそれ以外にも、エリック・モランがフランスのゲットーは、富裕層がつくりあげているものだと指摘したり、近年ではフランソワ・デュベらが社会階層によって分離される学校の状況を「学校ゲットー」と表現したりもしている。(村上)

セグリゲーション (Ségrégation)

さまざまな社会集団が空間的に不均等に分離・隔離される現象を示す。居住の分離によって、マイノリティは社会生活や経済活動、また学校教育などの機会が制限されるといった不利益を被る。さらに分離・隔離された地区では独自のアイデンティティや文化、言語が生まれたりもするが、一方で異なる社会集団が接触する機会が減り、偏見や差別などを助長することにもつながる。ゲットーやフランスにおける「郊外」もセグリゲーションのひとつである。南アフリカのアパルトヘイトや1960年代までのアメリカ南部など、法的にセグリゲーションがなされることもある。

フランスでは長い間、セグリゲーションは社会・経済的な現象として捉えられてきたが、移民や第二世代が増加し、移民が特定の地域に集住することで民族的なセグリゲーションが生じていると指摘されるようになっている。セグリゲーションによって生じる社会的不平等を解消するため、すべての自治体に社会住宅を一定程度つくることを義務付けるなどの政策もなされている。

さらにセグリゲーションは学校をめぐっても見られ、「学校セグリゲーション」という表現が使われたりもする。そこでは、特定の学校やクラスに社会的、民族的に同質の生徒が集中し、教育格差を強めてしまうことが問題とされている。（村上）

植民地主義（Colonialisme／植民地化 Colonisation）

フランスの植民地主義は、フランスが世界各地、主にアフリカ、アジア、アメリカに植民地を設立し、維持した時代を指す。これは16世紀に北アメリカにおける植民地設立から始まり、20世紀中頃まで続き、19世紀にアフリカとアジアに広大な領土を獲得したことで最高潮に達した。植民地化の動機には、資源へのアクセス、フランスの影響力の拡大、「文明化の使命」など、経済的、戦略的、文化的な利益が含まれていた。フランスの植民地はしばしば直接的な行政管理、フランス語とフランス文化の推進、現地資源の搾取によって特徴づけられた。第二次世界大戦後に始まった脱植民地化の過程は、フランスの植民地支配の終焉を意味する一方、植民地経験は旧植民地とフランス本国に持続的な影響を残している。

学校現場では、フランスにおける「植民地事象教育」は、フランスが歩んだ歴史と現代の動態を理解するために重要な教育実践である。これは、植民地化の経済的、文化的、社会的側面と、その旧植民地と本国に対する持続的な影響を考察することを可能にする。批判的な思考を促進し、多様性や国民的アイデンティティに関連する問題のより良い理解が得られるよう、2015年に「植民地事象教育」が中等教育課程のカリキュラムに組み込まれた。しかし、植民地時代をどのように提示するかについては、記憶、歴史的な事実、植民地化の肯定的側面の評価との間で議論が生じ、「植民地事象教育」が政治的な問題と化した。一方、教育者の間では、植民地時代について教えることは、自国の複雑な歴史に関する知識を持ち、意識の高い市民を育成することに寄与すると推進されている。（ソッティーレ）

アルキとピエ・ノワール（Harkis et Pieds-noirs）

アルキとは、1954年から1962年のアルジェリア戦争中にフランス軍の補助員として奉仕したムスリムアルジェリア人を指す。彼らは主に情報収集やFLN（アルジェリア民族解放戦線）に戦うために募集された。戦争終結とアルジェリアの独立後、多くのアルキとその家族は激しい報復にさらされるか、しばしば困難な条件でフランスに送還された。したがって、「アルキ」という用語は、戦闘員自身だけでなく、その子孫も指し、この複雑な歴史の重荷を背負い続けている。彼らの役割と苦難の正式な認識は、フランスにおいて依然として敏感で議論の多い問題である。

ピエ・ノワールとは、1962年にアルジェリアが独立する前にアルジェリアに住んでいた主にフランス本国出身とヨーロッパ出身（スペイン系やイタリア系など）のフランス人を指す。アルジェリアの独立後、ピエ・ノワールはしばしば困難な状況でフランスに送還され、故郷から遠く離れた新しい生活に適応しなければならなかった。「ピエ・ノワール」という用語は、共通の歴史と植民地時代に関連する記憶によって特徴づけられた特定の文化的アイデンティティを指すために使用されることがある。ピエ・ノワールのライフヒストリーは、フランスとアルジェリアの歴史の不可欠な部分であり、両国間の関係に引き続き影響を与えている。（ソッティーレ）

ジプシー、ジタン、移動生活者（Gypsys, gitans et gens du voyage）

「ジプシー」、「ジタン」、および「移動生活者」という用語は、遊牧的または半遊牧的な生活様式を持ち、独自の文化的および社会的伝統を持つ人々のグループを指す。「ジプシー」は、これらのグループを指すために使われることがある英語の用語だが、歴史的な誤解やステレオタイプのために軽蔑的と見なされることがある。フランスでは、「ジタン」や「移動生活者」といった用語がより一般的に使われており、それぞれ独自の意味合いと使用法がある。

「ジタン」は主にロマの起源を持つ人々を指し、彼らはしばしばフランス南部に定住し、特定の言語であるロマニ語や音楽、祭りの伝統を含む豊かな文化的歴史を持っている。彼らは独自の民族集団として認識されており、そのルーツはインドにまで遡るが、移住したヨーロッパ諸国の現地文化に深く溶け込んでいる。彼らの生活様式、伝統、社会的地位は、しばしば統合や公共政策に関する議論の中心にある。

「移動生活者」という用語は、フランスにおける行政的なカテゴリーで、遊牧的または半遊牧的な生活を営む人々を包括しており、ジタンだけでなく、トラベラーや見世物小屋の人々なども含まれる。この用語は、特定のサービスや専用の駐車場へのアクセスを促進するための公共政策や教育政策の文脈で使用される。このカテゴリーの公式認識は、現代社会の定住要求と伝統的な生活様式の尊重を調和させることを目的としており、偏見や差別と闘うためのものでもある。（ソッティーレ）

イスラームと学校

1989年にパリ北郊クレイユ市の中学校で起きた「スカーフ事件」を思い起こす人も多いだろう。学校内でスカーフ（ヴェール）を着用することはライシテ原則への抵触としてみなされ、3人のモロッコ出身女子生徒の停学処分が下されたことに端を発する。以後宗教的とみなされる衣服の校内着用が問題となる。政府の下に設置された検討委員会（委員長を務めたベルナール・スタジ（Bernard Stati）の名を冠してスタジ委員会と呼ばれる）はライシテをめぐる審議の結論としてスカーフの着用禁止を法制化する報告書（スタジ報告書）を提出し、2004 年 3 月 15 日の宗教的標章着用禁止法（第 2004-228 号）として公布され、同年 9 月より適用される。フランスにおける「共和国の学校」は、宗教的信仰とは相いれないライシテの原則のもと、宗教から個人を解放する闘争の場として考えられている。（園山）

普通・職業適応教育科（SEGPA）

不適応生徒（inadapté）のために中学校に 1965 年に設置された。初等段階から用意されていた国立養護学校（ENP）から中学校進学者へのスムーズな移行を目的に用意された。1967 年からは、軽度障がい生徒にも開かれる。そして 1989 年には現状の普通・職業適応教育科（SEGPA）と名称変更される。2023 年現在、84,700 人の生徒が登録されている。これは全中学生の約 2.5% である。またこのうち 3 分の 2 の生徒が高校の職業適格証（CAP）に進学する。職業高校への進学率は 7% 弱である。こうした適応教育を評価する一方で、在籍者の属性において社会的弱者が多いことや男子生徒が多い点など課題もみられる。（園山）

外国人と移民

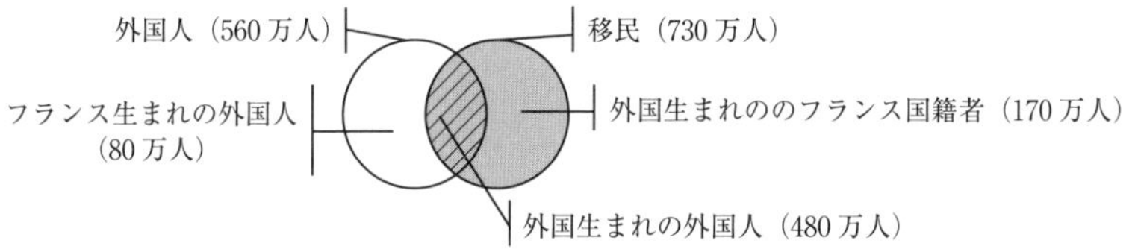

上図に示す通り、移民とは外国生まれの人をさす。移民の子孫とは親が外国生まれの人をさす。国立統計経済研究所（INSEE）によると、2023 年現在、全国民に占める割合は、10.7%（728 万人）となっている。この 10 年間で 130 万人増えている。フランスに住む移民のうち 47.7% はアフリカ生まれである。32.3% がヨーロッパ生まれである。なかでもアルジェリア生まれが最も多く 12.2% を占める。続いてモロッコ（11.7%）、ポルトガル（7.9%）、チュニジア（4.8%）、イタリア（3.9%）、トルコ（3.3%）、スペイン（3.2%）の順である。とはいえ、たとえば 2022 年に入国した移民では、ウクライナ人が最も多い。また男女比では、女性が 52% を占めるようになっている。（園山）

他言語話者（Allophone）

他言語話者とは、現在学習中のその土地の公用語よりも、それ以外の言語をより多く使用する移民の多言語状況を表す。この用語が使用される以前は、フランス語話者（francophone）か非フランス語話者（non-francophone）と呼ばれたり、外国人、ニューカマーという用語が使用されてきたが、近年他の言語を使用できる側面を積極的に評価する意味で使用されている。（園山）

優先教育地域（ZEP）

1981年に社会党政権が誕生し、英米をモデルに、積極的差別是正策の一つとして取り組まれる。同年7月1日の通達以来、現在まで継続されている。約2割の学校が対象となる。その内訳は、より深刻な学校（REP＋）が7.3%、優先教育網（REP）が14.3%となっている。中学校の数で言うと約1000校の34万人に該当する。初等段階では約6500校の114万人に該当する。別名「ゲットー地区」とも言われ、社会的困窮者の比率が高いことや、全国学力調査における正答率の低さなど課題が集中している。基本的に加配教員が用意され、学級規模を縮小し、プロジェクトベースの学校計画を作成することとなっている。（園山）

音楽・ラップ

A）ケリー・ジェームズ（Kery James）

ケリー・ジェームズ（本名：Alix Mathurin【アリックス・マチュリン】）は、1977年12月28日にグアドループのアビム（les Abymes）で生まれた。ハイチ人の両親のもとに生まれた彼は、幼少期をグアドループで過ごした後、フランス本土に移住した。パリ郊外のオルリーでヒップホップに出会い、最初の詩を作り始めた。11歳の時、ラッパーのMCソラーと共にレコーディングを行い、「Ideal Junior」というグループを結成した。このグループは後に「Ideal J」と改名され、1990年代に人気を博した。1998年にアルバム『Le combat continue』とシングル『Hardcore』で成功を収めた。彼の作品には、『Banlieusards』や『Lettre à la République』などの曲があり、特に2016年のパリ同時多発テロ事件後に発表した『Vivre ou mourir ensemble』は注目された。

音楽活動のほかに、ケリー・ジェームズは2007年に設立したACES（Apprendre, Comprendre, Entreprendre, Servir の略）というアソシエーションを通じて、貧困地域の若者への支援活動を行っている。彼は、貧困地域の若者の自立を支援しており、政治的には無関係としているが、共産党のFête de l'humanité などのイベントには参加している。また、パレスチナの支援者でもあり、2009年にアルバム『Réel』の中で『Avec cœur et raison』を、2023年にはシングル『Comment ça va?』を発表している。そして、2018年にはNetflix 制作の映画『Banlieusards』を監督し、2023年にはその続編を制作した。（ソッティーレ）

B）メディン（Médine）

メディン・ザウイシュ（Médine Zaouïche）は、1983年2月24日にル・アーヴルで生まれたフランスのラッパーで、社会的および政治的な活動で知られている。

メディンの父方の祖父母はアルジェリア出身で、第二次世界大戦後にル・アーヴルに移住した。父親のアブデル・ザウイシュ（Abdel Zaouïche）はセミプロのボクサーで、母親は保育士。庶民地区で育った。

メディンは2004年に『11 septembre, récit du 11e jour』でキャリアを開始し、2005年には『Jihad, le plus grand combat est contre soi-même』をリリースした。その後、2008年に『Arabian Panther』、2013年に『Protest Song』などのアルバムを発表した。『Storyteller』（2018年）や『Grand Médine』（2020年）は彼の最近のアルバムの一部で、『Médine France』（2022年）は特に政治的意識の強いアルバムである。メディンは音楽的に進化を続けており、若い聴衆を惹きつけるためにトラップ音楽に接近しながらも、依然として彼の社会的メッセージを維持している。

『Démineurs』（2015年）のEP盤に収録された『Don't Laïk』は、フランスのライシテに対する批判的な歌詞が原因で物議を醸した。この曲はある共和主義派の知識人や右派・保守派から批判された。しばしば物議を醸すメディンは、特に彼の歌詞や政治的立場に関連して反ユダヤ主義やコミュニタリズムの非難を受けることがある。それに対してメディンは、自身の歌詞が文脈から外れて解釈されたと主張し、非暴力を推奨していると弁護する。メディンに関する論争は、フランスのラップに着目する研究者（Matthieu ThomasやBenoît Dufau）によって人種差別主義とイスラーム恐怖症の現れと見なされている。（ソッティーレ）

映画：移民と学校

フランスでは、学校を舞台にした映画が多数ある。ここでは移民と学校をテーマにしたもので日本語で観られるものを紹介したい。日本でも広く知られているのは、2008年に公開された『パリ20区、僕たちのクラス』（原作『教室へ』早川書房）がある。これはパリ市内の移民集住地区の中学校を舞台にした1年間の様子である。原作者である元教員F.ベゴドー自身がフランス語教員役として教員の苦悩を描いた話題作である。教員と生徒のコミュニケーションの難しさが象徴的であるが、教室内における移民生徒の国家間の対立や、海外県とアフリカ出身との葛藤なども見逃せない。この映画と対に観るとよいのが、『12か月の未来図』（2017）である。パリ市内の名門高校教師が郊外の荒れた学校に着任することで起きるカルチャーショックを描いてる。定期異動がないフランスであるため、荒れた学校に若手教員が集中し、最も権威がある高等教育教授（アグレジェ）は名門高校に最初から赴任するといった分断された構造を問題提起しているが、同時に良い授業や教員は、どこでも教えられ、生徒との信頼を形成できるという未来志向の映画である。こうした移民出自や学校文化に馴染めない生徒にも魅力的な授業を展開しているのが、職業高校における歴史教師を描いた『奇跡の教室へ：受け継ぐ者たちへ』（2014）である。あるいは、来仏間もない生徒を受け入れるパリ10区に実在する外国人学級（UPE2A）の様子を1年間とらえたドキュメンタリー『バベルの学校』（2013）は参考になろう。本書の新規外国人の受入れ、生徒同士の葛藤や、教員との関係をわかりやすく表している。同じドキュメンタリーでは、『小さな哲学者たち』（2010）がある。こちらは、パリ郊外の保育学校の2年間を描いている。この3歳から5歳児の子どもたちにみる哲学教育を通した自由、貧困などを通じた人種間にみられる対話は、フランスの学校文化を象徴していて保育から教育に関わる全ての人に観てほしい映画である。別の角度からは、フランスは教科指導とは別に生徒指導専門員と言う職員がいるが、かれらの様子を描いた『スクールライフ』（2019）も、フランスの分業体制を知る上では欠かせないだろう。（園山）

略語・訳語

Académie：大学区＝教育行政単位
Allophone：他言語話者
ASE：子どものための社会支援
ASE：適応統合教育
Bac：バカロレア（大学入学資格）
BEP：職業教育免状
BEPC：前期中等教育免状（現 DNB）
BO：官報
BTP：建設・公共事業
BTS：上級技手免状
CADA：庇護希望者のための受け入れセンター
CAP：職業適格証
CAPES：中等教育教師適性証書
CAPES FLE：外国語としてのフランス語教師資格
CAPET：技術高校教師適性証書
CASNAV：新規他言語話者と移動生活者家庭の子どもの就学のための大学区センター／新規移民と移動生活者とホームスクーリングの子どもの就学のための大学区センター
CEFISEM：移民の子どもの就学のための教員養成と情報センター
CEREQ：資格調査研究所
CFA：見習い職業訓練センター
CIDE：子どもの権利に関する条約
CIF：（障害と健康に関する）国際生活機能分類
Cimade：避難者のための委員会（協会団体、1939 年設立）
CIO：情報・進路相談所
Cité(s) éducative(s)：教育団地／教育都市
CLA：受入学級
CLA-NSA：就学未経験生徒向け受入学級
CLAD：適応学級
Classes relais：復帰準備中継学級
Classe spéciale：特別クラス（学級）
Classe spécialisée：特殊クラス（学級）
Classe de transition：移行学級
CLAC：読書と文化活動センター
CLIPA：職場教室交互制による職業前入門学級
CLIN：入門学級
CLIS：障害児のためのインクリュージョン教育学級
CM2：小学校最終学年（5 年生）
COVID-19：新型コロナウイルス感染症

CP：小学校１年
CPA：職業前見習い訓練学級
CPE：生徒指導専門員
CPGE：グランゼコール準備級
CPPN：職業前教育学級
CREDIF：フランス語の普及のための学習と研究所
CRI：統合補習授業
CSP：社会職業カテゴリー
DASS：社会福祉衛生局
DELF：フランス語能力検定
DELF scolaire：学校教育対象フランス語学力資格試験
DEPP：評価・予測・成果局
DESS：高等専門教育証書
DGEFP：雇用と職業訓練総局
Dgesco：学校教育総局
DNB：中学校修了国家免状
DPM：移民人口総局（連帯雇用省）
DSDEN：国民教育県事務局
DUT：大学科学技術免状
EANA：新規移民他言語話者生徒
EBEP：特別な教育的ニーズのある生徒
ÉCLAIR：野心・革新・成功プログラム（初中等対象）
EDUCINCLU：子どもおよび移民の若者のインクルーシブ教育
EFIV：移動生活者家庭の子ども
EILE：外国語の国際教育
ELCO：出身言語・文化の教育
EMIGROSCOL：教育進路における移民経験
ENAF（ENA）：フランスに新規に入国した生徒
Enseignement spécial：特別教育
Enseignement spécialisé：特殊教育
EPS：体育・スポーツ
Équipe pédagogique：教育指導チーム
EREA：地域圏適応教育施設
ESPÉ：教員養成高等学院
EU：欧州（ヨーロッパ）連合
EVASCOL：移民および移動生活者家庭の子どもの就学に関する調査
FAS：社会行動基金
FLE：外国語としてのフランス語
FLS：第二言語としてのフランス語
FLSco：就学言語としてのフランス語
FSE：欧州社会基金
FN：国民戦線

FP：人民戦線
GAPP：教育心理的援助グループ
GRETA：継続教育のための学校群
HALDE：差別禁止平等推進高等機関
HCI：統合高等審議会
HLM：適正家賃住宅
ICIDH：国際障害分類
IEN：国民視学官
IGEN：国民教育総（中央）視学官
IGAENR：国民教育研究行政総（中央）視学官
INED：国立人口学研究所
INSEE：国立統計経済研究所
INSHEA：障がい者教育と適応教育のためのフランス国立高等研究所
INSPÉ（国立教職・教育高等学院
IRIS：各統計情報のための再編区画
IUFM：大学附設教師養成大学院
IUT：大学附設技術短期大学
LR：共和党
LV1：第一外国語
MAT：コレージュにおける一時的受入モジュール
MECS：社会福祉用の子どもの家
MEEF：教職修士
MEN：国民教育省
MIE：孤立した未成年外国人
MNA（MIE）：同伴者のいない未成年者
NSA：出身国で不就学ないし僅かしか就学経験がない者
OECD：経済協力開発機構
OFII：フランス移民と統合センター
OFPRA：フランス難民・無国籍者保護局
ONI：（国家）移民局
OPP：一時保護命令
OQTF：フランス領土からの退去義務
OSC：変動社会学研究所
PAF：大学区教員養成計画
PAI：個別受け入れプロジェクト
PPRE：学業成功個別計画、学業成功個別計画-橋渡し（PPRE-passerelles）
PPS：個別就学プロジェクト
PSA：出身国での部分的な就学経験者
RASED：困難に陥った生徒のための特別支援ネットワーク
REP：優先教育網（ネットワーク）
REP+：優先教育再生校
RESF：国境なき教育団ネットワーク

RHVS：福祉用ホテル
RN：国民連合
SAMU Social：緊急医療社会サービス
SDF：ホームレス
SEGPA：普通・職業適応教育科
SES：特別教育科
SOFRES：世論調査会社
STS：上級技手養成短期高等教育課程
TeO：経路と出自
3e aménagée：3 年生特別級（中学校最終学年・4 年生）
ULIS：障がい児のためのインクリュージョン教育単位
UNESCO：国際連合教育科学文化機関
UPE2A：新規他言語話者生徒のための教育単位
UPI：統合教育単位
Voyageur：移動生活者・トラベラーズ
WHO：世界保健機関
ZEP：優先教育地域

フランスの学校系統図（2023 年度）

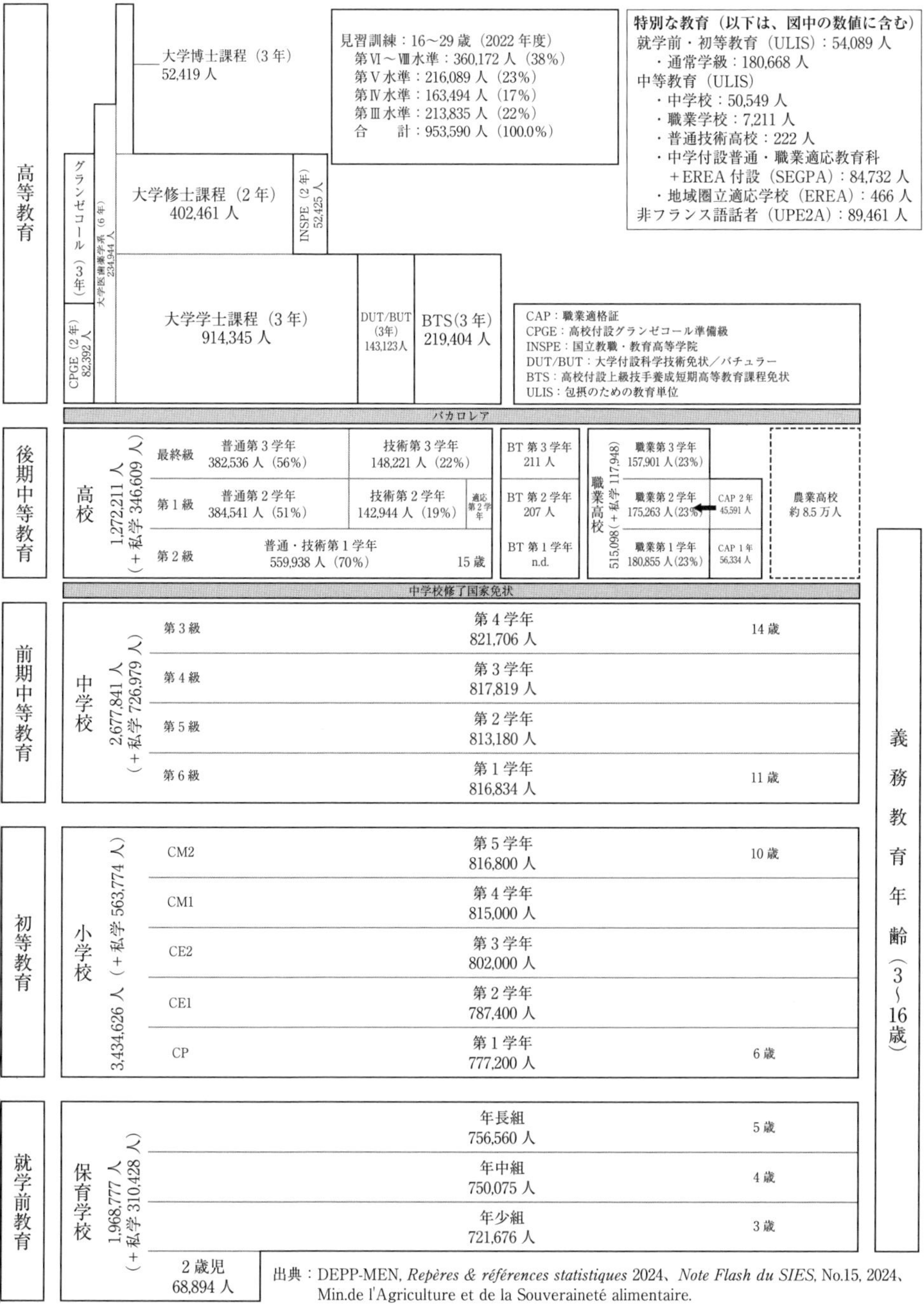

出典：DEPP-MEN, *Repères & références statistiques* 2024、*Note Flash du SIES*, No.15, 2024、Min.de l'Agriculture et de la Souveraineté alimentaire.

あとがき

21世紀は、移民・難民の世紀と言われる所以は、世界に2.7億人の難民と欧米諸国をはじめ、移民（外国人労働者）が相当数移住しているからである。今後もこの傾向は継続し、なかでも環境難民は増え続けるだろう。自然災害（地震や気候変動）が多発する日本も、将来どうなるかわからない。東アジアにおける地政学上の安定も保障されていない。そのようななか、我が国は、350万人ほどの外国人登録者を数え、総人口に占める割合こそ先進国では決して多くはないかもしれないが、少子高齢化しているため、学齢期人口に占める割合の増加が予測され、今後は、より丁寧な施策が必要となる。本書の第1章及び終章でも言及があるように、すでに日本語指導の不足、進路指導の欠如による結果が高等学校における進学格差、特に大学や就職格差をもたらしている。

なお、本書では、フランスの半世紀を経た教育状況をマクロに捉えることに力点を置いたため、ミクロな調査には十分な光を当てることができていない。特に3世以降の移民の子孫の活躍やライフコースの研究に言及することができていない。あるいはエスニック別の違いについても十分な検証はできていない。こうした点においては、混合婚や帰化申請などからも、移民の子孫のフランス化の過程や学校における社会化の過程について世代間の比較も分析しなければいけないだろう。またフランスが目指す社会や学校が、この半世紀でどのような変動を遂げているのか。政策とのズレがあるのか、否か。移民の同化政策を反省し、編入、統合政策がとられ、近年は包摂が中心概念とされている。さらには排外主義、差別、レイシズムへの対策が社会及び教育政策としても中心とされてきた。それでも、学校（教師）文化としての同化や統合は、簡単には完全に無くなることはない。また積極的な反差別教育や、制度的な差別是正策は、医学的障がい、性別や貧困問題に限られている。単一不可分な理念の下、エスニックな差異を全面的に認め、積極的な差別是正策ないしポジティブ・アクションはとっていないのがフランスの特色と言える。

翻って日本ではどうだろうか。公教育における外国人や教授言語である日本語に不自由がある児童生徒への対応は脆弱である。公教育は、あくまでも日本語のできる日本国籍を対象としている。日本の不登校に代表されるように、日本では平均値から外れた児童生徒への支援体制は弱く、基本的に、担任教師の努力に支えられてきた。さらに家庭への精神的、経済的、文化的な負担が当然視されてきた。この点は、コロナ禍の休校時への対応にも見られたとおりである。したがって、今後は、より積極的な制度上の国策が求められる。それなくして外国につながりのある児童生徒が希望する学校に進学することは、期待できない。高等学校の特別な教育課程や、外国人への特別入試枠、日本語教師の養成などすべての地域で認められるには、まだ時間がかかるだろう。

日仏両国には、学校文化（知育重視／主知主義）や、一学年80万人規模の生徒数のなかで受け入れているオールドカマーとニューカマーの実態は、共通点も多い。制度上の人種差別を認めないフランスだが、実態は日本に近い放置された課題が少なくない。異文化に対する寛容さと言う点で、教育現場は結果的には似た状況がみられる。

両国の違いは、こうした現状に対してフランスではエビデンスとして示されるパネルデータを蓄積していることにある。この研究結果を現場に還元するべく、教師教育やメディアを通じて教師、生徒と保護者に周知されることである。日本の国内の学力調査のデータを用いて社会的出自別に文部科学省や国立教育政策研究所は説明をしたことがあるだろうか。なぜ、日本語指導が必要な生徒にのみ焦点があてられるのか。それ以前の小学校からの学力調査の追跡を実施することで、どのような支援体制がいつ、どれくらい、どのように実施するべきか検討してはどうだろうか。理系を進路選択する女性が少ないのは、学業成績とどのような関係にあるかを義務教育の9年間を通して検証する必要があるのと同様に、外国につながる児童生徒の進路形成を追跡したデータの蓄積を、早急に実施することは、フランスをみれば明らかである。

公教育におけるすべての子どもの機会保障というとき、日本語指導が必要な生徒の高校進学や就職において全高校生と体系的な差別があることは見過ごすことはできない。国籍に関係なく教育機会を保障し、その後の進路に対しても公正な指導と機会を提供することの重要性を日仏比較より明らかとなれば幸いである。本書を刊行するにあたって、この間、原稿を提供いただいた執筆者21名及び訳者6名に感謝したい。また図表や参考文献の作成に協力いただいた大学院生の菊地眞利衣さんと、索引作成と校正チェックをいただいた大学院生の中丸和さんに感謝する。

最後に、今回で6冊（15年）目となる編集者の藤尾やしお氏に感謝申し上げる。日本におけるフランス教育研究が広く知られるようになったのは、ひとえに快諾いただいた勁草書房にある。この本を手にした読者からマイノリティ教育研究がさらに発展し、誰一人取り残さない教育制度が構築される日を待ち望みたい。

夏の残暑が厳しい大学キャンパスにて

園山　大祐

【付記】
本書は、日本学術振興会、科学研究費挑戦的研究（萌芽）（19K21765）の研究成果の一部である。この場を借りて感謝申し上げる。

人名索引

地名索引

タ行

ナ行

ハ行

マ行

ヤ行

ラ行

事項索引

タ行

ナ行

ハ行

マ行

ヤ行

ラ行

執筆者紹介（執筆順）

■監修・監訳者

園山大祐（そのやま　だいすけ）［はしがき，第1章，あとがき，用語解説執筆，第3・6・7・9・11・13章翻訳］

大阪大学人間科学研究科教授，教育学博士

主著：園山大祐編『若者たちが学び育つ場所』ナカニシヤ出版，園山大祐編『海外の教育のしくみをのぞいてみよう』明石書店，園山大祐・辻野けんま編『世界の教育』放送大学教育振興会，いずれも2024年。園山大祐監修『教師の社会学』勁草書房，2022年。園山大祐編『岐路に立つ移民教育』ナカニシヤ出版，2016年。中野裕二ほか編『排外主義を問いなおす』勁草書房，2015年ほか。

■執筆者（章順）

マイテナ・アルマニャーグ（Maïtena Armagnague）［第2・3・5章執筆］

ジュネーブ大学教授，社会学博士

主著：*Une jeunesse turque en France et en Allemagne*, Lormont, Ed. Le Bord de l'eau, 2016.

イザベル・リゴーニ（Isabelle Rigoni）［第4章執筆］

障がい者教育と適応教育のためのフランス国立高等研究所（INSEI，旧INSHEA）准教授，社会学博士

主著：*Mobilisations et enjeux des migrations turques en Europe de l'Ouest*, Paris, L'Harmattan, 2001.

オードレイ・ブーラン（Audrey Boulin）［第5章執筆］

セルジー・ポントワーズ大学准教授，社会学博士

主著：Maïtena Armagnague-Roucher, Audrey Boulin, Céline Persini. « Quelle orientation scolaire pour les jeunes primo-migrants allophones? Un état de la question », *Cahiers de la recherche sur l'éducation et les savoirs*, 2023, HS 8, pp. 5–26.

カトリーヌ・メンドンサ＝ディアス（Catherine Mendonça Dias）［第6章執筆］

パリ第3（ソルボンヌ・ヌーヴェル）大学准教授，言語学博士

主著：Catherine Mendonça Dias, Brahim Azaoui, Fatima Chnane-Davin (Dir.). *Allophonie. Inclusion et langues des enfants migrants à l'école*, Limoges, Lambert Lucas, 2020.

ブライム・アザウィ（Brahim Azaoui）［第6章執筆］

モンペリエ大学准教授，言語学博士

C. メンドンサ＝ディアスの主著を参照のこと。

ファティマ・クナン＝ダヴァン（Fatima Chnane-Davin）［第6章執筆］
エックス・マルセイユ大学教授，言語学博士
C. メンドンサ＝ディアスの主著を参照のこと。

セリーヌ・ペルシニ（Céline Persini）［第7章執筆］
ジュネーブ大学助教，社会経済学アグレジェ教授資格
M. ブーランの主著を参照のこと。

ファブリス・デューム（Fabrice Dhume）［第8章執筆］
カトリック・ルーヴァン大学教授，社会学博士
主著：Dhume F., Dukic S., Chauvel S., Perrot P.. *Orientation scolaire et discrimination. De l'(in)égalité de traitement selon « l'origine »*, Paris, éd. La Documentation française, 2011.

シュザナ・デュキック（Suzana Dukic）［第8章執筆］
社会と協同応用科学研究所（ISCRA）研究員，歴史学博士
F. デュームの主著を参照のこと。

セヴリンヌ・ショヴェル（Séverine Chauvel）［第8章執筆］
パリ東クレテイユ大学准教授，社会学博士
主著：「学校への道，進路決定を前にした教師，生徒，両親」園山大祐編『フランスの社会階層と進路選択――学校制度からの排除と自己選抜のメカニズム』勁草書房，2018年，79-90頁。

フィリップ・ペロ（Philippe Perrot）［第8章執筆］
ニース大学，社会学博士
主著：« La discrimination systémique dans le système éducatif français », *Cahiers de l'Urmis*, 10-11, 2006（https://doi.org/10.4000/urmis.259）

ジャン＝リュック・プリモン（Jean-Luc Primon）［第9章執筆］
ニース大学教授，社会学博士
主著：「大学での中途退学と学生の職業参入」園山大祐編『フランスの高等教育改革と進路選択――学歴社会の「勝敗」はどのように生まれるか』明石書店，2021年，81-104頁。

ロール・モゲルー（Laure Moguérou）［第9章執筆］
パリ第10（ナンテール）大学教授，社会学博士
主著：Moguérou L. & Santelli E.（2015）"The educational supports of parents and siblings in immigrant families", *Comparative Migration Studies*, december, pp. 3-11.

ヤエル・ブランボーム（Yaël Brinbaum）［第 9 章執筆］
フランス国立工芸院准教授，社会学博士
主著：Brinbaum, Y. (2022). "Access to Employment of the Second Generations in France: Unequal Role of Family and Personal Networks by Origins and Gender", in Elif Keskiner (dir.), *Revisiting Migrant Networks. Migrants and their Descendants in Labour Markets*, Cham: Springer International Publishing, pp. 83-120.

シュクリ・ベン＝アイエド（Choukri Ben Ayed）［第 10 章執筆］
リモージュ大学教授，社会学博士
主著：*L'école discrimine-t-elle? Le cas des descendants de l'immigration nord-africaine*, Vulaines sur Seine, Éditions du Croquant, 2023.

マチュー・イシュー（Mathieu Ichou）［第 11，15 章執筆］
国立人口学研究所（INED），社会学博士
主著：「移民の子どもの小学校入学から中学校までの学業成績の差異」園山大祐編『フランスの社会階層と進路選択――学校制度からの排除と自己選抜のメカニズム』勁草書房，2018 年，253-272 頁。

マルコ・オベルティ（Marco Oberti）［第 11 章執筆］
パリ政治学院教授，社会学博士
主著：「居住地域の社会的・教育的差異化」園山大祐編『学校選択のパラドックス――フランスの学区制と教育の公正』勁草書房，2012 年，155-190 頁。

ポーリーヌ・ヴァロ（Pauline Vallot）［第 12 章執筆］
ブルゴーニュ大学准教授，社会学博士
主著：*Une immigration déqualifiée: diplômé.e.s d'études longues à la périphérie des professions supérieures françaises et allemandes*. Sociologie. Université Panthéon-Sorbonne - Paris I; Georg-August-Universität (Göttingen, Allemagne), 2020.

ポール・ニコラ（Paul Nicolas）［第 13 章執筆］
エックス・マルセイユ国立教職・教育高等学院教員（INSPÉ），地理アグレジェ教授資格，地学博士
主著：*La fabrique d'une communauté transnationale: les Jummas entre France et Bangladesh*, Paris, L'Harmattan, 2018.

村上一基（むらかみ　かずき）［用語解説執筆，第 14 章執筆，第 15 章翻訳］
東洋大学社会学部准教授，社会学博士
主著：エマニュエル・サンテリ（村上一基翻訳）『現代フランスにおける移民の子孫たち――都市・社会統合・アイデンティティの社会学』明石書店，2019 年。

額賀美紗子（ぬかが　みさこ）［終章執筆］
東京大学大学院教育学研究科教授，社会学博士
主著：額賀美紗子，芝野淳一，三浦綾希子編『移民から教育を考える』ナカニシヤ出版，2019 年。

■監訳者

ソッティーレ・マルコ（Sottile Marco）［用語解説執筆，第 8 章翻訳］
慶應義塾大学准教授，教育学修士
主著：「戦間期（1918 年～1939 年）の仏領アルジェリアにおけるムスリム女性解放に関する言説——原住民小学校教員組合の機関誌分析から」長沢栄治監修・服部美奈，小林寧子編『イスラーム・ジェンダー・スタディーズ 3——教育とエンパワーメント』明石書店，2020 年，52-73 頁。

園山大祐（監修者参照のこと）

■訳者

池田賢市（いけだ　けんいち）［第 2 章翻訳］
中央大学教授，教育学博士
主著：『フランスの移民と学校教育』明石書店，2001 年（オンデマンド版 2006 年）ほか。

小山晶子（おやま　せいこ）［第 4 章翻訳］
東海大学教授，政治学博士
主著：「フランスとイギリスにおける移民の出身言語と文化の教育」園山大祐編『岐路に立つ移民教育―社会的包摂への挑戦』ナカニシヤ出版，2016 年，240-255 頁。

島埜内　恵（しまのうち　めぐみ）［用語解説執筆，第 5 章翻訳］
白鷗大学専任講師，教育学修士
主著：「フランスにおける「出身言語・文化教育（ELCO）」プログラムの実態——二国間協定締結国に焦点をあてて」『比較教育学研究』60 号，2020 年，47-68 頁。

田川千尋（たがわ　ちひろ）［第 10，12 章翻訳］
滋賀大学特任准教授，教育学 DEA（Master）
主著：M. ブランシャール，J. カユエット＝ランブリエール著（田川千尋翻訳）『学校の社会学』明石書店，2020 年（オンデマンド版 2024 年）。

移民の教育政策を制度から問いなおす
フランスにみる新規移民からその子孫まで

2025年3月20日　第1版第1刷発行

編著者　園山大祐（そのやまだいすけ）

監訳者　園山大祐
ソッティーレ・マルコ

発行者　井村寿人

発行所　株式会社　勁草書房（けいそう）

112-0005　東京都文京区水道2-1-1　振替　00150-2-175253
（編集）電話　03-3815-5277／FAX　03-3814-6968
（営業）電話　03-3814-6861／FAX　03-3814-6854
大日本法令印刷・牧製本

ISBN978-4-326-60378-7　Printed in Japan